63个结点
第二次世界大战全过程

冯精志◎著

二十一世纪出版社集团
21st Century Publishing Group

图书在版编目（CIP）数据

63 个结点 : 第二次世界大战全过程 / 冯精志著 . –– 南昌 :
二十一世纪出版社 , 2015.5

ISBN 978-7-5568-0676-8

Ⅰ . ① 6… Ⅱ . ① 冯… Ⅲ . ① 第二次世界大战战役 — 史料
Ⅳ . ① E195.2

中国版本图书馆 CIP 数据核字 (2015) 第 067001 号

63 个结点　第二次世界大战全过程

冯精志 / 著

策　　划	张　明	
责任编辑	刘　刚　张　宇	
出版发行	二十一世纪出版社集团	
	（江西省南昌市子安路 75 号　330009）	
	www.21cccc.com　cc21@163.net	
出 版 人	张秋林	
经　　销	新华书店	
印　　刷	河北环京美印刷有限公司	
版　　次	2019 年 4 月第 1 版第 2 次印刷	
开　　本	720mm × 1020mm 1/16	
印　　张	33	
字　　数	550 千	
书　　号	ISBN 978-7-5568-0676-8	
定　　价	60.00 元	

赣版权登字—04—2015—186

如发现印装质量问题，请寄本社图书发行公司调换 0791-86524997

目　录
Contents

1. 墨索里尼：法西斯党在意大利掌权

追溯第二次世界大战的起源，应该从墨索里尼说起，是他为世界政治舞台引入了一个古老的词汇——"法西斯"。

1883年7月，墨索里尼生于意大利弗利省，父亲是个铁匠，以墨西哥解放者贝尼托·胡阿雷斯德的名字为儿子命名。母亲是虔诚的罗马天主教徒，担任小学教师。贝尼托·墨索里尼在当地小学读了3年后，被送到寄宿学校，没多久，因打架被学校开除。之后他在一所师范学校继续学业。1898年9月获得初级技术文凭，同年因再次打架而成了旁听生，但还是在1901年取得了毕业文凭。

墨索里尼凭其中等学历考到一个小学教师证书，开始教书，却在一年后因行为不检而被解聘。之后，他找工作四处碰壁，日子过得穷困潦倒，不得不流落到瑞士，贫困使其对有钱有势者极度嫉妒。不久，他谋到意大利砌砖师傅及砌砖助理工会秘书一职，开始投身各种政治集会，并在左翼报纸《劳动者的未来》发表文章，没多久，他的过激言行引起瑞士警方注意，被遣返回意大利。

1908年2月，墨索里尼在意大利

22岁的墨索里尼，瘦巴巴的

1

63 个结点　第二次世界大战全过程

意大利在第一次世界大战就有摩托化部队

民族统一运动人士巴蒂斯蒂创立的《人民报》担任记者。1910 年，《人民报》连载他写的一篇爱情小说，因内容涉嫌诋毁罗马天主教而遭报社解雇。

1911 年，他因反对意大利在利比亚的军事行动，蹲了 5 个月监狱。1912 年成为意大利社会党领导人之一。1914 年第一次世界大战爆发时，他是福利省社会党领袖，兼任党机关报《前进报》编辑。

墨索里尼曾经在奥匈帝国占领的意大利土地上，煽动那里的意大利人反抗奥匈帝国占领，结果险些被当局枪毙；后来创办有民族主义色彩的报纸，鼓吹狂妄的意大利民族主义；意大利参加一战后，他不甘心在后方无所事事，入伍参军，后因受伤回到后方。

第一次世界大战主要在德国和奥匈帝国、意大利组成的同盟国与英国、法国、俄国和塞尔维亚组成的协约国之间进行。当时协约国大势已成，刚统一且面临孤立的意大利加入了同盟国集团。但开战后，协约国以控制非洲和巴尔干半岛地区问题极力笼络意大利，许诺意大利在东地中海的霸权，于是意大利倒向协约国集团。战争很快超出欧洲范围。有 30 多个国家和地区，约 15 亿人口卷入战乱，伤亡人数达 3000 多万，带给人类空前灾难。

第一次世界大战结束后，协约国集团召开巴黎和会。美国总统威尔逊、英国首相劳合·乔治、法国总理克里孟梭主导了和会，签订了处置德国的《凡尔赛和约》；还分别同奥、匈、土等国签订了一系列和约，构成了凡尔赛体系，确立了美、英、法等主要战胜国主导的国际政治格局。会议通过了一系列措施遏制德国等战败国以及苏俄，与此同时，又通过筹组国际联盟建立国际外交规范。

在巴黎和会上，美、英、法无视意大利，并且排挤意大利的活动空间。意大利经济受战争创伤严重，外交失败更激发了社会矛盾。北方工业城市都灵、米兰等城市，工人罢工，组织准军事派别，工业陷于瘫痪。南北差异巨大的意大利面临崩溃的危机。墨索里尼为实现其政治野心，于 1919 年 3 月 23 日组织老兵协会，在米兰建立了一个民间的半军事性组织，名为"战斗法西斯"。

Fascio 一词来源于拉丁文的 Fascis，拉丁文的原义是指捆在一起的一束棍棒，中间插着一柄斧头，是古罗马高官的权力标志，象征着万众团结一致，服从一个意志，一个权力。

1921 年 11 月，墨索里尼正式建立国家法西斯党（又译为"棒喝党"），党旗为黑色，以黑衫为党服，故又名黑衫党。党魁是墨索里尼。纲领是法西斯国家至上，执行国家的决定是每个人的天职。有党员 30 万人左右，多数来自具有沙文主义情绪的退伍军人、资产阶级、地主和小资产阶级。

1922 年 10 月 24 日，那不勒斯举行法西斯代表大会，除代表外，还调动了 40000 名法西斯民间武装分子。当天下午，墨索里尼检阅队伍时高喊："我郑重宣告，目前形势是，或是把政权交给我们，或是我们向罗马进军夺取它。"法西斯分子随即叫嚷"向罗马进军"。10 月 28 日，40000 多名穿着黑衫的法西斯分子进军罗马，虽遭到地方当局抵抗，但几乎每到一处，都受到追随者的狂热欢呼。法克特政府已对被围困作了准备，而国王维托里奥·伊曼纽尔三世拒绝与法克特合作，认为可以接受墨索里尼鼓吹的不流血变革，命令法克特和内阁辞职。

1922 年 10 月 30 日，墨索里尼从国王手里接过委任状，成为意大利的新总理。在就任仪式上，他宣誓："我贝尼托·墨索里尼向上帝发誓，无论如何都要把伟大的意大利建立成为一个首屈一指的世界强国！任何困难，任何敌人都不能阻止！""如果国家要发展，就必须消灭那些寄生虫和社会的动乱因素！毫不留情地铲除！"

第一次世界大战中的意大利炮兵　　　　战壕中的意大利步兵

他开始制定各种法令，加大工作时间，严禁迟到，要改变意大利人懒惰的习惯；建立一整套军事化的社会组织，要清除"毒害意大利民族最深处"的散漫毛病。墨索里尼承诺要给意大利"一个多年需要但没得到的强有力的政府"。他组成的新内阁，法西斯分子占绝大多数，也邀请了其他党派入阁。他要靠性格统治意大利。法西斯政府声称："从即刻起，墨索里尼就是意大利政府。他现在对国家安全负责。反政府机构的行为就是造墨索里尼的反。"

1925 年 1 月，墨索里尼宣布废除资产阶级自由民主制宪法，实行法西斯极权统治，将其他党派的内阁成员逐出政府。1926 年解散除法西斯党外的所有政党。1927 年颁布《劳动宪章》，鼓吹劳资合作，在全国普遍实行职业公团制，为大垄断资本效劳，公开确认其在企业中的统治地位，把工会置于法西斯政权的监督之下，剥夺了工人组织工会和罢工的权利。为实施其向外扩张的政策，1934 年颁布国民军事化法，规定凡 18-55 岁的意大利公民必须接受军事训练和服兵役，使 4200 万人口的意大利建立起 55 万的常备军和 800 万的后备军。

意大利黑手党有近千年历史，是意大利历代政府都无法解决的社会难题，但在墨索里尼统治时期，黑手党却一度土崩瓦解。1925 年，法西斯党取得对意大利的绝对控制权，墨索里尼扬言，为净化社会空气，打黑除恶，割除意大利千年肿瘤黑手党。墨索里尼说到做到，在他的"手术刀"下，黑手党消失于那个时代。

墨索里尼整治黑手党就两个字：血洗。1925 年，墨索里尼指挥法西斯军警逮捕了近千名黑手党分子，在西西里端掉了黑手党的老巢。无需国会批准，他取消了西西里"民主权益"的法律条款，废除了许多对西西里人保护的法令。下令停止西西里法院的工作，授权军人全权处理法律事务，授意军警对于黑手党分子，"感觉就是最好的证据，只要有必要，抓起来就是了，只要有必要，就发出枪杀令。"

政府的打黑除恶，致使西西里法律失效，

意大利军队攀岩

打黑团队为所欲为。在这种环境下，黑手党人风声鹤唳，进入绝境。随着黑手党党首维托的被捕并被折磨死去，西西里黑手党全面转入地下。墨索里尼的扫黑除恶，强国称霸，很容易令国民激动。然而，很多专制权力开始都是以"正义"的名义，做百姓希望做的事。一旦拥有了绝对权力后，才会露出真实面目。正如希特勒所说，人们"常常是察觉不到坚决支持的是一种背弃人类社会价值的世界观。人性和人道主义的价值观从我们的头脑中完全排除了"。墨索里尼是黑手党的克星，也是意大利人的噩梦。

各种古老建筑及长久存留的废墟遗址，是罗马头上闪耀的历史光环。然而在罗马南边，有座"新罗马"卫星城，全部是现代建筑。大罗马沿着台伯河由北向南，新旧两个城市遥相呼应；"老罗马"拥有太多厚重的历史，"新罗马"则有着别样的传奇。在法西斯政治狂热的年代，演讲、集会经常出现在生活中，新的大型建筑可以满足法西斯政治生活上的需求。而在整个法西斯独裁时代，意大利所有建筑的幕后推手是墨索里尼。

从新罗马建立开始，不管是多小的城镇，哪怕仅是个新建筑设计，墨索里尼都要亲自审批。他在意大利建设了十几座经他审批的城镇和成百上千个大小建筑。为什么会对建筑如此热衷？他说："我，墨索里尼，是一名伟大的建筑师，就要重新设计这个世界了！"墨索里尼似乎不想被看成政治人物，而希望作为一名艺术家青史留名。他掌权伊始，就开始考虑重新规划罗马，筑就自己的帝国大业。他大力倡导古罗马帝国风格，把它作为法西斯政权的象征。他说"罗马必须向全世界人展现其辉煌与风采——宏伟、规整、强大，一个如同奥古斯都时代的罗马"。

1934 年，阿道夫·希特勒访问意大利，商讨关于奥地利问题，这是两个独裁者第一次会晤。墨索里尼看不起希特勒。当意大利军队迈着罗马步走过时，看着墨索里尼得意的神情，阿道夫小声责怪身边的布劳希奇："我们军队

进军罗马，墨索里尼出尽了风头

六神无主的墨索里尼，
手里拿的似乎是副扑克牌

的步伐怎么没有如此气势！"后者不屑地说："我们的军队不是马戏团，步伐与杀人没有任何关系。"

墨索里尼显然没有意识到，尽管他的民众看起来对于未来可能发生的战争热情高涨，参加各种气势汹汹的游行；他的将领们向其夸口道意大利军队是"世界上最精锐的殖民军"；他的军人宣称自己要在未来战争中坚强勇敢，表现出一副视死如归的气概，但这些只是表演给他看，以满足这个独裁者的虚荣心。

当墨索里尼下决心将罗马带入一场夺回他们伟大荣耀的战争时，外交部长齐亚诺在日记中说："要打仗了，真是的，该死的战争，诅咒你，不能让我的晚上好好快乐，不能让我在明媚的阳光下打高尔夫！"而他在公众场合上的话是："战争，无疑是一个意大利人高贵血统中最珍贵最本质的部分！为了战争，欢呼吧，伟大的罗马人！"当墨索里尼命令格拉齐亚尼元帅率大军进攻埃及的两万英军时，这位自诩"意大利最勇敢的军人"向墨索里尼发出的一封战地电报是："领袖，您这简直是让我们去送死啊！"而战前，这位意大利元帅则向墨索里尼表示："伟大的领袖，如果您有一天，下定决心，号召整个罗马重新为他的尊严而战时，您将看到的是一群最勇敢的战士而不是卑鄙的胆小鬼团结在您的周围！"这些口是心非、阳奉阴违者被墨索里尼认为是最可信赖的伙伴，与墨索里尼构成了意大利法西斯主体。

墨索里尼执政后，意大利的经济快速增长。到了 1936 年，经济总量是 1922 年的 4 倍，人民生活水平大大提高，国力和军力明显增强，对于欧洲事物的干预分量也大大增加。墨索里尼吞并了阿尔巴尼亚，与匈牙利、奥地利签订了同盟条约，伴随着经济、军事、外交上的不断胜利，墨索里尼成为当时世界上最负盛名的领导人之一。阿道夫称他是"我们这个时代最伟大的人"。丘吉尔说："贝尼托无疑是西方世界抵抗布尔什维克的领导者。"（后来他把墨索里尼称作屠夫）很多弱小国家代表来到罗马，想向墨索里尼学习强国经验；意大利的报纸更是不遗余力地吹嘘他们的领袖。这让墨索里尼失去理智，让他忘记了政权的缺陷，忘记了曾发誓改变意大利民族的一些落后习性，忘记了执政初期时的俭朴和自律，变得骄傲狂妄，追求奢侈，贪图享受。

1936 年，当墨索里尼合并埃塞俄比亚，成功干预西班牙内政后，几万人聚在罗马的广场向他致意，他流着眼泪激动地宣布："我向你们保证，意大利已经成为一个世界强国了！""我要让意大利空军海军的马达声压倒一切声音，叫他们的天空盖住意大利上空的太阳，叫地中海成为意大利的内湖！"此时，很少有人意识到其中的危机。

1945 年，墨索里尼被游击队逮捕，这位狂妄一时的独裁者早已在享受和骄傲中丧失了所有勇气，竟然屈膝求饶，但最终没有逃脱被处死的命运。当他的尸体被悬挂在米兰广场时，意大利人尽情表现对法西斯的愤恨，撕扯他的尸体。

墨索里尼的个人生活乱七八糟。佩塔奇是位梵蒂冈医生的女儿。1936 年成为墨索里尼的情妇。她的日记披露了风流成性的墨索里尼曾同时拥有 14 名性伴侣，一晚上先后与三四个女人上床。她憎恶比她年长 29 岁的墨索里尼到处拈花惹草。有一次，墨索里尼被佩塔奇"捉奸在床"，随即起誓，声称最爱的只有她一人。这话有点道理，因为与墨索里尼一起被处决的，就是这位佩塔奇女士。

米兰火车站是墨索里尼时代建筑物的代表作之一

2. 中国东北：从中村事件到"九一八"事变

日本国土狭小，人口却近一亿，加上资源匮乏，地震频仍，许多日本人认为这样的家园没啥可留恋的，不如另外找个地方安家。1868年起步的明治维新，迎合了这种几乎不分阶层的潜意识。他们相中了受其长期滋扰的中国。

1890年12月6日，日本首相山县有朋在议会上发表施政演说时宣称：日本利益线之焦点，在于朝鲜和满洲。此后，为实现这一侵略目标，不惜以国运相赌，先后发动了中日甲午战争和日俄战争，侵占朝鲜，并将魔爪伸入中国东北。

1927年6月27日，日本政府召开东方会议，制定对华政策。会后，首相田中义一整理了臭名昭著的《田中奏折》。在这份奏折中，田中公然宣称："唯欲征服支那，必先征服满蒙；如欲征服世界，必先征服支那。"东方会议召开前后，日本两次出兵山东阻止北伐军，并屡次在东北制造事端，寻求侵占东北的机会。

1928年6月4日5时20分，张作霖乘坐的专列途经南满铁路皇姑屯时，

日本部分妇女出发，移民中国东北

被日本人预先埋设的炸弹炸毁，张作霖身受重伤，于当日上午9时30分死亡。为确保时局稳定，东北地方政府谎称张作霖受轻伤。张学良匆匆赶回到沈阳后才得知父亲已死。他强忍悲痛，模仿父亲的笔迹签发命令，安排好相关事宜后，东北地方政府才对外宣布张作霖死讯。由于对日本人憋了一肚子气，1928年12月12日，张学良宣布东北易帜，服

从国民政府领导。国民政府在形式上完成了统一。

从 1929 年到 1931 年夏，关东军 4 次以"参谋旅行团"的名义在东北各地搜集情报。1931 年 4 月，原驻日本仙台的第 2 师团轮驻辽阳。为对付沈阳坚固的城墙，从东京调运两门 24 厘米榴弹炮，配属日军驻沈阳第 29 联队。7 月从本土增派一个师到朝鲜，准备随时渡过鸭绿江参战。日本还将熟悉中国情况，担任张作霖顾问多年的本庄繁调任关东军司令官，另将石原莞尔和坂垣征四郎等人调至关东军参谋部任职。

日本红十字会准备去东北

1931 年 6 月，日军参谋部大尉中村震太郎及三个随同奉命到中国东北执行秘密侦察任务，他们化装成中国农民，到兴安岭索伦山一带侦察后，经洮南返回途中被中国屯垦军第 3 团拘捕。在"他们的行囊和中村的棉裤中搜出调查笔记、军用地图甚多，并查出寒暑表、指北针、测绘仪器和一支南部式手枪"。中村"用地图对照现地，加以纠正改绘，凡他所经过的地区，关于雨量、气候、村落、居民、土质、水井以及可容驻的兵力等都记载很详"。其间谍罪证确凿，团长关玉衡遂下令将中村等人处死。间谍组携带物品，除留重要文件资料上报外，一律焚烧灭迹。但是，一个细小失误，却成为了关东军发动"九一八"事变的借口。

中国东北的少帅张学良

左为关东军中村大尉

审讯中村震太郎时，其态度极蛮横。眼见罪行暴露，欲夺卫兵武器逃生，被在场者打翻在地。格斗中，他佩带的日军军官专用"三道梁"手表被打飞。适巧第 3 团团部司务长李德保进门送夜宵，悄声拾去。后李德保在洮南府嫖妓时，将"三道梁"手表押于大兴当铺。

1960 年，中村事件发生时任屯垦军第 3 团少校团副的董昆吾先生在回忆文章中说：日期已过 20 多天，还不见中村到达，（日本领事馆）遂派人沿中村所走洮索路线向北寻找，及至佘公府地方，遂得该处蒙人告密。中村被扣后，所戴手表为我看守士兵摘去，典于洮南一当铺中，后被日本洮南领事馆查获买

关东军在 9 月 18 日向东北军北大营发起进攻

关东军占领沈阳贴出告示

去，日方以此作为中村被杀铁证。尔后日寇特务机关长土肥原贤二曾化装亲到佘公府调查，遂得知中村被杀真相。

"证据"到手，日本陆军省于 1931 年 8 月 17 日发表所谓《关于中村大尉一行遇难的声明》，宣称：中村事件"是帝国陆军和全体日本人的奇耻大辱"。石原莞尔提出加派一个步兵大队为基干部队，暗中做好发动事变的准备。

9 月 18 日晚 10 时许，关东军川岛中队河本末守中尉率数人在沈阳北大营南约 800 米的柳条湖附近，将南满铁路的一段路轨炸毁，称中国军队破坏铁路。爆炸后，由平田幸弘指挥的关东军第 2 师第 29 团，和岛本正一指挥的铁路守备队第 2 营，兵分南北两路向中国军队驻地北大营进攻。

驻北大营的东北军第 7 旅毫无防备，措手不及，未做激烈反击，只有王铁汉 620 团被迫自卫，最后突围撤走。北大营逾万守军被只有 500 多人的日军击溃。战斗中，东北军伤亡 300 余人，日军伤亡 24 人。这就是震惊中外的"九一八"事变。

19 日零时 20 分，关东军司令官本庄繁下令向东北各地实施进攻。关东军电请驻朝鲜日军司令官林铣十郎中将尽速增援。凌晨 3 时，日军攻入沈阳。

当时在沈阳的东北地方军政大员仅有东北军参谋长荣臻和辽宁省主席臧式毅。当北大营第 7 旅值班军官向荣臻电话请示时，在北平的张学良正在同英国大使一起看京剧，联系不上。不敢擅自改变既定对日政策的荣臻只得下达命令："不抵抗，即使勒令缴械，占领营房，均可听其自便。"

日军占领沈阳后，沿南满铁路、安奉铁路疾进，先后攻占四平、营口、凤凰城、安东等 18 座城镇。长春地区的东北军自发反击，次日长春陷落。9 月 21 日，东北边防军驻吉林省副司令长官公署参谋长熙洽率部投敌，日军第 2 师主力占领吉林。

10 月 1 日，东北军黑龙江洮南镇守使张海鹏投敌，且奉日军命令派出 3

个团进攻齐齐哈尔。10月16日在嫩江桥，被黑龙江省防军击退。守军炸毁嫩江桥的第1、2、5号桥，以阻止日伪军的进攻。10月26日，关东军第2师第29团占领四洮铁路沿线主要城镇。11月4日，关东军嫩江支队攻击嫩江桥北守军。黑龙江省政府代主席兼东北边防军驻江副司令长官马占山指挥3个旅，5个团共16000余人抵抗，战至11月18日，终因实力不济而弃守齐齐哈尔，11月19日日军攻陷齐齐哈尔。

10月8日，关东军派12架轰炸机空袭锦州。南次郎陆军大臣对若槻礼次郎首相声称："由于受到中国军队的防空炮火攻击，才不得已采取自卫行动。"此后关东军宣称"张学良在锦州集结大量兵力，如果置之不理，恐将对日本权益造成损害。为了尽快解决满蒙问题，关东军有必要驱逐锦州政权。"

马占山绰号马小个儿，打响了
东北抗日第一枪

12月15日，关东军进攻锦州。12月17日，日本陆军中央部由日本本土增派混成第8旅，并从朝鲜调第20师、混成第38旅、重型轰炸机中队增援关东军。12月28日，关东军第2师主力渡过辽河进攻锦州；12月30日，混成第39旅进攻大虎山。

1932年1月3日，关东军混成第38旅占领锦州。驻锦州的东北军第12、第20旅和骑兵第3旅奉命撤退至河北滦东地区和热河。1月28日关东军第3旅由长春向哈尔滨进犯，1月31日，依兰镇守使兼第24旅旅长李杜率吉林自卫军进行哈尔滨保卫战。2月5日，日军攻陷哈尔滨。

东北军不是杂牌部队，有步兵18个旅，骑兵5个旅，炮兵4个团，兵力近19万人（部分地方兵力不计），空军4个大队，飞机262架。海军船舰约30000吨。即便东北军的装备不如关东军，以如此大的兵力放弃中国东北，令国人深感耻辱。

国联派李顿调查团到中国东北调查，
这是他们在关东军司令部

3.中国上海：日本自导自演的“一·二八”事变

"九一八"事变后，上海的学生、工人和群众纷纷集会示威，抵制日货。1931年10月，日本派遣军舰4艘到上海示威，开进长江，向江阴要塞扫射，接着又将部分军舰集结在汉口，举行陆战队武装演习。

1932年1月5日，"九一八"事变策划者之一坂垣征四郎急于转移舆论对"九一八"事变的注意，在东京受到裕仁天皇破格接见后，授意日本驻上海公使馆陆军辅助武官田中隆吉少佐在上海"搞点事"。1月18日，川岛芳子唆使日本日莲宗两名僧侣与3名信徒到上海公共租界东区的华界三友实业社总厂，观看工人义勇军操练，并投掷石块挑衅，引发冲突。冲突中日方一人死亡，一人重伤，此即所谓"日僧事件"。

1月20日凌晨2时许，数十名日侨青年同志会成员放火焚烧了三友实业社，砍死一名砍伤两名组织救火的工部局华人巡捕。当天下午，田中隆吉煽动1000多名日本侨民在塘沽路日本居留民团集会，并沿北四川路游行，前往该路北端的日本海军陆战队司令部，要求日本海军陆战队出面干涉，走到靠近虹江路时，开始骚乱，袭击华人商店。

1月26日，日军总参谋长载仁训令日本驻上海第1遣外

"一·二八"事变中的日军

舰队司令盐泽幸一"行使自卫权利"。此前，日军已在上海集结了军舰 23 艘，飞机 40 余架，海军陆战队 1830 余人及武装日侨数千人，分布在日租界和黄浦江上。1 月 28 日，日海军省下令调航空母舰"加贺"号、"凤翔"号，巡洋舰"那珂"号、"由良"号、"阿武隈"号及水雷舰 4 艘从本土出发，开赴上海。

蔡廷锴

1 月 24 日，日本特务焚烧日本驻华公使重光葵在上海的住宅，诬称中国人所为。27 日，日本驻上海总领事村井通牒中方 28 日 18 时前给予答复，否则采取必要行动。上海市长吴铁城于 28 日 13 时 45 分复文村井，全部接受日方提出的无理要求。1 月 28 日夜 23 时零 5 分，村井回信给吴铁城表示"满意"，却又要中国军队必须撤出闸北。吴铁城接到回信已经是 23 时 25 分。23 时 30 分，不等中方答复，盐泽幸一率日本海军陆战队并以 20 余辆铁甲车为前导，分兵五路，向闸北各路口发动进攻，第 19 路军 78 师 156 旅张君嵩团，当即猛烈还击。战事爆发。

蒋光鼐

第 19 路军由蒋光鼐任总指挥，蔡廷锴任军长。该军下辖第 60 师，驻防苏州、常州一线；第 61 师驻防南京、镇江一线；第 78 师驻防吴淞、闸北、南翔一线。全军共 33000 多人。该军卫戍京沪后，抗日决心坚定，但对敌情知之甚少，1 月 15 日开始部署，而此时距日军发动进攻的时间不足两周。1 月 23 日，蔡廷锴、蒋光鼐及淞沪警备司令戴戟召开驻沪部队营以上军官紧急会议，向全军发出密令："我军以守卫国土，克尽军人天职之目的，应严密备战。如日本军队确实向我驻地部队攻击时，应以全力扑灭之。"

战事爆发后，蒋光鼐、蔡廷锴、戴戟星夜赶至真如车站，设立临时指挥部，依照原定部署，命令后方

19 路军士兵在上海街头作战

19 路军士兵射击

19 路军的一处机枪阵地

部队迅速向上海推进。

29 日晨，日军在装甲车掩护下，连续发起猛攻，日机对闸北、南市一带狂轰滥炸，战火迅速漫延。守军第 156 旅所部，顽强抗击日军的进攻，以集束手榴弹对付日军装甲车，组织敢死队以潜伏手段炸毁敌装甲车，坚守每一阵地，并在炮火掩护下向敌实施反击，打退了日军的连续进攻。上午 10 时左右，日机投掷炸弹，商务印书馆总厂和东方图书馆被大火焚毁，30 多万册馆藏图书付之一炬。日军千余人在强大炮火和装甲车掩护下，向宝山路、虬江路各路口猛烈冲击，企图占领上海火车北站。下午 2 时，日军向北站猛攻，我守军宪兵一个连与日军激战 1 小时后退出北站。17 时，第 156 旅主力加入战斗，夺回北站及天通庵车站，并乘胜追击，一度攻占日军上海陆战队司令部，迫使日军退至北四川路以东、靶子路以南地区。日军首次进攻以失败而告结束。

日军进攻受挫，通过英、法、美领事斡旋，于 29 日 20 时提出停战要求。19 路军知其为缓兵待援之计，因本军也需调整部署，同意停战。同时急令驻镇江以东之第 60 师进驻南翔、真如一线，并将第 61 师调沪，驻沪第 78 师全部投入前线，加强防御，严阵以待。

1931 年 12 月，蒋介石因"九一八"事变下野，由孙科接组南京政府。孙科难以应付九一八事变后复杂困难的局面，尤其财政陷入困境，军费已积欠两个月。1932 年 1 月 25 日，孙科提出辞职。1 月 28 日，国民党中央政治委员会接受孙科辞职，1 月 29 日，蒋介石复出，国民党中央政治会议任命其为军事委员会委员长，冯玉祥、阎锡山、张学良为委员，负责调动军队，指挥作战，汪精卫继任行政院长。当夜"一·二八"事变爆发。

19 路军士兵准备出击

19 路军士兵对空射击

1月30日，蒋介石发表《告全国将士电》，表示“愿与诸将士誓同生死，尽我天职”。同日国民政府发布《迁都洛阳宣言》，表示绝不屈服，并自该日起将国民政府部门迁往洛阳，但军委会和外交部留驻南京，由军政部长何应钦和参谋总长朱培德共同指挥。

1月31日晨，日军航空母舰“加贺”号和“凤翔”号搭载30架战机抵达上海，下午4时，巡洋舰“那珂”号、“由良”号和“阿武隈”号及水雷舰4艘抵沪，2000多陆战队员登陆。

2月1日，蒋介石在徐州召开军事会议，讨论对日作战计划。4日，军委会划分全国为4个防卫区：第1防卫区为黄河以北，张学良为司令长官；第2防卫区为黄河以南、长江以北，蒋介石为司令长官；第3防卫区为长江以南与闽浙两省，何应钦为司令长官；第4防卫区为两广，陈济棠为司令长官。并决定：“各司令长官除酌留部队绥靖地方外，均应将防区内兵力集结，以便与暴日相周旋，同时，并电令川、湘、赣、黔、鄂、陕、豫各省出兵做总预备队。”

日军兵力增加后，于2月3日上午8时，再度向闸北、八字桥、江湾的第60师阵地猛攻，被守军击退，但闸北守军伤亡亦大，3日下午第60师120旅接替闸北防务，宪兵第6团担任曹家渡、中山路警戒；156旅撤离闸北，其第5团增援吴淞，第6团撤至金家角地区休整。日军进攻闸北的同时，还将战火扩大到吴淞。上午10时，20多艘日舰协助航空队向吴淞炮台进攻，国军击沉日舰1艘，伤3艘，当时调归156旅第4团指挥的第88师高射炮连击落日机一架；炮台损失大炮3门。

2月4日，日军发动第一次总攻，战火扩大到江湾、吴淞一线。激战竟日，

日军在上海构筑街垒顽抗

吴淞露天炮台被摧毁，但在守军抵抗下，日军始终不能登陆. 此次总攻被粉碎后，盐泽幸一被撤职，第三舰队司令官野村中将接任其职。

2月5日上午9时，中央空军第6、7队的9架飞机从南京明故宫机场起飞，赴上海参战。机群经过昆山，与日海军航空队发生短暂空战。11时降落上海虹桥机场，正加油挂弹准备出击日舰，突然日机来袭，战机随即升空迎战。战斗中刚完婚的副队长黄毓铨因机械故障坠机牺牲，成为中国空军对日抗战殉国第一人。

2月11日下午，日军在闸北狂轰滥炸的同时，向蕴藻浜、曹家桥一线大举进攻. 第19路军勇猛抗击，双方肉搏，战况极其激烈。日军终在当晚被全部击退。13日，日陆军一个大队一度越过蕴藻浜、纪家桥一线，当即遭到第61师张炎旅的夜袭，敌军溃败。至此，日军企图从几路包抄吴淞中国军队的计划被粉碎。

日军总参谋长载仁急令陆军第9师团火速增援上海。2月13日，师团长植田谦吉与第一梯队到达上海港。16日，该师团在吴淞登陆。日军海陆空兵力已达30000人，飞机60余架。14日，中国政府任张治中为第5军军长，率所部第87、88师及中央陆军军官学校教导总队增援上海，16日第5军军部抵达上海南翔，归第19路军统一指挥，接替从江湾北端经庙行至吴淞西端的防线，为左翼军；第19路军为右翼军，担负江湾、大场以南及上海市区的防御。18日，蒋介石命中央驻蚌埠、江西的空军全数连同广东方面支援上海的飞机飞沪参战。

植田谦吉要挟中国守军于20日前撤退20千米，被蔡廷锴、蒋光鼐严词拒绝。20日晨，植田谦吉令日军全线总攻，以第9师团主突江湾、庙行结合部，企图北与久留米旅围攻吴淞，南与陆战队合围闸北。日军先以火炮轰击，继之以步兵协同坦克，分两路进犯张华浜一线和杨树浦一线，均被击退；闸北日军死伤枕籍。

21日，植田谦吉指挥步兵数千人向守军阵地冲击，试图包抄江湾镇，被守军击溃，另生俘日军官兵数百人。22日，第9师团倾巢出动，犯第5军88

师庙行阵地，日机轰炸竟日不停，数千发炮弹轰击守军阵地。张治中指挥孙元良旅、宋希濂旅和第 19 路军 61 师三面夹击，敌遭惨败，庙行阵地转危为安。日军第 9 师团及久留米旅团伤亡惨重。此即庙行大捷。

日本第 3 舰队旗舰"出云"号被第 19 路军敢死队潜水炸伤。日本内阁决定，火速派遣陆军增援。参谋本部决定成立上海派遣军司令部，由白川义则大将接替植田谦吉，增派第 11 师团、第 14 师团和飞机上百架来华。

增兵后，白川义则统率下的上海日军兵力达 70000 余人、军舰 80 艘、飞机 300 架。守军不足 50000，装备差，经一月苦战，伤亡严重。白川义则汲取前几任指挥官正面进攻失利的教训，决定从翼侧浏河登陆，两面夹击淞沪守军。指挥第 9 师团等部正面进攻淞沪，以第 3 舰队护送第 11 师团驶入长江口，从浏河口、杨林口、七丫口突然登陆，疾速包抄守军后路。

淞沪抗战爆发后，国民政府任命陈铭枢担任京沪铁路防卫，为左翼军总指挥，蒋鼎文为右翼军总指挥。蒋鼎文率领第 2 军、第 14 军自江西移师沪、杭，在川沙、枫泾、吴江构筑第一线阵地，并于嘉善、平湖、乍浦构筑第二线阵地，积极布防，策应第 19 路军抗战。

3 月 1 日，日军在闸北、江湾、庙行发动进攻，用火炮和飞机连续轰炸，步兵乘势进击，双方伤亡均重。同时，白川义则密令第 11 师团，利用浏河中国兵力单薄的弱点，在七丫口、杨林口、六滨口等地强行登陆，侵占浏河。浏河的失陷，使中国军队侧、后方均受严重威胁，不得已于 3 月 1 日晚全军退守第二道防线。2 日，日军攻占上海，3 日，日军占领真如、南翔后宣布停战。

3 月 3 日下午 2 时，日本发布战命令。国联按计划召开讨论中日问题的特别大会，大会通过在上海停战、缔结协定及日军撤退的决议。

4 月 30 日，国联大会一致通过了 19 国委员会所拟定的关于上海停战和撤军的决议，日本代表弃权，其他各国均投赞成票。

国民政府行政院长汪精卫、军事委员会委员长蒋介石等以事变期间红军发动赣州战役为借口，确立了"攘外必先安内"的政策。

19 路军在庙行作战

4. 希特勒：国防军进军莱茵兰

1889 年 4 月 20 日，阿道夫·希特勒出生在奥地利，父亲当过鞋匠，后来转为海关公务员。希特勒小时候曾遭同学虐待，中学时学习成绩非常差，未毕业就退学了，两次报考维也纳美术学院落榜，校方的评价是"不适合绘画"。父亲 1903 年 1 月死于胸膜出血，母亲 1907 年 12 月死于乳腺癌。父母双亡后，希特勒在维也纳街头靠卖画为生。

1914 年 7 月，第一次世界大战爆发，希特勒参加德国巴伐利亚预备步兵团第 16 团。1916 年，因受伤休养，1917 年 3 月返回战场，不久，由传令兵晋升上等兵，因作战勇敢获一枚一级铁十字勋章和一枚二级铁十字勋章。1918 年 10 月，遭芥子气攻击而短暂失明，在养伤期间，德国向协约国宣布投降。

1918 年 11 月 11 日，在法国贡比涅森林。法军福熙元帅与德国代表签署停战协定。协约国在这里立了一块花岗岩碑，上面用法文镌刻着："德意志帝国在此屈膝投降。"

1919 年，在巴黎和会上，战胜国起草了一份严惩德国的条约。它规定：德国要向战胜国支付巨额赔款；德国要承认奥地利独立；德国海外殖民地要由战胜国瓜分；德国境内莱茵河以东 50 千米要成为非军事区；德国只能保持一支很小的军队，等等。

这时的希特勒已离开军队，流落在德国南部最大的城市慕尼黑，寻找发迹机会。1919 年，他在旁听德国工人党（即后来的纳粹党）会议时，起身驳斥一个鼓吹巴伐利亚分离运动者中了犹太人"要把德国分裂成两个国家"的奸计。德国工人党主席安东·德莱克斯对他的演说印象深刻，邀请他入党。不久后，他成为主席团委员，1921 年出任党魁，将党更名为"民族社会主义德国工人党"，简称"纳粹"，并雇用了一批打手，成立了纳粹的冲锋队。

纳粹是在战后德国面临严重经济、政治危机的过程中滋生和繁衍起来的，是一个竭力煽动民族复仇主义和民族沙文主义的组织。为了争取群众，扩大影响，希特勒打着"民族主义"和"社会主义"两面旗帜进行欺骗宣传。在民族主义旗帜下，希特勒抓住《凡尔赛条约》大做文章，认为德国的灾难来源于《凡尔赛条约》，号召德国人民起来撕毁《凡尔赛条约》，挽救民族的危亡。为了适应德

德国国防军盼望东山再起

国新的形势和人民的情绪，希特勒也标榜纳粹党是搞"社会主义"的。

一战前，埃里希·冯·鲁登道夫在陆军总参谋部任处长，在总参谋长小毛奇领导下对修改施里芬计划曾起到重要作用。一战爆发后，鲁登道夫调往东线任第 8 集团军参谋长，从此成为兴登堡将军的得力副手。一战后期，兴登堡 - 鲁登道夫组合获得了实际上是军事独裁者的地位。战后，鲁登道夫计划消灭魏玛共和国和建立军事独裁，为此和纳粹建立了密切联系。

1923 年，纳粹党员发展到 30000 余人，成为一支引人注目的新的政治力量。这时正值德国马克暴跌，金融界一片混乱，法国、比利时又出兵占领了鲁尔。希特勒认为夺取政权时机已到，企图仿效墨索里尼向罗马进军，利用暴力推翻魏玛共和国。

1923 年 11 月 8 日，希特勒利用巴伐利亚军政头目在慕尼黑一家啤酒馆举行宴会之际，企图发动一场"政变"。

这天晚上，慕尼黑政界和社会的名流都来到这家啤酒馆。希特勒混了进来，悄悄站在一根柱子旁，没人注意他。巴伐利亚邦长官卡尔开始讲话后，戈林带着 25 名武装纳粹党员闯入大厅。在一片吼叫声中，希特勒跳上一张椅子，对着天花板开了一枪，叫喊道："全国革命已经开始了。这个大厅已经由 600 名武器人员占领，任何人都不许离开大厅。巴伐利亚政府和德国政府已被推翻，临时全国政府已经成立。陆军营房和警察局已被占领，军队和警察正在纳粹旗

希特勒身边的胖子是戈林，纳粹第二把手，却从来不是第一把手的助手

下向市内挺进。"希特勒把卡尔等人赶入一间屋子里。与此同时，派人接来鲁登道夫，希特勒想要鲁登道夫充当他的名义领袖。随后，希特勒会见卡尔，宣布已与鲁登道夫组织了新政府，而鲁登道夫对发生的事一无所知。鲁登道夫到了后，对希特勒把他蒙在鼓里随便摆弄的做法非常生气。希特勒却振振有词地说："我们不能再回头了，我们的行动已经载入了世界历史的篇章。"

11 月 9 日早上，3000 名纳粹党徒聚集在啤酒馆外，而后在希特勒、戈林和被挟持的鲁登道夫带领下，朝慕尼黑市中心进发。路上碰到警察阻拦，希特勒的保镖叫道："尊敬的鲁登道夫将军阁下来了！"希特勒挥舞着左轮手枪。

希特勒的主要宣传喉舌戈培尔

不知道是谁开了第一枪。但这声枪响之后，双方枪弹齐发。戈林的大腿和小腿中弹。希特勒是第一个飞奔逃命的人。冲突中，16 名纳粹分子和 3 名警察被打死。两天以后，希特勒被捕，啤酒馆政变失败了。

希特勒被判 5 年监禁，但在狱中只呆了 8 个月，在牢房里口授了《我的奋斗》一书。

希特勒出狱后，德国形势有所改善，阻碍了他煽动暴力夺权的机会。但他很快迎来了政治生命的转折点。1929 年，席卷全球的经济大萧条冲击到德国，外

国贷款停止了，当失业人口从200万猛增
到600万时，希特勒在德国卷起了旋风，
向所有人允诺，只有他才能把德国从多灾
多难的困境中解救出来。

在他的蛊惑下，德国所有的社会渣滓
都投奔到纳粹的阵营。1930年9月4日，
德国新一轮国会选举结果揭晓时，纳粹已
跃为国会第二大党。

1932年是德国又一个选举年，已然
80多岁的兴登堡本不打算竞选连任，但一
看竞争对手居然是泼皮一般的希特勒，老
英雄一气之下，决定再度竞选。为了当上

1924年希特勒刚刚出狱

总统，希特勒疯了。他包租了一架飞机，印刷了100万张招贴画、80万本小
册子和120万份党报特刊。希特勒在车轮般的竞选演说中，抛出了杀手锏，他
一旦执政，就要剥夺所有德国人的人身自由！别的政客绝不敢说的话让他吼了
出来。德国垄断资产阶级正在担忧"十一月革命"幽灵的复活，希特勒的这通
咆哮，正对了他们渴望推行法西斯极权统治的心思。这轮竞选，希特勒以微弱
劣势败给了兴登堡，但把牌子闯了出来。没有当上总统不要紧，总统之下还有
个总理，他向兴登堡讨要这个位置。

兴登堡不把希特勒放在眼里，说他是野性难驯的暴发户。1932年6月，
兴登堡总统任命帕彭为总理，7月，德国国会选举，纳粹党获得230个席次，
成为国会第一大党。帕彭知道内阁继续执政必须得到纳粹党支持，便说服希特

希特勒在兴登堡手下担任
总理，纳粹组成万字符游行

纳粹党徒在犹太人商店
门前唱反犹歌曲

希特勒攀上了大英雄
鲁登道夫

"长刀之夜"被屠戮的冲锋队队长

勒接受副总理职位，希特勒认为自己适合总理，遭到兴登堡拒绝。资助了纳粹党的德国企业家们积极说服兴登堡任命希特勒为总理。最后，兴登堡勉强同意任命希特勒为总理，由纳粹党与国家人民党共组联合内阁。

1933 年 2 月 27 日国会大厦被纵火，一名荷兰共产党员被发现在大楼中，大火被渲染为国会第二大党共产党（纳粹党主要政敌）所为。隔日，国会通过火灾令，基本人权被限定，共产党领袖被逮捕，动员冲锋队将全国所有共产党党部占领并禁止共产党员参加 3 月初的国会选举，纳粹党利用暴力、反共情结及国家机器作宣传赢得了 44% 的席位，联合德国国家人民党，成为国会里绝对多数。

希特勒凭借冲锋队的鼓噪起家，上台后认为冲锋队的街头暴力影响了他的"形象"，欲除去冲锋队及领导者恩斯特·罗姆。罗姆作为希特勒的主要打手，企图把国防军纳入冲锋队。德国将军们得知后，大为光火，与希特勒达成秘密交易，只要除掉罗姆和冲锋队，军队就听希特勒的。随后罗姆在一家旅馆被干掉，1934 年 6 月 30 至 7 月 2 日，希特勒清算冲锋队，至少有数百名冲锋队骨干被处决，在第三帝国历史中，这件事被称为"长刀之夜"。

希特勒青年团接受机枪训练

1934 年 8 月 2 日，兴登堡总统病逝。希特勒内阁通过一项法案，宣布总统职权转授予总理，由此，希特勒成为元首兼帝国总理、德国武装力量最高统帅。

希特勒把军队和教会之外的所有政治社会机构都"纳粹化"。在他执政期间，废止魏玛共和国，将德国改称为纳粹德国或德意志第三帝国；解散国会，取缔其他一切政党和团体，迫害和屠杀天主教会、自由派别基督教会、民主党人、共产党人和犹太人，宣布纳粹党和纳粹德国合为一体，开始一党专政。纳粹德国初期的经济措施使得德国走出一战后的阴影，因此获得下层民众支持。希特勒"让德国的每户人家的餐桌上有牛奶与面包"的承诺很快也实现了。

1933年2月3日，希特勒与德国军方领导人会晤，"将征服东方的'生存空间'并加以无情的'德意志化'"作为终极对外目标。当年，德国的军费开支超出失业救济支出。10月，希特勒决定退出国际联盟及世界裁军会议。

1935年3月，希特勒将德军扩大至60万人，6倍于《凡尔赛和约》所规定的数量，包括新成立的空军及扩增的海军。英、法以及国际联盟虽然谴责，却未采取任何实际行动。6月18日，英德签署海军协定，允许德国海军的总吨位为英国海军的45%。希特勒说"这是他生命最快乐一天"。

当年，为了使德军与宿敌法军脱离接触，《凡尔赛和约》与《洛迦诺公约》规定，德国境内莱茵河以东50千米为非军事区，如果德军进入，法军有权采取军事行动，英军则有义务以武装力量支持法国。

莱茵兰是德国的领土，德军却不能进入。希特勒决定给军队顺顺气。1936年3月2日，他下令3个营的德军越过莱茵河，向边境城市亚琛挺进。他还有一道补充命令：如果法军作出反应，德军则即刻从原路撤回。进军莱茵兰这一冒险行动，震惊了部分德国军官。陆军元帅勃洛姆堡在约德尔和大多数高级军官支持下，要求撤回已经越过莱茵河的3个营。希特勒拒绝了勃洛姆堡元帅的请求。希特勒沉住了气，挽救了局面，还带来成功。希特勒说："在进军莱茵兰以后的48小时，是我一生中神经最紧张的时刻。如果当时法国人也开进莱茵兰，我们就只好夹着尾巴撤退，因为我们手中可资利用的那点点军事力量，即

希特勒与党徒

希特勒部署进军莱茵兰

德军进入莱茵兰

使是用来稍做抵抗，也是完全不够的。"

冒险成功了。希特勒向国会议员宣布：德国士兵开进了莱茵兰！议员们惊呆了。当时法军有100个师，却无奈于3个营的德军。就凭着这一点，黩武精神涌上了脑袋，他们狂热地向新的救世主欢呼起来。

德国人曾经厌恶希特勒的匪徒式统治，但为时不久，希特勒的个人威望却达到了高峰。德国资产阶级和容克地主认为他们终于找到了一个合适的人。这个人曾经声名狼藉，而且来路不正，但他以邪恶的天才毁灭了魏玛共和国，废除了协约国在战后的裁决，对《凡尔赛和约》不屑一顾，正以军事力量恢复德国在世界上的地位，并有望为历史带来一个"德国时辰"。

5. 西班牙内战：纳粹德国与苏联各支持一方

1936 年 7 月 18 日至 1939 年 4 月 1 日，西班牙发生内战，主要原因是种种社会矛盾诱使左右翼互相攻击、政府改革失败、旧势力军人和宗教人士不满，长期下来使得对立走向武装斗争，最后在右翼军人的策划下引发了内战。由共和国总统曼努埃尔·阿扎尼亚的共和政府军与人民阵线左翼联盟对抗弗朗西斯科·佛朗哥的国民军和长枪党等右翼集团；共和政府有苏联和墨西哥的援助，佛朗哥国民军有纳粹德国、意大利和葡萄牙支持。西班牙内战成为意识形态的冲突和轴心集团与共产势力的代理战争，被认为是第二次世界大战的前奏。

1939 年 4 月，西班牙国民军获得胜利，西班牙第二共和国解体，由佛朗哥施行独裁统治，波旁王朝复辟（唯王位悬空）。

西班牙是最早的海上霸主国家，在海外拥有不少殖民地和领地。1936 年 7 月 18 日，驻北非摩洛哥和加那利群岛的西班牙殖民军在佛朗哥、莫拉等将领策动下发动叛乱。西班牙陆军和空军大约有 12 万名军官和士兵支持叛乱，摩洛哥人组成的"外籍军团"参加了叛乱。叛军趁政府犹豫之际，迅速占领西属

佛朗哥反叛

25

内战开始了，孩子们吓坏了

噩耗

摩洛哥、加那利群岛、巴利阿里群岛以及西班牙本土北部和西南各省，7 月 30 日在布尔戈斯成立"国防执政委员会"，企图南北夹击马德里，进而夺取全国政权。

叛乱发生后，西班牙各阶层人民拿起武器，保卫共和国，两天内有 30 万人报名参加人民警卫队。马德里、巴塞罗那、巴伦西亚、卡塔赫纳、马拉加、毕尔巴鄂等大中城市的叛乱很快被平息。叛军仅控制南方的安达卢西亚和北方的加利西亚、纳瓦拉、旧卡斯蒂里亚等经济落后省份。共和军则控制了所有的工业和政治中心、主要港口、交通干线和重要农业区。

内战爆发后，佛朗哥派特使赴纳粹德国，与德国航空部长戈林会晤。希特勒决定介入西班牙内战，命令 11 架 Ju-52 运输机、6 架 He-51 战斗机、85 名党卫军乘"乌萨拉莫"号客轮，前往德军驻扎的摩洛哥。

9 月下旬，希特勒发布"奥托行动"，动员更多士兵援助佛朗哥，给佛朗哥 24 辆坦克、少量高射炮和无线电设备。德国海军也派出战舰和潜艇进入战区。自 1936 年 11 月开始，希特勒派出了 500 人的军队和兀鹰军团，92 架新型飞机，包括性能最佳的 BF-109 战斗机。据统计，多达 19000 名德国人参与了西班牙内战。

西班牙内战爆发后，墨索里尼派出 12 架 SM-81 轰炸机协助佛朗哥运输非洲军团至本土，并派正规军参与西班牙内战。尽管墨索里尼派出比希特勒多的地面部队，但提供的战略资源不多，只有 68 架飞机和几百支小型武器。而意大利皇家海军在地中海发挥了重大作用，封锁共和国海军。在西班牙内战中，有超过 75000 名意大利士兵为国民军战斗。葡萄牙政府没有正式宣战，但提供了港口和少量军需物资，另有 8000 名志愿军与国民军一同作战。

在美洲国家中，墨西哥公开表示支持共和政府，拒绝遵从法、英的不干涉提议。墨西哥为共和政府提供了 200 万美元的援助和两万支步枪，28 万颗子弹，

誓言

出征

8 门大炮和少数美国制造的飞机等。墨西哥最重要的帮助是庇护许多来自西班牙的政治难民。

1936 年 8 月，叛军在德、意干涉军支援下，从葡萄牙边境向马德里发动进攻。9 月，叛军和干涉军切断共和国北部与法国的联系。9 月 28 日，叛军占领马德里西南托莱多地区，随后分四路进逼马德里。11 月 6 日，叛军进抵马德里城郊，共和政府迁往巴伦西亚，并组建兵力达 30 万人的军队。在国际纵队配合下，共和军和民兵在马德里以西构筑三道防线。叛军在德、意的坦克和飞机支援下，从西南方向发起猛攻，一周内占领大学城 3/4 地区。共和军给叛军迎头痛击。25 日叛军停止进攻。为缩小包围圈，叛军于 12 月 13 日出动 17000 人在马德里西北接近地实施突击，经 1 个月激战，切断了马德里通往埃尔埃斯科里亚尔的公路。

1937 年 2 月 6 日至 27 日，在意大利干涉军支援下，叛军在马德里东南的哈拉马河谷发起进攻，企图切断马德里至巴伦西亚公路，完成对马德里的合围。共和军实施反击，粉碎叛军从东南方向合围首都的企图。为牵制共和军，叛军在南部科尔多瓦、格拉纳达、直布罗陀一线实施进攻，占领蒙托罗、马拉加后转入防御。

3 月 8 日，意大利干涉军对瓜达拉哈拉实施突击，企图配合叛军夺取马德里。共和军投入 3 个师的兵力顽强防御，至 22 日终于粉碎意大利干涉军的进攻。

西班牙内战期间，国联呼吁其他国家保持中立，并试图抵制各势力的武器流入西班牙，但成效极低。美国认为苏联参与了 1931 年西班牙推翻皇室的活动，因此对共和政府予以敌视。

苏联是共和政府主要的援助者，虽然斯大林签署过西班牙内战的不干涉协

一名叛军士兵将手榴弹扔过铁丝网

战地

议，但在 1936 年 10 月宣布"若德意两国不停止军援国民军派，苏联将不受不干涉协议的约束"，之后秘密提供共和军约 806 架飞机、362 辆坦克和 1555 门大炮，派出少数军事顾问到西班牙。在内战爆发后，苏联共产国际组织全球 50 多个国家的志愿者，编为国际纵队，亦称国际旅，前往西班牙，与共和军共同对抗国民军。进入西班牙的苏军总数不超过 700 人，但经常开着苏制坦克和飞机与共和军并肩作战。共和政府则以西班牙银行的国家黄金来支付苏联的军备，总价值超过 5 亿美金，占共和国全国黄金量的 2/3。1938 年，苏联撤回军事顾问与志愿军。

叛军在马德里遭到失败后，从 1937 年 6 月起，把进攻重点转向北部，集中 15 万兵力，其中绝大部分是意大利干涉军，对毕尔巴鄂发起进攻，遭 60000 共和军坚决抵抗。6 月 20 日，叛军凭借兵力优势攻占毕尔巴鄂。为减轻北部的压力，7 月和 9 月，共和军在马德里西北的布鲁内特和东部战线萨拉戈萨以东发动两次进攻战役，但未能制止叛军对北部战线的攻势。10 月 22 日，共和军在阿斯图里亚斯的最后一个根据地希洪陷落。10 月 28 日，共和政府迁至巴塞罗那。

12 月 5 日，共和军为粉碎叛军再次进攻马德里的企图，在东部战线对叛军主要根据地特鲁埃尔发起进攻，一度解放该城，但共和军未能按计划发展进攻，在孤立无援情况下苦战两个月，终于 1938 年 2 月 15 日放弃特鲁埃尔。特鲁埃尔战役使共和军伤亡 25000 人，损失飞机超过 100 架。

叛军和干涉军乘机将作战重点转向东部战线。1938 年 3 月，佛朗哥在埃布罗河谷投入 5 个军的兵力以及几乎全部飞机、坦克，在德、意干涉军配合下

罗伯特·卡帕的摄影作品：战地家书

叛军轰炸马德里，女人们慌了神儿

向阿拉贡发起进攻，而共和军在东部战线仅有 11 个师。9 日，叛军和干涉军突破共和军防线，至 4 月 15 日将共和军控制区分割成两部分。接着，叛军和干涉军分兵出击，南攻巴伦西亚，北进巴塞罗那。

为扭转战局，1938 年 7 月，共和军在埃布罗河地区投入 10 多万兵力，发动内战以来规模最大的进攻战役，即埃布罗河战役。经 3 个多月鏖战，歼敌 80000 余人，击落击伤敌机 200 余架，但由于人力物力得不到及时补充而被迫转入防御，未达预期战役目的。这次战役共和军损失 60000 人，致使战局空前恶化。在此期间的 9 月 21 日，共和国应国联要求，解散国际纵队，试图换取英、法对德、意的压力，撤回干涉军，未果。

1938 年 12 月 23 日，叛军和干涉军出动 20 多个师共 40 万人的兵力，发动决定战争胜负的加泰罗尼亚战役。共和军在战役后期边打边撤。1939 年 1 月 26 日，加泰罗尼亚首府巴塞罗那失陷。2 月 8 日，共和军控制的最后一个据点菲格拉斯失陷，25 万共和军越过法国边境后被解除武装。次日，叛军和干涉军进抵法西边境，2 月 11 日加泰罗尼亚全境被占领。2 月 27 日，英、法政府宣布承认佛朗哥政权，断绝与西班牙共和国的外交关系。3 月 3 日，

马德里抓住一个叛乱分子，人们尽情地奚落他

叛军对巴塞罗那的轰炸

在希特勒的支持下，佛朗哥成事了

内战结束后，漂泊的少女

共和国卡塔赫纳海军基地爆发叛乱。3月5日，中部战线司令卡萨多上校在马德里发动军事政变，宣布接管政权，并向叛军敞开进入马德里的大门。28日，叛军和干涉军进入马德里和巴伦西亚，战争结束。

西班牙内战是二战前世界民主进步力量同法西斯势力的一次较量，结果是人民阵线领导的共和政府被颠覆，佛朗哥在德、意法西斯庇护下建立法西斯专政，并加入《反共产国际协定》；德、意两个法西斯国家在战争中相互勾结，并在战后正式结成同盟，使欧洲政治关系和战略格局发生有利于德、意的重大变化。

6.卢沟桥事变：中国全民族抗日战争爆发

　　1901 年 9 月，列强与清廷签订屈辱的《辛丑条约》，不仅向清政府勒索 4.5 亿两白银，还附加许多苛刻条件。《辛丑条约》签订前 4 个月，日本政府就以"护侨""护路"为名，成立清国驻屯军，司令部设于天津海光寺，兵营分别设于海光寺和北京东交民巷，兵力部署于北京、天津、塘沽、秦皇岛、山海关等地。辛亥革命后，日本将清国驻屯军改名为中国驻屯军。1937 年制造卢沟桥事变的正是驻丰台的驻屯军步兵旅团第 1 联队第 3 大队。

　　东北沦陷后，日本把侵略矛头指向华北。1933 年元旦夜，日军向山海关进攻。何柱国率部奋起反击，经激战，守军第 1 营、3 营将士全部殉国，1 月 1 日山海关失陷。日军转向进攻热河、察哈尔省，占领长城北部地区后，再攻破蓟镇、宣镇长城防线。承德于 3 月 3 日失守。在义院口、界岭口、青山口、喜峰口、铁门关、罗文峪、冷口等 100 多个长城关口、蜿蜒 1000 多里的长城沿线上，中国守军严阵以待。

　　3 月 9 日，日军先遣队进抵河北遵化东北的喜峰口，进攻东北军万福麟部。傍晚侵占北侧长城线及喜峰口以东的董家口。第 29 军 37 师冯治安部旅长赵登禹，奉命派王长海团为先锋，急行军增援喜峰口。王长海组成 500 人的大刀队，乘夜分两路潜入敌阵，趁日军酣睡之际，

日军攻占长城隘口

长城抗战中的傅作义

用大刀砍杀，暂时稳定了战局。3 月 10 日，日军服部旅团长令步兵第 26、27 联队一部增援喜峰口，由董家口、铁门关等处发起进攻。赵登禹即率部前往堵截敌人，宋哲元令第 37 师王治邦、佟泽光两旅分左右两翼支援，与敌展开激烈战斗。日军以一部确保喜峰口，将主力集中在长城北侧地区待机。3 月 11 日夜，第 29 军迂回夜袭，绕至敌右侧背，攻击喜峰口西侧高地。官兵携手榴弹，提大刀，在夜色中踏雪前进，次日拂晓前进至日军三家子、小喜峰口、狼洞子、

白台子等阵地。敌人在睡梦中被砍杀。佟泽光率两个团绕至敌左侧背，攻击喜峰口东侧高地之敌。3 月 12 日，驻喜峰口外老婆山的日军赶来增援。双方激战，伤亡均重。3 月 13 日，日军再攻喜峰口未得逞，后撤到遵化以北 25 千米的半壁山。3 月 14 日，宋哲元部收复老婆山。此役，第 29 军虏获敌坦克 11 辆，装甲车 6 辆，步枪 6000 多支，俘敌万余。日本不得不承认喜峰口战斗丧尽了"皇军名誉"，遭受了"60 年来未有之侮辱"。

由于长城守军得不到有力支援，两个多月后被迫撤离各口。日军南进密云、怀柔等地，守军第 35 军傅作义部英勇抵抗。5 月 12 日，日军渡滦河西进，突

29 军大刀队

长城抗战

破中国军队第 57 军阵地，先后占领丰润、遵化、玉田、平谷、蓟县、三河等县，直逼北平、天津。长城抗战以签订卖国的《塘沽协定》告终。

吉星文率部打响了全民族抗日战争的第一枪

日军迫使南京国民政府签订《塘沽协议》后，战略重点转向准备对苏作战，对中国由单纯的武力征服改变为推行"华北自治运动"。1935 年 1 月中旬，日军迫使南京政府承认察哈尔沽源以东地区为"非武装区"。5–7 月，日军华北驻屯军司令官梅津美治郎和关东军奉天特务机关长土肥原贤二借口"河北事件"和"张北事件"，胁迫南京政府批准北平军分会代理委员长何应钦与梅津美治郎达成的"何梅协议"，及察哈尔代理主席秦德纯与土肥原贤二达成的"秦土协议"，接受日军所提取消冀、察两省境内的国民党党部等多项要求，使河北、察哈尔两省主权大部丧失。10 月 20 日，日军继"丰台夺城事件"后，收买汉奸、流氓发动"香河暴动事件"。11 月 11 日土肥原贤二提出《华北高度自治方案》，经日军、宋哲元、南京政府之间一系列讨价还价，12 月 18 日，在北平正式成立既保存南京中央政府和宋的体面，又有"自治"之实的冀察政务委员会。在日本侵略者压力下，南京国民政府特派宋哲元为委员长，王揖唐、王克敏等为委员。

1936 年 4 月 17 日，日本裕仁天皇任命田代皖一郎中将为驻屯军新任司令官，桥本群少将为驻屯军参谋长，新设置的驻屯军步兵旅团长为河边正三少将。驻屯军的兵力达 14000–20000 人。驻屯军司令部下辖步兵旅团司令部，两个步兵联队，驻屯军战军队、骑兵队、炮兵队、工兵队，以及受驻屯军节制的驻华北航空大队，各地守备队等，驻屯

卢沟桥守军

日军出击前检查装备

日军攻占卢沟桥

军成为一支兵种齐全,具有攻战能力的野战兵团。

卢沟桥位于北平城西南约15千米的永定河上,卢沟桥畔的宛平城建于1640年,是守卫北京城的要塞。从1937年6月起,驻丰台日军连续举行军事演习。1937年7月7日夜,卢沟桥的日本驻军在未通知中国地方当局的情况下,径自在中国驻军阵地附近举行所谓军事演习,并称有一名日军士兵于演习时失踪,要求进入宛平城搜查,被中国守军拒绝。日军向卢沟桥一带开火,向城内的守军进攻,守军第29军37师219团予以还击。由此掀开了中国全面抗日战争的序幕。

7月8日晨,日军包围宛平城,向卢沟桥中国驻军发起进攻。219团官兵奋力反击。排长申仲明亲赴前线,指挥作战,最后战死。驻守在卢沟桥北面的一个连仅余4人生还,余者全部壮烈牺牲。

蒋中正传记中有《何(应钦)上将军事报告》,以及远东国际军事法庭记录的秦德纯证词:"1937年7月7日夜11时,驻扎在丰台的日本军队在未通知中国北平地方当局的情况下,在国民革命军驻地附近进行夜间军事演习,并之后以'一名士兵失踪'为理由,要求进入宛平城内搜查。当时驻扎在卢沟桥的是国民革命军第37师219团吉星文部队的一营,营长是金振中。由于时间已是深夜,中国驻军拒绝了日军的要求。之后日军包围了卢沟桥,双方都同意天亮后派出代表去现场调查。但是日本的寺平副官依然坚持日军入城搜索的要求，在中方回绝这一要求后，日军开始从东西两门外炮击城内，城内守军未予反击。在日军强化攻击后，中方守军以正当防卫为目的开始反击，双方互有伤亡。随后卢沟桥北方进入相持状态。"

相持状态持续到 7 月 9 日凌晨 2 时，中日交战双方对"日军占领永定河东岸，中方占领永定河西岸，日方撤走交战军队"达成一致，开始撤军，

鬼子进入北平

直到当日 12 时 20 分撤军完毕。7 月 9 日之后，交战双方进入谈判，同时日军也开始加紧对华北地区派兵，以增加对南京国民政府的压力。

7 月 17 日，国民政府军事委员会委员长蒋介石在庐山宣布准备应战和必要时守土抗战到底的决心。7 月 19 日，他发表《最后的关头》演说，正式宣布开始全面抗战。随即日军向天津、北平大举进攻。7 月 29 日、30 日，相继占领北平、天津。

7. 淞沪会战：中国抗日战争第一场大型会战

"七七"事变后，日军从东北入关，从北向南挤压。为了把日军的入侵方向变为由东向西，以利于长期作战，蒋介石策动在上海主动发起反击，引发中日双方在中国抗日战争中的第一场大型会战，也是第二次世界大战爆发前，规模最大、战斗最惨烈的战役。这场战役对于中国而言，标志着两国不宣而战，地区性冲突升级为全面战争。

蒋介石认为，在上海作战，比在北方大平原作战补给方便，能避开机动力占优的日军。上海是国际大都市，有外国租界，在这开战极有可能引起大国势力干涉，如果打得好，可能在外国调停下赢得光荣的和平。

调入上海的第一批部队是第87、88师，为国军精锐。秘密开到上海附近后，张治中建议抽调正规军化装为保安队进驻上海，蒋介石同意，命令驻扎在苏州的第2师补充旅第2团换上保安队服装秘密进驻虹桥机场等，以充实上海兵力。当时上海的中国驻军受限于1932年的《淞沪停战协定》，无正规陆军。

1937年8月9日，秘密进驻虹桥机场的中国军队打死前来侦察的日军大山勇夫中尉。此事发生后，蒋介石下令抽调大军由华北赶赴上海，准备集中兵力歼灭上海的日本海军陆战队，全歼日军长江舰队。在华北已开战的情况下，不能容忍日本海军陆战队在上海的存在。

8月13日上午9时过后，上海北站与宝山路一带爆发日军便衣队与中国保安队射击事件，接着事件扩大，上海各处都开始传出枪声与冲突。13日下午，在八字桥持志大学附近，中日双方爆发直接射击事件，两军立刻进入阵地待命；下午4时左右，日本陆战队司令部挂出战旗指令，停在黄浦江与长江水域的日

本舰队，立刻轰击国军阵地与上
海市区，国军反击。淞沪会战正
式打响。

第二天，国民政府发表《自
卫抗战声明书》，宣告"决不
放弃领土之任何部分，遇有侵
略，惟有实行天赋之自卫权以应
之。"8月15日，日本正式宣布
组建上海派遣军，以松井石根大
将为司令官，率领两个师团的兵
力开往上海增援，进一步扩大对
中国的侵略战争。

为抢得主动权，赶在日本援
军到达之前消灭驻沪日军，13日，
张治中第9集团军对上海市区之
敌发动进攻，同时出动空军轰炸
日海军陆战队司令部、汇山码头
及日军舰艇。攻击重点初为虹口，
后转向公大纱厂。会战开始时，
中国军队除两个精锐师外，还有
两个装备德国火炮的炮兵第10
团和第8团，加上坦克、空军助
战，具有绝对优势。其时日军在

上海妇女劳军

被炸毁的楼房

上海仅有海军陆战队四五千人，紧急从日本商团中动员退役军人，合计也不过
五六千人，重武器也不足。但是，他们依靠坚固工事顽抗，致使国军无法完成
重大突破。

经数日苦战，第87师占领沪江大学，第88师占领五洲公墓、宝山桥、八
字桥等要点，第2师补充旅接替第88师，防守上海爱国女校、持志大学，担
任攻击虹口公园和江湾路日军司令部任务。日军于16日退守江湾，以日本海
军陆战队司令部为中心据点，依凭坚固工事顽抗。

中国军队屡攻不克，自身伤亡很大。8月14日，第88师264旅旅长黄梅

淞沪抗战中的国军士兵　　　　戴着防毒面具作战

兴阵亡，为开战以来中国军队牺牲最高级别之军官。其旅伤亡 1000 余人，连排军官几乎损失大半。除在地面战场短兵相接，双方在海上、空中也展开全方位较量。

中国飞机于 8 月 14 日、17 日和 19 日多次出动轰炸日军目标，并与日机展开激烈空战。8 月 14 日，第 4 驱逐机大队大队长高志航率所部飞机于杭州笕桥机场上空击落敌机 6 架、击伤多架，首创中日战争史上击落日机的纪录。15、16 日，中日空军连续激战，海军奉命以商船沉于十六铺，封锁黄浦江，以防止日舰溯江向上游进攻。

此次为国军第一次军种（空军、海军、陆军）和诸兵种（步兵、炮兵、坦克）大规模协同作战，但协同效果很差。陈诚回顾上海围攻未胜的教训，认为中方"以 5 师之众，对数千敌陆战队实行攻击，竟未能奏效，实在是当时部署种种不当的缘故。"

会战之初，国军投入兵力 3 个师又 1 个旅、炮兵 1 个团又 1 个营、上海市警察总队、江苏保安队两个团，另有海军轻巡洋舰及驱逐舰 10 艘，炮艇、鱼雷艇 20 余艘，空军参战飞机 250 余架。陆军分为左右两翼，左翼为由京沪警备部队改编而成的第 9 集团军，司令张治中；右翼为张发奎担任司令的第 8 集团军，由苏浙边区部队改编而来。前者在浦西负责扫荡日军据点，后者在浦东担任警戒、支援和配合。

会战开始，中国政府成立大本营，以蒋介石为首，编定全国战斗序列，江苏长江以南（包括南京、上海）及浙江地区划为第3战区，冯玉祥为司令长官、顾祝同为副司令长官。蒋介石对冯玉祥信不过，特地交代"以顾副长官之命令为命令。"

8月下旬，中国各部队继续围攻盘踞在海军陆战队司令部、杨树浦等据点的日军，新抵达战场的国军精锐之师第36师迅速投入战斗，在战车掩护下攻入汇山码头，同时空军再次出动配合，轰炸地面及江上日军目标。

国军装备低劣，面对钢筋混凝土工事一筹莫展，仅有的南京装甲团配属第36师的两个连的战车既无火力保护，又缺乏与步兵协同作战经验，被日军舰炮悉数摧毁，两连官兵全部殉国。8月20日晨至22日，宋希濂第36师、王敬久第87师、孙元良第88师和夏楚中第98师的进攻均受阻，伤亡严重。战局陷入僵持，日军龟缩据点负隅顽抗待援。

中日两军在上海正式开火后，国际强权感到他们在上海的利益受到重大影响，提出停战调停要求。中国要争取国际社会支持，蒋介石不得不敷衍国际强权的要求，日本则利用机会喘息，困守待援。

上海之战一开，国军虽然取得先机，但没有达到赶日军下黄浦江的目的。日军参谋本部意识到上海战事正发展为会战，原规划的上海派遣军兵力不足，在9月11日决定组成上海派遣军战斗序列，调动第9、13、101师团，台湾旅团、炮兵第5旅团及大量工兵特种作战部队与海、空军，增援松井石根的上海派遣军。日本上海派遣军兵力是5个师团，两个旅团及陆海空的特种与支持部队，人数超过16万人。

日军作战准备

日军也有摩托化战队开进

大批日军乘船赶赴上海增援

国军先发制人的攻击，没有击溃日军，反而引来大批增援日军，蒋介石重新部署在上海作战的兵力，派张发奎第 8 集团军防守浦东到杭州湾阵地，张治中第 9 集团军防守上海市区，陈诚第 15 集团军负责上海市郊到长江的防线。国军主力源源涌到。松井石根先将主力放在攻占上海西北郊区的宝山到罗店一线，扩大登陆滩头阵地。

日军海军炮舰火力全球第一，对国军阵地进行摧毁性密集射击，国军仅有的轻炮兵没有还手之力，国军死伤无数。守宝山的姚子菁营血战七昼夜，全营战死。陈诚第 15 集团军主要作战任务是"反登陆作战"，不到半个月就少一半以上兵员。9 月 10 日，国军放弃反登陆的滩头决战，退到河道密布的内陆，防守马路河到蕴藻浜，及潘泾到杨泾地区。

松井石根虽然攻占罗店，但没有足够兵力切断国军上海到南京的交通线，完成对上海国军的包围。国军本以为最多打一周的战斗竟然打了一个月以上。

战火中的上海北站

日军用榴弹炮轰击

日军从上海杀向南京

日军通过铁桥

日军全力投入部队稳住战线；在黄浦江中的日本舰队，不断进行弹幕射击的火力掩护，上海租界被炮声与火光所笼罩。

9月21日，蒋介石将上海作战部队分成左翼作战军（陈诚），中央作战军（朱绍良），中央军几乎全数投入战场。华南、华中甚至西南的各路诸侯部队陆续赶往上海，中国几百年也没有出现过这样的共同抵御外侮的作战情景。

松井石根将主力放在上海西北郊区，以对国军侧翼包围作战，不过日军深入内陆，已经没有海军舰炮火力支援。日军从9月11日到10月20日的40天内，只是从潘泾打到杨泾而已，东西距离仅5千米，多处阵地几度易手，国军据点大多拼到弹尽援绝才不得不退。10月7日，松井石根终于从蕴藻浜攻到上海西郊的交通枢纽大场。日军只要攻陷大场，国军在上海市区以及浦东的部队就得退出阵地，以免被日军包围。

为守住大场，夺回蕴藻浜防线，蒋介石把可以调动的兵力全都耗尽。军政部长何应钦说，上海战事最激烈时，一个师调到火线，只能维持半天，就报销了。蒋介石把中央军校教导总队及税警团都调出应战，以防止蕴藻浜战线崩溃。税警团是总队编制，有6个团，兵力接近一个军。留学美国军校的税警团第4团在争夺战中几度夺回阵地，使得税警团声名大噪；团长孙立人身负重伤，也成为国军将领新星。

10月17日，李宗仁第21集团军作为决战预备队增援，试图反击日军攻势，争回蕴藻浜防线。由于出击过于仓促，配合不够，造成攻势受挫。

日军利用国军攻势受挫时机，在10月25日攻陷重镇大场，直逼苏州河。

德军架山炮攻击南京中华门

日军攻占南京

第 18 师师长朱耀华因为大场战线被突破，全师阵地失守而拔枪自杀。

大场阵地被日军攻克后，蒋介石下令国军全部后撤过苏州河，重新布防。事实上，撤退时，国军还坚守闸北、江湾到庙行的阵地，两个半月的激战，日军无法越雷池一步。日军把坚守闸北阵地，血战 3 个月，不曾后退半步的国军第 88 师称做"可恨之师"。

为营造舆论，蒋介石下令第 88 师留一个营，据守四行仓库与日军周旋，这就是被人传诵一时的"八百壮士"事迹。成千上万的中国人民日夜守在苏州河边的租界地区，为国军作战呼喊助阵，日军气急败坏，组织敢死队，不计牺牲地猛攻国军阵地，经过三天三夜血战，守军阵地依然飘扬着国旗。最后在租界各国请求之下，这支力战不屈的孤军奉命退到租界之内。

10 月 26 日，日军大本营下令由华北方面军抽调第 16 师团加入上海派遣军战斗序列，增加决战的预备队兵力。另外以第 6 师团、18 师团、114 师团，以及国崎支队等特战与支持部队组成第 10 军战斗序列，由柳川平助中将率领，前往上海地区参战。日本上海派遣军与第 10 军总计为 9 个师团、两个旅团以及大量的海空军支持部队，总数达到 27 万人。

九国公约会员国将在 11 月 3 日于比利时召开会议，主题是讨论中日之战，蒋介石希望国军能够在上海地区继续作战，以利于求诸国际仲裁，因此没有将力已衰竭的国军向京沪线后方的纵深预定阵地调动，反而要求国军继续固守已残破的阵地，而松井石根的部队在大本营的支持与压力之下，拼命设法强渡苏州河，继续攻击国军阵地。于是中日两军又在苏州河南岸，陷入浴血苦战之中。

11月5日，日本第10军突然在杭州湾金山卫登陆，包抄国军防线。蒋介石没有料到日军大本营竟然由华北方面军抽调兵力，由杭州湾登陆，迂回进攻国军防线背后。蒋介石立刻调兵阻挡，但已无兵力可调了。第62师回防阵地已经太迟，第67军刚从河南赶到，没有完成集结，立刻就被日本第10军主力击溃。事实上，国军在杭州湾根本没有可以阻挡日军第10军三个半师团登陆的军力。

日军上到了中山陵

日军大本营为统一日军在上海地区的作战指挥，11月7日下令组成华中方面军战斗序列，由松井石根大将出任司令官，统帅上海派遣军以及第10军对上海方面的国军进行最后合围。

11月8日，国军在上海的战线面临全线崩溃，蒋介石下令在上海作战的国军撤退。撤退迟了近3天，国军几乎以溃散方式脱离战场，各自寻求突围，先前退却的部队担心日军追击，大量破坏桥梁与道路，使得后续撤退的国军无路可走，重装备损失殆尽。

11月13日，日军完成对上海地区合围，国民政府发表退出上海的声明。淞沪会战长达3个月，国军寸土必争、浴血抵抗，但缺乏弹性运用，军力透支，几乎将抗日战力储备消耗殆尽。中国总共调集78个师投入战场，后续仍有十

松井石根在南京阅兵

日本人拍摄的南京屠杀，仅是冰山的一角

几个师没有赶上作战。所幸日军虽然击溃国军，却没有办法歼灭。

淞沪会战使全中国上下凝聚了一个共识，就是为了抵抗日本的侵略，中国"纵使战到一兵一枪，亦绝不终止抗战。"这是中华民族历史上最为悲壮的决定。国民政府发表自上海撤退的声明，可以说是对于这场会战的过程与意义做出的最好的历史见证与结论："各地战士，闻义赴难，朝命夕至，其在前线以血肉之躯，筑成壕堑，有死无退，阵地化为灰烬，军心仍坚如铁石，陷阵之勇，死事之烈，实足以昭示民族独立之精神，奠定中华复兴之基础。"虽然上海作战失败了，但是中国决心以更广大之规模，进行更持久之战斗。

淞沪会战中，国军兵力总数在 60 万以上，但实际到达战场的兵力为 40 万左右。中国空军参战部队为 8 个大队和 1 个暂编大队，约 200 架飞机。海军的参战部队为第 1、第 2 舰队和 1 个练习舰队，1 个鱼雷快艇大队和江阴等要塞部队，约 40 余艘舰艇。

1937 年 11 月 5 日，何应钦在国防最高会议报告中宣布，淞沪战场中国军队伤亡达 187200 人；此外，1937 年 11 月 5 日至 12 月 2 日间，后撤途中伤亡约 10 万人，合计约 29 万人。我军阵亡中将军长 1 人，阵亡师长、副师长 4 人，阵亡团长 28 人，阵亡营长 44 人。由于中方海军司令官的"沉船战术"泄密，中国海军全军覆灭。另有约 70 架飞机被毁。

据日本防卫厅防卫研究所战史室编《中国事变陆军作战史》，1937 年 8 月 13 日至 11 月 8 日淞沪会战期间，日军约战死 20000 人，受伤约 40000 人，合计约 60000 人。此战国民党军伤亡 33 万多人，为日军损失的 5.5 倍。

8. 兵不血刃：奥地利成为"大德意志"的一个省

公元 962 年，德意志国王鄂图一世在罗马由教皇加冕称帝，称为"罗马皇帝"，德意志王国称"德意志民族神圣罗马帝国"，史称第一帝国。随着地方封建势力日益强大，第一帝国皇权不断衰落，形成不少邦国，最大的两个邦国是普鲁士和奥地利。1806 年，第一帝国被拿破仑一世推翻。19 世纪后半期，普鲁士通过 3 次王朝战争，实现了德国在普鲁士控制下的统一。1866 年普鲁士和奥地利战争中，奥地利败北，脱离了德意志邦联。德意志邦联解体后，代之而起的是包括莱茵河以北所有各邦在内的、由普鲁士主导的北德邦联。1870 年普法战争中，普鲁士击败法国，翌年 1 月 18 日，普鲁士国王威廉一世在法国凡尔赛宫加冕为德意志皇帝，史称第二帝国。

德国人和奥地利人同属于日耳曼民族，德、奥合并问题由来已久。第一次世界大战结束前后，德、奥两国出于不同目的，都有实现合并的意图。1918 年 10 月，鲁登道夫写信给外交部，请考虑

墨索里尼这时已对希特勒服服帖帖了

45

意大利女兵

恩格尔伯特·陶尔斐斯

以实现德、奥合并来补偿德国因"战争所带来的其他地区的损失"。奥地利临时国民议会考虑到战败及奥匈帝国解体给奥地利带来的影响，于 11 月 12 日通过与德国合并的决议。但协约国在建立凡尔赛体系过程中，把削弱德国作为重要内容，严禁德、奥合并。《凡尔赛条约》第 80 条和《圣日耳曼条约》第 88 条都规定：奥地利之独立如非经国际联盟行政院之许可，不得变更。

1933 年纳粹夺政后，德、奥合并问题突出。希特勒是奥地利日耳曼人，认为所有日耳曼民族应共同在一个国家统治下。希特勒没有把《凡尔赛条约》放在眼里，但是他遇到了一个强硬人物。

1932 年 5 月，恩格尔伯特·陶尔斐斯当选奥地利总理兼外交部长后解散国会，实行法西斯统治，被称为"以独裁对抗纳粹"。他镇压奥地利工人和舒茨本德领导的武装起义，反对德国吞并奥地利。1934 年 7 月 25 日，在维也纳纳粹分子的一次暴动中，10 名奥地利纳粹党闯入总理官邸，陶尔斐斯被射杀。这下把意大利独裁者墨索里尼惹火了，他不仅自认为是奥地利的保护人，而且与陶尔斐斯的私交甚深。墨索里尼立即派出 4 个师，陈兵勃伦纳山口，并向奥地利政府发出急电，支持奥地利的独立。对此，希特勒不得不否认与叛乱阴谋有关系，而且干掉了杀害陶尔斐斯的凶手，暂时收敛起来，等待时机吞并奥地利。

1936 年下半年的国际形势对德国十分有利。1935 年 10 月意大利发动侵略埃塞俄比亚的战争，无力再与德国争夺奥地利。1936 年 3 月，德国重新占领莱茵非军事区，公然违反《凡尔赛条约》和《洛迦诺公约》，也未受到英、法的干涉。鉴于上述种种情况，奥地利总理许士尼格尽力避免德国的干涉，使希

奥地利部队有娴熟的登山技能

奥地利军队装备的轻型装甲车

特勒容忍现状。1936年7月11日，许士尼格同德国驻奥公使冯·巴本签订了一项秘密协定和一份公报。在公报中，德国政府表示"承认奥地利联邦的全部主权"；双方互不干涉内政，包括奥地利民族问题在内；奥地利承认自己是一个德意志国家。但秘密协定则要求奥地利按照德国政府的外交政策来执行自己的外交活动；大赦奥地利纳粹党政治犯；允许纳粹党徒分担政务。秘密协定使德国基本上控制了奥地利的内政和外交。

意大利对希特勒吞并奥地利的企图开始持反对态度。1934年初，墨索里尼首席外交顾问访奥时重申，"必须首先保证奥地利的独立"。但在1937年11月，意大利加入《反共产国际协定》，墨索里尼改变了在奥地利问题上的立场。1938年2月，英国首相张伯伦宣称，当德国占领奥地利时，奥无法指望其他大国的援

奥地利的希特勒青年团焚烧进步书籍

47

张伯伦与希特勒会谈后回国，拿着希特勒亲笔写的纸条炫耀

助；美国驻法大使布利特通知德国，华盛顿"完全理解"德国改变欧洲地图的计划；法国政府也表示无意干涉奥地利事务。

1938 年 2 月，希特勒把许士尼格请到了德奥边境的伯希特斯加登别墅会谈。在会谈中，希特勒要求奥地利开放对政党的限制，给予完全的政党自由，释放被关的纳粹党员并让他们参与政府，否则将采取军事行动。许士尼格被迫答应，并让奥地利纳粹党领袖赛斯·英夸特担任奥地利保安部长兼内政部长。

然而，许士尼格并不甘心，他决定以公民投票挽救危局。对于这次公投，许士尼格规定，投票年龄门槛设定为 24 岁，目的是排除较赞同纳粹的年轻人。

对于许士尼格的做法，希特勒宣称这是一场骗局，而且德国不会承认。3 月 11 日，希特勒对许士尼格发布最后通牒，并命令军队准备进入奥地利。许士尼格向国外求援，但英、法皆无任何动作，当天晚上他辞去总理一职。

3 月 12 日，纳粹党徒大肆宣扬"奥地利政府被共产党暴徒包围"，伪造奥地利政府请德出兵镇压骚乱的"紧急请求"。在纳粹党徒压力下，奥地利第一共和国总统威廉·米克拉斯被迫任命赛斯·英夸特为总理。

3 月 12 日，德国军队跨越德奥边界，14 日进入维也纳。这一天，希特勒也来到维也纳，受到了来自奥地利各地的纳粹分子的欢

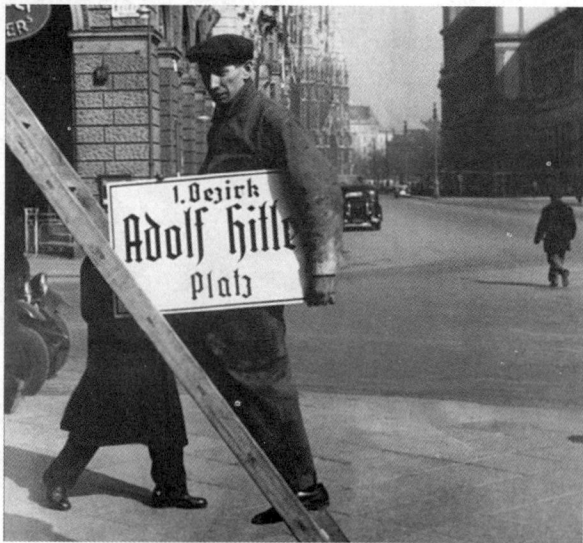

为迎接希特勒回归，维也纳广场改名为希特勒广场

迎。希特勒在维也纳宣布"德奥合并"，签署了德奥合并的法律条款，奥地利成为德意志第三帝国的东方省。希特勒担任德国和奥地利军队总司令。

赛斯·英夸特表示欢迎德军，拥护德国与奥地利重新合并，并担任"奥地利总督"，又被授予党卫队将军头衔。1939年，他出任德国不管部部长。战后被纽伦堡法庭处以绞刑。

德军兵不血刃地占领了奥地利。对希特勒这一赤裸裸的侵略行为，西方列强仅表示抗议。不久，英、法、美等国承认德国对奥地利的吞并，分别把驻奥使馆改为驻维也纳领事馆。苏联强烈谴责纳粹德国的侵略，建议召开国际会议讨论集体对付希特勒的侵略，但西方国家置之不理。希特勒吞并奥地利后，使德国的经济、军事实力和战略地位得到进一步增强，更加肆无忌惮地实行其侵略和战争计划。

库尔特·许士尼格辞职后，被纳粹党囚禁，1940年被押送至德军集中营，1945年美军进驻后获释。战后他移民到美国，晚年定居奥地利乡村，1977年去世。

昔日的维也纳流浪汉希特勒回来了

奥地利的民族罪人赛斯·英夸特

9. 慕尼黑协定：从苏台德到捷克斯洛伐克全境

捷克斯洛伐克是内陆国，它的西端呈三角形，深深楔入德国东部。这个三角地带称为苏台德地区。1938 年，捷克斯洛伐克与纳粹德国之间发生了一次冲突，起因是对苏台德区主权的争执。

苏台德区包括三部分：捷克斯洛伐克东北部易北河与奥得河间的苏台德山脉，捷克斯洛伐克西北部奥雷山脉地区，捷克斯洛伐克西南部的波希米亚森林。包括波西米亚、摩拉维亚与奥属西里西亚的部分地区。

一战前，苏台德地区属于奥地利帝国及后来的奥匈帝国的领土，以讲德语的居民为主。一战后，奥匈帝国战败，该国被一分为三，即奥地利、匈牙利和捷克斯洛伐克。苏台德地区归属了捷克斯洛伐克，当地 350 万讲德语的居民也从奥匈帝国的主体民族降为捷克斯洛伐克的少数民族。苏台德地区问题由此而起。

20 世纪 30 年代，以英国首相张伯伦为代表的英、法、美等国的绥靖主义者，为了维护既得利益，求得一时苟安，不惜以牺牲别国利益为代价，谋求同侵略者妥协，企图将祸水引向苏联，坐收渔利。1931 年"九一八"事变，容忍日本侵略中国东北。1935 年 3 月容忍希特勒重整军备。1935 年 8 月美国通过中立法。1935 年 10 月容忍意大利侵略埃塞俄比亚。1936 年 3 月放任希特勒武装进占莱茵区。1936 年 8 月对德、意武装干涉西班牙采取"不干涉"政策。1937 年 7 月纵容日本发动全面侵华战争，此后又策划太平洋国际会议，阴谋出卖中国，同日本妥协。1938 年 3 月默许希特勒兼并奥地利。这些都是绥靖政策的例证。最典型的体现则是 1938 年 9 月的慕尼黑会议。英、法及幕后的美国，企图以牺牲捷克斯洛伐克为代价，在欧洲实现"普遍绥靖"，求得"一代人的和平"，实质上是推动德国进攻苏联。历史证明，张伯伦等所推行的绥靖政策是一种纵容战争、挑拨战争、扩大战争的政策。它无法满足法西斯国家的侵略野心，却鼓励了侵略者冒险，加速了第二次世界大战的爆发。

从1933年开始，以康拉德·亨莱因为首的亲纳粹的苏台德人不断加强自主运动。这个运动开始只是地区性内部矛盾，但是纳粹德国的霸权政治很快就开始利用这个运动，由此危及到法国和英国的安全利益。1938年3月德国与奥地利合并后，苏台德区问题成为欧洲外交政治的焦点。

1938年3月28日，希特勒在柏林召见康拉德·亨莱因，命令他向捷克斯洛伐克政府就民族问题提出"无法满足我们"的8项要求。其中包括与捷克斯洛伐克政府平等、完全自主，以及赔偿德国人从1918年开始蒙受的所有不平等造成的损失。

伦敦女子在学习测距仪的使用方法

伦敦人甚至尝试在地铁过夜

1938年9月12日，希特勒扬言要对捷克斯洛伐克采取军事行动。德军开始大规模向边境集结。捷克斯洛伐克政府立即实行军事动员，欧洲战争有一触即发之势。英国首相张伯伦内心恐惧，9月13日晚向希特勒发出一份特急电报："鉴于局势日益严重，我提议立即前来见你，以寻求和平解决的办法，我提议乘飞机来，并且准备在明天启程。"

9月15日，张伯伦得到法国同意，乘飞机抵达慕尼黑后，转乘火车到达伯希特斯加登的希特勒别墅。希特勒并未按照外交礼仪前去迎接，而是在别墅台阶上等候。这对一国政府首脑来说，的确是不平常的冷遇。

捷克斯洛伐克军队进入战备   捷克斯洛伐克军队的训练水平不可小视

张伯伦到达的当天，就同希特勒举行会谈。希特勒恐吓张伯伦说，如果因苏台德区问题而引起冲突，他将"准备迎接任何战争，决不会后退一步"。他问张伯伦，"英国政府是否同意割让苏台德？"张伯伦当即表示赞成，并表示把这个意见带回英国，争取内阁批准，并和法国磋商。他乞求希特勒不要使用武力，希特勒同意在"两人再次会晤前，德方不采取任何军事行动"。

9月16日，张伯伦飞回伦敦召开内阁会议说，只有把苏台德割让给德国才能避免战争。9月18日，法国总理达拉第和外交部长庞纳应邀到伦敦，在张伯伦建议下，英法两国政府制订了一份要求把"凡是苏台德区日耳曼籍居民占百分之五十以上的全部领土，都直接转让给德意志帝国"的联合方案。

9月19日，英法政府向捷政府发出照会，强迫捷总统贝奈斯接受这个方案，被捷政府拒绝。对此，英法政府十分恼火，威胁贝奈斯政府说，如不改变态度，就要负起"挑起战争的责任"。英国以不给捷援助、法国不履行法捷条约相要挟，终于迫使贝奈斯政府就范。9月21日下午，捷政府照会英法政府，"以沉痛的心情接受英法两国的建议"，并发表广播说："我们没有别的选择，因为我们被人抛弃了。"

9月22日，自命为欧洲"和平使者"的张伯伦，违背捷克斯洛伐克人民的意愿，无视世界舆论的责难，第二次飞往德国，继续与希特勒进行政治交易。这次会谈在莱茵河畔戈德斯堡举行。张伯伦以为希特勒应该表示满意了，但希特勒向张伯伦提出了更高要求：在几天之内，捷军队和警察立即撤出苏台德区，由德国对苏台德区实行军事占领，捷克斯洛伐克境内其他所有操德语的地区也要统统归并德国。希特勒说，如果这些要求遭到拒绝，"只好寻求用战争解决问题的途径。"张伯伦以"调解人"的身份，答应把希特勒提出的戈德斯堡备忘录转交给捷克斯洛伐克政府，并要求在进行"调解"期间，德国不要使用武力。

9 月 25 日，捷政府拒绝了希特勒提出的新要求，坚持 9 月 18 日的英法联合方案。9 月 26 日，张伯伦同法国总理达拉第和外交部长庞纳进行商谈，发表了公报，声称两国政府在所有问题上意见一致。

捷克斯洛伐克政府拒绝戈德斯堡备忘录后，9 月 26 日，希特勒发表演说，再次进行战争威胁："如果到 10 月 1 日，苏台德区还没有交给德国，我希特勒将亲自作为第一个士兵去同捷克斯洛伐克作战。"随后，德国宣布三军总动员。对希特勒的演说，张伯伦心神不安，再次给捷政府施加压力。9 月 28 日，他向希特勒表示愿意再次去柏林，并建议召开英、法、意三国代表参加的国际会议，努力使希特勒不经过战争，就能实现自己的要求。希特勒表示同意张伯伦的建议，立即向英、法、意政府首脑发出了邀请。9 月 29 日，张伯伦第三次飞往德国。

9 月 29 日深夜，四国首脑举行慕尼黑会议，捷克斯洛伐克代表被冷淡地领入了另一个房间等待。按照事先达成的交易，英国、德国、意大利和法国领导人很快就决定将捷克斯洛伐克的苏台德区及与奥地利接壤的南部地区割让给

墨索里尼自认为是慕尼黑协定的始作俑者

贝奈斯总统无力阻止

捷克斯洛伐克的地下抵抗组织

德国。捷克斯洛伐克惨遭肢解。几个小时以后，捷克斯洛伐克政府被迫宣布接受慕尼黑协定。

30 日早晨，张伯伦与希特勒继续会谈，签署英德宣言，宣布两国"彼此将永不作战"，决心以协商办法"解决一切争端"。张伯伦对这纸互不侵犯的宣言十分满意，回到伦敦后宣称："从今以后，整整一代的和平有了保障。""现在我请你们回去，在你们的床上安心睡觉吧！"

捷克斯洛伐克总统贝奈斯曾希图依靠英、法、苏等国支持，抵抗希特勒，但由于英、法推行绥靖政策，他不敢发动人民，也不愿单独接受苏联援助，不得已接受了《慕尼黑协定》。1938 年 10 月 5 日被迫辞去总统职务。

《慕尼黑协定》墨迹未干，1939 年 3 月，希特勒的军队入侵整个捷克斯洛伐克，张伯伦感到被欺骗，断然放弃绥靖政策。宣称如果纳粹进攻波兰，英国将给予武装支援。张伯伦利用绥靖政策期间加速英国重整军备计划，健全了雷达防御系统和空军的更新，这为后来丘吉尔领导的英国保卫战起了关键性作用。

德军进入布拉格

波兰军队凑热闹，拿走捷克斯洛伐克一块土地

不久，希特勒又向波兰开刀。在舆论的压力下，张伯伦政府于1939年9月3日对德国宣战。张伯伦无可奈何地说："这对我们大家来说都是一个可悲的日子，而对任何人都没有比对我来说更为可悲了。我曾为之奋斗过的一切，我曾希望过的一切，在我的公务生活中我曾信奉过的一切，都毁灭了。"张伯伦在对德宣战的同时改组内阁，丘吉尔担任海军大臣并主持军事协调委员会，艾登担任殖民事务大臣。张伯伦虽然仍为首相，但是影响力已大为减弱。德国入侵波兰后，英国和法国表面履行保障波兰安全的诺言，实际上并未出兵援助波兰，英法军队宣而不战。希特勒利用这一时机，于1940年4月9日对丹麦和挪威发动闪电攻击，英国远征军在随后的挪威战役中遭到失败。

5月7日至8日，英国下院就远征军失败举行辩论。国会对张伯伦政府举行不信任动议投票，有40位原来支持政府的议员投了反对票，张伯伦很清楚自己该下台了。5月10日晚，张伯伦向国王递交辞呈，推荐丘吉尔继任英国首相。

张伯伦辞去首相职务后，丘吉尔仍然请他留在战时内阁。1940年11月张伯伦病逝，享年71岁。

10. 徐州会战：京沪这副挑子的支点

    1938年初，日军占领了北平和上海。北平与上海都是孤立的城市，如同一副挑子的两个筐，如果要联系起来，需要一根"扁担"。这根"扁担"是连接两地的铁路线，而"扁担"需要一个支点。这个支点就是徐州。

    徐州会战，是1938年1月至5月中国第5战区军队与日本华北方面军、华中派遣军各一部，在以江苏省徐州为中心的津浦、陇海铁路地区进行的大规模的防御战役。

李宗仁

    1937年12月，日军侵占南京后，第13师团北渡长江，进至安徽池河东岸的藕塘、明光一线；日军第10师团从山东青城、济阳间南渡黄河，占领济南后，进至济宁、蒙阴、青岛一线。日本大本营为打通津浦铁路，使南北战场连成一片，先后调集8个师另3个旅、两个支队（相当于旅）约24万人，分别由华中派遣军司令官畑俊六和华北方面军司令官寺内寿一指挥，实行南北对进，首先攻占战略要地徐州，然后沿陇海铁路西取郑州，再沿平汉铁路南夺武汉。

    中方将以徐州为中心的鲁南、皖

日军开赴战场

国军赶赴战场

北一带划为第 5 战区。战区司令长官李宗仁对危险情形焦急万分，急调川军第 22 集团军从晋南洪洞休整地区昼夜兼程前往第 5 战区堵防。第 22 集团军行进途中，鲁中山区战略要地泰安失守，徐州形势万分危急。第 22 集团军先头部队抵达徐州和徐州以北的临城时，李宗仁已下令炸毁津浦线北断的铁路和藤县以北的北沙河铁路桥，滕县至临城之间的几座铁路桥也正在安放炸药。

李宗仁将胶东半岛视为战略死地，故调走主力，只留下青岛守备司令沈鸿烈带 500 名海军陆战队员象征性驻守。日军主力部队坂垣师团于 1938 年 1 月 12 日从海上登陆，利用机械化优势，迅速长距离转运。

第 22 集团军先头部队沿铁道线北上填防时，日军未抓住韩复榘不抵抗造成的津浦线完全空虚和沈鸿烈不抵抗导致的潍台防线空虚的机会，集中华北优势兵力，趁第 22 集团军先头部队立足未稳和主力部队未到，一鼓作气拿下徐州。而是继续向济宁方向追击韩复榘溃军，抢占运河防线，然后在济宁滞留集结近两个月，等候对徐州的包围到位。于是，第 22 集团军在日军王牌部队面前抢占了津浦线北段邹县以南地区，保住了徐州这个已势在必失的要地。第 22 集团军随后组织了对日军的反击和扰袭，击毙了第 10 师团的少将田岛荣次郎。

1938 年 1 月 11 日，蒋介石逮捕了韩复榘，并在武昌将其枪决。此后，山东方面的军队扭转了不战而逃的局面，却没有抓住战机积极反攻。

李宗仁先后调集 64 个师另 3 个旅约 60 万兵力，以主力集中于徐州以北地区，抗击北线日军南犯，一部兵力部署于津浦铁路南段，阻止南线日军北进，以确保徐州。

1938 年 1 月 26 日，日军第 13 师团向安徽凤阳、蚌埠进攻。守军第 11 集团军第 31 军在池河西岸地区逐次抵抗后，向定远、凤阳以西撤退。至 2 月 10 日，日军第 13 师团主力分别在蚌埠、临淮关强渡淮河，向北岸发起进攻。第 51 军与日军展开激战，伤亡甚重，12 日向潍河、浍河方向撤退。第 59 军军长张自忠率部驰援，进至固镇，协同第 51 军在淮河北岸地区顽强抗击日军。同时，在淮河南岸，以第 21 集团军第 48 军固守炉桥地区，第 7 军协同第 31 军迂回攻击定远日军侧后，迫日军第 13 师团主力由淮河北岸回援。第 59、第 51 军乘势反攻，至 3 月初恢复淮河以北全部阵地。第 21 集团军和第 31 军旋由淮河南岸向北岸集中。双方隔河对峙。

2 月下旬，日军第 2 集团军分路南犯。东路第 5 师从山东潍县南下，连陷沂水、莒县、日照，直扑临沂。第 3 集团军第 40 军等部节节抵抗。第 59 军奉命驰援，3 月 12 日到达临沂北郊的沂河西岸，协同第 40 军实施反击，激战 5 昼夜，重创日军，迫其向莒县撤退。西路日军第 10 师团长濑支队从济宁地区西渡运河，向嘉祥进攻，遭第 3 集团军顽强抵抗，进攻受挫；濑谷支队沿津浦铁路南进，3 月 14 日由邹城以南进攻滕州。守军第 22 集团军第 41 军英勇抗击，伤亡甚重，苦战至 17 日，第 122 师师长王铭章殉国，滕州失守。

3 月 20 日，濑谷支队南进连陷临城、枣庄、韩庄，向台儿庄突进，企图一举攻占徐州。第 2 集团军总司令孙连仲率部固守台儿庄，第 20 军团汤恩伯、

孙连仲

封裔忠率部让开津浦铁路正面，转入兰陵及其西北云谷山区，诱敌深入，待机破敌。3 月 23 日，日军由枣庄南下，在台儿庄北侧的康庄、泥沟地区与守军警戒部队接战。24 日起，日军反复向台儿庄猛攻，多次攻入庄内。守军第 2 集团军顽强抗击，与日军展开激烈的争夺战。第 20 军团主力向台儿庄机动，拊敌侧背，与第 2 集团军形成内外夹击之势；第 3 集团军进至临城、枣庄以北，断敌后路。

日军为解台儿庄正面之危，以坂本支队从临沂驰援，进至兰陵北面的秋湖地区，即被第 20 军团第 52 军包围。4 月 3 日，第

敢死队队员整理行头

一名待机而动的士兵

5 战区发起全线反攻，激战 4 天，歼灭日军濑谷支队大部、坂本支队一部共万余人。日军残部于 7 日向峄城、枣庄撤退。

台儿庄战役前后近一个月，缴获了各型大炮 70 余门，坦克 40 余辆，装甲车 70 余辆，汽车 100 余辆，枪械 10000 余支等战利品，是抗战以来最大的一次军事胜利。

台儿庄大捷后，蒋介石令第 5 战区集中兵力于徐州附近，准备再次聚歼日军。而日军却改以部分兵力在正面牵制对方，主力向西迂回，企图从侧后包围徐州，歼灭第 5 战区主力。日军第 10、第 5 师团分别从山东峄城和临沂西北南进，对守军第 2 集团军和第 20、第 3 军团及第 27 军团第 59 军实施牵制性进攻。守军顽强抗击，至月底，将日军阻止在韩庄、邳州和郯城一线。日军开始从南北两个方面向徐州西侧迂回包围。在南面，第 9、第 13 师团从蚌埠地区分别沿北淝河、涡河西岸北进；第 3 师由蚌埠进入大营集地区，向宿县进攻。在北面，第 16 师团由山东济宁渡运河，至 14 日向江苏丰县、砀山推进；第 14 师团从河南濮阳南渡黄河，陷山东菏泽、曹县后，直插河南兰封；第 10 师团将韩庄、台儿庄地区的作战交由第 114 师团接替，向沛县进攻。

5 月中旬，徐州突然面临的严重危机，使蒋介石突然意识到：日军的意图是要围歼徐州中国军队主力。蒋介石立即与何应钦、白崇禧、陈诚、封裔忠等人研究策划。日军的企图已经

台儿庄战役敢死队勋章

59

暴露，再死守徐州已不现实，何应钦等亦主张赶紧突围。

当各路日军向徐州步步合围时，李宗仁令各路守军稍作抵抗后，即撤向山区、湖沼地区，进行"化整为零"的游击战，与敌人纠缠了月余。李宗仁与长官部官兵 700 余人，乘夜色经宿县、蒙城，越过敌之包围圈移驻潢川。留守徐州城的刘汝明部在萧县一带伏击日军第 9 师团，给日军造成重大伤亡。日军见中国军队大部已走，企图于徐州城围歼刘汝明部。刘汝明部佯作死守，见各路大军撤尽，放弃徐州城，巧妙地跳出日军数十万大军的重围，安全转移。日军伤亡万余人，得到一座空城。

5 月下旬，日军沿陇海铁路西进占领开封。为阻止日军前进，蒋介石下令在郑州东北花园口附近炸开黄河大堤，河水经中牟、尉氏沿贾鲁河南泛。日军被迫向黄泛区以东地区撤退。会战结束。

此次会战消耗了日军有生力量，迟滞了日军进攻速度，为部署武汉保卫战赢得了时间。

徐州会战期间，国军伤亡合计约 65000 余人，歼日军两万余人。这时，希特勒对中国施加压力，宣布对中国禁运军火，5 月间又下令召回驻中国军事代表团，而英、美等国仍无实际上的援助，国民政府感到依赖国际外力战胜日本的希望暂时难以实现。1938 年 6 月 9 日，蒋介石发表声明，宣称当前战局的重点不在于一个城市、一个地区的防御成功与否，今后的战争将在山岳地带进行等，并于同日下令在武汉的政府各机关、中央党部、各大学及由沪迁来的工厂等向重庆、昆明转移，最后完成以西南为大后方的战略部署，贯彻执行"以空间换取时间"的战略方针，表示"始终保持我军之战斗力，而尽量消耗敌人的力量，使我军达到持久抗战之目的"。

徐州会战之前，中国军队基本采取单纯阵地防御战，往往处于被动地位，加之武器装备不如日军，所以屡战屡败。经过淞沪会战及南京保卫战，中国统帅部接受了以往的教训，改用将阵地战的守势与运动战的攻势及游击战的袭扰密切结合。在预选战场地区，以部分兵力固守阵地，吸引和消耗敌人；以部分兵力游击敌后，破坏交通，袭扰据点，牵制敌人；以主力兵团迂回敌军侧背，实施强有力的攻击，从而变内线作战为外线作战，于被动中争取主动。

11. 武汉会战：作战范围跨五省

武汉会战是 1938 年 6 月至 10 月，中国军队为保卫武汉，同日本侵略军在武汉外围的广大区域进行的一次大规模会战。

1938 年 5 月，日军攻陷徐州后，积极准备扩大侵略战争，以武汉三镇为目标，制定了进攻汉口的作战计划。日军进攻武汉的兵力是华中派遣军主力第 2 军、第 11 军两个军，后不断增兵，后期拥有 14 个师团和两个旅团、两个支队、两个野战重炮旅团、两个战车团、3 个飞行团，总兵力约 30 万人，有坦克 300 多辆、各型火炮 1500 多门、各型飞机 300 架、各型舰艇 120 艘。此外，日军还配有毒气战等特种作战力量和其他作战保障兵力。

日军计划以主力沿淮河西进大别山北麓，占领信阳后转平汉铁路南下，另以一部沿长江西进，从北面和东面进攻武汉。6 月 11 日，为阻止日军西进，国民政府"以水当兵"，挖开了黄河花园口大堤，黄河水淹没了豫东、皖北的大片土地，形成的千里黄泛区与淮河连成一片，使日军无法西进和沿平汉铁路南下。最终，日军放弃沿淮河西进大别山的计划，改为以主力第 11 军沿长江两岸向武汉推进；以

蒋介石和白崇禧坐在草地上

61

蒋介石视察武汉会战部队

第 2 军由淮河向南翻越大别山，助攻武汉。

1937 年 12 月南京沦陷后，国民政府虽迁都重庆，但大部分军政机关都在武汉，武汉成为中国的军事指挥中心、抗战中心和事实上的战时首都，战略地位十分重要。

1937 年 12 月 13 日，即南京失守当日，国民政府军事委员会在武昌拟定了《军事委员会第三期作战计划》，决定"国军以确保武汉为核心、持久抗战，争取最后胜利为目的"。1938 年 1 月 11 日，成立武汉卫戍总司令部。随后又组建江防部队，负责防守武汉下游的马垱、湖口、九江、田家镇等长江要塞。6 月 8 日，制定《保卫武汉作战计划》，决定从徐州战场转移到豫皖边境的第 5 战区部队"以现在态势，确保大别山主阵地，积极击破沿江及豫南进犯之敌"。14 日，成立第 9 战区，由陈诚任司令长官。至此，保卫武汉作战的兵力及防线最后确定：由第 9 战区的 23 个军 49 个师负责长江南岸及武汉的防务；由第 5 战区所部共 26 个军 58 个师负责大别山南北两翼及长江北岸的防务。另以第 1 战区在平汉铁路的郑州至信阳段以西地区，防备华北日军南下；第 3 战区在芜湖、安庆间的长江南岸和江西南昌以东地区，防备日军经浙赣铁路向粤汉铁路迂回。各战区所属部队加上骑兵、炮兵、工兵、海军和空军，总计 14 个集团军，47 个军，130 个师，作战飞机约 200 架，舰艇 30 多艘，总兵力约 100 万人。

中国军队的作战方针是"守武汉而不战于武汉"，要充分利用鄱阳湖、大别山地障及长江两岸的丘陵、湖沼，实施战略相持，争取作战 4-6 个月，予敌以最大消耗；南昌、九江、黄梅、大别山东麓向北一线为第一防御地带，以东为游击区，由此地带开始实行逐次抵抗；萍乡、铜鼓、瑞昌、广济、罗田、麻城至武胜关一线为第二防御地带，即决战地带。作战部署是第 9 战区第 1 兵团防御南昌至德安一带鄱阳湖西岸，第 2 兵团防御德安、星子至九江一线；第 5 战区第 3、第 4 兵团防御长江以北、大别山东麓一线；武汉卫戍部队固守武汉核心阵地。

1938年5月29日，日本大本营命令华中派遣军与海军协同作战，攻取安庆、马垱、湖口及九江，作为进攻武汉的前进基地。6月1日，日军波田支队由芜湖溯江西进，进攻安庆、马垱、湖口、九江；第6师团从合肥进攻舒城、桐城、潜山、太湖、黄梅等地，策应溯江进攻部队作战。11日，日本海军当局通告驻汉口各国领事，称溯江进攻武汉的作战已经开始。12日，波田支队占领安庆，继续沿江西进。13日，第6师团攻占桐城后，转向西南方向进攻，17日占领潜山。

6月18日，日军进攻安庆与湖口、九江之间的马垱要塞。水面进攻受阻后，日军于23日由陆路偷袭马垱山下游16千米处的香山。24日，日军使用毒气弹，突破香山阵地。29日，日军迂回到马垱要塞后方彭泽登陆。马垱中国守军腹背受敌，被迫弃守马垱要塞，日军占领马垱。随后，日军以第106师团沿公路西进，波田支队乘舰艇分批西上，合攻湖口。7月5日，日军经过两日猛攻和使用毒气弹后，占领湖口。7月22日，日军第106师团越过鄱阳湖，在九江以东的姑塘登陆，守军第2兵团以第70、第64军等部协同第8军实施反击，但未击退日军。26日九江失守。日军取得从江南进攻武汉的桥头堡。

波田支队沿长江西进，8月10日，在瑞昌东北的港口登岸，向瑞昌进攻。第3集团军在第32军团增援下奋力抗击。20日，日军第9师团投入战斗，协同波田支队合击瑞昌。守军力战不支，24日瑞昌失守。第9师团和波田支队继续沿长江西进，同时第31集团军和第32军团等部在瑞昌以西地区节节抵抗沿长江西进的日军。9月14日，波田支队在海军配合下，向码头镇发动总攻。第31集团军阻止不住日军攻势，退守富池口，马头镇失陷。波田支队继续沿长江南岸推进，9月16日，进攻沿江要塞富池口。中国守军利用富池口天险，同日军血战近10天，多次击退日军的进攻，日军采用施放毒气等手段，

中为宋希濂

前排左二为张灵甫

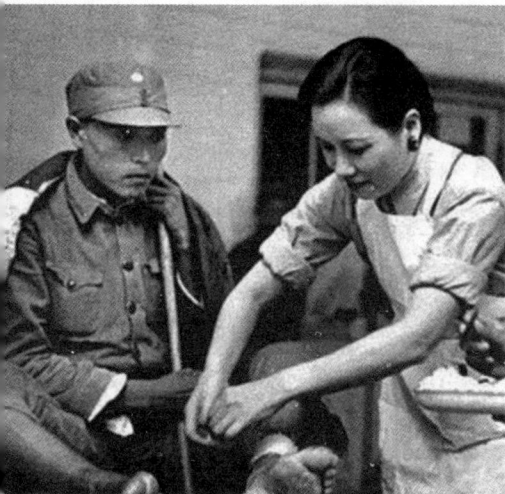

宋美龄在为伤员包扎

于 9 月 24 日攻陷富池口。第 2 兵团组织第 6、第 54、第 75、第 98 军和第 26、第 30 军团等部在阳新地区加强防御。至 10 月 22 日，阳新、大冶、鄂城相继失守，日军第 9 师团和波田支队逼近武昌。

波田支队进攻瑞昌的同时，日军第 106 师团试图突破南昌、九江间的南浔铁路，一方面策应长江沿岸的作战，另一方面试图沿南浔路西侧向鄂东推进，从东南面包围武汉。中国守军利用有利地形，重创日军，遏制了日军攻势。

为增援第 106 师团，日军第 101 师团向庐山南面的星子发动进攻，进而向德安推近。8 月 21 日，第 101 师团从湖口横渡鄱阳湖增援，突破第 25 军防线，攻占星子，协同第 106 师团企图攻占德安，夺取南昌，以保障西进日军的南侧安全。第 1 兵团第 66、第 74、第 4、第 29 军等部协同第 25 军在德安以北的隘口、马回岭地区与日军激战，双方成胶着状态。

9 月 20 日，获得补充后的第 106 师团从马回岭向德安西南推进，第 101 师团向德安东面推进，计划与第 27 师团一起，夹击德安。第 106 师团孤军深入，沿途受到中国军队的阻击和游击，伤亡惨重。进至德安西面万家岭地区时，被薛岳指挥的第 1 兵团第 4、第 66、第 74 军等部从侧后迂回包围。10 月 7 日，中国军队发起总攻，激战三昼夜，多次击败日军反扑。日军由于孤立无援，补给断绝，大部被歼。万家岭大捷歼灭日军 10000 余人，缴获火炮 44 门，轻重机枪 200 多挺，步枪 3000 多支，生俘日军 100 多名，日军第 106 师团几乎全军覆灭。

9 月中旬，为配合第 106、第 101 师团进攻德安，日军第 27 师团从瑞昌向箬溪、德安推进，沿途受到中国军队阻击，进展缓慢，直到 10 月 5 日才占领箬溪。守军第 1 兵团的 3 个军，在德安以西阻击日军。10 月 10 日，第 27 师团一部企图增援万家岭的第 106 师团，在万家岭西面白水街地区被中国军队重创。其后，第 27 师团转向西北进攻，18 日攻占辛潭铺，向金牛方向进犯。

在日军波田支队、第 106 师团攻占长江南岸各地的同时，江北的日军第 6 师团从潜山向太湖进攻，相继突破第 31、第 68 军防线，至 8 月 3 日，先后攻占太湖、宿松、黄梅等地。第5战区第4兵团以主力在湖北广济、田家镇、浠水地区迎击日军，第11集团军和第68军固守黄梅西北一线，第21、第26、第29集团军由潜山、黄梅西北山区南下侧击日军，至28日先后收复太湖、宿松。第11集团军和第68军乘势反攻，未果，退至广济地区，协同第26、第86、第55军等部继续抗击日军。第4兵团第21、第29集团军自黄梅西北实施侧击，未能阻止日军，至9月17日，广济、武穴相继沦陷。

9月18日起，北岸日军第6师团开始围攻田家镇要塞。第4兵团以守备要塞的第2军并加强第87军一部固守阵地，以第26、第48、第86军在外围策应作战，攻击日军侧背。日军使用飞机、重炮对田家镇中心阵地进行饱和轰炸，并发射毒气弹。激战十余日，防御阵地被摧毁，守军伤亡甚重，被迫撤出阵地。29日，田家镇要塞失守。日军继续进攻，至10月24日，接连攻占浠水、黄陂，直逼汉口。

在长江沿岸战线进入湖北境内之际，集结在合肥附近的日军第2军第3、第10、第13、第16师团分兵两路，北路第10、第3师团沿六安至光州一线向信阳推进，南路第13、第16师团沿霍山至商城一线向武汉北面推进。第5战区第3兵团以第51军和第19军团第77军在六安、霍山地区，第71军在富金山、固始地区，第2集团军在商城、麻城地区，第27军团第59军在潢川地区，第17军团在信阳地区组织防御。

8月27日，日军第2军从合肥分南北两路发动进攻。29日，南路日军第13师团占领霍山，向商城推进。9月2日，攻占叶家集，当夜强渡史河，进攻富金山。中国守军第71军和第2集团军英勇抵抗，使日军进攻受挫。激战至11日，日军再向富金山阵地猛攻，并多次发射毒气弹。中国守军伤亡殆尽，被迫撤退。次日，日军攻占了富金山。16日，日军第16师团攻陷商城，转兵南下，翻越大别山，进攻鄂东北的麻城。中国军队在商城与麻城之间的沙窝、新店一线布有重兵，据险防守。9月20日起，日军第13、第16师团开始猛烈攻击沙窝、新店一线的中国守军。中国守军第30、第71军利用大别山的险要地形和茂密山林

武汉童子军的街头宣传

日军的几个炮兵

阻击日军。双方激战一个多月，日军已死伤四五千人。直至日军第 3、第 10 师团攻占信阳，沙窝等阵地，中国守军才逐次南撤。24 日，日军第 16、第 13 师团越过大别山，进入麻城，然后沿宋埠、黄安、河口镇向武汉推进。

北路日军第 10 师团在 8 月 28 日占领六安后，强渡潢河和史河，于 6 日占领固始。7 日，进攻潢川，守军第 59 军与日军鏖战十多天。19 日，潢川失陷。21 日，日军第 10 师团突破第 17 军团第 45 军阵地，攻占罗山。日军继续西进，在信阳以东地区遭第 17 军团反击，被迫撤回罗山。10 月 2 日，日军第 3 师团迅速从光州出发，经罗山北面向信阳东北推进，策应第 10 师团进攻信阳。11 日，第 3 师团到达信阳北面，切断了平汉铁路，第 10 师团主力到达信阳南面，第 10 师团一部到达信阳东面，与第 3 师团一起包围了信阳。10 月 12 日，日军在优势炮火、战车的掩护下攻占信阳。

10 月 16 日，日军第 10 师团从信阳南下，沿平汉铁路西侧向武汉推进，相继突破平靖关、武胜关。中国军队在桐柏山一带阻击日军十余日，直到 10 月 26 日武汉沦陷，日军第 3 师团、第 10 师团才打出桐柏山，向应山、安陆、孝感、应城推进。

到 10 月 24 日，日军对武汉形成了东、北、南三面包围的态势。为保存军力以利长期抗战，国民政府军委会于 10 月 24 日下令放弃武汉，命令武汉守军撤退。25 日，日军第 6 师团从黄陂出发向汉口北面推进，当晚进入汉口市区，26 日占领汉口。同日，日军波田支队占领武昌。27 日，日军第 116 师团与第 6 师团各一部占领汉阳。至此，武汉会战宣告结束。

武汉会战从 1938 年 6 月 11 日日军进攻安庆起，至 10 月 25 日中国军队撤出武汉止，历时 4 个半月。战事从武汉外围沿长江南北两岸展开，遍及安徽、河南、江西、湖北四省广大地区，战线纵横数千里，是中国全面抗战以来投入兵力最多、战线最长、规模最大、持续时间最长的一次会战。中国军队虽然没能守住武汉，却大大消耗了日军的有生力量，打破了日本妄想"速战速决"，一举摧毁中国军队主力，迫使中国屈服，早日结束战争的计划，成为中国抗日战争的重要转折点。武汉会战结束后，中国抗日战争开始进入战略相持阶段。

12. 闪击波兰：英国和法国对德国宣战

纳粹吞并了奥地利与苏台德之后的下一个目标是波兰，那里不仅有日耳曼人，还有一个以日耳曼居民为主体的城市，这个城市德语叫但泽，波兰语称格但斯克。

自从 1308 年条顿骑士团征服该市以后的 600 多年间，它一直是德意志和波兰两大民族之间反复争夺的焦点。它不仅是波兰最大的河流维斯瓦河的入海口，是波兰最理想的出海口，也是联结东普鲁士地区和德国大部分领土的咽喉要地。因此波德两国均将该市视为自己的生命线。在两次世界大战之间，国际社会试图解决这一问题，将这里变成了一个在国际联盟保护下的半独立的自由市。但波德两国对此均不满意。

波兰认为，格但斯克地区在 10–14 世纪曾经是波兰王国的一部分，直至 18 世纪末波兰被普鲁士瓜分。一战后，新独立的波兰希望能拥有海岸线，以摆脱对德国的依赖。英法两国都希望借波兰来制衡德国，因此同意波兰的要求，将波兰走廊这片狭长的地区划归波兰。这样德国领土被一分为二，东普鲁士的经济发展受到严重阻碍。毋庸置疑，割让波兰走廊令德国人十分愤怒。

希特勒旁边的是纳粹德国外交部长里宾特洛甫。他的主要业绩是与苏联签订了互不侵犯条约

德军对波兰发动闪电战，德军亨克尔轰炸机驾驶舱

波军的飞机未出库房就完了

　　1933 年，希特勒领导的纳粹党夺权成功。在希特勒看来，波兰甚至是比法国更不可饶恕的敌人，但在他执政一周年时，却和波兰签订了为期 10 年的互不侵犯条约。1938 年和 1939 年，纳粹德国吞并奥地利与捷克斯洛伐克后，开始对波兰虎视眈眈。1939 年初，德国要求兼并但泽，连接德国本土与东普鲁士。波兰政府在英法两国支持下拒绝了德国的要求。

　　1939 年春天，希特勒给武装部队下达了一份绝密命令，此项命令的代号是"白色方案"，目标是在这一年的 8 月底或 9 月初以突然袭击方式入侵波兰。

　　至 1939 年 7 月，纳粹德国建立了强大的海军和空军。陆军已达 51 个师，包括 9 个装甲师。还有一支当时世界上任何国家都没有的摩托化部队。虽然波兰的防务单薄，空军已经过时，陆军臃肿不灵，海军近乎为零，但波兰人很强硬，国民团结，同仇敌忾，年轻人纷纷报名参军，誓死保家卫国。

　　英国首相张伯伦曾把政治生命押在慕尼黑，至德军攻占捷克斯洛伐克后，他成为世界的笑柄。这次他要洗刷自己，准备打仗了：男人应征入伍，妇女做家庭防务，普及国防教育。当大英博物馆的 2500 幅名贵藏画已经转移时，谁也不会认为伦敦的备战是假的。

　　法国也表示，希特勒如果敢于进犯波兰，法军则从德国的西壁打进去，拿下鲁尔谷地，捏碎德国的经济心脏。

　　对于波兰和英法的动作，希特勒满不在乎地说："我在慕尼黑会议上领教过英法的头面人物，他们根本不是能打世界战争的人，再说，英法凭什么同我们打仗？他们根本不肯为一个小小的波兰找死！"

　　但 7 月 28 日传来一个消息，英法军事代表团将赴莫斯科，届时将形成共同抗德的联盟。

　　希特勒既要入侵波兰，准备在西线与英法大打，就必须稳住东线的苏联。同样，英法的目的是要调动起东线的苏联，迫使希特勒因惧于两线作战而退缩。

　　苏联成了筹码。斯大林的本意是要退出这场争斗，而处于法西斯刺刀尖下的波兰促使斯大林下了最后的决心。

　　8 月 20 日，英法军事代表团在莫斯科与苏联政府磋商时，苏方代表伏罗希洛夫就苏联参战提出一个无可指摘的要求：苏军要保卫波兰，抗击纳粹入侵，波兰就必须允许苏军进入波兰境内。但波兰政府拒绝了苏联的要求。当英法军事代表团把这个消息通知伏罗希洛夫时，伏罗希洛夫说，既然是这样，那就只好等待某个政治事件发生了。

　　伏罗希洛夫所暗示的"政治事件"，几天之后便发生了。8 月 23 日，纳粹德国外交部长里宾特洛甫到达莫斯科会见斯大林。当天晚上，双方便签署了《苏德互不侵犯条约》。

　　8 月 25 日，纳粹进攻波兰的两路大军进入准备。南路集团军以华沙为总方向，北路集团军的任务是打通波兰走廊，把德国主体部分与东普鲁士连接起来。

　　8 月 26 日。德军打响之前，但泽首先骚动起来。与奥地利、苏台德相比，但泽纳粹分子准备得更充分些。他们一直瞒着波兰海关，把大批轻武器偷偷运进这个自由市；党卫军一小批一小批地渗透进来，训练当地的纳粹分子，以便在必要时控制街道，设立据点。

希特勒检阅进攻波兰的部队

德军先头部队推进到城镇

波兰的主力部队是骑兵

波军俘获德军人员

入侵波兰的德军

波军大量被俘

8 月 27 日，在但泽的局势逐渐失去控制时，德国战舰"石勒苏意格 – 荷尔斯泰因"号驶入但泽港，以礼节性访问的名义停泊在港湾里。

8 月 31 日，夜幕笼罩欧洲的时候，150 万德国军队陆续到达波兰边境的发起地域。1939 年 9 月 1 日破晓时分，德军大举入侵波兰。这一天后来被定为第二次世界大战的爆发日。

天空中，纳粹德国的机群飞向目标区，装甲师在波兰的领土上疾驰，摩托化步兵以每小时 60 千米的速度向波兰的纵深推进。当机群与地面进攻结合起来时，全世界第一次领教了"闪电战"的滋味。不到 48 小时，波兰空军就被摧毁，500 架飞机大部分还没有起飞，就在机场上被炸成一堆堆废金属。不到一星期，波兰陆军便被击溃。

沿铁轨运动的巨炮

开炮的瞬间

在一节车厢里波军向德军投降

波军指挥员向德军缴械

波兰人进行了顽强抵抗，战马与坦克搏斗，步枪与火炮对抗，在一次又一次的无望挣扎中，留下一个又一个惨遭屠戮，横尸遍野的战场。

9月6日，波兰政府逃离华沙。9月8日，德国装甲师到达华沙外围。9月17日，大局已定。这一天早晨，苏军出动了。从德军入侵波兰之初，苏联政府就严密注视着事态发展。斯大林不能让德军推进到苏联边境上，在苏联领土与德军战线之间必须建立一个缓冲区。苏军进入波兰的理由是保护波兰境内的乌克兰和白俄罗斯少数民族。

9月18日，苏军与德军在布格河畔的布列斯特碰头，双方谁也不前进了。波兰在复国20年后，又一次消失了。德军占领了它的西部，苏军占领了它的东部。

苏军进入波兰的东部

在纳粹入侵波兰前，英法政府的态度都很强硬，宣称一旦入侵将意味着战争。但希特勒入侵波兰后，英法政府的表现却与事前所说相去甚远。

9月3日，英国向德国宣战，但它在欧洲大陆没有军队，与德军毫无军事接触。同一天，法国向德国宣战，但法国军队也没像事先所说，趁机直捣德国虚弱的西壁，而是躲在钢筋水泥工事后面，眼睁睁地看着波兰被消灭。

波兰战事结束后，英国远征军进入法国，和法军一道在工事后面，看着前面构筑工事的德军，英法联军很长时间没放过一枪。正如丘吉尔讥讽的："巴黎和伦敦以为坐着就能把那笔债躲过去。"

希特勒吞掉波兰后，随着英法向德国宣战，第二次世界大战拉开了大幕。

德军与苏军坦克兵在波兰会师

苏德两国军官同坐一辆马车

13. 建立缓冲地带，苏军发动冬季战争

　　列宁格勒位于俄罗斯西北角，波罗的海沿岸，距离芬兰不远。1938 年 4 月纳粹德国合并奥地利后，斯大林担心德军以芬兰为基地，一举攻占列宁格勒，便以维护列宁格勒的安全为由，要求同芬兰交换领土和租借军事基地。1939 年 10 月 11 日至 11 月 12 日，苏联政府邀请芬兰政府代表在莫斯科谈判。在谈判中，苏联除了建议签订苏芬互助条约，还提出调整芬兰部分领土，要求芬兰把卡累利阿地峡的苏芬两国边境北移 40 千米，把芬兰湾内的几个岛屿和雷巴契半岛上的芬兰领土割让给苏联，把汉科半岛以每年 800 万芬兰马克租借给苏联，为期 30 年。为了补偿芬兰领土损失，苏联愿意把奥涅加湖西北两倍于芬兰所割让的土地交给芬兰。然而，汉科半岛却是芬兰防御苏联的天然屏障。

　　芬兰政府拒绝了苏联的提议。苏联军队制造了曼尼拉事件，宣称芬兰军队炮击曼尼拉村，造成苏联士兵死亡，要求芬兰政府赔礼道歉，并将军队后撤 20-25 千米，遭芬兰政府拒绝。11 月 28 日，苏联废除《苏芬互不侵犯条约》，中断两国外交关系。11 月 30 日，苏军以 20 个师、2000 辆战车和 1000 余架作战飞机向芬兰发起全线进攻。

　　1939 年 8 月 23 日，苏联和纳粹德国签订《苏德互不侵犯条约》，条约中包括秘密条款，在两国之间的东欧国家中划分势力范围，其中将芬兰划归苏联。9 月 1 日德国进攻波兰，苏联随后也在东面出兵，仅几个星期，两国便瓜分了波兰。

　　苏芬战争发生在绵延近 1500 千米的苏芬边界的芬兰一侧。这里的地形、交通、气候都不同于中欧平原，是一个易守、难攻，有利于芬兰军队轻装小

苏军的基里尔·梅列茨科夫大将

部队作战，而不利于苏军重装大部队行动的特殊战场。

战争中，双方的作战行动主要展开在边境的卡累利阿地峡、拉多加湖东北、边界中部等地区。

卡累利阿地峡是双方主力作战的主战场。地峡宽约 100 千米，地形起伏，奥克萨河纵贯其间，间以深水湖泊。拉多加湖东北地区有绕过拉多加湖北岸通往卡累利阿地峡南部的接近路，但距离较远，且在赛马湖与拉多加湖之间有狭长的隘路，易被守方堵塞和截断。边界中部是芬兰最狭窄的腰部地区，有 3 条通往波的尼亚湾要地奥卢港的接近路，沿此西进可对奥卢港形成外线包围之势。从索木斯萨尔米到奥卢港横宽只有 120 千米，一旦打通此线，可将芬兰拦腰切成南北两段，从而将极大地影响整个战局。

在皑皑白雪、莽莽森林覆盖的荒原上，苏军坦克陷入困境，而在卡累利阿地峡，苏军主力越过边界，被曼纳海姆防线阻挡，不得不进行困难的攻坚战。曼纳海姆防线自穆里拉至泰帕莱全长 135 千米，最大纵深 95 千米。以抵抗枢纽部和支撑点为基础，两翼分别依托芬兰湾和拉多加湖。由保障地带、主要防御地带、第二防御地带和后方防御地带组成。构筑的坚固射击工事有 2000 多个。

冬季战争开始前，芬军还大量设置了地雷场，破坏了可能被苏军利用的铁路和桥梁等。由于苏军对曼纳海姆防线的能力估计不足，战争开始，苏军就遭到较大伤亡。经过 15 天艰苦战斗，才通过保障地带，被迫放弃了从行进间突破防线的企图。后经近两个月的周密准备，于 1940 年 2 月 11 日重新发起进攻，才突破该防线。

最初的对芬作战预案，是由苏军总参谋部鲍里斯·沙波什尼科夫元帅拟定的。该案考虑了芬兰军队作战能力和战场的特殊条件，主张集中 45 个师的强大兵力，在西方列强不直接卷入的情况下，"打一场为期至少数个月的紧张艰巨的战争"。这项预案不符合斯大林的设想，故改由列宁格勒军区司令基里尔·梅列茨科夫大将重新拟定。新计划按照斯大林的意图，规定列宁格勒军区部队在

得到特种兵支援的情况下在
数周内粉碎芬兰军队主力，
突破曼纳海姆防线，确保列
宁格勒和摩尔曼斯克的安全，
迫使芬兰签订和约，结束战
争。新计划于 1939 年 7 月底
被最高军事委员会采纳。

冬季战争中的苏军

根据新计划，列宁格勒
军区从 1939 年秋紧急战备，
调整军队部署，构筑急造军
路，贮备作战物资，进行了
战前训练。到战争打响前，
苏军在苏芬边界附近集中了
4 个集团军，18 个步兵师、1
个坦克军、4 个坦克旅以及约
1000 余辆坦克、800 多架飞机，

冬季战争中部分苏军仍然戴
一种老式头盔

德军仔细考察了
冬季战争中的苏军

梅列茨科夫大将担任前线总指挥。作战计划如下：中部攻势中，第 7 集团军从
列宁格勒以北沿着拉多加湖西岸向北进攻，突破曼纳海姆防线，夺取芬兰第二
大城市维伊普里，然后向首都赫尔辛基前进。第 8 集团军沿拉多加湖北岸向西
进攻，与第 7 集团军会师，以钳形攻势粉碎芬兰军队的抵抗。南部攻势中，第
9 集团军经索木斯萨尔米攻向位于波的尼亚湾畔的奥卢，将芬兰割为两半并切
断跟瑞典间的陆上交通。北部攻势中，第 14 集团军从摩尔曼斯克向西攻击贝
萨谋地区，然后沿"极圈公路"南下 500 千米，再向西攻到瑞典边境为止。

芬兰于 1939 年 10 月下旬进行全国总动员，在卡累利阿地峡疏散居民。
战争开始时，芬兰陆军扩充到 12.7 万人，编 5 个军，9 个步兵师、1 个骑兵旅
和独立边防部队。另有预备役人员 30 万，后备役民卫军 10 万以及妇女服务队
10 万。芬兰军队只有反坦克炮约 100 余门，枪弹仅够两个月、炮弹仅够 3 个
星期作战之用。空军仅有轰炸机 30 架，战斗机 56 架，侦察机 59 架。

战争期间，芬兰指望能得到西方援助，但德国忙于准备入侵西欧，不愿激
化与苏联的矛盾；英法表示愿意派兵支援芬兰，但瑞典与挪威害怕德国把战火
扩及斯堪的纳维亚半岛，拒绝英法军队过境。直到 1940 年 2 月，芬兰才陆续

苏军缴获的芬兰军旗

苏军的战地通讯

得到英法援助的 156 架飞机、400 余门火炮、85 门反坦克炮和其他军用物资。这时芬兰已陷入兵员枯竭、弹尽粮绝的地步，英法的援助只是杯水车薪，无济于事。在这种情况下，芬兰只得忍辱求和了。

苏芬战争从 1939 年 11 月 30 日开始至 1940 年 3 月 13 日结束，历时近 3 个半月。战争期间，苏军凭借优势兵力始终处于进攻态势，集中主要兵力在卡累利阿地峡实施进攻，在其他地区以部分兵力牵制芬军，粉碎芬军主力，力争在最短时间内结束战争。芬军始终处于防御态势，在卡累利阿地峡集中主力扼守曼纳海姆防线实施阵地战，在其他地区以少量兵力利用有利地形实施机动战，最大限度地迟滞苏军进攻，等待西方援助，争取在有利条件下与苏联议和。

1939 年 11 月 30 日至 1940 年 1 月 31 日，苏军在边界 4 个地区发起进攻。经过激战，在战线北端达成预定目的，在其他地区均遭惨败，被迫停止进攻，重新调整部署，准备再次进攻。

在卡累利阿地峡，苏军突破曼纳海姆防线未逞。苏军第 7 集团军将主要突击指向维堡方向。进攻首先从地峡东段开始，企图吸引芬军预备队东调，随后在地峡西段实施主要突击。

芬军集中 5 个师防守卡累利阿，以近战火力杀伤苏军有生力量，以反坦克兵器摧毁苏军坦克；夜间派出滑雪小分队袭扰苏军后方，把苏军打得疲惫不堪。12 月底，在付出重大代价以后，苏军攻占了芬兰 20–60 千米纵深，而后无力突破芬军主要防御地带，被迫就地停止进攻。

在拉多加湖东北地区，苏军两个师大部被歼，被迫转入防御。苏军第 8 集团军分南北两路实施进攻。任务是从翼侧牵制芬军，配合第 7 集团军进攻。越过边界后，苏军遭到芬军节节阻击，进展缓慢。在托尔瓦湖，双方发生激战，结果苏军伤亡 5000 余人，被迫转入防御。南路集群前进 40 余千米后，在基泰莱进行 1 个多月战斗，到 1940 年 1 月 1 日，被芬军分割、包围，补给中断，两个师大部被歼，伤亡 19000 余人，其余兵力后退，转入防御，直到战争结束。

在边界中段，苏军两个师被歼。苏军第 9 集团军分南北两路，向波的尼亚湾方向进攻，企图将芬兰从狭窄腰部地区切成两段。南路集群沿两条被深雪覆盖的林间道路向奥卢港方向进攻。先头师到达距边界约 40 千米的索木斯萨尔米后，遭芬军小分队顽强阻击，被迫沿道路展开成 20 余千米的纵长队形，从而为芬兰军队实施分割、包围提供了战机。芬军战略预备队 1 个师赶至战场，12 月底首歼苏军 1 个师，随后转移兵力将企图增援的苏军另 1 个师拦头截尾，分割歼灭。索木斯萨尔米一战，芬兰军队共歼苏军 23000 余人，创造了以少胜多的战例。

苏军北路集群越过边界后未遇抵抗，12 月 16 日接近到波的尼亚铁路东端终点站凯米湖，对芬军造成极大威胁。芬军从预备队抽调 1 个营配合边防部队，对苏军翼侧连续突击。苏军只好退守萨拉，在该地因受到芬兰游击队不断袭扰，一直未敢采取积极行动，直到战争结束。

在战线北端，苏军第 14 集团军在北方舰队配合下向巴伦支海岸方向进攻，

苏军装甲车队行进在芬兰的森林中

1940 年 1 月 17 日芬兰军队歼灭苏军一个师

苏军的战时伙房

未遇芬兰抵抗，很快占领了贝萨谋港和雷巴契半岛，封锁了芬兰通往巴伦支海和挪威的通道，随即就地转入防御。

一名芬兰军队的军官

1939 年 12 月，苏军当局鉴于各线损失惨重，决定停止进攻，重新拟订作战计划，组织新的进攻。1940 年 1 月 7 日，在卡累利阿地峡成立了西北方面军，谢苗·康斯坦丁诺维奇·铁木辛哥任方面军司令，同时向苏芬边界增调 24 个步兵师、20 个炮兵团和 15 个新建的航空兵团。从 1940 年 1 月起，苏军加强了侦察与训练，演练突破预有准备防线和摧毁坚固防御工事的有效方法。这时芬军也调整了兵力部署，将一线兵力由 5 个师增加到 6 个师，在纵深只保留 1 个师作为预备队。

1940 年 2 月 1 日至 10 日，苏军出动飞机 500 多架，展开火炮 440 多门，共发射炮弹 30 多万发，摧毁了主要方向上的芬军大部分火力点。2 月 12 日凌晨，苏军再次进攻。经过 3 天作战，第 7 集团军在曼纳海姆防线的主要防御地带打开了一个宽 5 千米、纵深五六千米的突破口，并将快速集群投入交战。芬军退守第 2 防御地带。2 月 18 日，第 7 集团军从行进间突破第 2 防御地带未遂，右翼因第 13 集团军进展缓慢而暴露。在这种情况下，苏军为突破第 2 防御地带再次停止进攻，调整部署。芬军趁机休整，将拉多加湖以北的部分兵力南调，加强卡累利阿地峡的防御。

2 月 28 日，苏军恢复进攻，迅速逼近芬军后方防御地带。第 7 集团军右翼兵团从东北包围了维堡筑垒地域，左翼兵团从冰封的海面上越过维堡湾，绕过维堡城，切断通往赫尔辛基的公路，攻占了维堡大部地区。1940 年 3 月 11 日，苏军对维堡发起强攻，夺占了该城。

3 月 5 日，芬军弹尽粮绝、外援无望。在瑞典斡旋下，芬兰政府于 3 月 7 日派代表至莫斯科议和。根据 3 月 12 日莫斯科协定，芬兰丧失了卡累利阿、维堡、里巴奇半岛以及 10% 的耕地等 40000 多平方千米的领土，22 万居民丧失家园，并将汉科半岛租借给苏联作为海军基地，租借期 30 年。

20 世纪 60 年代，苏联领导人赫鲁晓夫说："我们要芬兰人让给我们一定面积的领土，把边界移得离列宁格勒远一点。这可满足我们保卫安全的需要。芬兰人拒绝接受我们的条件，我们无计可施，只好用战争解决问题。"

在这场战争中，芬兰有 22000 人阵亡，而苏联则付出了 48000 人阵亡的惨痛代价。

苏联确定了苏芬新的边界线

14. 两个支撑：滇缅公路和玉门油田

　　滇缅公路始建于1938年，与缅甸中央铁路连接，直接贯通缅甸首都仰光。滇缅公路是为抢运中国政府在国外购买和国际援助的战略物资而紧急修建的。日军进占越南后，滇越铁路中断，滇缅公路成为中国与外部世界联系的唯一运输通道。这条诞生于抗日战争烽火中的通道，是滇西各族人民用血肉筑成的国际通道。

　　1931年"九一八"事变后，中日爆发大战的趋势越来越明显。1935年，蒋介石预料，一旦战争爆发，国军不可能守得住东部沿海地区和内地平原地区的城市，最终国民政府必将退守西部。到了国防工业丧失殆尽之日，国军将在很大程度上凭借国际援助。

蒋介石和龙云

　　1937年"七七"事变以后，日军迅速占领了北方京津地区，随后中国沿海几乎所有的港口都落入日本人手中。对于中国来说，物资供应问题异常严峻。旅居海外的华侨得知祖国遭遇日本侵略后，纷纷捐款捐物，筹集了大批国内急需的药品、棉纱、汽车等物资。迫于抗日救亡的严峻形势，政府还拿出极为珍贵的外汇从西方购买了大量的汽车、石油、军火等。这些物资需要紧急运回国内。中国急需一条安全的国际运输通道。

在云南主政多年的龙云早就修建从昆明到下关的滇西公路，但是修了十多年也没有竣工。龙云想，如果滇西公路从下关再修下去，可以修到与缅甸交界的小城畹町，离畹町不远就是缅甸的第二大城市曼德勒，曼德勒有缅甸中央铁路，终点是濒临印度洋

修建滇缅公路

的缅甸首都仰光。这样，可以通过铁路与滇缅公路，把仰光与昆明连接起来，建立中国接收国际援助的通道。

抗日战争刚爆发时，龙云主动向蒋介石请缨，修滇缅公路，蒋介石立即同意并命令龙云速办。

龙云下筑路令后，滇缅公路沿线近30个县的劳工被征集来了，因青壮年大都应征入伍了，很多劳工是老人、妇女和孩子。他们自带粮食和工具参加筑路。在绵延千里的工地上，看不到像样的施工机械，劳工几乎用双手抠动岩石，几乎所有的路段上，劳工都是用背篓来搬运泥土和石块。压路机是大石碾子，大的有1.8米高，3-5吨重。许多石碾是从丛林和山中推拉出来的。上坡时石碾子容易掌握，下坡时由于石碾子所产生的巨大惯性，经常发生事故，那些来不及躲避的劳工常常被失去控制的石碾子压死。

云南地形复杂，大山大河成为公路穿越的难题，而且许多路段经过丛林、沼泽地带，瘴气、疟疾威胁着生命。工程总指挥谭伯英写道，在那些日子里，我们无法知道明天谁将离我们而去，许多不可代替的工程师和能干的工人都死了，人越来越少，工程随时可能停下来。

滇缅公路的修筑过程，最多的时候有20万人上工，当中有十多个少数民族。

抗战形势日益紧迫，滇缅公路的很多路段只好边勘测边施工。有经验的工程技术人员在战前就十分缺乏，抗战开始后，这个问题就更加突出了。滇缅公路总工程处对流亡到昆明的一些有文化的年轻人进行短期培训，在那个刻不容缓的年代，抗战激情高涨的年轻人的学习效率惊人。他们在滇缅公路建设中磨

部分国军也投入修路

推石碾

炼成为技术骨干，创造出滇缅路上的奇迹。后来，一批批技术人员冒着生命危险穿越敌占区，长途跋涉来到昆明，加入到滇缅公路的建设队伍中。很多人走到半路就已盘缠用光，一路靠典当随身物品才来到昆明；有些人因劳累体弱死在了旅途中。

1938 年 8 月底，经过 20 万人的艰苦努力，滇缅公路通车了。一条中国抗战时期运量最大的国际通道打通，尽管工程完工比预定的日期晚了一个月。

公路修通后，蒋介石立即电告美国驻华大使詹森通知美国政府。罗斯福总统电令詹森取道滇缅公路回国，顺路视察。詹森回美国后报告说：这条公路选线适当，工程艰巨浩大，没有机械施工而全凭人力修成，可与巴拿马运河工程媲美。此次中国政府能于短期内完成此艰巨工程，其果敢毅力与精神，实令人钦佩。而沿途人民的吃苦耐劳精神是全世界任何民族所不及的。

滇缅公路完成后有力地支援了中国抗日战争。1938 年 5 月，英国轮船"斯坦霍尔"号装载着苏联援助中国抗战的 6000 吨武器弹药来华，在仰光港卸货，从缅甸腊戌运入中国，再转运昆明。此后，滇缅公路主要担负美国等援华军用物资的运输任务。据统计，仅 1941 年，通过滇缅公路运入中国的军用及其他物资就达 13 多万吨。

公路修通了，随之而来的是运输问题。从 1939 年到 1942 年，滇缅公路上一共抢运回国 13000 多辆汽车。有了汽车之后，司机严重缺乏的问题又突显出来。这时，旅居东南亚的华侨向祖国伸出了救援之手。华侨领袖陈嘉庚先生得知滇缅公路急需大量汽车司机和修理工之后，发表通告号召华侨中的年轻司机和技工回国服务，与祖国同胞并肩抗战。这个通告很快就传遍了东南亚各地。当时，报名志愿回国服务的东南亚华侨司机和修理工总共有 3000 多人，他们先后分 9 批返回祖国，被称为"南侨机工归国服务团"。

滇缅公路横跨横断山脉，高山峻岭，迂回曲折，非常危险，尤其雨天路滑，车很容易翻下山去。开车走这样的山路，华侨司机得从头学起。这批日夜与死神结伴的年轻华侨，为了抗日大业，舍生忘死，克服各种艰难险阻，成为滇缅公路上主要的运输力量。他们也深受沿途姑娘喜爱，两千多名南洋机工与当地姑娘喜结良缘。

当时，西南运输处有团一级的运输大队 10 多个，拥有汽车近 10000 辆，还有政府单位的数千辆卡车，以及私立运输公司甚至三四家人合买一辆车跑运输的。它们在这条抗战生命线上日夜奔忙，主要运输武器弹药、车辆机械、汽油、日用品和军用被服等军用物资。

滇缅公路几乎成为抗战时期中国惟

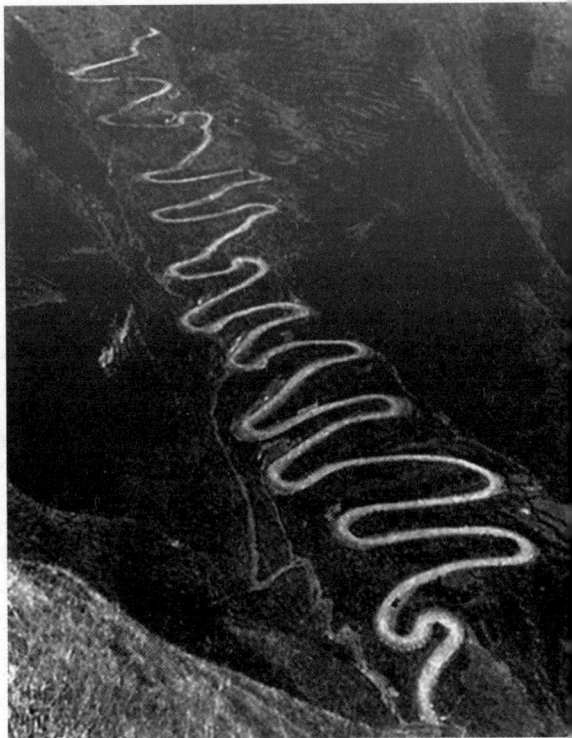

著名的二十四道拐

航拍的滇缅公路

83

滇缅公路，民工拖拽陷入泥泞的卡车

一的陆上国际交通线。正是这条抗战输血管，打破了日本用武力切断中国海外联系从而困死中国的企图。在中国，在世界，没有哪条公路像滇缅公路这样与一个国家、一个民族的命运联系得如此紧密，没有哪条公路能像滇缅公路久久地留在人们的记忆里。

日本侵略者处心积虑地要把滇缅公路这条国际交通线切断，断绝中国的物资供应，逼使国民政府投降。1940 年，日军占领越南后，以越南为基地，轰炸滇缅公路全线。1940 年 10 月起，不到 6 个月，日军共出动飞机 400 多架次，轰炸滇缅公路的桥梁。每次轰炸之后，驻守在桥边的工程抢修队就及时对大桥进行抢修，有时炸弹仍然在爆炸、空袭还没有结束，他们就开始抢修。

1940 年冬，日本占领越南后更加肆无忌惮，从越南起飞的日机有足够时间瞄准隐匿在高山峡谷中的目标。公路、桥梁满目疮痍，人员伤亡惨重，仅南洋机工就有 1000 多人牺牲在这条公路上。

1941 年 1 月 23 日，日军飞机第 14 次轰炸昌淦桥，把大桥炸断。东京电台宣称："滇缅公路已断，三个月内无通车希望"。国民政府交通部急电滇缅公路工程人员抢修，务必尽快通车。急电发出不久，就收到了来自大桥抢修队的电报，说滇缅公路上的车队已经再一次越过了波涛汹涌的澜沧江，整个公路全线保持着畅通。原来早在两个月以前，当地的工程技术人员就预计到大桥有可能被日军日益频繁的空袭彻底炸断。他们找到了一些空汽油桶，每70个空汽油桶连在一起，上面铺上木板，就成了一只简易的渡船，汽车开上去之后，用钢缆将渡船在两岸拉来拉去，直到大桥修复。

抗战初期，为摆脱资源困境，国民政府资源委员会负责人钱昌照等提出扩建玉门油矿的方案，但被以缺乏资金为由而拖延，钱昌照和翁文灏、孙越崎联合起来，大声疾呼，终于排除干扰，使方案得以通过。

爱国华侨领袖陈嘉庚

1941年，甘肃油矿局成立，同年10月，玉门油矿进入了大规模开发时期。

抗战期间，玉门油矿共生产原油25万吨，占同期全国原油产量的90%以上，提炼出各种油料70000吨，为抗战胜利做出了重要贡献。

惠通桥成为外国援助物资进入中国内地的咽喉

15. 攻占丹麦和挪威：德军空降突击

　　1939 年 9 月 3 日，英法对德宣战，实际上宣而不战，既未派兵援助波兰，也未在西线发动攻势。本来英法联军在西线有 110 个师，德军只有 23 个师，英法军队在西线进攻，将使德军首尾不能相顾。但英法军队缩在防御工事里，对德军毫不干涉。英法对德宣战后，仅停留在互相偶尔射击状态。从 1939 年 9 月到 1940 年 4 月期间，法军伤亡 1400 多人，英军死亡 3 人，德军伤亡数百人，这种形式上保持战争状态，实际上没有展开军事行动的现象被称为"奇怪战争""静坐战"或"假战争"。英法的目的是将祸水东引，力图使苏德迎头相撞。

　　英军和法军在战壕"静坐"，德军却准备进攻北欧的丹麦和挪威。丹麦位于波罗的海和北海之间，扼海上交通要冲。挪威地处斯堪的纳维亚半岛的西北部，北临巴伦支海，西濒大西洋，南起北海。德国占领这两个国家，不仅可以打破英法对德国海军的封锁，使德国舰艇畅通无阻地进入北海和大西洋，而且在挪威西海岸建立海军基地，可以限制英国海军行动，保障德国进攻西

纳粹德国的一艘巡洋舰

欧的北翼安全。同时还可保证瑞典供应给德国的铁矿砂依旧通过挪威北部的纳尔维克港运往德国。德国每年消耗 1500 万吨铁矿砂，其中1100 万吨要取道挪威从瑞典进口。

"斯比"号重巡洋舰曾经在大西洋逞凶一时

丹麦、挪威都是小国，国防力量薄弱。丹麦只有两个步兵师，海军舰艇仅有两万吨。挪威有 6 个不满员的步兵师，且配置分散，另有超龄的舰艇 64 艘，飞机 190 架。

早在 1939 年 10 月，德国即开始做入侵作战准备。德军集中 7 个步兵师、1 个摩托化旅及若干坦克营、摩托化营，共 14 万人，以 1 个加强步兵师和警察师占领丹麦，其余兵力夺占挪威，并以 1300 架飞机及 234 艘舰艇支援和保障地面部队行动。希特勒任命福尔肯·霍斯特上将为总指挥。

计划使用的作战部队中包括 3 个机降步兵团。伞兵及航空兵由第 10 航空队司令盖斯勒中将指挥。第 5 航空队的 500 架容克 -52 运输机负责运送空降部队。战地空运司令加布伦茨中将要求各空运部队务必在首先降落的机场上不出任何差错，伞兵着陆后必须在 20 分钟内占领机场，以确保后续机降部队着陆。

1940 年 4 月 9 日凌晨，德军空降兵分 3 路向丹麦和挪威的 4 个机场发动空降突击。第 1 路德军突击队直起丹麦奥尔堡两侧的机场及沃尔丁堡大桥。5 时 30 分，第 1 特殊任务轰炸航空兵团第 8 中队的容克 -52 运输机，运载空降兵第 1 团第 4 连从尤太森机场起飞，向丹麦飞去，7 时左右，1 个排的伞兵在丹麦北部奥尔堡的两个机场上空成功伞降。在德军伞兵的突然袭击下，丹麦军队未作任何抵抗便丢了这两个重要机场。接着，准备进攻挪威的第 159 步兵团在此机降，这两个机场成了德军向挪威空运部队和物资的中转站。

第 8 中队的其他容克 -52 运输机越过波罗的海，飞往丹麦沃尔丁堡大桥。沃尔丁堡大桥连引桥，全长不足 4 千米，是格塞岛和西兰岛连接哥本哈根的唯一通道。6 时 15 分，格里克上尉发出跳伞信号，白色降落伞落向沃尔丁堡大桥附近。伞兵着陆后数分钟内就解除了大桥守备部队的武装。1 个班的伞兵骑着缴获的自行车，迅速奔到桥上，守桥卫兵也一枪没放就投降了。这时，另一

挪威国王哈康七世检阅单薄的军队

支德军步兵从大桥对面冲了过来。原来这是第 305 步兵团先遣队，按预定计划从瓦尔内明德乘舢板登上格塞岛，路上没遇到抵抗。这样，德军就完全控制了这座大桥。

伞兵和步兵的先遣部队开进沃尔丁堡镇，占领连接马斯纳德岛和西兰岛的大桥。同时，德军在西兰岛、菲英岛和法尔斯特岛登陆，丹麦部队也未做抵抗。德军迅速向丹麦内地推进，一举进入首都哥本哈根。开战仅 4 个小时，丹麦便宣布投降。这是战争史上第一次使用伞兵的战例，也是第一次兵不血刃的空降突击作战。

第 2 路德军的目标是攻占挪威首都奥斯陆附近的福内布机场。原定作战计划是两个连伞兵搭乘运输机在战斗机掩护下，在福内布机场伞降，占领机场后，步兵乘运输机在机场机降。4 月 9 日凌晨，空降兵第 1 团第 1、2 连的伞兵分乘 29 架容克 -52 运输机，在 8 架梅塞施米特 -110 飞机掩护下，从德国的石勒苏益格机场起飞，准备飞越斯卡格拉克海峡，占领奥斯陆的福内布机场。当时从海面到 6000 米高空大雾弥漫，能见度只有 20 米，而且越接近奥斯陆峡湾雾越浓，后面机组的指挥官向率领第一攻击波的德雷韦斯中校报告说，有两架容克 -52 在浓雾中失踪了。德雷韦斯中校于是下达了返航命令。这时是 8 时 20 分。

第二攻击波正按原命令，与第一攻击波间隔 20 分钟朝着福内布机场飞去，搭载的是第 324 步兵团第 2 营官兵。伞兵不能按预定计划降落时，盖斯勒中将接到戈林发来的一道严厉命令，立即召回后几批攻击部队。而战地空运司令加布伦茨却不同意把军队召回，竭力说服盖斯勒：即使未占领机场，也能强行着陆。最先着陆的军队可能已经为我们突破了敌人的防御。但盖斯勒未通过他就直接向飞往奥斯陆的空运部队发出命令：所有飞机返航！第二攻击波的指挥官瓦格纳上尉虽然接到返航命令，但没有执行，率领机群继续前进。

第二攻击波的飞行员不顾恶劣的气象条件，设法在云雾中飞向目标。飞抵奥斯陆附近时，天气晴朗，能见度良好。前导机组已到达福内布上空。瓦格纳

德国伞兵登机

德军登陆

向下观察着盘旋了一周。这是一个石山环抱的小型机场，有两条混凝土跑道，坡度较大，跑道终点与水相连。只见机场上有两架飞机正冒着火焰，战斗正在进行，德军战斗机正在机场上空盘旋。瓦格纳向机长们发出了着陆信号。当瓦格纳的飞机进场着陆时，守卫机场的挪威军队的猛烈炮火击中了他的飞机，瓦格纳被击毙，副驾驶急忙加大油门，把飞机又拉了起来。

由汉森中尉指挥的在福内布上空的德军 8 架梅塞施密特–110 战斗机，按预定时间出动执行掩护任务。30 分钟前，他们就和挪威战斗机交锋了。8 时 38 分，他们受到 9 架挪威战斗机发起的攻击。汉森没有与挪军战斗机缠斗，而是按照预定计划于 8 时 45 分到达福内布上空，执行掩护伞兵空降的任务。在短暂的空战中，汉森的 8 架飞机损失了两架，剩余的 6 架战斗机袭击了福内布机场内及附近的挪军高炮和高射机枪阵地，打中两架已着陆的挪军飞机。汉森不知道伞降突击分队已被迫返航，在压制了挪军地面防空火力后，仍然在福内布机场上空巡逻，等待运载伞兵的飞机。9 时 5 分，容克–52 式运输机的 1 个三机编队飞来，汉森这才松了一口气。但他并不知道这是第二批空运部队，也不知道飞机上并没有伞兵。直到瓦格纳上尉的飞机在着陆时，由于地面的对空炮火猛烈又拉了起来，汉森才大吃一惊。

6 架梅塞施米特飞机的燃油快用尽了，3 架各被打坏一台发动机。汉森明白，必须冒险强行在福内布机场着陆。他通过无线电向伦特少尉发出命令：你先着陆，我们掩护。汉森中尉和另外 4 架飞机注视着伦特少尉着陆，同时压制

被英国特种部队俘虏的德军

着射击的挪军。和伦特并排着陆的还有一架容克 –52 运输机。原来当瓦格纳上尉进入福内布机场，被对空炮火打死后，大部分运输机都返航了，只有继任大队长英根霍芬上尉带着少数几架飞机强行着陆。伦特迫降后因为无法使飞机停下来，撞在了斜坡上。接着汉森的飞机开始迫降，这时，向他们猛烈射击的枪炮声突然鸦雀无声了。

原来，驻在福内布的挪威空军中队长达尔上尉，经不住德国战斗机的猛烈火力，命令飞机自选着陆机场，不要到福内布。结果，只有 1 架飞机完整保留下来，其余均被击伤或因燃料不足被迫抛弃。当德军战斗机在福内布机场着陆时，达尔上尉已载着地面维护人员返回阿克斯胡斯要塞。福内布机场的防御就这样崩溃了。

汉森跳出飞机，指挥后续着陆的战斗机分散到机场的北缘，以便能让机上的机枪控制森林一带。就这样，几名德军战机飞行员占领了福内布机场。在第一攻击波中途掉队的容克 –52 飞机，在耽搁了 30 分钟之后，也在福内布机场着陆了。9 时 17 分，又有一架容克飞机着陆，很快，机场上的挪威军队投降了。

德国驻挪威使馆的陆空军武官施普勒上尉驱车来到机场，他原是来接应空降部队的，看到这种情况后，立即命令机组人员向本国报告福内布机场已被控制。由于空降计划已被打乱，空降部队分散降落在各个机场，3 个小时后，才空运到福内布机场。

德国海军运载陆军的舰队在奥斯陆峡湾遭到挪威军舰和岸炮的阻击，不能靠岸，旗舰“布吕歇尔”号重型巡洋舰被挪军岸炮和鱼雷击沉。为了尽快占领奥斯陆，在福内布着陆的空降部队以 1500 人组成阅兵方队，沿着主要街道开进奥斯陆市中心。德空降部队兵不血刃地占领了这个有 30 万人口的城市。这是世界上首次被空降兵占领的首都。

第 3 路德军突击队负责攻占挪威的重要港口城市斯塔万格附近的索拉机场。攻占机场的任务同样分伞降和机降两步来完成。第 1 特殊任务轰炸航空兵团第 7 中队的 12 架容克 –52 运输机，载着空降兵第 1 团第 3 连的伞兵。在西部海面上，12 架飞机冲进雨幕。云层把整个中队都吞没了，虽然是间隔很近的密集编队，但还是互相看不清楚。不久，飞机一架接一架地从云层中钻出。中队重新集合时少了 1 架飞机。原来，那架飞机弄错了航线，落在了丹麦。剩下的 11 架飞机贴着海面继续向北飞行。9 时 20 分，机群接近斯塔万格，然后钻出山谷，转向北，飞过绵延起伏的丘陵，终于到达索拉机场。伞兵们迅速跳了出去，只用了几秒钟，每架飞机 12 人都已跳出，随后投下武器箱。运输机完成任务后，加大油门，重新下降高度，飞向高炮的射击死角返航。

100 多名伞兵遭到挪军机枪火力的猛烈射击。担负掩护和支援的战斗机大都已返航，幸好有两架迷航的战斗机来到斯塔万格，并立即投入战斗，给正在落地的德军空降部队提供火力支援。德国伞兵只用了半个小时就占领了机场。10 分钟后，第 193 步兵团两个营在机场机降。部队着陆后，从机场向北突击，击溃挪军的零星抵抗，占领了斯塔万格。

与此同时，在克里斯蒂安松和卑尔根的德军登陆部队，未遇抵抗，即行上陆，占领了这两个挪威的重要港口。在空降兵和海军登陆兵从空中和海上发动进攻时，德国的轰炸机部队在挪威的克里斯蒂安松、埃格松、斯塔万格和卑尔根等地进行了威慑性飞行，攻击了奥斯陆的切勒机场、奥斯陆峡湾各个岛屿上的炮台以及霍尔门克联的高炮阵地。

到 4 月 9 日傍晚，挪威的大部分阵地都已掌握在德国空降兵手中。德军指挥官福尔肯·霍斯特的指挥所随即迁到挪威。在第一天的作战中，德军以少量

德军入侵奥斯陆

德军在挪威作战

摄于 1940 年 6 月 19 日，德国人在为入侵丹麦、挪威欢呼

的伞兵和步兵部队夺取了挪威和丹麦的重要城市。随后两天，为了加强已经占领的空降场和港口的力量，德国运输机不断地运送军队和物资。

德军要抢在英军行动之前向北发展，把在挪威占领的各孤立的空降场和登陆场联结起来，向挪威内地快速推进，以便完全控制这个国家。4 月 11 日，德国派出 12 架容克－52 运输机到挪威北部港口纳尔维克增援两天前登陆的德军。这批运输机在港口北部 16 千米已冻结的哈特维格湖上着陆，运来了一个山地榴弹炮连，以支援占领滩头阵地的部队。

而后，德军充分利用容克－52 运输机增加占领特隆赫姆的兵力。至 4 月 18 日，特隆赫姆集中了 3500 名德军，英军撤销原定将第 147 旅机降在特隆赫姆的计划，决定把部队投到其北部 180 千米的纳姆索斯和南部 128 千米的安达尔斯内斯。

4 月 16 日，在菲利普斯准将指挥下，英军第 146 旅两个营进入纳姆索斯，通过格隆向施泰因切尔运动。同一天夜间，600 多名英国海军陆战队员在安达尔斯内斯登陆，向当博斯铁路枢纽站前进，企图切断从奥斯陆到特隆赫姆的铁路线，分割德军。两天后，英军第 148 旅也在安达尔斯内斯登陆。

德军因兵力不足，只抽出一个伞兵连去夺取当博斯铁路枢纽。4 月 15 日下午 5 时，150 名德军伞兵乘机飞向当博斯。在当博斯准备伞降时受到挪军高炮的猛烈攻击，不得不寻找新空降地域。连长施米德中尉在当博斯南 6 千米处找到一处着陆场，接着伞兵实施伞降，空降过程中遭到挪军地面火力的射击。伞兵和投物袋是在大雪覆盖的田野和森林地区着陆的，落地伞兵极为分散，到傍晚前只集合起来两名军官和 61 名士兵。第二天早晨，这支小部队切断了当博斯南部的铁路线，构筑防御阵地，希望能坚守到增援部队到达。但在那里围攻他们的挪军有1500人。由于兵力对比悬殊，又不能得到补给，17日，德军被赶出阵地，退到一个庄园里，在石头建筑物之间一直坚持到19日，当只剩下34名士兵时，施米德决定投降。

英军虽在海上和纳尔维克港取得胜利，但未能扩大战果。与此同时，德军控制了挪威中部和南部，而且有攻占北部的能力。5月14日，德军进攻荷兰取得进展，希特勒抽出部队向挪威增兵。福尔肯·霍斯特指挥的部队增加到80000人，对抗不足两万的挪威军队和四五万名英法远征军。

从5月15日至27日，德军向纳尔维克运送伞兵和机降部队。在挪威中部，德军沿海岸向着纳尔维克前进，夺取莫绍恩和幕市港口。战斗中，德军利用伞兵部队和少量登陆部队绕过英军的阵地，进入其后方。每当出现这种情况，英军就被迫后撤。6月初，盟军在挪威北部进行最后一次抵抗后开始撤兵。6月10日，德军占领了挪威全境。

德军突袭丹麦和挪威，是战争史上第一次成功的空降作战和空运补给战例。500多架运输机建立起世界上第一座"空中桥梁"。德军虽然由于气候和机场条件等原因损失飞机170架，空降部队伤亡千余人，但整个战役获得成功。这次空降突击为各国后来的空降作战提供了经验。

16. 法国战役：德军主力从阿登高地突入

法国战役是 1940 年 5-6 月，德军为侵占法国、荷兰、比利时和卢森堡而采取的军事行动。

1939 年 9 月 1 日，德军入侵波兰。两天以后，作为波兰盟国的英、法两国先后对德国宣战。但是，英、法两国却没有在西线对德国展开大规模的进攻，而是待在马其诺防线后面，坐视波兰的灭亡。1939 年 9 月 3 日至 1940 年 5 月 9 日，西线经历了长达 9 个月的所谓交战，双方宣而不战，只有小规模的互射，没有进行大的战役，不战不和的战争奇观。德国的老百姓把这种战争叫做"静坐战"，后来人们又把它叫作"假战争"。直到 1940 年 5 月 10 日，这种"静坐"的局面才被打破。

丘吉尔检阅出征部队

占领波兰后，希特勒向英法两国提出和平建议，但被拒绝。为了在对进攻东方时避免两面战线的处境，希特勒决定在军事上打败西方国家。10 月 9 日，希特勒下达了进攻西欧的《元首第 6 号特别训令》。为此，德国陆军总司令部制定了一个代号为"黄色方案"的西线作战计划。此计划与第一次世界大战中德军进攻法国的"施里

94

芬计划"相似，即以右翼的 B 集团军群为主力，通过荷兰南部向比利时北部进攻，击败荷、比军队和英法联军，占领英吉利海峡南岸，然后向法国首都巴黎实施主要突击；在 B 集团军群左面的 A 集团军群，通过比利时南部和卢森堡，沿马其诺防线向西北建立防御阵地，掩护 B 集团军群。

德军 A 集团军群参谋长曼斯泰因反对这一计划，认为此举会

1940 年 3 月，英国远征军的坦克帮助一户法国农民耕地

使德军正面遭遇英法联军，难以达到出奇制胜的目的。他提出以 A 集团军群为主力，利用强大的坦克部队通过卢森堡和比利时的阿登山区直抵色当，突破该区内的盟军防线，直插英吉利海峡，将法国一分为二，然后同 B 集团军群一起围歼盟军，而在马其诺防线正面进行佯攻，以牵制大量法军；在荷兰和比利时中部实施辅助突击，以牵制在该地域行动的英法联军兵力。但是德国陆军总司令勃劳希契拒绝将曼施泰因的计划转呈希特勒。

1940 年 1 月 10 日，一名携带着"黄色方案"的德军总参谋部军官因座机迷失方向，在比利时境内迫降，致使该计划落入英、法之手。曼斯泰因认为"黄色方案"已经泄露，他不顾陆军总参谋长哈尔德等一批高级将领的反对，再次提出他的计划，得到希特勒的大力支持。在经过了充分的论证和几次演习之后，2 月 24 日，德军最高统帅部正式采纳了修改后的曼斯泰因的建议。

德军在北海至瑞士一线共集结了 136 个师，其中包括 10 个装甲师、6 个摩托化师，共有 3000 多辆坦克、4500 多架飞机，分成 A、B、C 等 3 个集团军群，具体部署为：

中路的 A 集团军群担负主攻，由龙德施泰德上将指挥，下辖第 4、第 12 和第 16 集团军，共 44 个师（包括 7 个装甲师、3 个摩托化师），由第 3 航空队提供空中支援，担负翻越破阿登山区，向英吉利海峡实施突击，分割法国北部和比利时境内的英法联军的任务。

右翼的 B 集团军群担任助攻，由博克上将指挥，下辖第 6 和第 18 集团军，共 28 个师（包括 3 个装甲师、1 个摩托化师），由第 2 航空队提供空中支援，

马其诺防线内部

马其诺防线的法军

目的是占领荷兰全境和比利时北部，然后向法国进攻。

左翼的 C 集团军群担任佯攻，由勒布上将指挥，下辖第 1 和第 7 集团军，共 17 个师（包括 1 个摩托化师），任务是佯攻马其诺防线，牵制法军，使其不能北上增援。

德军在莱茵河地区还部署 47 个师（包括 1 个摩托化师）作为预备队，其中 20 个师为各集团军群的预备队，听从于各集团军群的调遣，另外 27 个师为总预备队，由最高统帅部直接指挥。

西线盟军共有 135 个师（法军 94 个师、英国远征军 9 个师、荷兰军 10 个师、比利时军 22 个师），其中有 3 个装甲师和 3 个摩托化师，拥有坦克 3000 多辆、飞机 1300 多架，此外还有英国本土的 1000 多架飞机提供支援。比利时军队和荷兰军队都部署在本国东部国境线上。英法联军的 103 个师分为 3 个集团军群：第 1 集团军群，由毕特劳将军指挥，下辖法军第 1、第 2、第 9 集团军和英国远征军，共 51 个师，部署在法、比边境和法国北部；第 2 集团军群，由普雷塔拉将军指挥，下辖法军第 3、第 4、第 5 集团军，共 25 个师，部署在马其诺防线正面；第 3 集团军群，由贝森将军指挥，下辖第 6、第 8 集团军，共 18 个师，部署在马其诺防线后面。法军还有 9 个师作为战略预备队。此外，法军第 10 集团军部署在法国与意大利边境。

盟军在兵力上与德军相当，但都没有进行充分准备。因为法国认为德国在占领波兰后会继续东进进攻苏联，进攻法国至少要在四五年之后；英国计划由盟国承担地面作战，自己以强大的海军力量对德国实施海上封锁和战略轰炸来消耗德国的战争潜力；荷兰、比利时和卢森堡片面地认为只要严守中立，就可避免卷入战争。盟军直到 1940 年 3 月 12 日才在法国总参谋长兼英法联军总司令甘末林上将的主持下确定了代号"D"的作战计划。该计划把盟军主力部署在法比边界北段和法国北部各省，重点防御德军向比利时

曼施坦因提出的方案是通过阿登森林绕到马其诺防线的侧后

实施主要突击。如果德军进攻比利时，法军和英军则迅速进入比利时，在比军的配合下，挡住德军进攻；如果德军进攻马其诺防线，则依托坚固的工事进行防御，并从后方调兵增援；由英国海军担任海上封锁任务。

在法比边界南段，盟军自恃有"不可逾越的阿登山脉"和马斯河，只留了几个战斗力较差的法国师防守。战前，比利时驻科隆的总领事通过情报分析出，德军的主力集中在比利时和卢森堡边界，他们将通过阿登山区直插英吉利海峡，目的是分割、包围在比利时和法国北部的盟军部队。但是，他的警告没有引起法国的注意。

1940 年 5 月 10 日凌晨，在北海到马其诺防线之间的 300 多千米的战线上，德军向荷兰、比利时和卢森堡发起了全线进攻。德军以 3000 多架次飞机突然对法国、荷兰、比利时和卢森堡的机场、铁路枢纽、重兵集结地区和城市进行

德军坦克通过阿登森林

德军的目标是从东向西纵贯法国

德国轰炸机群

德军炮兵部队

德军绕到了马其诺防线的后面

猛烈的轰炸。在北线，德军 B 集团军群以空降兵在荷兰和比利时实施空降，夺取重要机场、桥梁、渡口和战略要地。荷兰和比利时陷入混乱和恐慌之中。11 日，德军地面部队在空降兵的配合下，攻占了被称为"欧洲最难攻克的工事"埃本·埃马尔要塞，使 B 集团军群主力渡过了马斯河。14 日，德军攻占鹿特丹，荷兰女王搭乘英军驱逐舰逃往英国。15 日，荷军总司令温克尔曼将军宣布投降。荷兰投降使盟军战线出现了巨大的缺口，英军虽顶住了德军的攻势，但为避免被围歼，被迫后撤。17 日，德军占领比利时首都布鲁塞尔，然后继续向西进攻。

在南线，德军 A 集团军群向卢森堡和比利时阿登山区发起了进攻。仅有 30 万人口的卢森堡不战而降。德军 7 个装甲师仅用 3 天便穿越阿登山脉 110 千米长的峡谷进入法国境内。14 日在法军第 2 和第 9 集团军结合部的色当地区重创法军，全部渡过马斯河，打开了通往巴黎和英吉利海峡的道路。

德军装甲部队长驱直入，法国陷入惊慌失措之中。15 日清晨，法国总理雷诺沮丧地给 5 天前才接替张伯伦担任英国首相的丘吉尔打电话说："这一仗我们恐怕要打输了。"16 日，丘吉尔从伦敦急飞巴黎商量对策。当他问盟军总司令甘末林战略预备队在哪里时，甘末林摇了摇头，耸了耸肩说："没有战略预备队。"丘吉尔听后，"简直傻了眼"。

德军以每天 20—40 千米的速度向西挺近。20 日，德军装甲部队攻占亚眠、阿布维尔，然后北上，从后面攻击在比利时的盟军。21 日，德军先头部队到

达英吉利海峡沿岸，拦腰切断了法国北部
和比利时境内的盟军同索姆河以南法军主
力的联系。英法联军虽多次实施反突击，
均因兵力不足、行动时间不一、缺乏空中
支援和统一指挥而未能奏效，约40万盟
军处于三面被围之势，被迫陆续退缩到敦
刻尔克地区。德军用空军和潜艇严密封锁
加来海峡，阻止英国的增援。

德军开进

　　24日，德军装甲部队已攻到离敦刻尔
克只有10英里的地方，后继的几十个步
兵师也正源源不断地跟进，盟军危在旦夕。这时，希特勒却出于保存装甲部队
实力、诱使英国讲和等原因，命令A集团军群停止前进，把围歼任务交给空
军。希特勒的这道命令，为盟军提供了一个难得的喘息机会。26日，英国政
府下令执行代号为"发电机"的撤退计划。英国、法国、比利时和荷兰共派出
各种舰船861艘，其中包括渔船、客轮、游艇和救生艇等小型船只，克服了德
军的地面、空中和海上攻击，经过九昼夜奋战，将33.8万余人（其中英军约
21.5万人，法军约90000人，比利时军约33000人）撤至英国。6月4日，德
军占领敦刻尔克。敦刻尔克撤退中，盟军损失惨重，有40000余人被俘，还有
28000余人死伤；武器装备丢弃殆尽，共丢弃了1200门大炮、750门高射炮、
500门反坦克炮、63000辆汽车、75000辆摩托车、700辆坦克、21000挺机枪、
6400支反坦克枪以及50万吨军需物资；有226艘英国船和17艘法国船被德
军击沉；英国空军为了掩护撤退，损失飞机300多架。虽然损失惨重，但为盟
军日后的反攻保存了大量的有生力量，创造了二战史上的一个奇迹。

　　敦刻尔克撤退期间，5月28日，比利时国王利奥波德三世见盟军败局已定，
未经在巴黎的比利时政府讨论，也没有与英法两国政府商量，便下令比利时军
队向德军投降。

　　德军席卷法国北部时，法国雷诺内阁改组，委任贝当担任副总理，魏刚接
替甘末林成为法军总司令。这时，法国本土还剩65个师，要抗击包括10个装
甲师在内的130多个师的德军，形势极为不利。魏刚上任后，令第6、第7、
第10集团军在索姆河和埃纳河一带仓促构筑了一条东西长约270多千米的"魏
刚防线"，以17个师守马其诺防线。两条防线连在一起，企图阻止德军南下。

1940 年 5 月 29 日，法军炮兵阵地

德军攻占法国北部后，德军统帅部制定了代号为"红色方案"的作战计划，要求德军利用退至索姆河、瓦兹河及埃纳河一线的法军立足未稳之际，向法国腹地发起攻击。以 A 集团军群为左翼，B 集团军群为右翼，强行突破"魏刚防线"，占领法国首都巴黎，前出至马其诺防线的后方，再配合从正面攻击的 C 集团军群围歼马其诺防线上的法军，结束战争。

6 月 3 日，德国空军向法国机场和后方实施了猛烈空袭，法国 900 多架飞机被摧毁，失去了制空权。6 月 5 日拂晓，德国空军对索姆河防线上的法军实施了猛烈的轰炸，随后 B 集团军群率先在右翼发起全线进攻。6 月 7 日，德军在瓦兹河与索姆河的分水岭处突破了法军的防御，德军从这个缺口蜂拥而入。到 6 月 9 日，隆美尔指挥的德军第 7 装甲师已经抵达鲁昂郊区，法军第 10 集团军的侧翼受到重创而溃退，贝隆以南的法军第 7 集团军也被迫退往巴黎。

在 B 集团军群发起进攻后，左翼的 A 集团军群也于 6 月 9 日在埃纳河发起进攻。6 月 10 日，古德里安装甲兵团击溃法国守军，突破了法第 6 集团军的右翼，成功地渡过了埃纳河。此后，古德里安挥军南下，一路长驱直入，似入无人之境。溃退的法国军队和数以百万计的法国百姓挤满了各条道路，争相向西面和南面逃亡，法国地方各级政府机构荡然无存，以至于德军大肆宣传说："我们是来帮助被法国政府抛弃了的老百姓的。"6 月 17 日，古德里安装甲兵团进抵瑞士边境城镇潘塔里尔，切断了马其诺防线内法军逃往瑞士的退路。

6 月 10 日，法国政府撤出巴黎，迁往图尔。同一天，意大利趁火打劫，向法

法军大批被俘

国宣战。12 日，法国政府在图尔附近举行会议，魏刚公开提议投降。13 日，巴黎被宣布为不设防城市。14 日，法国政府再迁往波尔多时，德军不费一枪一弹占领了巴黎，法国政府大厦楼顶飘起了纳粹的万字旗。

就在德军占领巴黎的当天，德军 A 集团军群的左翼已进至到马其诺防线的

法国上空的德军机群

侧后方。一直在马其诺防线正面执行吸引法军注意力任务的 C 集团军群，向阿尔萨斯和格林两筑垒地域的接合部马其诺防线守军的薄弱处发起进攻。德军两个集团军群前后夹击，马其诺防线很快被突破。6 月 17 日，C 集团军进至马恩－莱茵运河上，A 集团军群占领了凡尔登，法军 50 万人被包围在阿尔萨斯和格林南部，除少数逃往瑞士外，其余全部被歼。

6 月 16 日，法国总理雷诺辞职，投降派贝当接任总理，组建了法国新政府。17 日，贝当政府的第一次内阁会议一致决议请求德军停战。随后，不等德军答复，贝当就发表广播讲话，号召法国军民停止战斗。18 日，贝当政府下令法军放弃所有两万人以上的城市，不得在市内和郊区进行抵抗和破坏。

希特勒选择了贡比涅森林的雷通火车站作为谈判地点。1918 年 11 月 11 日，法国及其盟国在此地一节白色车厢内迫使战败的德国签署了投降协议。德国人把那节车厢从博物馆里拉出来，放到与 1918 年相同的位置上，希特勒坐在当时法方代表福煦元帅坐过的那把椅子上，接受了法国的投降。6 月 22 日晚 6 时 30 分，查理·亨茨格将军代表法国政府签署了停战协定。根据协定，德国占领法国的大部分国土，包括法国最发达地区的北部、中部和大西洋沿岸地带；德国占领军费用由法国政府承担；法国南部仍由贝当政府管理。25 日，法国全面停火。

至此，法国战役以法国的惨败和德国的胜利而结束。在法国战役中，德军战死 27000 人，伤残 11.1 万人，失踪 18000 人；法军亡 84000 人，伤 12 万人，被俘 190 万人；英军损失 68000 人。

17. 英法联军从敦刻尔克撤退，法国投降

1940 年 5 月，英法联军防线在德国机械化部队的攻势下崩溃，在敦刻尔克这个法国港口城市，英军进行了历史上最大规模的撤退行动——"发电机"行动。虽然大规模撤退行动挽救了大量兵员，但英国远征军的所有重型装备却丢弃在欧洲大陆上，严重影响了英国本土的防卫。

1940 年 5 月 20 日，德军主力到达英吉利海峡沿岸，英法联军约 40 个师被包围在法比边境的敦刻尔克地区，三面受敌，一面临海，处境危急。英法联军唯一的生路是从海上撤往英国。所幸古德里安以没有接到命令为由，整整休息了两天，直到 22 日才根据命令北上攻击沿岸港口，给英法联军逃出包围圈提供了机会。

法国人欢迎英国远征军

5 月 19 日，英国就预见到失败已成定局，战时内阁指示海军部制定组织远征军撤退的计划，代号"发电机"。该行动由多佛尔军港司令伯特伦·拉姆齐中将指挥，计划从法国沿岸的加莱、布伦和敦刻尔克 3 个港口，每天撤退 10000 人。拉姆齐同时建议加强空中掩护力量。

"发电机"计划的第一

步是：由海军部紧急征集船只，英国沿海所有千吨以上的船只都被列入紧急征集名单，包括往返于英吉利海峡间从事一日游的游艇和临时到英国港口停泊的中立国家游船。

敦刻尔克是法国第三大港。它有 7 个停泊大船的船坞和 5 海里长的码头。如果所有港口设备都能运转，远征军很快就会脱离虎口。但现在，船坞尽遭破坏，只有一条 1400 码长的堤坝可供救援船停靠。另外，敦刻尔克港口是极易受到轰炸机和炮火攻击的目标。如果英法联军不能及时从这个港口撤退，后果不堪设想。

形势危急，渔船、旅游船、维修船拖驳、小型护航船等各式各样的船只从英国各个港口出发，驶向敦刻尔克。有人说："英格兰所有能漂浮的东西，都去了敦刻尔克。"这支船队中有政府征用的船只，更多的是自发前去接运部队的老百姓，他们没有接到任何命令，但他们有比组织性更有力的东西，这就是不列颠民族征服海洋的精神。

丘吉尔下令实施发电机计划

"为撤离，士兵们战斗了 3 个星期，经常失去指挥，孤立无援；他们缺少睡眠，忍饥挨渴，然而却始终保持着队形。在敦刻尔克海滩上，疲惫的士兵冒着德军飞机的轰炸和扫射，艰难地从水深及肩的海水中走向船只，从岸上摆渡到大船去的小船因载人过多而歪歪扭扭地前行。

一些大船不顾落潮的危险差不多冲到了岸上。沙滩上有被炸弹击中的驱逐舰残骸，被丢弃的救护车。这一切都辉映在红色的背景中，这是敦刻尔克在燃烧。没有水去扑火，也没人去救火。到处是地狱般可怕的喧闹场，炮兵不停地开炮，炮声轰轰，火光闪闪，天空中充满高射炮声、机枪声。人们不可能正常说话，在敦刻尔克战

皇家空军袭击驻挪威德军归来

斗过的人都有了一种极为嘶哑的嗓音，这是一种荣誉的标记，名为"敦刻尔克嗓子"。"

德国军队从西、南、东 3 个方向敦刻尔克步步紧逼，最近的坦克离这个港口仅 10 英里。1940 年 5 月 24 日德军却接到了希特勒亲自下达的停止前进命令的 13 号指令，这一命令使德军坦克部队的将领们大惑不解，敦刻尔克唾手可得，却被命令停止前进！而德军空军仍在进攻。

5 月 24 日，希特勒走访 A 集团军群司令部时，伦斯德建议在离敦刻尔克不远的运河一线上的装甲师应当停止前进，等候更多的步兵部队的接应。希特勒同意了这个建议，认为装甲部队应当保存下来，留待进攻松姆河以南的法国军队时使用。另外希特勒担心装甲部队受困于敦刻尔克外围的河道纵横的地带陷入阵地战，无法快速阻截英法部队的撤退。德国空军司令戈林也保证空军可以担当消灭包围圈中联军的任务。

此外，也有人认为希特勒有政治打算，让部分英军撤回英国，政治上有助于与英国讲和。包括前线装甲部队指挥官的一些人反对，他们认为应该继续前进。不过此说和希特勒 24 日下达的 13 号指令不符。在 13 号指令中，希特勒下令 B 集团军和空军配合，尽快消灭包围圈中的英法比荷军队。

这个命令执行的结果是，英法联军在当面的德军 B 集团军群的压迫下向敦刻尔克撤退，而截断他们退路的 A 集团军群距离敦刻尔克更近，却在敦刻

敦刻尔克大撤退

英国远征军把船都塞满了

尔克以西的运河地区停止进攻，并没有集结兵力沿着海岸包抄，这给了英法联军一个机会。联军在为生存而战斗，加强了敦刻尔克接近地的防御阵地。虽然5月27日德军装甲部队为阻止英法联军从敦刻尔克撤退而恢复攻势，但他们无法突破英法联军的防线。英法联军成功地延迟了德军进攻，为撤离敦刻尔克赢得了更多的时间。

英国人撤退得很狼狈

就在这时，"发电机"计划启动了，渔船、旅游船、维修船拖驳、小型护航船等各式各样的船只从英国各个港口出发，驶向敦刻尔克。有人说："英格兰所有能漂浮的东西，都去了敦刻尔克。"这支船队中有政府征用的船只，更多的是自发前去接运部队的老百姓，他们没有接到任何命令，但他们有比组织性更有力的东西，这就是不列颠民族征服海洋的精神。

入夜时分，当他们赶到敦刻尔克时，远远地看到沙滩上飘荡着成千上万只萤火虫。驶到海滩才知道，那不是萤火虫，而是黑压压坐在沙滩上默默等候救援的英国远征军官兵，几乎每个人都在不停地抽烟。为撤离，士兵们战斗了3个星期，经常失去指挥，孤立无援；他们缺少睡眠，忍饥挨渴，然而却始终保持着高度的纪律性。

在敦刻尔克海滩上，有被炸弹击中的驱逐舰残骸，被丢弃的救护车，这一切都映照在红色的背景下。敦刻尔克火光闪闪，天空中充满嘈杂的高射炮声、机枪声。敦刻尔克在燃烧，

慰问回国的军人

敦刻尔克海滩烽烟四起

英国有 700 艘民间小船来到敦刻尔克海滩参加抢救

敦刻尔克海滩的残留

没有水去扑火，也没人去救火。炮兵不停地开炮，炮声轰轰，火光闪闪，天空中充满高射炮声、机枪声。敦刻尔克海滩如同地狱般可怕的喧闹场。

疲惫的士兵冒着德军飞机的轰炸和扫射，艰难地从水深及肩的海水中走向船只，从岸上摆渡到大船去的小船因载人过多而歪歪扭扭地前行，一些大船不顾落潮的危险差不多冲到了岸上。

第一艘救援船载走 1312 名英军士兵。大部分救援在沙滩上进行。850 艘各种类型、各种动力的大小船只，从巡洋舰、驱逐舰到荷兰小船集中到敦刻尔克。英国海军部下达紧急动员令，每个拥有合适船舶的人都可以加入这支前所未闻的救援船队。一时间又有数以千计的业余水手，驾着他们的轻舟，驶出英格兰的江河溪流，顺着海湾回流，赶赴炮火连天的敦刻尔克。

法军留在南方的主力不可能北上实施救援。5 月 23 日凌晨，戈特对魏刚突围计划已经没有信心，魏刚建议至少试图坚守在佛兰斯海岸的防守圈。戈特知道给这样一个据点所提供后勤的港口已危在旦夕。同日，德军第 2 装甲师已攻占了布洛涅海岸。在布洛涅海岸的英军于 5 月 25 日投降，只有 4368 名士兵逃脱。德军第 10 装甲师自 5 月 24 日进攻加莱。英军增援部队匆匆登陆。在加莱持续了 4 天。英国守

军最终在 5 月 26 日下午 4 时左右被击垮并且投降，而最后一支法军在 5 月 27
日清晨撤离。

直到 5 月 30 日，德军统帅部才知道敦刻尔克发生了什么事情。在此之前，
他们一直以为英国远征军的毁灭命运已经注定了。他们万万没有想到，远征军
并没有走向毁灭，而是走向了海洋。谙熟水性的英国人竟然从一个设备已荡然
无存的港口和德军炮火射程之内的沙滩秩序井然地撤退着。

5 月 31 日，德军拼命挤压包围圈，法军死死顶着。就在这天，成为撤退
人数最多的一天，有 68000 名远征军官兵乘船回到了英国。到 6 月 2 日黎明时
分。只有 4000 名英国官兵留在包围圈中。6 月 3 日夜间，余下的英军和 60000
名法军在夜幕的掩护下撤到英国，敦刻尔克仍然在 40000 名法军的固守之下。
到那一刻为止，共有约 34 万名英法官兵撤退到英国。他们已溃不成军，但是
为英国保留了反攻的火种，构成英军和以
后重组的法军的骨干。

在撤退的日日夜夜，英国人聚集到著
名的多佛尔崖，为天海茫茫的海峡彼岸的
英军祈祷。他们认为。他们的祈祷应验了。
上帝显圣了，上帝拯救了远征军。

敦刻尔克战役，德国空军共有 1882 架
轰炸机和 1997 架战斗机。英军的损失占其
在法国战役中损失总额的 6%。德国空军
未能完成阻止撤离的任务，但对盟军造成
严重损失。总共损失了 89 艘商船（吨位近
13 吨）；英国皇家海军的 40 艘驱逐舰中，
有 29 艘被击沉或被重创。

英国人走的时候，重装备几乎全都抛弃了

早在 5 月 16 日，法国已感绝望，促请
英国拨出更多皇家空军战斗机中队投入战
斗。但被英国皇家空军战斗机司令部司令
休·道丁拒绝，如果法国崩溃，英国战斗
机部队将受到严重削弱。本来有 1078 架飞
机的皇家空军部队已经减少到 475 架飞机。
英国皇家空军的记录显示，在 1940 年 6 月

未能撤离的英法联军成为俘虏

107

5 日。只有 179 架霍克飓风战斗机和 205 架喷火战斗机可以使用。

数年后，1945 年 2 月 26 日，面临彻底失败的希特勒声称他允许英国远征军逃脱是一种"体育道德"，希望丘吉尔有所回报。几乎没有历史学家同意希特勒的这种说法，根据他的第 13 号指令，他要求"彻底歼灭在敦刻尔克包围圈的法国、英国和比利时军队"。

在敦刻尔克撤离后和当巴黎遭受短暂的围攻时，在巴黎陷落和法国投降之前，加拿大第 1 步兵师的部分官兵被送往布列塔尼（布雷斯特）并向内陆的巴黎前进。后撤退至英国重新部署。英军第 1 装甲师在埃文斯少将指挥下已抵达法国，并进行后卫行动。其他的英国营，后来在瑟堡投降及仍然要等待形成第 2 支英国远征军。

最好的装备和法军部队无法派往北部，法国必须将重型武器和最好的装甲部队留在南方，不仅逃亡迁都的法国政府在南方，那里还有意大利的威胁。魏刚面临不利情况，消耗极大的法军目前缺乏支持。60 个师被要求防守 600 千米长的战线，魏刚只有 64 个法军师和剩下一个英军师可供使用。因此，与德军不同，他没有预备队来应付任何突破或替换前线的部队，法军则在长时间的战斗后已经精疲力竭。如果战线被进一步推向南部，战线对防守的法军来讲必然会拉得太长。某些法国领导人已公开地表示失去信心，尤其是当英国人撤离之后。敦刻尔克撤退对法军的士气是一个打击，因为它被视为放弃行为。

6 月 10 日，意大利向法国和英国宣战。意大利早有战争准备，墨索里尼意识到，现在德军胜算大，但双方仍势均力敌，如果不出兵，德国人依然有可能会失败，而意大利军队的装备比德军先进，战斗力更强。墨索里尼认为，只要意大利参战，欧洲冲突会很快结束。他对陆军参谋总长巴多格里奥元帅说："一战时，德国人被称为猪一样的队友，但是现在德国人完全不同了，他们英勇善战，战绩让世界震惊。我相信，我们的参战只需要阵亡几千人，便能作为曾经战斗过的一分子坐在和平会议席上。"墨

德军接近巴黎

索里尼参战的目的是通过夺取英法殖民地扩大意大利在北非的殖民帝国。

6月5日，德军在索姆省发起进攻，击破了魏刚布置在德军和巴黎间的预备队防御。6月10日，法国政府逃到波尔多，宣布巴黎为不设防城市。

6月11日，丘吉尔飞到法国，法国最高当局要求丘吉尔出动所有可用的战斗机中队。由于只剩下25个中队，丘吉尔拒绝了。他认为，即将到来的不列颠空战将是决定性战争。在这次会议上，丘吉尔得到法国海军上将弗朗索瓦·达尔朗的保证，法国舰队将不会落入德国人的手里。

在此期间，空军变得相当重要。德国空军取得制空权，法国航空兵在崩溃边缘。法国空军最大限度地出动轰炸机。在6月5日至9日期间，执行超过1815架次任务，其中518架次属于轰炸机飞行架次。然而，英国皇家空军企图转移德国空军的注意力，飞行660架次攻击敦刻尔克地区的目标，但损失惨重，仅6月21日便损失了37架轰炸机。6月9日后，法军的空中抵抗几乎停止，一些幸存的飞机撤到法属北非。德国空军横行无忌。它集中对德国陆军的直接和间接支援。德国空军对英法联军防线发起凶猛攻击，随后英法联军防线在德军装甲部队攻击下迅速崩溃。

德国空军彻底摧毁法国空军并对参战的皇家空军特遣队造成重大损失。据估计，法军在战役期间失去了1274架飞机，英军则损失959架飞机（477架战斗机）。德国空军在法国战斗期间损失了前线上28%的兵力，共有1428架飞机被击毁，另有488架被破坏，损失总共36%的空军力量。德军航空兵力在该战役中获得了投机般的胜利。在该地区剩余的大部分英军已到达圣瓦莱里，以便撤离，但德军占领了海港四周的高地，使撤离变成不可能，6月12日，费伦将军率领剩余的英军向隆美尔投降。

6月15日至25日，英法联军实施"沙龙"计划，这是英国远征军的第二次撤退行动。德国空军掌握在法国的制空权，决心在敦刻尔克灾难后阻止更多盟军撤离。在6月9日至10日期间，瑟堡港受

希特勒带着戈林抵达巴黎

德法谈判的那个著名车厢

德法谈判的那个著名车厢

到德军轰炸，勒阿弗尔受到 10 次空袭，近 3000 吨位逃跑的盟军船只被击沉。6 月 17 日，德国轰炸机炸沉排水量 16243 吨正在离开圣纳泽尔的"兰开斯特利亚"号，大约 5800 名盟军人员丧生。然而，德国空军未能阻止约 20 万名盟军人员的撤离。

6 月 14 日，巴黎落入德军手中。法国总理保罗·雷诺辞职，继任者是菲利普·贝当元帅。希特勒接到法国政府希望谈判停战的请求后，选择了贡比涅森林作为谈判地点。贡比涅是签订 1918 年停战协定的地点。6 月 22 日签署停战协定，就在当年签署 1918 年停战协定的同一车厢举行，该车厢从博物馆移放到与 1918 年相同的位置上，希特勒坐在当年费迪南·福煕元帅面向战败的德国代表相同的椅子上，听取序言后，为了向法国代表展示不屑，故意离开车厢，留下国防军总长威廉·凯特尔继续谈判。法国第 2 集团军群在签订停战协定的同一天投降，停火于 1940 年 6 月 25 日生效。

法国被分为在西部和北部的德军占领区以及在南方名义上独立的国家，以温泉城镇维希为总部，被称为维希法国。维希法国领导人贝当，接受了作为一个战败国的地位，并试图讨好德国人。戴高乐当时已被保罗·雷诺委任为副国防部长，法国投降时正在伦敦。6 月 18 日戴高乐作出呼吁演说，他否认维希政府合法，开始组织自由法国部队。国外的许多法国殖民地加入了他的阵营。

18. 从空中挽救国家：不列颠大空战

　　纳粹德国占领法国后，希特勒制订了针对英国的海狮计划，对英国实施登陆作战，以步兵登陆英国南部，占领伦敦；戈林受命歼灭英国空军。德军最高统帅部把此次行动的最早日期定于 1940 年 8 月 5 日，代号为"鹰袭"。8 月 6 日戈林把进攻日期正式定于 8 月 12 日，名为"鹰日"。由于英国南部天气不稳定，德国空军于 8 月 13 日发动对英国的空中攻势。

　　早在 1940 年 5 月，英国就预见到德国空军会对英国本土进行大规模轰炸。5 月 19 日英军参谋长联席会议提出在法国退出战争的情况下的防御报告，要求切实加强各项防御，尤其是空中防御。5 月 27 日报告获得战时内阁批准，并开始准备：组建飞机制造部，由比弗布鲁克任部长，飞机产量由每月 700 架迅速增加到 1600 架；调整部署防空力量，重点加强伦敦地区的防空；加紧培训空勤、地勤人员，保证每月可以有 200 名新飞行员补充部队。

　　英国空军部成立防空指挥部，司令是爱德华·比尔，统一指挥英军战斗机、高射炮、雷达和观通警报部队。战斗机部队计 56 个中队，战斗机 980 架，飓风和喷火战斗机 688 架；高射炮部队计

德军占领法国后，距离英国近多了

雷达最早是在英国发明的

7 个师，高射炮 4000 余门，但大口径高射炮不足 2000 门。由于大口径高射炮月产量仅 40 门，英军调整部署，将约 700 门大口径高射炮配置在飞机制造厂。防空拦阻气球 5 个大队，这些拦阻气球都系在汽车上，可迅速转移。探照灯 2700 具。

英国是最早将雷达投入实战的国家，至 1940 年 7 月全国共建成雷达站 51 座，其中东南沿海地区有 38 座，形成了严密的雷达警戒体系。雷达警戒体系分为两个层次，第一层次是中高空防空雷达系统，能有效发现飞行高度在 4500 米以下的飞机；第二层次是低空防空雷达系统，能有效发现飞行高度在 750 米以下的飞机。英军通过雷达可测出敌机来袭的大致方位和时间，指挥己方战机在有利方位和时间迎击。

英军战斗机司令休·道丁组建了由雷达、防空监视哨、指挥部作战室和情报室所构成的空中情报体系，能迅速获知情报，有效指挥作战。道丁始终保留 280 架飞机的后备力量，不到德军登陆的最后关头绝不动用。

盟军从敦刻尔克撤退后，德国空军把主要军力转移至法国北部。但希特勒未决定入侵英国的空中战役马上开始，只留小部分驻守空军，其余则撤往本土休整。过了近一个月后，随着入侵计划的临近，1940 年 7 月中旬德国空军把撤往国内休整的空军主要兵力迅速调遣至英吉利海峡附近的空军基地，共调集了约 2600 架飞机，其中约 1200 架为对英实施空袭的重型轰炸机，其余 1000 余架为掩护轰炸的战斗机。

德国空军在征服西欧大陆后，把空军分为 5 个航空队，各自负责 5 个作战空域。与英国空军的战斗机司令部和轰炸机司令部分治不同，德国空军的每一航空队编制内各有战斗机、俯冲轰炸机、水平轰炸机等不同种类和用途的作战飞机。担任攻击英国本土任务的是第 2 航空队和第 3 航空队，并由驻守斯堪的那维亚的第 5 航空队负责助攻。其中阿尔伯特·凯塞林将军指挥的第 2 航空队为此役的先锋。

德国 Bf -109E 战机，满载燃料仅够维持飞行 80 分钟，到英国本土上空只有 20 分钟滞留，来回路程各需 30 分钟，不能很好完成作战和为轰炸机护航的

轰炸伦敦的德军机群

德国还用飞艇投掷炸弹轰炸伦敦

任务。为此，空军司令部计划把 Bf –110 作为护航轰炸机的指定飞机，并把 Bf –109E 专门作为与英军战斗机的作战中。

在海峡的另一边，英国空军正在加紧实施本土防御。道丁把旗下的飞机分为 4 个作战空域，部署 4 个飞行联队在各自防区内。部署在主要作战地域的第 11 防区包括伦敦在内的英国东南部地区，是英国战机部队的精锐，指挥官为基斯·帕克空军少将，一战中有击落 20 架敌机的记录。与德国空军交战时将充分得到第 12 防区支援。

双方战机对比，英国处于一比三的劣势，而且 640 架飞机集中在第 11 和 12 防区，主要为飓风型，性能更为优秀的喷火型正在加紧生产中。

德国战机数量有明显优势，850 架战机盯着海峡对面。英国空军的目标不是战斗机，而是多达 1200 余架的轰炸机。对道丁来说，虽然数量上的劣势让他伤脑筋，但对英国来说，战争的局势未必呈现出一边倒的架势。因为，他们有自己的秘密武器，这就是投入实战不久的雷达。从 30 年代始，英国空军着手能够在 24 小时监控本土空域的计划。英国无线电工程师沃森·瓦特利用无线电波在传播途中遇到金属物体则随即"反弹"的原理，把无线电探测原理变为一门实用技术。从 1935 年 5 月始，沿英国漫长的海岸线陆续架起高达 70 英尺的无线电天线，不分昼夜地对其领空实施"密切关注"。德军绝未想到，这个带有天线的"怪物"竟成为阻碍其征服英国的最大障碍之一。 更令德军不曾预料到的是，英国情报部门已经具备截获德国空军无线电密码信件并顺利破解的能力。因此，英国的情报和防御措施弥补了飞机装备上的劣势。

英军战斗机司令部下辖 4 个飞行联队：布兰德少将指挥第 10 联队，负责

德军轰炸机的残骸

皇家空军的轰炸机

皇家空军挂炸弹

保卫英格兰西部；派克少将指挥第 11 大队，保卫伦敦在内的英格兰东南部地区；马洛里少将指挥第 12 大队，保卫从泰晤士河入海口至约克郡的英格兰中部；索尔少将指挥第 13 大队，保卫苏格兰地区。在这 4 个联队中，实力最强的是第 11 和第 12 联队，尤其是第 11 大队，拥有 270 架飓风和喷火战斗机，占英军全部先进飞机的 40%。

英军本土防空的特点是：兵力上统一指挥，集中使用，全面防御，突出重点，纵深梯次配置；以战斗机为主，高射炮、拦阻气球和探照灯为辅，配合使用。 英军最大的困难是飞行员不足，道丁上将一面开办新的培训学校，加紧培训空勤、地勤人员，一面征召在英国的法国、比利时、捷克和波兰等被占领国的飞行员加入英国空军，还从海军航空兵借调 68 名飞行员，至 1940 年 8 月初，英国空军飞行员数量上升到 1434 人。

1940 年 7 月，德军开始战前准备，空军从本土向法国、荷兰、比利时等国转场。前线机场的扩建，部队的调动集结，人员物资的补充，都需要时间，但德国空军不愿坐等，自 1940 年 7 月 10 日起，以英国南部港口和英吉利海峡航行的船只为目标发动了攻击。英军在欧洲大陆消耗大，需要休整补充，所以采取避战战略，只以小机群迎战，同时在空战中检验雷达引导截击的战术。从 7 月 10 日至 8 月 12 日，德军共出动飞机 5376 架次，投弹 1473 吨，击沉英军 4 艘驱逐舰和 18 艘运输船，德军有 186 架飞机被击落，135 架被击伤。英军损失飞机 148 架。

8 月 1 日，德军参战主力部队第 2、第 3 航空队根据作战局的意见递交了作战方案，希特勒和总参谋长约德尔联合签发对英实施全面空袭的第 17 号指令。8 月 2 日，空军司令戈林下达作战指令。德国空军为对英作战而集结的飞机有梅

伦敦一名对空观察员，背景是圣保罗大教堂

塞施米特 –109 战斗机 933 架，110 战斗机 375 架，容克 –87 俯冲轰炸机 346 架，容克 –88、亨克尔 –111 和道尼尔 –17 轰炸机共 1015 架，计 2669 架。

8 月 10 日，英国南部天气恶劣，"鹰日"攻击延期。8 月 11 日和 8 月 12 日，虽然天气没有多大好转，但德军飞机攻击了英军雷达站，5 个遭严重破坏，1 个被完全摧毁。由于德军主要轰炸雷达站的天线而不是核心控制室，英军能够迅速修复，德军无线电侦测部门很快发现了雷达信号，认为攻击雷达站毫无作用，因此不久就终止了对雷达站的攻击，铸成大错。

8 月 13 日，德国轰炸机对利物浦发动轰炸，造成大量平民伤亡。英国空军在 8 月下旬接连轰炸德国首都柏林。德国为对抗英国空军的空袭，于 9 月初

大英博物馆把珍品紧急装箱

珍贵油画运往地下室

伦敦遭受空袭

残垣

发动对伦敦的空袭，双方原先遵守不攻击对方城市的默契自此打破。

"鹰日"攻击在 8 月 13 日开始，德军主要目的是消灭英国空军主力，由于德军飞机航程有限，攻击主要集中在南部，企图尽可能在南部战斗中消耗英军力量，为以后攻击中部创造条件。德军除以战斗机掩护轰炸机突击英军机场外，还以战斗机组成游猎群，专门寻找英军战斗机空战。8 月 13 日，由于天气不理想，德军部分战斗机没有按计划起飞，开局显得有些混乱。全天德军投入 1485 架次，白天突击英国南部 7 个机场，晚间则攻击英军飞机制造厂，英军出动了 727 架次迎战。在波特兰和南安普敦的空战尤为激烈，德军有 47 架飞机被击落，80 余架被击伤，英军仅损失 12 架飓风和 1 架喷火，机场未遭受大的破坏。

8 月 14 日，德军进行了小编队零星袭击。8 月 15 日，戈林召集各航空队司令开会时，天气突然转晴，留守空军指挥部的第 2 航空队参谋长保罗戴希曼上校下令出击，谁能想到，这天竟然成为不列颠战役中德军出击规模最大的一天！

第 2、第 3 航空队几乎倾巢而出，第 5 航空队也派出飞机参战，从南北两个方向同时展开攻击。北面的第 5 航空队以为英军在东北地区防御比较空虚，加上受航程限制，只派出了 34 架梅塞施米特 -110 战斗机掩护 63 架亨克尔 -111 和 50 架容克 -88，遭到英军第 13 大

队 7 个中队共计 84 架战机迎头痛击。梅塞
施米特 –110 战斗机既笨重，数量又少，
在英机打击下损失惨重，有 7 架梅塞施米
特 –110、16 架亨克尔 –111 和 6 架容克 –88
被击落，战损率超过 20%。从此第 5 航空
队再未参加不列颠之战。

在英格兰南部，德军投入 975 架战斗
机和 622 架轰炸机，发动 4 个波次空袭，
猛烈轰炸了英军 5 个机场和 4 个飞机制造
厂。英军先后投入 22 个战斗机中队，全力
抗击。战斗持续到天黑，全天德军出动约
2000 架次，被击落 75 架，英军出动 974 架次，
损失 34 架，还有 21 架轰炸机在地面被击毁。
这一天是不列颠之战开始以来最激烈的一
天，被称为"黑色星期四"。

抱着洋娃娃的女孩儿

8 月 18 日，德军发动强劲攻势，被击落 71 架，英军损失 27 架。8 月 19 日，
戈林决定集中全力攻击英国空军主力第 11 大队的基地，并停止出动在战斗中
损失惨重的容克 –87 俯冲轰炸机。

8 月 19 日至 23 日，空战暂停数日。在这一阶段，德军付出被击落 367 架

伦敦地铁睡满了人

有人发明了一种防烟婴儿车

的巨大代价，英军 12 个机场和 7 个飞机制造厂遭到不同程度破坏，6 个雷达站一度失去作用，1 个指挥中心被炸，1 座弹药库和 10 座储油库被毁，损失 183 架。

从 8 月 24 日至 9 月 6 日，德军对英军第 11 大队的主要基地和英格兰南部的飞机制造厂进行大规模空袭，在这两周时间里，德军每天出动飞机都在 1000 架次以上，8 月 30 日和 8 月 31 日两天，达到日均 1600 架次。轰炸一个波次接着一个波次，英军飞行员有时一天出动几次，非常疲惫。空战开始以来，英军有 103 名飞行员阵亡，128 名重伤，伤亡总数占全部飞行员的 1/4。英国空军出现人员紧缺困境，有经验的飞行骨干大量伤亡，年仅 20 岁左右的飞行员就已经算是老手了。在严峻的局面下，道丁依旧没有动用保留在北部纵深地区的 280 架飞机的后备力量，他的这种战略受到了前线艰苦奋战将士的谴责和后方待命将士的抱怨。

医院被炸

8 月 24 日至 9 月 6 日两周中，英军有 295 架飞机被击落，171 架被重创，而同一时间里英国生产出的新飞机加上修复的飞机总数只有 269 架。严重的是，英国南部的 5 个主要机场都遭到严重破坏；而且德军全力攻击英国空军的重要指挥中心，在南部地区和伦敦附近的 7 个指挥中心有 6 个被摧毁。英国空军的指挥和通信系统已经到了崩溃的边缘。

遭到空袭的书店

抢救出来的物品

德军发挥了数量上的优势，在两周内，德军损失 214 架战斗机和 138 架轰炸机，但仍有足够力量继续发动攻势。就在英军即将陷入崩溃边缘时，德军却突然改变了战术，不再攻击英军的机场和指挥中心，转而对伦敦实施大规模空袭。这是因为 8 月 24 日 12 架迷航的德军轰炸机飞临伦敦，在市中心投

丘吉尔来到伦敦东区

下炸弹。次日，丘吉尔首相指示英国空军出动轰炸机空袭柏林，8 月 28 日夜和 31 日夜英军又两次空袭柏林，希特勒被激怒了，叫嚣要彻底毁灭伦敦。9 月 3 日，戈林决定从 9 月 7 日起将攻击重点转向伦敦。9 月 6 日晚，德军出动 68 架轰炸机首次有计划地轰炸伦敦。9 月 7 日，德军开始对伦敦实施大规模空袭。黄昏时分，戈林和凯塞林站在加莱海岸的山上，目视着第 2 航空队 625 架轰炸机和 648 架战斗机飞越海峡，飞向伦敦。德机向伦敦投下了 300 吨炸弹和燃烧弹。入夜后，又有 250 架德机来袭，伦敦没有夜航战斗机，夜间防空只能依靠高射炮和探照灯，空袭从晚 8 时持续到清晨。伦敦有 1300 多处起火，很多街区成为火海，英国国王居住的白金汉宫也遭到轰炸。在当晚的空袭中，伦敦市民死 300 余人，伤 1500 余人。戈林兴高采烈地告诉妻子："伦敦烧起来了！"

9 月 7 日至 14 日，德军对伦敦实施昼夜大规模空袭，使英国空军得到喘息之机，迅速恢复了战斗力。9 月 15 日，英国空军先后出动了 19 个中队 300 余架战斗机，迎战飞往伦敦的德军 200 架轰炸机和 600 架战斗机组成的大机群，激烈的空战持续了一天。全天有 56 架德机被击落，另有 12 架在返航和着陆途中伤重坠毁，还有 80 架飞机是带着满身的弹痕着陆。英军在空战中损失 20 架飓风和 6 架喷火。

这一天是不列颠空战的转折点，德国空军终于意识到，并没有掌握英国南部的制空权，并不能够在白天进行为所欲为的空袭，英国空军不但没有被消灭，而且还很强大。丘吉尔首相亲临第 11 大队的指挥中心督战，他将这天称为世

夜间救火

界空战史上前所未有的、最为激烈的一天。战后，英国将 1940 年 9 月 15 日定为不列颠空战日，以纪念这一辉煌胜利。

9 月 16 日和 17 日，英国空军出动轰炸机对德军集结在沿海的用于登陆的船只和部队进行猛烈攻击，击沉击伤近百艘船只，迫使希特勒于 9 月 18 日下令停止在沿海集结船只。

戈林下令从 10 月 1 日起，对伦敦的空袭从白天改为夜间。鉴于英军注重攻击轰炸机，忽视战斗机，白天由梅塞施米特 -109 加挂炸弹偷袭。开始果然奏效，加挂炸弹的梅塞施米特 -109 顺利到达目标上空，轰炸连连得手。英军吸取教训，对德军任何飞机都进行拦截。由于梅塞施米特 -109 加挂炸弹后非常笨重，不堪一击，损失极大，德军只好终止这一战术。

10 月，德军继续空袭伦敦，企图以巨大的物质损失和死亡来迫使英国屈服。面对猛烈的空袭，伦敦市民依旧照常工作、生活和娱乐。有位裁缝在店门上贴着"营业照常"的纸条，当他的小店被炸毁后，他在废墟上挂出了"营业更加照常"的告示。

10 月 12 日，希特勒放弃了在英国登陆的计划，因为德军统帅部已决定在 1941 年的夏季入侵苏联。德国企图通过对伦敦的恐怖空袭来迫使英国屈服的计划被彻底挫败。德军继续对伦敦并扩大到考文垂、伯明翰、利物浦、南安普敦等工业城市实施夜间空袭，目的是削弱英国的军事工业，并制造进攻英国的假象，以掩护为进攻苏联而进行的准备。

11 月 14 日夜间，德军空袭英国航空工业基地考文垂。英军通过破译德军最高机密的埃尼格玛密码机，事先已经掌握了德军的空袭计划。英国战时内阁决定一切照常，既不增加考文垂的防空力量，也不提前发出警报疏散平民。当晚德军出动 449 架亨克尔 -111 轰炸机，并使用代号为"X- 蜡膏"的无线电导航技术，轰炸非常准确，有 394 吨爆破弹和 56 吨燃烧弹落在考文垂市中心，还投下了 127 枚延时炸弹，以破坏英国人的救援行动。考文垂有 50000 多幢建筑被炸毁，死 554 人，重伤 864 人，12 家生产飞机零部件的工厂遭到严重破坏，致使英国飞机减产 20%，考文垂市区的水、电供应中断 35 天才恢复，损失相当惨重。

英军起飞了 120 架次夜航战斗机拦截，高射炮部队发射 12000 余发炮弹，却只击落击伤德机各 1 架。从单纯军事角度而言，此次空袭非常成功，具备了战略轰炸的典型特点，被军事家誉为战略轰炸的雏形。英军发现德军使用无线电导航技术以提高夜间轰炸精度后，迅速采取针对性措施，建立了一批专用电台。采用电子对抗措施，对德军的无线电导航信号有意进行错误转发或强力干扰，使德军无线电导航的精度下降了 80%，诱使德军将大量炸弹投到了无人地带。

1940 年底，在英军战斗机、高射炮等的抗击下，德军损失越来越大，空袭逐渐由白昼转为夜间，而且规模和强度逐渐减小。入冬以后英伦三岛的恶劣气候也使德军空袭的规模日益下降。

1941 年 3 月起，德军发动空中攻势目的只是制造进攻英国的假象，掩盖即将开始的对苏联作战。5 月 10 日晚，德国空军主力撤往苏联战场之前，对伦敦实施了最后一次大规模空袭。德军发动此次空袭，无非是对英国发泄怨气。当晚德军出动 500 余架次，飞行员都得到指示，可以将炸弹仍在任何地方。700 吨爆破弹和燃烧弹落在伦敦市区，燃起的大火照亮了半个夜空，伦敦平民有 1436 人被炸死，1800 余人重伤。随着 1941 年 6 月 22 日德军进攻苏联的开始，德国空军主力转往苏联战场，对英国的空袭终于停止。不列颠之战终告结束。

双层公共汽车本来是伦敦的一道景观

19. 北非作战：英军很专业，意军很业余

1922年，墨索里尼上台后野心逐渐膨胀，妄图独霸地中海，重新瓜分东非和北非的英、法殖民地。1929年世界性的经济危机严重冲击到意大利，墨索里尼断定殖民地扩张是减轻国内经济压力所必需的办法，进而走向了侵略的道路。他打算先吞并埃塞俄比亚，但达到这一目的，必须先得到英、法两国的默许。

法国急于拉拢意大利对抗德国，对意大利的侵略睁一只眼闭一只眼。1935年1月7日，墨索里尼与法国签署《意法条约》。英国担心意大利此举可能动摇其在东非、埃及和苏丹的统治，起初持反对态度，后来认为和意大利开战的风险太大.而牺牲埃塞俄比亚可以令墨索里尼不和德国结盟，最终暗示意大利不会干预。

1935年意大利军队入侵埃塞俄比亚

1934年12月5日，意大利在埃塞俄比亚毗邻意属索马里的边界附近蓄意制造边境事端，导致埃塞俄比亚死伤百余人。埃塞俄比亚向国际联盟求援，但没有得到支持。1935年9月，国际联盟作出偏袒意大利的裁决，随后意大利在意属厄立特里亚和索马里边界地域扩建港口，修筑铁路、公路、机场，架设通信线路，加速备战。

1935 年 10 月 3 日，意大利 30 万大军入侵埃塞俄比亚，埃塞俄比亚主力部队在海尔·塞拉西一世领导下抗击入侵者。12 月中旬，伊姆鲁和埃尤厄鲁二拉斯的军队集群在阿克苏姆地域对占领者实施突然袭击。

从 1936 年 1 月下旬起，意大利军队大规模使用飞机和毒剂。3 月，塞拉西一世在阿桑吉湖一带与意大利军队决战，但主力被击溃。5 月 5 日，意大利侵略者占领

流亡的埃塞俄比亚皇帝海尔·塞拉西招募军队帮助英军

了埃塞俄比亚首都亚的斯亚贝巴。墨索里尼宣布将埃塞俄比亚并入意大利。海尔·塞拉西一世被迫流亡英国。英法操纵国联对意经济制裁，但拒绝实施石油禁运和封锁苏伊士运河。

首都沦陷后，埃塞俄比亚人民成立了各种抵抗组织，部分埃军分散到西部和南部各省，同当地人民组成游击队广泛开展游击战争。以伊姆鲁拉斯为首的埃塞俄比亚临时政府负责协调各爱国力量的行动。游击队经常袭击意军驻地，炸仓库、拆电线、破坏交通，一次次粉碎了意军的"围剿"。意大利统帅部把 200 多架飞机投入战斗，并继续大量使用毒剂，于 1936 年 12 月底彻底打垮了伊姆鲁拉斯的部队，并俘虏了伊姆鲁。1937 年 2 月打垮了德斯塔拉斯的部队。

1939 年 9 月二战爆发后，意大利跟随德国与英国进入战争状态。1940 年上半年，北非的英军装甲部队尚处于组建与训练阶段，无力发动针对意大利的军事行动。墨索里尼在观望英法两国与德国的战争进程，意图在西欧大陆分一杯羹而忽略了非洲局势。1940 年 6 月法国战败，墨索里尼在巴尔干半岛吃了亏，出于挽回形象和觊觎英法的非洲殖民地，很快就在北非挑起战端，集中 15 万大军向埃及西部发动进攻。

意大利发起攻击时，北非英军装甲主力第 7 装甲师下辖的 4 个装甲团远没有达到 1940 年颁布的新编制表的装备水平，主要依靠混编轻型坦克、运输车和少量巡洋坦克的快速小部队对意军进行袭扰，采取打了就跑的战术，给进攻的意军制造麻烦。隶属于第 4 装甲旅的坦克团第 1 营甚至在轻型坦克上安装高

在北非活动的意大利伞兵

意大利士兵排队打饭，这支军队打仗相当外行

射机枪和探照灯，作为袭扰意军的主要改装。意军刚刚进入埃及 96 千米就停止了进攻，在沙漠里开始修筑工事，原因是补给问题限制了进攻效率，以及英军利用小队坦克袭扰，而大队坦克调动战术对意军指挥官格拉齐亚尼元帅产生了影响，一系列情报欺骗使他深信英军的装甲部队正在调动，即将展开进攻。

意军的迟疑和缓慢，为英军第 7 装甲师的扩编赢得了宝贵时间。按照 1940 年 10 月新的装甲师编制表，每个装甲旅下辖 2-3 个战车团，原来第 7 师编制不足的装甲旅由其他部队抽调补充。同时从本土调来大批 A9、A10 和 A13 等巡洋坦克。在编制规则上，第 7 装甲师下属的第 4 和第 7 装甲旅仍然采用轻型与巡洋坦克混编模式。而在战术运用上，快速装甲部队采用不同于步兵坦克支援步兵的远程奔袭战斗模式，在进攻中采用重装甲巡洋坦克中路突破、轻型坦克及轻装巡洋坦克侧翼包抄迂回的分路合击战术，广袤的北非沙漠无疑将成为英军装甲部队不同类型坦克的汇演场。

1940 年 12 月 9 日，英军发起准备多时的"罗盘行动"。第 7 装甲师的任务是在第 4 印度步兵师和步兵坦克部队进攻意军营地时，远程奔袭，切断侵入赛迪·拜拉尼地域意军逃跑路线；在接下来围攻拜耳迪耶和托布鲁克要塞战斗中，同样是切断意军逃跑路线并阻敌援军。

托布鲁克陷落后，在英军和班加西之间最后一支意大利部队是位于德尔纳的第 60 步兵师。此时意军得到从本土调来的班比尼装甲旅的增援，这支部队由全新的 M13/40 坦克、步兵、反坦克地雷工兵和摩托化炮兵部队组成，拥有的坦克数量超过 100 辆。

1941 年 1 月 24 日，英军第 7 装甲师向德尔纳－梅齐利进攻时，与班比尼装甲旅坦克部队遭遇，英军击毁意军 9 辆坦克，自己损失了 1 辆巡洋坦克和 6 辆轻型坦克。远离海岸方向，英军第 7 装甲师主力形成包围形式，意军跳出德尔纳地域，向西撤退。面对利比亚的昔兰尼加，英军第 13 军司令奥康纳将军制定了新计划，要把从班加西撤退的意军一网打尽，而第 7 装甲师仍然是这次迂回围堵行动的重要力量，贝达富姆歼灭战由此拉开序幕。

1941 年 2 月初，意大利第 10 集团军残部、班比尼装甲旅大部、第 60 步兵师和第 2 黑衫师的余部从班加西一路撤向的黎波里方向。澳大利亚第 6 步兵师沿海滨公路追击撤退的意军，第 7 装甲师主力从侧翼迂回展开攻击。由于坦克部队不适合在松软的沙地中行动，第 7 装甲师临时组建了一支 2000 人的快速狙击部队，装备有轮式装甲车、卡车和牵引式火炮，名为"柯姆比战斗群"，担负切断意军退路的任务。

2 月 5 日下午，柯姆比战斗群成功截断意军退路，英军第 4 装甲旅也赶到意军侧翼。2 月 6 日的战斗是决定意大利第 10 集团军命运的一天，班比尼装甲旅成为意军困兽犹斗的最后一张王牌。该旅 60 辆 M13/40 坦克在炮火支援下，向柯姆比群发起冲锋。英军出动第 4 装甲旅的 53 辆轻型坦克和 32 辆巡洋坦克与意军展开坦克战，尤以被英军称为"鼻梁"的小山丘坦克遭遇战最为激烈。英军坦克团第 2 营装备有 A9、A10、A13 巡洋坦克。9 辆 A13 巡洋坦克赶到伏击地点打退了意军两拨共 40 辆 M13/40 坦克的进攻，一些坦克打光了炮弹，用机枪继续战斗，部分 A13 坦克被意军坦克的 47 毫米炮击伤。战斗爆发十几分钟后，A9、A10 巡洋坦克从后面赶来加入战斗。每辆英国坦克都装备有无线电，战斗中的组织协调明显强于无电台的

被俘的意大利人

意大利在非洲使用的一种小型坦克

125

英军在北非也使用这种介乎摩托与坦克之间的运输工具

英军在北非的 SAS 吉普车

意军坦克,且凭借 2 磅炮的射程优于意军坦克的 47 毫米炮,很快击退了意军,意军有 79 辆坦克被击毁。2 月 7 日清晨,班比尼装甲旅仅剩的 20 辆 M13/40 坦克掩护步兵进行了最后的突围,最终未能突破英军的封锁,之后包括班比尼将军等大批意军高级将领在内的两万残兵举手投降。

贝达富姆合围战落下帷幕,英军装甲部队的远程奔袭和分路合击无疑是本次战役的一大亮点。而在整个"罗盘行动"中,第 7 装甲师的损失也不小,

英军在北非的阿拉伯联军

薄皮轻型坦克容易战损,只能凭借高速性能和侧翼攻击作战;巡洋坦克虽然是中坚力量,但暴露出英军早期制式坦克机械故障率太高的通病。在最后阶段,由于战损掉队坦克太多,第 7 装甲师的两个旅不得不临时各撤编一个装甲团,用多出的坦克补充其他团的损失。事实上,贝达富姆之战结束后,第 7 装甲师已无力再战,不得不撤回埃及修整,在昔兰尼加打下的地盘由刚到北非的英军第 2 装甲师接手。

墨索里尼没有在军队中混过一天，对军事一窍不通，更不懂得治理军队，却成为意大利军队最高统帅，以至于素质低下的意大利军队，成为二战中的笑话篓子。

墨索里尼的女婿加莱阿佐·齐亚诺曾任意大利新闻与宣传大臣，法西斯最高委员会委员和外交大臣等要职。他留下的日记，披露了墨索里尼在军事上的无知。

墨索里尼认为，形式决定军队的战斗力。"领袖患有重感冒，但仍极关心（1939年）2月1日检阅民团的准备工作。事无巨细，都亲自过问。他多次站在办

英军进攻

公室遮有蓝色窗帘的窗户旁，一站就半个小时，观察各个部队的动作。他下令鼓号齐鸣，并精心挑选乐队的指挥杖。他亲自教授各种动作，修改指挥杖的尺寸和式样。他坚信武装部队也是形式决定实质。"

墨索里尼过分看重形式，突出表现在要求意军学习德军的"鹅步"。意军各级军官只能将主要精力放在操练形式上，而不是战略战术的研究。如果"持枪敬礼，动作不规范，如果一名军官不知道如何走罗马步（即鹅步），就觉得大祸临头。然而，领袖对于他无疑自知甚深的弱点却关心有限。"在埃塞俄比亚，"将领们带领大批士兵投降的事情屡次发生，尽管有大量的武器装备供他们使用。正如莫尔特克所说，即使是最现代化的武器，如果扔进壕沟，也毫无用处。""卡瓦莱罗将军是许多胸无大志、整日虚度时光的人当中的一个，他也轻易地博得了无上的荣誉。今天，他那种造作、虚伪而卑鄙的乐观主义实在让人无法忍受。他说他解决了摩托化的问题，不是给部队装配卡车，而是将步兵的每日行军速度从18千米增加到40千米。接着他又向我保证，春季前后他将准备好92个师以供使用。这真是无耻的谎言。他明明知道，就连这个数的1/3我们也办不到。但他用这种办法去使领袖产生空想。"由于传统文化原因，意大利军队普遍存在厌战情绪，士气低落，投降率极高。在埃塞俄比亚的德卜勒塔博尔，一支4000人的意大利军队，8周内仅有两人阵亡，4人受伤，但依旧选择了投降。墨索里尼认为这是"正统的意大利式的解决办法"，意大利人

英军俘获的意大利人

注重享受生活，并不视投降为耻辱。而且，这种方式容易被英国人所接受。这样，英国人自己也免遭牺牲和损失。墨索里尼对大批意军投降而不是顽强抵抗的现实也保持了默许。齐亚诺写道："今早，领袖为在东非的轻微损失所激怒。11 月份战死在贡德尔的有 67 人，被俘虏 10000 人。不需多加思索，人们就能看出这些数字意味着什么。"意大利军队牺牲率极低而投降率极高的原因是军法宽松，同一时期的苏联军法就极为严酷。在苏联，战俘等同于叛徒；当逃兵面临被枪毙的危险；若成为俘虏，亲属在后方也要受到牵连，如坐牢、流放，在政治和经济上受到种种歧视和限制。如果在战场上负伤或者牺牲就是英雄、烈士，亲属会在政治和经济上受到种种抚恤和优待。在埃塞俄比亚，意军大批向英军投降的另一原因是埃塞俄比亚军队虐待俘虏，甚至将俘虏处死。相比埃塞俄比亚军队，英军更加信守日内瓦公约，善待战俘。在比较利弊得失后，意军普遍选择向英军投降。

20. 巴巴罗萨：轮到了苏联

"巴巴罗萨"是纳粹德国在第二次世界大战中入侵苏联的代号，战争在1941年6月22日展开。

德国侵吞波兰前，与苏联签订了互不侵犯条约，其中的秘密条款规定，分割波兰，以划分德苏两国边界。长期以来，苏德两国一直抱有强烈敌意，尽管这项条约为苏德之间增进了大量贸易往来，苏联提供石油和原料给德国，德国则提供高科技给苏联，但双方仍然抱有强烈的猜疑心。

德军将领考察了苏芬战争，认为苏军武器落后，战术思想陈旧。德军统帅部认为，斯大林的"大清洗"，把苏军中的精英，如图哈切夫斯基等高级将领都处决了，剩下的都是新手或老朽。希特勒接到了一批情报分析，认为德军只要一打进苏联，苏联民众就会揭竿而起，推翻斯大林的"暴政"。希特勒说，斯大林描绘的苏维埃共产主义大厦，就是幢破房子，我只要照着房门踹一脚，那幢破房子就会倒塌。

德军统帅部多次派遣侦查飞机潜入苏联领空侦查，

铁木辛哥与朱可夫正在视察部队

129

希特勒为突袭苏联而制定了巴巴罗莎计划

并在东线储备了大量军事物资。对此，苏联并未提高警惕，斯大林坚信第三帝国不可能在互不侵犯条约签订不到两年便发起攻击，认为德国拿下英国后才会开辟新的战场。

尽管苏联情报部门多次发出战争逼近的警告，但斯大林始终认为这是英国故意设计要让苏联和德国开战的假情报。德国政府也蒙骗斯大林，说德军的调动只是为了远离英国轰炸机的航程，甚至向苏联解释这是有意要让英国以为德军正准备进攻苏联。潜伏德国的间谍佐尔格也告知斯大林德军入侵的准确日期，但并未引起重视。因此，直到战争爆发前斯大林都没有认真准备应付德军的入侵。

德国在 1941 年 4 月发起一连串对英国的佯攻，假装正在挪威聚集部队，并且还故意透露虚构的入侵计划细节。在侵略苏联的计划和主要目标的设计上，希特勒与最高统帅部有意见分歧，最高统帅部认为应该直接攻往莫斯科，希特勒则认为应该先夺取乌克兰和波罗的海地区的丰富资源后再转向莫斯科。争论导致计划 5 月开始的入侵延缓了整一个月。

最后希特勒与高级将领取得共识：将入侵部队分为 3 个集团军群，各有分工：

北方集团军群由威廉·冯·李布元帅指挥，目标为穿越波罗的海国家攻入俄罗斯北部，占领或摧毁列宁格勒，总兵力为 26 个师：第 16 军团、第 4 装甲兵团、第 18 军团、第 1 航空队。

中央集团军群由费多尔·冯·包克元帅指挥，目标为进攻斯摩棱斯克，穿越白俄罗斯地区，攻占莫斯科，总兵力为 49 个师：第 4 军团、第 2 装甲兵团（由海因茨·古德里安指挥）、第 3 装甲兵团、第 9 军团、第 2 航空队（由阿尔贝特·凯塞林指挥）。

南方集团军群由冯·伦德施泰特元帅指挥，目标为乌克兰，攻下基辅，接着攻入南部俄罗斯大草原直到伏尔加河以及石油丰富的高加索地区，总兵力为

41个师: 第17军团、第1装甲兵团、第11军团、第6军团、第4航空队。

20世纪30年代, 苏联着重发展重工业, 快速实现了工业化, 工业生产量仅次于美国, 与德国并驾齐驱。战争爆发前, 军事装备的生产也在快速增长。

1941年6月, 苏军总人数达500万, 超过德军参与巴巴罗萨作战的地面总兵力。除此, 苏联的军事动员使红军人数稳定增加, 能够投入比德国更多的部队。整体来说, 1941年的两方兵力势均力敌。

1941年6月22日, 德国斯图卡俯冲式轰炸机在第聂伯河流域上空

武器对比方面, 苏军坦克优势明显, 拥有24000辆, 有12782辆分布在西俄5个军区; 德军拥有5200辆, 只有3350辆参与对苏作战。苏军拥有世界上最先进的T-34坦克和速度最快的BT-8坦克; 火炮数量也有压倒性优势, 122毫

德军飞机从芬兰起飞, 惊扰了一大群驯鹿

米的A-19火炮是当时世界上最好的火炮。在1941年的前半年, 苏联生产的100%的坦克和87%的战机都已属于现代设计。

德国空军和陆军训练精良, 质量优势大可抵消苏军的数量优势。在1935年至1938年的大清洗中, 苏军大量有经验的军官被处死或流亡, 给苏军指挥力量造成重大损失。到1941年, 苏军有75%的军官任职未超过1年, 军团指挥官的平均年龄比德军师指挥官的平均年龄小12岁, 不仅在战场上缺乏积极行动的意愿, 而且很大一部分难胜其职。

苏联空军虽然拥有数以千计的战机, 但大多为老旧的I-15和I-16, 先进机型如米格和拉沃契金数量稀少。很少战机有无线电, 有无线电的战机也常出故障, 而缺乏讯息加密设备让德军轻易窃听。苏军战机都紧密排列在跑道旁, 很容易被德军轰炸摧毁, 飞行员的空战经验和技术也比较落后。

德军地面部队发起突然进攻

苏波边境的布列斯特要塞首当其冲

苏军部署疏散，部队之间往往无法保持联系，而且缺乏运输工具把有效战力集合起来。虽然配有先进火炮，但很多没有配备弹药。火炮单位同样缺乏运输工具而无法迅速部署。坦克单位数量庞大且装备良好，但却极为缺乏经验和后勤支援，上战场后，燃油、弹药、人员补给跟不上，通常在一次作战后便损坏或报销了。

虽然大量苏军驻守在西部边界，但战术理论草率。苏军 1938 年的条令规定：以标准线状防守的战线紧密相连，步兵在防线上堀壕架构坚强防御工事，坦克则配合步兵行动。1940 年法国战役的结局让苏军震撼极大，世界上规模排名第二的法国陆军（第一为苏军）不到 6 周便被德军击败。对此，苏军分析认为法国的崩溃是因为过度依靠战线防守而缺乏装甲部队支援所致。因此，苏军决定取消堀壕防守战术，采用集中步兵部队，大规模机动战术。

苏军所有的坦克被集中到 31 个庞大的机械化军团，宣称每个机械化军团都比德军装甲军强大。苏军预测，一旦德国发起攻击，它的先锋装甲部队便会被机械化军团切断，接着机械化军团和步兵部队共同歼灭剩余的德军步兵。乌克兰地区驻扎了大量部队，准备在战争爆发后对德军进行战略包围：在摧毁德军南方集团军后则朝北攻占波兰，包围德军的中央集团军和北方集团军，包围圈里的德军很快就会被彻底歼灭，如此一来，纳粹德国将必败无疑。

战前，苏联不断宣传红军的强大，宣称任何针对苏联的侵略都会被击退。斯大林拒绝接受逆耳的建议，对互不侵犯条约盲目自信，过高估计苏军的实力，对情报机关不断发出的入侵警告不予重视。为了照顾与德国的关系，对进入领

空侦察的德军侦察机不予攻击。这一连
串错误的后果，导致开战时苏军没有进
入警戒状态，甚至在遭受攻击时也必须
先向高层请示后才做反击，虽然苏联在
4月10日开始实行局部的警戒，但为时
已晚。

德军在1941年6月22日清晨4时
45分发动攻势。德军的突袭带给苏军的
最大震撼是进攻的数量之多和配合之紧
密。约有320万德军地面部队投入了西
线的攻势，另有数十万的罗马尼亚、匈
牙利、斯洛伐克和意大利军队参与进攻，
芬兰为报冬季战争的一箭之仇，从苏联
北边发动攻势。

德军攻击速度之快，使苏军防御计
划近乎瘫痪；无线电和通讯设备的严重
缺乏，使苏军难以协调作战。德军的攻
势也引燃了一些"独立运动"，6月22
日立陶宛发生30000多人参加的反苏暴
动。随着德军向北方推进，叛乱也蔓延
至爱沙尼亚。

德军侵入苏联

德军向纵深推进

军事家认为，德军统帅部原计划在5月15日发动的进攻延迟到6月22日，
这5周的延期是致命的。这使得德军错过了短暂的俄国夏季，也就是进攻的最
佳日期。

苏德对峙的最前沿有一座布列斯特要塞，由布格河和人工运河分割开的4
个独立小岛组成，建于1833年，经多次扩展修筑，形成筑垒防御工事，是德
军实施巴巴罗萨计划时遇到的第一颗钉子。

德军总参谋部在制订巴巴罗萨计划时，对布列斯特要塞进行了周密考虑。
其北部是茂密的森林，不适合坦克快速推进，南部是一望无际的沼泽地带，只
有布列斯特这个咽喉要地才是坦克纵队突破的有利位置。德军总参谋部把攻克
布列斯特要塞的任务交给了第45步兵师，并为其配备了12个炮兵分队，9个

战争爆发之际，苏军的一名炮兵少校

火箭炮分队，此外还动用了数门 550–600 毫米大炮，这些大炮能够发射重达数吨的炮弹，是专门为破坏坚固堡垒工事而设计制造的。

布列斯特要塞内的苏军是西部特别军区第 4 集团军第 28 步兵军第 42 步兵师和第 6 红旗师的 7 个步兵营、一个侦察营和两个炮兵营，另外还有第 17 红旗布列斯特国境守备总队、第 33 独立工程建筑团和苏联内务人民委员部第 132 营的一部，人数有七八千。6 月 22 日是星期天，许多中高级指挥员像往常一样，乘火车到明斯克或者维尔纽斯度周末去了。

布列斯特要塞成为巴巴罗萨计划的第一个打击目标，尽管经过德军强大的火力打击，中心堡垒四周的营垒仍然未遭到大的破坏，但一些苏军士兵成为战争爆发后的第一批战俘。6 月 29 日，持续了两天的炮击停止了，战场上出现了少有的安静，德军通过广播向坚守要塞的苏军宣读了最后通牒，如果在规定时间内不缴械投降，德军将把整个要塞"碾成粉末"。苏军指挥员决定强迫所有在防御工事内的妇女和儿童撤出堡垒，向德军投降，而所有官兵将坚决战斗到底。

德军最后通牒规定的时间到后，守卫者宁死不降。德军又恢复了炮击，而且使用了能够穿透两米厚钢筋混凝土层的高爆炮弹，这种炮弹在整个战争期间只在布列斯特和塞瓦斯托波尔使用过。德国空军也向重点建筑物投掷重达 500 公斤的重型航弹。在科布林堡垒，德军炮火将东部壁垒的马蹄型防御炮塔完全摧毁，军需仓库也被命中，库存物资全部毁于炮火，猛烈燃烧的物资将墙壁上的一些石头都融化了。在中心堡垒，一枚重型航空炸弹直接命中了白宫，这个坚固的建筑物坐落在中心堡垒的西北，是战前苏军要塞建筑指挥所所在地，有一部苏军坚守在那里，建筑物被航弹摧毁后，废墟中的全部守军中只剩下两个幸存者。

7 月 8 日，攻打布列斯特要塞的德军第 45 步兵师向中央集团军群报告称，要塞已经被占领。然而，被分割开零星活动的小股苏军还在废墟中坚持战斗。

7月12日，扎夫里洛夫少校带领一小部分士兵在西北壁垒的外工事继续战斗，在东部壁垒的残垣断壁中又坚持了11天。7月23日，德军终于抓获了负伤的扎夫里洛夫少校。他后来被送到战俘营，1945年4月被苏军从纳粹集中营解放出来。

布列斯特要塞防卫战充分表现了苏军的顽强抵抗精神，德军预期几个小时的战斗，却历时6个星期。资料显示，1941年6月22日至30日，300多万德军阵亡8886人，仅在布列斯特要塞，第45步兵师就阵亡462人（包括80名军官，另有千余人负伤）。德军在布列斯特要塞没能缴获一面苏军军旗。在最危险时，第393高射炮兵营的罗第昂·塞门约克少尉和另外两个战士将军旗埋藏在科布林堡垒东部的一个废墟里。15年后，塞门约克回到布列斯特，将那面军旗挖掘出来。这面军旗陈列在布列斯特要塞纪念馆中。

北方集团军群在攻克波罗的海国家后向列宁格勒推进。8月，攻至列宁格勒南郊时，遇到苏军的顽强抵抗。由于担心直接攻城会造成大量伤亡，德军采用了围堵的战术。在德军的无情围堵、猛烈轰炸以及严重的食物和燃料短缺情况下，苏军仍坚守住列宁格勒，直到1944年初围城的德军被击退。

纳粹德国进攻苏联的时间选择在最适宜德军行动的夏季，德军在最初数周里突袭并歼灭了大量苏军。当干燥的夏季结束、秋冬季来临时，苏军的实力已得到恢复，而且苏联秋冬的严酷气候也给德军的攻势带来相当的困难。德军在经历漫长的战斗后无法保证足够的补给，注定了德军不可能实现预定目标。

战前，德军后勤单位对补给问题曾提出警告，却被德军高层忽略。德军高层认为：5周内苏军便会崩溃，德军将能取得完全战略自由，因此不需要担忧5周后的补给问题。

德国步兵和装甲部队在第一周里快速推进了300英里，但补给却跟不上进攻的速度。由于铁路轨距的差异，德军无法使用苏联的铁路网，除非等到生产出相同轨距的火车。德军的运输载具也成为游击队的攻击目标。补给的缺乏严重延缓了德军闪击战的

战争初期苏军打了点小胜仗，检视第一批战利品

苏军的整个形势是溃退，德军缴获的苏联国旗

进度。由于对苏情报有限，德军高估了苏联交通运输网的可用状况，苏联地图上标示的道路实际上往往只是粗糙的土路，甚至根本没有铺设完成。美国的一项军事研究指出：希特勒的计划在严酷的冬季来临前便已经失败；他对于快速胜利的可能性抱持太大的自信，乃至于他对战争会拖延至冬季根本没有心理准备。在入侵后的前 5 个月里，德军共有 73 万士兵战死，约为总人数 320 万人的 23%。到 1941 年 11 月 27 日，德国陆军军需部门的爱德华·瓦格纳将军慨叹："我们已经到达人力和物资资源的极限了"。

21. 基辅战役：俘获苏军人数超过 60 万

在苏联回溯伟大卫国战争的作品中，对基辅战役基本上闭口不提。因为在这场从 1941 年 7 月 7 日至 9 月 26 日的战役中，苏军有 65 万人被俘，令苏军颜面丧尽。

巴巴罗萨行动开始后，德军在苏联北部及中部战线推进很快，但在南方留下了一个巨大突出部。这里有布琼尼指挥的西南方面军，因其大部分装甲力量已在乌曼战役中被消灭，所以不可能对德军构成威胁。

德军在审讯一名被俘的苏军上校

西南方面军遵照最高统帅部大本营的指令，于 1941 年 6 月 30 日开始从西乌克兰退却。在 7 月 9 日前占领构筑于旧国界的科罗斯坚、沃伦斯基新城、舍佩托夫卡、旧康斯坦丁诺夫、普罗斯库罗夫等筑垒地域，并在这一线组织坚固防御。

在苏联边境地区一系列战斗和杜布诺－卢茨克－罗夫诺坦克交战失利后，苏军最高统帅部认为，西南方向是德军的主要进攻方向，因而把苏军大部分兵力部署在乌克兰，有西南方面军（第 5，第 6、第 26、第 12 集团军）、南方面军（第 18、第 9 集团军），计 6 个集团军，69 个步兵师、11 个骑兵师和 28 个装甲旅，由布琼尼元帅指挥。

德军充分发挥了炮火的威力

乌克兰首都基辅位于杰斯纳河与第聂伯河的交汇处。第聂伯河由北向南弯曲注入黑海，与其上游的支流杰斯纳河构成了一个巨大的 S 形。德军计划夺取基辅，并在这一巨大的 S 形地区中，将布琼尼元帅的西南集团军群围歼。

1941 年 8 月底，希特勒决定，第 2 装甲集群及第 2 军团从中央集团军转属南方集团军并向南推进，在基辅以东与南方集团军进攻部队会合。装甲部队快速进攻以完成包围，令布琼尼措手不及。

9 月 16 日晚 6 时，保罗·冯·克莱斯特的第 1 装甲集群与海因茨·古德里安的第 2 装甲集群的先遣部队在基辅以东 200 千米的洛赫维察会师，完成了对 53 万苏军的包围。

德军参战部队有南方集团军群（司令龙德施泰特元帅）和中央集团军群一部（司令包克元帅）。预定在基辅方向行动的南方集团军群的目标是突破苏军在旧筑垒地域正面，前出至基辅，然后突击集团转向东南，阻止西南方面军主力向第聂伯河对岸退却，并从后方实施突击将其消灭。

西南方面军有 44 个已在战斗中严重削弱的师与德军 40 个师（内有 10 个坦克师和摩托化师）对峙。德军步兵、火炮和迫击炮是苏军的 1 倍多，飞机多 50%。7 月 5 日，德军开始进攻。在主要突击方向，德军在西南方面军完成退却和在筑垒地域一线展开前即已到达。7 月 7 日，德军以坦克兵团为第一梯队，突破苏军在新米罗波尔以北防御，傍晚夺占别尔季切夫。次日又在沃伦斯基新城以南实施突破，7 月 9 日夺取了日托米尔。

7 月 11 日，德军坦克第 1 集群先遣部队在两昼夜内前进 110 千米，进抵基辅以西的伊尔片河。在此，坦克和摩托化步兵被苏军阻于基辅筑垒地域的外层围郭。德军从行进间夺取基辅的企图被打破。

苏军总参谋长朱可夫大将建议放弃基辅，将西南方面军撤到第聂伯河对岸，避免被德军合围，然后全力保卫莫斯科。但被斯大林拒绝，朱可夫被解除总参谋长职务，担任预备队方面军司令员。

德军占领莫斯科以西的重镇斯摩陵斯克

德国陆军元帅克鲁格常驻斯摩陵斯克

7 月 16 日，中央集团军群古德里安第 2 装甲集群攻占斯摩棱斯克，打开了通往莫斯科的大门。正当古德里安准备杀向莫斯科时，希特勒决定暂时放弃莫斯科方向的作战，而以乌克兰和列宁格勒为主要目标。他始终认为这两个目标要比莫斯科更重要，决定对基辅附近的苏军实施大包围战。

自对苏开战以来，伦斯德的南方集团军群进展不如中央集团军群顺利，虽然克莱斯特的第 1 装甲集群一路向东南挺进，战绩卓越，但左翼第 6 集团军却在基辅前方的第聂伯河西岸被阻。

担任包围作战任务的是南方集团军群和中央集团军群的两个增援部队。古德里安第 2 装甲集群从图比齐夫斯克以西渡过杰斯纳河向南挺进，直插基辅后方罗姆尼；中央集团军群的第 2 集团军从戈梅尔向南运动，掩护古德里安右翼。克莱斯特的第 1 装甲集群从第聂伯河河湾的克里门巧格向北进攻，与古德里安在罗姆尼附近会合；南方集团军群第 17 集团军负责把苏军牵制在切尔卡赛以北第聂伯河河湾，同时掩护克莱斯特的左翼。与此同时，南方集团军群的第 6 集团军向东运动，渡过第聂伯河，

希特勒抵达斯摩陵斯克

古德里安装甲部队偏离莫斯科方向，去基辅

进攻基辅。

德军的正面突击和随后的翼侧突击，把苏军西南方面军割裂成几个孤立的集团。基辅西北的苏军西南方面军右翼的第 5 集团军，在科罗斯坚筑垒地域阵地战斗约一个半月，牵制德军约 10 个师。第 5 集团军对进攻基辅的德军集团翼侧实施反突击，缓解了守城苏军的处境。遵照最高统帅部大本营指示，第 5 集团军在 8 月下旬退守基辅以北新的防御地区。第 6、第 12 集团军及第 18 集团军共 20 个师在基辅西南苦战。

7 月 19 日至 29 日，第 26 集团军试图破坏德军坦克第 1 集群的包围机动，仅阻数天，便在德军突击下被迫退却。德军突至基辅近郊彼罗戈夫、茹利亚内、梅舍洛夫卡、霍罗斯伊夫森林以及林业工程学院和农业学院。苏军实施的反突击使沿筑垒地域外层围郭的战线在 8 月 15 日前几乎完全恢复。其中主要反击有，驻守在茹利亚内机场的第 5 空降旅在夜间对德军突袭，德军战线后退了 2 至 3 千米；新组建的第 37 集团军在 8 月上旬击退了德军重兵集团为攻占基辅而从西南实施的强大突击。当地居民奋勇保卫城市，20 万基辅人参军。

8 月 3 日，德军在乌曼地域合围，形成"乌曼口袋"。8 月 8 日，德军俘虏了第 6 集团军司令穆济琴科中将和第 12 集团军司令波涅杰林少将及 10 万多名苏军，缴获 317 辆坦克、858 门火炮。战斗延续到 8 月 13 日。苏军的失利，使西南方面军和南方面军（第 6、第 12 集团军自 1941 年 7 月 25 日起改隶南方面军，成为其右翼）接合部的情况极端复杂化。在中央防守的是第 37、第 26 集团军（前者以基辅筑垒地域为基础组建，后者基本上由在基辅以南行动的各预备兵团组建）。

苏军的顽强抵抗和多次反突击，使德国南方集团军群左翼进攻受阻，迫使德军统帅部从莫斯科方向调中央集团军群的第 2 集团军（司令为威克斯上将）和坦克第 2 集群（司令为古德里安上将）对付苏军西南方面军。

德军计划坦克第 2 集群从图比齐夫斯克以西渡过杰斯纳河向南挺进，直插基辅后方的罗姆内；第 2 集团军从戈梅尔向南运动，掩护坦克第 2 集群的右翼；坦克第 1 集群则从第聂伯河河湾的克列缅丘格向北进攻，与坦克第 2 集群在罗姆内和洛赫维察地区会合，把第聂伯河西岸的苏军切断在大河曲一带；第 17 集团军把苏军牵制在切尔卡瑟以北第聂伯河河湾，同时掩护坦克第 1 集群的左翼；第 6 集团军向东，渡过第聂伯河，进入基辅，并开始围歼苏军重兵集团。

德军的坦克战专家古德里安

8 月 8 日，德军坦克第 2 集群和第 2 集团军向斯塔罗杜布、科诺托普方向和戈梅利、切尔尼戈夫方向发动进攻。苏军识破了德军企图，于 8 月 19 日命令西南方面军各集团军撤至第聂伯河对岸，沿东岸组织防御。在西岸，苏军坚守基辅地域阵地。为掩护西南方面军右翼，从其他地段撤下来的兵团重新组建第 40 集团军，在科诺托普以北沿杰斯纳河展开。

大本营责成布良斯克方面军阻止德军从北面突向西南方面军后方，但该方面军未能完成任务。9 月初，德军进抵杰斯纳河，并在绍斯特卡、科罗普、维布利等地域强渡。9 月 10 日，德军坦克第 2 集群先遣部队在西南方面军后方夺取了罗姆内市。

9 月 11 日，布琼尼察觉到处境危险，向斯大林请求东撤，遭到拒绝。斯大林命令死守基辅（后证明这是传言，斯大林并没有固执己见，要求不惜一切代价死守基辅，只是对撤退提出了要求，必须沿第聂伯河一线保持防御，并对前进中的古德里安装甲部队发起反击。而且未经最高统帅部批准，不得放弃基辅，也不得放弃任何桥梁）。9 月 13 日，斯大林认为布琼尼消极避战，将其免职，由铁木辛哥接替指挥。

在西南方面军南翼，德军于 8 月 30 日晚强渡了第聂伯河，并在克列缅丘格地域夺取了一个登陆场。9 月 12 日，坦克第 1 集群从该登陆场向卢布内总方向发起进攻。苏军此时面临被合围的危险，西南方面军司令员基尔波诺斯上将为保存有生力量，不顾被送上军事法庭的危险，自行下令全线后撤，而最高统帅部则命令西南方面军对德军发起反攻。苏军错过了最后时机。9 月 16 日，由于布良斯克方面军未能实现向斯大林作出的"粉碎古德里安"的保证，古德

141

里安与克莱斯特的装甲集群在洛赫维察会师，西南方面军被德军合围。

9 月 16 日，战争史上最大的围歼战开始了。德军第 2 集团军和第 6 集团军对被围苏军第 5、第 21、第 38、第 26 等 5 个集团军发起进攻。困守在袋形阵地的苏军拼死抵抗，阵地上高音喇叭发出的斯大林激动人心的讲话，传遍了整个战场。苏军在无燃料又无弹药的情况下，端起刺刀轮番向德军坦克、大炮和机枪发起勇猛攻势，试图突破包围向东撤退。但在德军坦克炮击、扫射和碾压下，成千成万地死伤，除少数部队逃脱外，主力仍处于围困中。

9 月 20 日，德国第 6 集团军攻占基辅。同日德军第 46 装甲军赶到投入战斗。与此同时，苏军也不断投入生力军，试图协助被困苏军突围，均被德军击退。西南方面军迅速被德军分割包围，陷入混乱。

9 月 17 日，苏军总参谋长沙波什科夫同意西南方面军突围，但为时已晚。基辅陷落后，第 37 集团军向亚戈京地区转移。9 月 16 日至 20 日，西南方面军被德军分割成六股防御力量：驻守在佐洛托诺沙镇以北 20 到 30 千米处的第 26 集团军在奥尔日察地区坚守到 9 月 24 日；驻守在基辅东南方 40 到 50 千米处的第 37 和第 26 集团军坚守到 9 月 23 日；驻守在彼利亚金东南部的第 21 集团军坚守到 9 月 23 日；驻守在彼利亚金东部的第 5 集团军坚守到年 9 月 23 日；驻守在基辅东北方 10 到 15 千米处的第 37 集团军坚守到 9 月 21 日；驻守在亚戈京地区的第 37 集团军坚守到 9 月 26 日。两万官兵最后突出重围。

9 月 20 日，西南方面军司令基尔波诺斯上将、军事委员会委员布尔米斯坚科和参谋长图皮科夫少将在突围战斗中阵亡，第 5 集团军司令波塔波夫少将被俘。9 月 26 日，西南方面军基本被歼。9 月 27 日，铁木辛哥受领在别洛波利耶、希沙基、克拉斯诺格勒一线组织坚固防御的任务。

被俘的苏军士兵

9 月 24 日，苏联内务部队炸毁赫列夏季克大街上的几幢建筑物，那里有占领区事务局部分代表。爆炸和火灾在接下来的四天四夜持续不断，德军以此事件为借口，开始对基辅市内的犹太人残酷清洗。

9 月 28 日，基辅市张贴布告，要求当地犹太人于 9 月 29

日在梅尔尼科夫大街和杰格佳廖
夫斯卡娅大街的交叉路口集中，
以便实施迁移计划。第二天，数
万人到达指定地点集中，从梅尔
尼科夫大街一直走到基辅市郊由
德军把守的巴比亚尔峡谷。临近
峡谷时，所有人被要求脱下衣服
叠好，并将身上的贵重物品分类
摆放，然后，被分为几队进入峡

德军在基辅战役中俘虏的苏军将领

谷。德军用机枪将他们屠杀。仅 9 月 29 日和 30 日两天，就有 33771 人犹太人
惨遭杀戮。

至 9 月 26 日，基辅会战结束，苏军第 5、第 21、第 37、第 26 集团军大部，
第 40、第 38 集团军之一部被歼灭。

战役持续了两个半月以上，在正面 300 余千米、纵深约 600 千米的大片领
土上进行。苏军损失约 70 万人，有 66 万多人被俘，德军击毁和缴获 884 辆坦
克，3718 门火炮，3500 辆车辆，可谓战果辉煌。德军伤亡 10 万余人。

在这场战役中，苏军西南方面军被德军包围，小股苏军在德军紧闭包围圈
后突破包围逃脱，包括谢苗·布琼尼元帅、康斯坦丁诺维奇·铁木辛哥元帅，
以及政治委员赫鲁晓夫。无论如何，这是苏军前所未有的大败，超过 1941 年
六七月间在白俄罗斯首府明斯克的灾难。

10 月 2 日，只有 15000 人从包围圈突围，西南方面军共 70 多万人伤亡，
第 5 军、第 37 军、第 26 军及第 21 军共 43 个师被消灭，第 40 军被严重削弱，
与之前的西方面军相似，西南方面军需要重建。

对俄国人来说，包围圈的范围难以置信，由于没有摩托化兵力，他们不可
能突破包围，南方集团军的德国第 17 军团及第 6 军团与中央集团军的第 2 军团
在装甲部队的支持下不断缩小包围圈，被包围的苏军没有轻易放弃基辅。9 月
26 日，最后一支苏军在基辅以东投降，德军宣称俘获 65 万苏军士兵。

苏军失利的主要原因是刚愎自用的斯大林指挥失误。苏军在此战的失败，
使南部战线陷于崩溃。但苏军持久而顽强的战斗，迟滞了德军在主要方向即莫
斯科方向的进攻。这样，苏军统帅部就能在莫斯科方向集中庞大的战略预备队，
对胜利完成莫斯科会战具有决定性意义。

德军军官动手杀苏军战俘

苏军女战俘

德军在此战的得失，正如英国军事理论家利德尔·哈特所言："就基辅包围战本身而论，可以算是一次极大成功。对德军而言，也可算是一个空前杰作。从战略方面来说，似乎也有很充分的理由。先使南翼不受到敌人反攻的威胁，然后再来进攻莫斯科。此外，由于苏军数量庞大，但却比较缺乏机动性，所以这种战略遂更显得有利。德军可以分别把兵力先后集中在不同的地区之内，而轮流产生几个决定性战果。但是唯一的弱点就是'时不我予'，尤其是德军对于冬季作战并无充分准备。"德军赢得了战争史上最大的歼灭战，却失去了战争史上最大的战争。

斯大林的儿子雅科夫于战争初期被俘，后扑向电网自尽

基辅战役后，苏军已经没有更多后备力量，为了防卫莫斯科，苏联政府调动 83 个师共 80 万人，但只有 25 个师有足够装备。德国方面有 70 个师，接近 1/3 是机械化的，这在苏德战争中是最高比例。

德军在基辅的胜利，清除了南方的阻碍，但向莫斯科的进攻被推迟了 4 个星期，所造成的后果，在之后的莫斯科战役中已被证明。红军在基辅付出了巨大损失，却争取了防守莫斯科的时间。而且，苏联在这次及其他包围战中得到了惨痛的教训，在之后的莫斯科战役中，避免被德军包围。在之后在斯大林格勒战役中，苏军反而包围了入侵者。而且，在斯大林格勒被围歼的德军，就是在基辅战役中冲锋陷阵的德军第 6 集团军。

德国称在基辅战役中俘获苏军 65 万人

22. 莫斯科会战：终止德军进攻狂潮

巴巴罗萨计划开始后，德军快速深入苏联领土，装甲部队以钳形方式推进。北方集团军群进攻列宁格勒，南方集团军群征服乌克兰和高加索，中央集团军群进军莫斯科。苏军的防线很快便崩溃，死伤枕藉。

1941 年 8 月上旬，德军攻占了通往莫斯科的重要城市斯摩棱斯克。9 月中旬，古德里安的装甲部队到达莫斯科外围，但希特勒命令古德里安转向南方，支援南方集团军群对基辅的进攻。基辅战役后，德军再一次集中兵力，向莫斯科发动进攻。由于北方集团军群在列宁格勒的攻势被遏制，始终无法突破苏军的防御，德军统帅部将北方集团军群配属的大部分装甲师和摩托化师调往莫斯科方向。

俄国进入了秋季

1941 年 9 月 29 日，德军最高统帅部和中央集团军群制定了代号为"台风"的作战方案，计划在 10 天内拿下莫斯科。9 月底，德军集结了部队，作好了"台风"攻势准备。

德国情报机关判断苏军在莫斯科战线的部署为：前方是铁木辛哥西方面军的 7 个集团军，南面是叶廖缅科布良斯克方面军的两个集团军。而对后方苏军情况则一无所知。实际上，苏联得知日本在远东地区的主要对手是美国，而不是苏联，所以朱可夫从远东地区调集大量部队火速赶赴莫斯科。事实表明，这一步极为关键。

德军再把重点转向莫斯科方向，错过了天时

中央集团军群司令包克元帅的任务是，在攻打莫斯科之前首先歼灭当面苏军。德军计划的基本内容是，以斯摩棱斯克－莫斯科这条线在中央作为基准线，分两路进行钳形包围，在苏军后方100多千米的维亚兹马会合。

自7月起，苏联政府动员群众在莫斯科以西两道防线构筑工事。前一道防线叫维亚兹马防线，全长200多千米。后一道防线叫莫日艾斯克防线，全长200多千米。此外，在莫斯科以西还有4道弧形防线。

中央集团军群有74个半师，包括14个坦克师和8个摩托化师，约占侵苏步兵师总数的38%，坦克师和摩托化师的64%。计180万人，坦克1700辆，火炮和迫击炮14000余门，飞机1390架。

参加莫斯科会战的苏军有：科涅夫上将的西方面军、叶廖缅科上将的布良斯克方面军、布琼尼元帅的预备队方面军、加里宁方面军和西南方面军右翼。约125万人，坦克990辆，火炮和迫击炮7600门，飞机677架。

军力对比，德军不仅具有数量上的优势，在质量上也占据优势。苏军有一半的坦克和飞机是旧式的，而且冲锋枪、机枪等自动枪数量严重不足。

德军士气高涨，认为冬季之前可以取得全面胜利。但是，德军进攻的是俄罗斯人生活了几百年的核心地区，自然会遭到激烈而顽强的抵抗。11月19日，德军参谋总长哈德尔向希特勒描绘了阴暗景象：天气恶劣，兵力不足，补给品供应中断，南方集团军群停滞不前。50万辆卡车中，30%损坏而无法修复，40%需要大修或全面检修，只有30%仍在使用。中央集团军群每天至少需要31列火车运送补给品才能维持，实际上只提供了16列火车。

德军进攻苏联时，油料储备只够用两到三个月。德国陆军总部留作预备队的28个师，除了3个师，全部都参加了夏季作战，德军伤亡达44万人。到8月底，补充兵员只有21万人。除了波罗的海地区能利用海上运输外，油料补充日益困

秋季的俄罗斯，到处是泥泞

德军进军路上，车辆陷入泥泞

德军装甲部队适应不了这种道路

苏联妇女在莫斯科附近挖反
坦克壕沟

难，原因是缴获苏联铁路车辆太少，尤其是油罐车更少，而且苏联宽轨制约了德军对其的利用率。德军坦克部队由于人员的伤亡和车辆的损坏，已降到编制定额的一半。灰尘、沙地和长途行驶使发动机严重磨损，更换新的发动机又有困难。摩托车辆也负担过重，按编制缺少 1/3。由于希特勒决定对新组建的师提供装备应优先于原有的部队，使坦克和摩托车辆的整个供应状况更加糟糕。

德军第 2 装甲集群在布良斯克方向，第 3、第 4 装甲集群在维亚兹马方向相继开始进攻。第 2 集团军突破了苏军第 50 集团军防线，9 月下旬夺取布良斯克。10 月 3 日奥廖尔陷落。德军沿奥廖尔 – 图拉公路推进。10 月 7 日德军进抵莫斯科以西的维亚兹马地域，西方面军和预备队方面军大部分军队在此陷入合围，一直顽强抵抗到 10 月 12 至 13 日。13 日，苏军维亚兹马集团大部被歼。23 日，布良斯克集团大部被歼。德军在维亚兹马 – 布良斯克战役中俘虏苏军 58 万人。

10 月中旬进入雨季，泥泞的道路阻碍德军进攻的同时也妨碍了苏军防守，双方的许多作战车辆陷入泥泞中。

苏联最高统帅部采取各种紧急措施保卫首都。10 月 17 日，西方面军和预备队方面军合编为西方面军，朱可夫大将任司令员。同日，根据朱可夫的建议，在西北方向掩护莫斯科的西方面军右翼部队第 22、29、30、31 集团军组建为加里宁方面军，由科涅夫上将出任司令员。

莫斯科疏散政府机关和重要企业。10 月 20 日，国防委员会在莫斯科及其附近地域实行戒严，连克里姆林宫附近都不例外。莫斯科市民动员起来，3 天内组织了 25 个工人营，12 万人的民兵师，

169 个巷战小组，发动 60 万人围绕莫斯科城筑起三道防御工事。10 月底，仅妇女儿童就构筑了 700 千米反坦克堑壕，修筑了 3800 余个临时和固定火力点。

有历史著作称，斯大林对德军闪电进攻莫斯科缺乏足够的心理和实战准备，显得猝不及防。这一说法与事实不符。战后，苏联人民委员阿纳斯塔斯·米高扬说：虽然斯

莫斯科准备施放防空气球

大林当时确信德国人会攻入莫斯科城，但仍做好了严密布防，拖住敌人，等待西伯利亚援兵到来。

1941 年 10 月 12 日，苏联内务人民委员会组建了 20 个契卡战斗小组，负责守卫克里姆林宫、白俄罗斯车站、猎品市场等重要目标。为了日后开展地下抵抗运动，在莫斯科全城设了 59 个秘密军火库，在莫斯科附近砍伐了近 105 公顷的森林用来拖延德军进攻，高层建筑上设有大量防空炮，半空中设有大量防空气球，晚间实施戒严和灯火管制，在莫斯科大剧院、中央电报局大楼、地铁和民族宾馆内埋设地雷。甚至在圣瓦西里大教堂内也设置了爆炸装置，因为有人推猜德军攻下莫斯科后，希特勒很可能会乘兴巡游这些景点。

一名看地图的
苏军摩托车手

莫斯科的哨兵

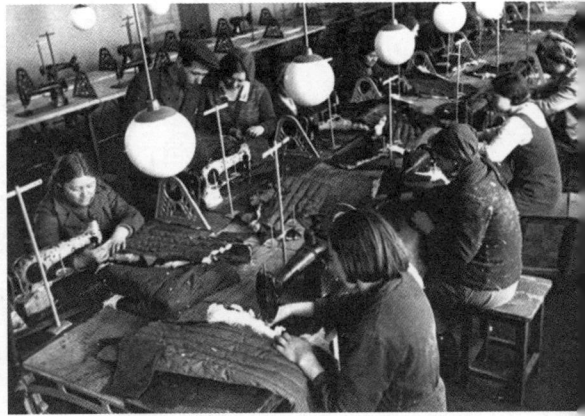

为前线部队赶制冬衣

苏联空军准备搏杀

莫斯科密布防空火力

莫斯科主要街道的鹿砦

莫斯科在准备巷战

　　德军逼近莫斯科之际，全城百姓同仇敌忾，无数志愿者自发起来保卫家园。但也有不少官员和百姓弃城逃跑。10 月 16 日，苏联国防委员会通过"关于疏散苏联首都居民"的决议。有人误解为莫斯科城很快被拱手送给德国人了，城内地铁关闭，电车停运，乱成一糟。"第一天便有 779 名领导干部逃出首都，随身携带了价值 2500 万卢布的金钱和贵重物品，他们还动用了 100 辆轿车和货车运送家属。"看到官员逃跑，一些市民也纷纷逃离。接连 3 天，出城的公路上人满为患。直到 10 月 20 日莫斯科被围困之后，外逃现象才停止。

　　10 月 23 日，叶廖缅科上将指挥的布良斯克方面军剩余部队冲出重围，但古德里安的坦克集团依然紧追不舍，于 29 日逼近莫斯科南部重要军工城市图拉。由于第 50 集团军和图拉民兵坚守，德军始终无法突破图拉防线，这使德军的右翼延长，无法在战线中部以足够的战术密度作战。

莫斯科附近的 T-34 坦克群

1941 年的落雪特别早，而冬季是俄罗斯人的季节

　　11 月 7 日，在红场举行的十月革命 24 周年阅兵式上，斯大林发表了著名演说："我们的国家正在遭到入侵，全体苏维埃公民和军队都要不息用尽每一滴鲜血来保卫苏维埃土地和村庄"。苏联这次阅兵向全世界表明了战斗到底的决心，部队在克里姆林宫前接受检阅后直接开赴前线。

　　11 月 13 日，德陆军总参谋长哈德尔召开中央集团军群各军团参谋长会议，下达"1941 年秋季攻势命令"。中央集团军群集中了 51 个师，担任正面攻击的是克鲁格第 4 集团军，左面是霍特第 3 装甲集团军和霍普纳第 4 装甲集团军，任务是从北方和西方包围莫斯科。

德军发动代号为"台风"的攻势

　　苏军经过 11 月底至 12 月初的顽强防御和多次反突击，使德军突向莫斯科的企图最终破产。

　　11 月上旬入冬，德军认为在入冬前就能结束战事，因此冬季装备准备不足。而苏军恰好相反，特别是来自西伯利亚的苏军习惯寒带生活，枪炮有保暖套和防冻润滑油，有足够的棉衣、皮靴和护耳冬帽防寒。

由于气候原因，"台风"计划实施困难

苏军机枪阵地

苏军炮兵阵地

西伯利亚人进入阵地

11 月 29 日，德军已成强弩之末。朱可夫请求斯大林将预备队第 10 集团军、第 20 集团军和第 1 突击集团军转隶西方面军。此时苏军兵力 110 万人，7652 门火炮，774 辆坦克，1000 余架飞机。德军 170 万人，13500 门火炮，1170 辆坦克，615 架飞机。虽然德军兵力多于苏军，但战线过长，兵力分散。

苏军已具备转入反攻的条件。斯大林任命华西列夫斯基中将代理总参谋长，拟定反攻作战计划，指导思想是，同时粉碎德军中央集团军群从北面和南面威胁莫斯科的最危险突击集团。

德军进攻莫斯科失败了。但德军取胜的机会也很多，维亚兹马合围与布良斯克战役中，德军包围了保卫莫斯科的大部分苏军，苏军不知如何进行正确的防御作战。如果没有朱可夫的防御战术，苏军很可能在莫扎伊斯克第二道防线的战斗中重演维亚兹马合围。那样，希特勒在莫斯科红场结束会战的预想是可以实现的。

11 月 29 日，斯大林接到朱可夫的电文后下达反击命令，而德军仍认为苏军没有能力发起大规模的反击行动。

12 月 5 日，加里宁方面军的第 30 集团军首先转入反攻，此时德军已无进攻能力。德军装甲集群侧翼遭到强烈打击后，向克林方向撤退。12 月 6 日，西方面军在南北两个方向对德军发动反击，德军在气候和苏军的双重夹击下，从莫斯科附近后退。

12 月 19 日，希特勒免去了勃劳希契陆军总司令职务，亲自兼任陆军总司令。

他发布命令说："每个人应站在其现在位置上打回去。当后方没有既设阵地时，绝对不许后退。"尽管古德里安和赫普纳都因擅自撤退而被免职，德军将领仍然一再要求撤退。但希特勒却认为撤退会重蹈拿破仑的覆辙。由于他的固执，使此战走到了惨败的边缘，也因为他的固执，不肯撤出苏联或是斯摩棱斯克以东地区，才使德军避免了比1812年更可怕的结局。希特勒的计划与拿破仑不同，不是全线撤退而是向后方运动，将原来的补给线都变成抵抗据点。

莫斯科准备反击

到12月底，在莫斯科西南方向，苏军收复了卡卢加；在西北方向，收复了加里宁；在东南方向，解除了德军对图拉的包围。莫斯科会战结束，苏军取得了苏德战争爆发以来的第一次大胜利。德军伤亡50余万，坦克1300余辆，火炮2500门，不得不改"闪击战"为持久战。

苏联空军出击

莫斯科战役之前的战斗中，德军消灭苏军300多万人，击毁和缴获大炮22000门，坦克18000辆，飞机14500架。在战争初期，苏军上下处于混乱状态，战争第一周就损失了5个集团军。

莫斯科战役前夕和进行时，列宁格勒被德军重重合围，顿巴斯和克里木半岛被占领，在整体局势上苏军仍处下风。莫斯科战役开始时，在莫斯科附近的德军超过苏军0.4倍，坦克超

苏军反攻

过0.7倍，各种火炮和迫击炮超过0.8倍，飞机超过1倍。朱可夫从列宁格勒返回莫斯科时，得出了一个简单而可怕的结论：西线已被摧毁。由于没有后备力量，无法弥补由此导致的巨大缺口，所有通向莫斯科的道路实际上是畅通无阻的。

苏军在莫斯科的防御是背水一战，精神力量鼓舞苏军视死如归，拼死一搏。朱可夫说："不是雨和雪在莫斯科附近阻止了法西斯军队，而是得到苏联

胆战心惊的德军士兵

德军陷入困境

人民、首都和祖国支撑的苏军的不屈不挠、坚忍不拔的精神和英雄主义打败了德军百万以上的精锐部队。"

　　苏军自9月30日到12月5日的战役防御阶段，战死和失踪51万多人，负伤14万多人。战役反攻期间的12月5日到1月7日共战死和失踪近14人，负伤23万多人。总共伤亡约103万人。而德军在整场战争中损失未满100万人。

　　反攻前夕，在莫斯科附近的德军比苏军多60万人，火炮和坦克也多于苏军。苏军的飞机多于德军300余架。苏军的武器在技术和质量上都逊于德军。因此苏军对德军大规模反攻确实有些实力不足。苏军素质相形见绌，直到1944年，苏军还要以牺牲6个人为代价消灭1名德兵。

　　朱可夫在10月接任西方面军司令后，转变苏军的防御战术，不断完善纵深梯次配置的防御体系，加强对空和对坦克防御，重视战略预备队的组建和适时集中使用，组织炮兵进攻及各军兵种和游击队的协同。坦克作为火力支援，布置在纵深防御体系里，不再进行反突击，于是，德军的老一套战术失灵。但这毕竟是朱可夫尚未成型的思想，而德军也绝非等闲之辈。在战役末期，德军已有一些适应之法。

　　莫斯科战役作为一次转折

西伯利亚人是一支生力军

撤退路上被俘的德军　　　被俘的德军　　　　　　　　　　　　德军扔下大批辎重

性战役，德军遭到痛击，元气大伤。但由于总体战略态势和苏军反击中的指挥失误等原因，德军并没有在莫斯科战役后立即崩溃。

古德里安将兵败莫斯科归咎于俄罗斯严冬的冰雪天气，德军坦克深陷雪地、大炮因燃油被冻无法开动，攻击力大打折扣。然而，1941 年 11 月 4 日莫斯科近郊最低气温为零下 7 度，11 月 8 日的最低温度是零度。11 月 11 至 13 日气温骤降至零下 15 度，但很快就回升至零下 3 度，这样的天气很难称为"严寒"。真正严寒（零下 40 度）的降临是在 1941 年 12 月 5 日苏军转入反攻之际。也就是说，严冬气候只是在苏军转入反攻时起到一定作用，而残酷的莫斯科阻击战却是在并不太冷的气候条件下进行的。

1812 年，拿破仑率领 60 万士兵入侵俄罗斯，最后只落得 50000 人逃回法国。100 多年后的 1941 年 12 月 16 日，希特勒发布了一道死命令："不许后退！""坚守阵地至最后一名士兵战死！"并威胁说，如果溃逃将枪毙负有责任的师长。希特勒的强硬态度起到了一定的作用，但最终没有阻止德军撤离。第 4 集团军参谋长布鲁门特里特在《致命决策》一书中写道："希特勒已经意识到，部队在雪地上的撤退将导致整个战线的崩溃，我们的军队将重蹈拿破仑军队的覆辙。"

苏军和寒冬共同守住了莫斯科

23. 日本突袭珍珠港：太平洋战争爆发

美国有强大的国防工业，自己却不想打仗

1941 年 12 月 7 日晨，日本联合舰队突袭美国太平洋舰队基地珍珠港和夏威夷欧胡岛的美军机场。日本 6 艘航空母舰共 300 多架飞机，分为两波攻击，击沉及重创美军 8 艘战列舰、3 艘巡洋舰、3 艘驱逐舰，摧毁战机 188 架，造成 2402 人殉职和 1282 人受伤。太平洋战争由此爆发。

1941 年 1 月 7 日，日本联合舰队司令山本五十六大将提出袭击珍珠港的计划，海军总部责成山本全权实施。山本最初预测，日军即使通过偷袭珍珠港重创美军太平洋舰队，也只能保持一年到一年半的优势。但是，在日军大本营与英美开战方针确立后，山本一改初衷，全力主张以突袭手段重创美军太平洋舰队，不断对美军实施主动进攻，使其无法积蓄起足够与日本对抗的力量，从而赢得战争胜利。

1939 年，日军拟定了南下和北上两个作战取向。日本看重苏联丰富的资源，拟定北上占领西伯利亚的计划。1939 年 5 月至 9 月，日军向位于中蒙边境诺门坎地区的苏蒙联军发动试探性进攻。双方动用数十万军队，在荒原打了 4 个多月后，以日军失败而告终，占领西伯利亚的梦想化为泡影。随后日本策划南下，拟夺取以石油为主的战争资源。

早在 1939 年，日本国内物资就供不应求，在国内实行配给制，在占领区实行"以战养战"政策。资源短缺逼迫日本要尽快占领"大东亚共荣圈"内的东南亚，尤其是盛产石油的荷属东印度（印度尼西亚），而要想取得这个地方就必须经过美军占领的菲律宾。日军侵华后，驱除了所有在华英国侨民，直接影响了英美两国利益。为此，美国冻结了对日贸易，对日本实行战

日本联合舰队正在驶向珍珠港

略物资禁运，其中有高辛烷石油。没有石油，日军的行动就会瘫痪。日本认为，与美国开战不可避免，决定冒险一掷，先发制人。

珍珠港位于太平洋东部夏威夷群岛，距日本 3500 多海里，距美国本土 2000 海里，是太平洋交通的主要枢纽，也是美军太平洋舰队的重要基地。日本认为，在太平洋上夺取制空制海权，意味着南下的道路畅通无阻，因此必须先摧毁珍珠港的美军基地。

1941 年 1 月山本向海军大臣及川古志郎正式提出偷袭珍珠港的设想。6 月，偷袭计划提出后，引起日本上层争论，一些人不相信庞大舰队横渡 3500 海里而不被发现。山本固执己见，甚至以辞职相要挟。10 月中旬日本批准偷袭计划。山本选择了与珍珠港相似的鹿儿岛湾，指挥联合舰队开始严格的模拟训练。

1940 年 8 月 1 日，日本外务省给驻菲律宾、安南、暹罗、仰光、马来西亚、印尼、新加坡及其他西南太平洋群岛使领馆发出密电，要求除留下 LA 密码外，其余各级密码本全部销毁；并颁布许多隐语，"西风紧"表示与美国关系紧张，"北方晴"表示与苏联关系缓和，"东南有雨"表示中国战场吃紧，"女儿回娘家"表示撤回侨民，"东风，雨"表示已与美国开战。

1941 年 11 月 26 日，日军联合舰队离开日本开往珍珠港。途中舰队保持无线电静默。总指挥是联合舰队司令山本五十六海军大将，突击编队指挥官为南云忠一海军中将，舰队有"赤城"、"加贺"、"苍龙"、"飞龙"、"翔鹤"和"瑞鹤"号 6 艘航母，任务是出动舰载机，攻击停泊在珍珠港的美军战

日本"赤城"号航母上的一架零式
战斗机

日本飞行员在航母上接受作战指令

列舰和航母。

警戒舰队的指挥官是第一驱逐舰战队司令大森仙太郎海军少将，编有"阿武隈"号轻巡洋舰和"谷风"、"浦风"、"滨风"、"矶风"、"不知火"、"霞"、"霰"、"阳炎"和"秋云"号等9艘驱逐舰，负责为空袭部队和补给部队提供警戒。

支援舰队的指挥官是三川军一海军中将，编有"比睿"、"雾岛"号两艘战列舰和"利根"、"筑摩"号两艘重巡洋舰，负责为空袭部队提供支援，主要是对付美军的大型水面军舰。

巡逻舰队的指挥官是今和泉喜海军大佐，由"伊-19"、"伊-21"和"伊-23"号3艘潜艇组成，在编队航线前方航行，担负侦察警戒。

中途岛破袭舰队由"潮"、"涟"号两艘驱逐舰和"尻矢"号补给舰组成，任务是炮击中途岛牵制美军。还有7艘油船组成的补给舰队，负责为编队海上加油。

先遣编队指挥官为第6舰队司令清水光美海军中将。第1潜艇部队有4艘潜艇，在瓦胡岛东北展开，攻击美军可能出动反击的舰艇。第2潜艇部队辖7艘潜艇，在瓦胡岛与考爱岛、莫洛凯岛之间的考爱海峡、卡伊威海峡展开，监视并伺机攻击美军。第3潜艇部队辖9艘潜艇，在瓦胡岛以南海域展开，攻击美军可能出动反击的舰艇。

特别攻击舰队指挥官是第 3 潜艇大队司令佐佐木半九海军大佐，下辖 5 艘潜艇，各携带 1 艘袖珍潜艇。在空袭前将袖珍潜艇放出，由袖珍潜艇自行潜入港内，在第一攻击波开始后乘乱从水下发射鱼雷进行攻击。

要地侦察由两艘潜艇组成，侦察斐济、萨摩亚群岛和阿留申群岛。

补给舰队由 6 艘油船组成，部署在本土和夸贾林群岛，为先遣部队的潜艇提供燃油补给。

池步洲，福建人，留学日本，抗战爆发后回国，在中央调查统计局侦收日军密电码。池步洲发现，从 1941 年 5 月起，日本外务省与驻檀香山总领事馆

日本航空兵飞临珍珠港

珍珠港成为火海

亚利桑那号战列舰倾覆

珍珠港在爆炸

间的密电突然增多，而且有军事情报掺杂其中。他加紧了密码破译工作，发现日军电码的内容主要是珍珠港在泊舰只的舰名、数量、装备、停泊位置、进出港时间、官兵休假时间以及夏威夷的天气情况等。外务省多次询问每周哪天停泊的舰只数量最多，檀香山总领事回电："经多次调查观察，是星期日。"这便是后来日军选择星期日偷袭珍珠港的重要依据。

1941 年 12 月 3 日，池步洲截获日本外务省致日本驻美大使野村密电，要求立即烧毁所有机密文件和各种密码本，只留一种普通密码本；通知存款人将存款转移到中立国家银行；帝国政府决定按照御前会议决议采取行动。池步洲结合此前译出的情报，作出两点推测：一、日军对美开战的时间可能是星期天；二、袭击的地点可能是珍珠港。他把译出的电文送给上司霍实子主任，霍实子当即签署意见："查八·一三前夕日本驻华大使川越曾向日本驻华各领事馆发出密电：'经我驻沪陆、海、外三方乘出云旗舰到吴淞口开会，已作出决定，饬令在华各领事馆立即烧毁各种密码本。'说明日寇已决定对我国发动全面战争。现日外务省又同样密电饬令日驻美使馆立即烧毁各种密码本，可以判明日本已经快要对美发动战争了。"密电译文被迅速呈递给蒋介石，蒋介石立即通知美国驻重庆人员，急报美国政界与军方。至于罗斯福总统接到警报后为什么没有采取任何防御措施，至今仍有很多说法。

太平洋舰队司令是梅尔金上将，舰队有"企业"、"列克星敦"和"萨拉托加"号 3 艘航母，"宾夕法尼亚"、"加利福尼亚"、"马里兰"、"俄克拉荷马"、"田纳西"、"西弗吉尼亚"、"亚利桑那"、"内华达"和"科罗拉多"号 9 艘战列舰，以及 20 艘巡洋舰、69 艘驱逐舰和 27 艘潜艇。

美军希卡姆机场上的飞机

海军用水枪救火，无济于事

战列舰上的火势越来越猛

被炸成两截的运输机

珍珠港在泊舰艇有"宾夕法尼亚"、"加利福尼亚"、"马里兰"、"俄克拉荷马"、"田纳西"、"西弗吉尼亚"、"亚利桑纳"和"内华达"号8艘战列舰，3艘轻巡洋舰，3艘水上飞机供应舰，29艘驱逐舰。珍珠港在坞舰艇有轻巡洋舰4艘、驱逐舰3艘。

1941年12月7日凌晨，从日军联合舰队6艘航空母舰起飞第一攻击波183架飞机，穿云破雾，扑向珍珠港。7时53分发回"虎、虎、虎"的信号，表示奇袭成功。随后，第二攻击波的168架飞机再次发动攻击。

仓促应战的美军损失惨重，8艘战列舰中，4艘被击沉，一艘搁浅，其余受重创；6艘巡洋舰和3艘驱逐舰被击伤，188架飞机被击毁，155架飞机被破坏，2402人丧生。仅"亚利桑那"号战列舰爆炸沉没时就有上千人死亡。日军只损失了29架飞机和55名飞行员以及几艘袖珍潜艇。

袭击珍珠港的作战计划最先由偷袭珍珠港的日军飞行员源田实制定，他坚持攻击的重点是美军航母。在制定方案时，将90架轰炸机担当首次攻击主力。411架鱼雷攻击机兵分两路，分别攻击航母和战列舰的锚地。首次攻击的关键是达成突然性，在这之后，美军防空火力必将开始反击。第二波攻击于一小时后发起，任务是伺机炸沉航母。但是，源田实万万没有想到美国航母根本不在港内。

攻击舰队出发前夜，源田实发现忽略了一件重要的事：所有计划都指着对手坐以待毙。如果美军有防备怎么办？舰队离港后，源田实背着长官悄悄召集了秘密会议，商议的结果是：由源田实到现场机动处理。这一调整导致突袭从

从被击中的战列舰上流出的油污

开始就乱了套。

预定计划鱼雷攻击机分两队进攻，两队间隔 500 米。但到达珍珠港时乱成一团，攻击机队动作严重变形，两队实际间隔 1600 米，后队看不见前队，僚机找不到长机。日军一番轰炸之后，只有 3 艘战列舰被炸沉。

日军参加袭击的航空母舰是"赤城"（旗舰）、"加贺"、"苍龙"、"飞龙"、"翔鹤"和"瑞鹤"号。6 艘航空母舰共计搭载舰载机 414 架，包括战斗机、鱼雷轰炸机、俯冲轰炸机和水平轰炸机，其中 55 架被毁。这些飞机分两波攻击。南云中将决定放弃第三波攻击而将主力撤回。

日军没有轰炸珍珠港 5 英里以外的油库。倘若炸掉，美军所有的船舰和飞机都将变成一堆废铁。用尼米茨的话说：日军"攻击目标集中在舰艇，完全无视了机械工厂，对于修理设施也没有出手，对港湾内储藏的 450 万吨重油也视而未见。考虑到美国对欧洲作出的承诺，这些长时间积累而储存起来的重油是无可替代的，没有了这些燃料，美国舰队在几个月里将不可能从珍珠港开始发动任何作战行动"。

尼米茨的话还是轻描淡写，如果日军轰炸储油罐引发火灾，燃烧起来的 450 万吨重油是任何消防手段也无法扑灭的。这场火就能彻底烧毁珍珠港，烧掉它作为一个军港而继续存在的可能性，要重建这座军港，没有几年是不可能的。没有了珍珠港，美国海军就只能后撤 3500 千米回到加利福尼亚的圣选戈去，从那儿再出发打仗，就没有在整个太平洋战争期间美国海军所享有的那种自由了。

华盛顿时间下午 1 时 40 分，比日本外务省预定的递交

12 月 8 日，罗斯福总统请求国会批准向日本宣战

最后通牒的时间晚了 40 分钟，此时珍珠港战斗已打响 20 分钟。美国国务卿赫尔在接见日本代表前已知道珍珠港遭到偷袭，但罗斯福总统只要求他收下日方答复，冷淡地把日方代表送走。赫尔装作认真阅读了日方答复，然后用难以掩饰的愤怒说："我任职 50 年来，从未见过如此卑鄙的政府和如此虚伪歪曲的文件！"由于在递交正式宣战的文件之前日本就发动了进攻，激起了美国举国上下无比愤慨。山本在接到胜利电文后，丝毫没有喜悦，对前来祝贺的部属淡淡地说："我们只不过唤醒了一个沉睡的巨人。"

长期以来，珍珠港事件充满神秘色彩，究竟是谁导演了这一悲剧？美国历史学家约翰·托兰经过 30 年的努力，从大量资料中找到了答案：美国总统罗斯福事先知道日本舰队动向，故意让日本人进攻夏威夷基地，以便为美国参战寻找正当理由。这个孤注一掷的血腥行动改变了世界格局。

1941 年春，近卫首相越来越明显地看到，他根据三国条约制订的计划正在破产。德国放弃入侵英国，美国在谈判中立场强硬，向英国和中国提供更多的武器，逐渐拉紧向日本出口战略物资的套索。于是日本军部加紧制订消灭太平洋美国海军力量的冒险计划。

对日本的这一计划，美国已有觉察。1941 年 12 月 4 日晚，罗斯福在白宫同陆军部长史汀生、海军部长诺克斯、陆军参谋长马歇尔研究日本舰队的动向时，发现一支庞大的日军舰队从日本起航后悄悄地驶向太平洋中心。华盛顿情报部门几星期前就破译了这支舰队的代号"机动部队。"

摆在罗斯福及其助手面前的选择有三种：第一，向全世界宣布，这支庞大的日军舰队已经起航，因此战争迫在眉睫。披露这一事实可能阻止战争爆发。第二，在日军舰队继续向目标前进时，通知珍珠港基地的金梅尔上将，日军舰队攻击在即，让他发出警报，把军舰疏散到远海，或者先发制人，粉碎日本海军的突然袭击。第三，是罗斯福决定并在当晚会议上向他的两名部长和马歇尔将军宣布的：只有柏林 – 东京轴心国之一突然侵略美国

罗斯福

日裔被从家中带出来

领土，美国才有理由参加战争。1941 年初，他曾私下同丘吉尔讨论过这个问题。

罗斯福认为，尽管风险很大，但不可避免，为打败希特勒，美国必须参战；但只能在遭到侵犯的情况下参战，主动参战会在国内引起政治和道义上的分裂。希特勒曾严格命令德国海军不准攻击美国船队，他认为征服欧洲，摧毁苏联，最后制服英国的目标是可以实现的，但必须有一个"条件"——美国不要介入。当时大多数美国人也主张持中立态度。据希特勒身边人员说，当他获悉日本偷袭珍珠港的消息后暴跳如雷，在场的人吓得目瞪口呆。当时德军已经席卷欧洲，德军装甲部队直捣苏联腹地。珍珠港事件的爆发使希特勒预感到，他的世界战略可能要功亏一篑。

与此同时，有 3 位国家领导人也预感到，自 1939 年以来不断遭到失败的民主国家可能要转败为胜。他们是华盛顿的罗斯福、伦敦的丘吉尔和自由法兰西伦敦总部的戴高乐将军。后者当晚对帕西上校说，他认为战争已成定局，今后"应做好解放法国的准备"。

12 月 6 日晚，华盛顿最高当局作出决定，不通知珍珠港守军，让珍珠港遭受日军攻击。这天夜里，罗斯福同史汀生、诺克斯、马歇尔将军和总统私人顾问哈里·霍普金斯彻夜难眠，在白宫等候日军攻击夏威夷的第一批电报。他们知道即将发生的事件，知道今后几天的连锁反应：向日本宣战，然后向日本的盟友德国宣战。他们没有料到并深感震惊的是日本海空部队威力之大、攻击之猛烈。他们预计美军将遭受重大损失，但绝没有想到基地毁坏殆尽。

在当天夜里，陆军部长史汀生同海军部长诺克斯以及国务卿赫尔举行工作会议的讲话录音保存至今。

史汀生说："在此之前，我们无法参战，为了拯救英国，总统很想进行干涉。自 1940 年 6 月以来，在一年半的时间内，英国一直在孤军奋战。总统想在为时不太晚之际,彻底粉碎纳粹德国对整个欧洲的疯狂进攻。但是绝大多数美国人过去却一直主张袖手旁观,'坐视狂热的、堕落的欧洲人自相残杀。'"诺克斯接着说:"现在日本人帮助我们摆脱了进退两难的困境。辩论已经结束。我们的夏威夷基地遭到卑鄙无耻的突然袭击,美国人的思想障碍解除了。"当晚,同陆军部长谈话的最后一个人是他的副官哈里森上校。史汀生对哈里森说:"没有珍珠港事件,我们——包括罗斯福总统——决不可能把我国推进战争中去。"

翌日中午,因行动不便而深居简出的罗斯福总统作出了异乎寻常的举动,亲自前往美国国会,而且没有坐轮椅,由他的长子詹姆斯搀扶着走进国会大厅,向美国参众两院发表讲话。

罗斯福总统两只手撑在讲台上,对参议员、众议员、最高法院法官和政府部长们说:"昨天,1941 年 12 月 7 日,美国遭到蓄意的猛烈攻击,这个日子将永远是我们的国耻日!"美国电台向全国实况转播了罗斯福总统的讲话。他最后宣布:"美国和日本帝国已经进入战争状态。"

旧金山,日裔美国人排成长队,听候处理

24. 新加坡战役：自行车闪电战

1902 年 1 月 30 日，英国和日本签订了《英日同盟条约》，有效期为 5 年。1905 年签订第 2 个同盟条约，承认日本对朝鲜的"保护权"，重申在遭到任何第三国进攻时，应提供军事援助。1911 年签订第 3 个同盟条约。1921 年 12 月 13 日宣告失效。

尽管有过"蜜月期"，英国也不把日本放在眼里。珍珠港事件爆发前，英国低估了日军实力，直到日军出其不意地攻击新加坡，将捍卫马来西亚和新加坡的英国将军亚瑟·波西佛逐出。

马来半岛为太平洋和印度洋的分界线，称为"远东直布罗陀"的新加坡更是扼守着太平洋与印度洋之间航运要道马六甲海峡的出入口，也是阻挡日军夺取荷属东印度（印度尼西亚）石油的天然屏障。英国已在新加坡经营多年，樟宜海军基地规模不凡。但二战开战后，英国已无余力顾及这块属地，在新加坡的部署已降到了最低的程度。

新加坡街道

1941 年下半年，德军转向东线进攻苏联，英国本土压力减少，日本南下太平洋的意图日趋明显。8 月在大西洋宪章会议上，丘吉尔决定在远东承担更多义务，向罗斯福保证将派出一支令人生畏的、快速的战列舰和航空母舰特混舰队前往新加坡，捣毁日

166

新加坡驻军训练

本海军的挑衅活动。随后，丘吉尔不顾海军部反对，派遣"无敌"号航母、"威尔士亲王"号战列舰、"却敌"号战列巡洋舰和护航舰奔赴远东。舰队的主要任务不是打仗，而是承担战略威慑任务，警告日本不要在南太平洋轻举妄动。11月初，"无敌"号航母在西印度群岛触礁。12月4日，"威尔士亲王"号、"却敌"号和4艘驱逐舰组成新远东舰队，也称Z舰队，舰队司令是菲利普斯中将。

日军的目标是盛产石油的荷属东印度群岛，袭击珍珠港也是战略支援。为取得荷属东印度群岛，要经过英属马来半岛。1941年12月8日凌晨1时45分，日军首先在马来半岛中路哥打巴鲁登陆。这时，4500海里以外，突袭珍珠港的日军机群正在准备起飞。两个小时后，日军登陆部队击退了哥打巴鲁的守军，控制了第一个滩头堡，此时，珍珠港的突袭机群也飞临美太平洋舰队上空。其后，日军在宋卡和北大年登陆，并迅速抢占附近的机场。天明之后，日军飞机对马来半岛的机场和新加坡航空基地进行多次空袭，英军的飞机损失殆尽。

Z舰队的菲利普斯中将意识到，战略威慑已不复存在，但也不能坐等日军空袭，决定黄昏时起航，摧毁宋卡的日军滩头堡。8日17时30分，"威尔士亲王"收起锚链，与"却敌"号一起，在"伊莱科特拉"、"快速"、"特内多斯"和"吸血鬼"号驱逐舰的护卫下驶出柔佛海峡。当"却敌"号舰长坦南特宣布"我们要出去自找麻烦"时，水兵们欢呼起来。而不久后，温斯顿·丘吉尔说："有多少计划、希望和努力都随这两艘战舰沉入了大海。"

9日15时，日潜艇伊–65发现了Z舰队。随后，几乎像6个月前英国海军追踪德舰"俾斯麦"号一样，一场大规模的海、空搜索开始

沉没前的"威尔士亲王号"战列舰

了，只是这次"威尔士亲王"号从猎手变成了猎物。由 7 艘巡洋舰和两艘战列舰组成的近藤舰队迅速南下，但这支舰队并未及时截击到 Z 舰队。截击 Z 舰队的任务不经意地落在了西贡的日军航空兵身上。

12 月 10 日凌晨，Z 舰队又接到情报：日军在关丹登陆，舰队又转向关丹。同时，日潜艇伊 –58 号也发现 Z 编队，并向"反击"号发射 5 枚鱼雷，均未命中。Z 舰队甩开了潜艇的追逐，奔赴关丹。

6 时 25 分，日军西贡基地侦察机起飞。7 时 55 分到 9 时 30 分，59 架九六式陆攻机和 26 架一式陆攻机起飞搜索 Z 舰队。

上午 10 时，Z 舰队驶近关丹，"快速"号驱逐舰对关丹港进行侦察后，认定日军并没有在关丹登陆，情报来自于一头水牛踩响了海滩上的地雷。

菲利普斯中将命令舰队继续向北搜索日军，这是个轻率的决定。11 时 45 分，日机发现 Z 舰队，各日机中队向 Z 舰队扑来。轰炸机首先扑向"却敌"号，随后鱼雷机进入战场。危急中，"却敌"号舰长坦南特亲自驾舰，躲过 10 枚以上的鱼雷。在紧急时刻，他不得已打破无线电静默，将 Z 舰队遭受攻击的噩耗发回新加坡基地。在又一次的鱼雷攻击中，"却敌"号中了两枚，舰身迅速倾斜。坦南特舰长宣布："准备弃舰！愿上帝保佑你们！"失控的"却敌"号总共中了 13 枚鱼雷，14 时 3 分沉没。

轰炸"威尔士亲王"号的战术，同炸沉"却敌"号几乎一样。不同的是日军开始就用鱼雷轰炸机，而未先实行高空轰炸。在首次鱼雷攻击中，一枚鱼雷命中舰尾。"威尔斯亲王"号舰体猛烈震颤，爆炸的鱼雷将一根螺旋桨大轴

"却敌"号抵达章宜军港

卡断，海水汹涌灌入舱内。几分钟后，6 架鱼雷机又从不同方向逼近，随后日军轰炸机队载着巨弹又飞临上空，随着凄厉呼啸而下的炸弹，"威尔士亲王"号后部甲板又发出阵阵爆炸声，渐渐地，倾斜的后甲板离海面仅有一米，重油向海面流出。

菲利普斯中将和"威尔士亲王"号舰长里奇上校，一直在舰桥上指挥作战，并向新加坡基地发求救信

号。又中了两枚鱼雷后，菲利普斯中将终于醒悟，发出最后的命令："全体舰员给救生衣吹气。"

下午 14 时 20 分，"威尔士亲王"号命中 7 枚鱼雷和数颗炸弹后，被海涛吞没。两艘军舰上的 2743 名官兵有 793 人阵亡，包括菲利普斯海军中将和里奇舰长。

"威尔士亲王"号倾覆前 3 分钟，英国空军 6 架水牛式战斗机飞临作战海域，但为时已晚。此役称为马来海战。

"威尔士亲王"号弃船

马来海战被认为是航空兵以航行中的战列舰为交战对手并将其击沉的首次战例。在海军战略战术发展史上，占有重要地位。日军此役取胜并非侥幸，这是武器装备迅速发展必然引起战略战术发生变化的结果。85 架飞机用两个小时就把两艘大型军舰击沉，足以表明航空兵在海战中的威力。马来海战中，日机被击落 3 架，27 架飞机受损，21 人阵亡。

日军对马来半岛的进攻兵分两路：一路由太平洋战争爆发之前已经进占印支南部的近卫师团，从陆上进入泰国，占领曼谷后，沿马来半岛南下；另一路是山下奉文中将率领的第 5 和第 18 师团，分批从海上登陆。为了支援登陆行动，小泽治三郎海军中将指挥南遣马来舰队负责掩护，辖有重巡洋舰 5 艘、轻巡洋舰 4 艘以及护卫舰只。

Z 舰队到达新加坡的同一天，日本登陆舰队从海南三亚启航，向马来半岛进发。12 月 6 日登陆舰队转向西北，佯装开往曼谷，声称要切断印度与中国之间的运输线。12 月 7 日上午，英军侦察机发现日军舰船，以为日军将先在泰国登陆。然而这支登陆输送队于 7 日 12 时突然转向，分兵数路，驶往马来亚的哥打巴鲁和泰国的北大年和宋卡。

12 月 8 日凌晨 1 时 45 分，南路 5000 多名日军在 4 艘驱逐舰交叉火力的掩护下，在哥打巴鲁登陆。两个小时后，日军登陆部队击退了守军，控制了第一个滩头阵地。随后宋卡和北大年的登陆部队上岸，迅速抢占附近的机场。天明后，从西贡起飞的日军航空兵对马来半岛尚未被其地面部队占领的机场和新加坡航空基地进行多次空袭，使英国空军损失殆尽。

丘吉尔对新加坡炮台只是面对大海忧心忡忡

日军并没有从海面攻打新加坡

山下奉文率领的第 5 师团、第 18 师团登陆后，向马来半岛西南穿插，然后沿西海岸向南推进。牵制分队从哥达巴鲁登陆，而后从马来半岛东海岸南下。两支日军在轻型坦克和空军的支援下南下，多数日军备有自行车。

12 月 11 日，由英军希思将军指挥的印度第 11 师首先和日军交火，尽管印军数量有三比一的优势，但训练和装备都很差，无法与日军对抗。

12 月 19 日，日军西路部队占领槟榔屿英空军基地，解除了英联邦军队从印度、缅甸方向对马来半岛守军进行空中支援的可能性。西路部队沿西海岸急速南下。东路部队于 1942 年 1 月 6 日攻占关丹后向柔佛州前进。西路部队于 1942 年 1 月 11 日攻进吉隆坡后继续前进。

日本空军在英军机场装上英军燃料往英军阵地投英军炸弹。日本步兵骑着自行车追赶撤退的英联军，三人一排，有说有笑，像去看球赛。溃退的印度军队惊恐万分，以为坦克在追赶他们。马来半岛灼热的路面使自行车很快爆胎，日军士兵干脆剥去橡胶胎，只用钢圈骑行，数千辆自行车发出的响声确实有点像坦克。

1942 年 1 月下旬，英军增援部队抵达新加坡，其中包括英军第 18 师和 50 架飓风战斗机。由于马来半岛大部分已失守，第 18 师来不及运往前线；而由于训练和装备问题，飓风战机在与日军零式战机的交锋中一败涂地。1 月 25 日，帕西瓦尔将军下令向新加坡作最后撤退。2 月 1 日，英军炸毁了连接新加坡与柔佛州的海峡堤坝，新加坡成了一座真正的岛屿。

新加坡的防御主要针对海上进攻，岸炮只有极少数可以大角度旋转，对付后方登陆毫无用处。此时新加坡还有英澳印联军 80000 人，粮食弹药虽比较充足，但无制空制海权。

自行车闪电战只留下一幅模糊照片

1942年2月8日晨，日军炮兵和航空兵对新加坡的火炮阵地、机场等设施猛烈打击。随后，近卫师团在新加坡东北角的开阔地带伴装登陆，牵制守卫在东北部的英军第18师不能向其他处调动。2月8日夜，日军主力第5和第18师团乘冲锋舟在长堤以西灌木和沼泽地登陆，守在这里的是疲惫不堪且疏于防范的澳大利亚部队。日军登陆后，着手建立登陆场，随后近卫师团向西转移，并在登陆场登陆。日军3个精锐师团并肩向南推进。

2月14日，日军先后占领提马高地、因保丁水库和加兰机场等要地，并对城区形成三面包围之势，同时加紧空袭。日军占领了因保丁水库后，控制了淡水供应。2月15日，日军登陆一周后，帕西瓦尔签订了无条件投降书，这座"东方第一坚城"落入日军之手。

"英国史上最沉痛的浩劫，规模最大的投降，就在新加坡。"丘吉尔悲痛地指出。帕西瓦尔用了9周的时间，最终将英国苦心经营的狮城交给了日本。其中战略处于被动是主要原因，但防御战术的失误也不可忽视。英国并不想放弃新加坡，但新加坡在被困一周后便失守。从这一点来看，帕西瓦尔要比防守菲律宾的麦克阿瑟差一大截。

帕西瓦尔在投降前的最后一刻还有胜利机会，只是没有敢于下大赌注。随后，日军举行了独特的受降仪式：让数万名战俘站在道路的两边迎接高奏凯歌的日军进城。这些战俘中的大部分看到了战争的结束，这要比守卫菲律宾的美军战俘幸运。日军投降时，代表英国签字的也是刚从战俘营中出来的帕西瓦尔，或许这就是放弃的意义。

日军占领新加坡

25. 菲律宾战役以及巴丹死亡行军

1941年12月7日，当珍珠港硝烟四起时，日本南进部队攻击威克岛和香港，空袭菲律宾，并在泰国和马来半岛的北部登陆。12月9日，曼谷失陷。当日军在马来半岛上猛攻英军据点时，其他日军则占领了吉尔伯特岛和关岛。一周之后，日军在文莱登陆。

1942年1月11日，日军在西里伯斯岛登陆，此后陆续在苏门答腊岛、帝汶岛、巴厘岛及爪哇岛登陆，荷属东印度群岛相继陷落。日军入侵缅甸，英军一败再败，5月退入印度境内。2月27日，一支英荷舰队在爪哇海战中被消灭。

麦克阿瑟喜欢穿 A2 飞行夹克

日军在新不列颠岛和新几内亚岛登陆。到1942年5月，一个北起千岛群岛，南到拉包尔的庞大帝国出现在太平洋上。

1935至1937年，麦克阿瑟出任菲律宾军事顾问，1936至1937年出任菲律宾军队元帅，57岁后退伍回家。1941年7月太平洋战争爆发前夕，61岁的麦克阿瑟复入军界，被任命为美国驻远东武装力量司令。

1941年12月8日凌晨，麦克阿瑟得知日本偷袭珍珠港，太平洋战争爆发。他没想到日本人来得如此突然。更吃惊的是，日本人攻击珍珠港几小时后，轰炸了菲律宾的克拉克机场，将他半数以上的空中力量摧毁。

美国在菲律宾克拉克和甲米地（吕宋）
建有亚洲最大的空军和海军基地，构成日军
南进的障碍。日军企图攻占菲律宾群岛，夺
取美军基地，控制日本本土与东南亚之间的
海上交通线，为进攻荷属东印度创造条件。
日军计划以驻台湾航空部队实施航空火力
突击，消灭美驻菲航空兵主力，夺取制空权；
同时先遣部队在海军支援下在吕宋岛登陆
并占领机场，航空兵前移，以保障陆军主力
在林加延湾登陆并占领马尼拉；在南部占领

美菲联军构建阵地

菲律宾第二大岛棉兰老岛，随后南北对进占领菲律宾全部岛屿。

指挥菲律宾战役的是日军第 14 军团司令、日本菲律宾派遣军司令本间雅
晴中将。战后被联军军事法庭以在菲律宾涉嫌屠杀 16 万美、菲军民起诉，宣
判为甲级战犯，于 1946 年 4 月 3 日在马尼拉郊外枪决。

日本海军菲律宾战役联合编队司令为高桥伊望中将，辖有巡洋舰 10 艘、
驱逐舰 29 艘、航空母舰 1 艘和水上飞机母舰 3 艘；陆军航空兵第 5 兵团，司
令为小冰英良中将，飞机 200 架；海军基地航空兵第 11 航空队，司令为冢原
二四三中将，飞机 300 架以及约 100 艘运输船和辅助船只。

麦克阿瑟是美菲联军司令，联军有 13 万人，其中 10 万人是菲律宾土著，
美军官兵 31000 人，270 多架飞机中，可作战的 142 架。协同作战的有美国亚
洲舰队，司令为哈特上将，主要类型战斗舰艇 45 艘。

日军进攻菲律宾

战役开始时，日军陆海军航空兵对美
军机场和甲米地海军基地实施突然袭击，
于 12 月 8 日和 9 日两天摧毁了美军在陆地
上的一半重型轰炸机和 1/3 以上的战斗机，
为登陆作战创造了条件。美国亚洲舰队的
基本兵力驻菲律宾南部基地得以幸免。同
时间内，日军一部攻占吕宋岛以北的巴坦
群岛。日军夺取制空权后，乘吕宋地区几
乎没有舰队之机，派先遣部队第 48 师田中
支队和菅野支队约 4000 人，自 12 月 10 日

菲律宾战役

起分别在吕宋岛北部的阿帕里和维甘登陆并占领机场。

12 日，日军第 16 师团木村支队约 2500 人，在吕宋岛南部的黎牙实比登陆，占领机场并进一步扩大战果。自 11 日起，第 5 飞行集团逐渐转移到吕宋岛已占机场，掩护地面部队登陆和发展进攻。17 日，美军仅剩的 17 架 B-17 轰炸机撤到澳大利亚。至此，日军完全掌握制海制空权。

22 日，日军第 48 师团主力在吕宋岛西岸的林加延湾成功登陆。24 日，第 16 师团在吕宋岛东南部拉蒙湾登陆。至此，登陆日军形成南北夹击马尼拉、围歼美菲联军主力的有利态势。26 日，吕宋岛守军奉命撤往巴丹半岛预设阵地和科雷希多岛，准备长期抵抗。日军从南北两面进逼马尼拉，但未能切断美菲联军撤向巴丹半岛的退路。

1942 年 1 月 2 日，日军占领了菲律宾首都马尼拉后，以一部兵力占领甲米地和八打雁，并在棉兰老岛和霍洛岛登陆。吕宋岛上的 79500 名美菲联军撤向巴丹半岛。

日军认为菲律宾作战大局已定，将海军主力和第 48 师调往荷属东印度，将第 5 飞行集团主力调往缅甸，而仅以第 14 集团军的剩余兵力清剿吕宋岛。

1 月 9 日，日军开始进攻巴丹半岛，遭到美菲联军的顽强抗击。美菲联军与日军展开了激烈的山地战、丛林战和阵地战。交战中，木村支队被围，前来救援的日军被歼 1 个营。月底，日军因伤亡严重丧失攻击力，被迫转入防御，战局一度陷入胶着状态。

当时，日本人宣布，假如生俘麦克阿瑟，将在东京的帝国广场将其当众绞死。麦克阿瑟的回答是："来吧，小日本儿，你们还等什么！"他找出父亲使用过的手枪，并准备好两粒子弹，说："这样，我就不会被活捉了。"

麦克阿瑟表示要战死疆场的当口，1941 年 12 月 24 日晋升上将。美国不可能让一名上将成为战俘。1942 年

菲律宾棉兰老岛的
抗日者

2月8日，罗斯福总统以国家名义命令麦克阿瑟及家属迅速撤离菲律宾。2月22日和23日，罗斯福和美国陆军参谋长马歇尔连续给麦克阿瑟发电，要求其迅速撤离，并允诺他到澳大利亚指挥盟军反攻。3月11日，美军一艘鱼雷艇来到巴丹半岛附近海域。暮色中，麦克阿瑟携家眷和一名保姆离开菲律宾，临走时扔下一句硬邦邦的话："我还要回来！"

麦克阿瑟转赴澳大利亚，担任西南太平洋盟军司令，留守美菲联军由乔纳森·温赖特少将指挥，全权行使驻菲律宾盟军指挥权。他的第一个重大决策是在科雷吉多尔要塞加强防守。接着，美国政府发布命令，提升乔纳森·温赖特为临时中将。

日军得到第4师团增援后，实力增强，并以航空兵和炮兵轰击美菲联军阵地。4月3日，日军以第4师、第65旅为主力对巴丹半岛再次发起进攻。双方在丛林中展开殊死战斗。美菲联军既无援兵又缺补给，在日军猛烈攻击下，巴丹半岛守军75000人（其中美军9300人）于4月9日投降。

日军攻占巴丹半岛后，对科雷希多岛连续实施炮击和轰炸。5月2日，日军对该岛实施火力准备，5日在炮火掩护下分左右两路登陆，对岛上要塞发起攻击。15000名美菲联军依托坑道工事抗击，并组织敢死队展开白刃战。在弹尽粮绝之后，为了士兵的生命，转移到哥黎希律岛指挥作战的温赖特于5月5日向罗斯福发出最后一封电报，被迫请求投降，并于次日通过马尼拉广播电台命令所有美菲军队投降。

美菲联军缴械

巴丹死亡行军

日军下令，美菲联军的所有被俘人员长距离徒步行军，从巴丹半岛的麻利威尔斯去位于圣费南多的俘虏营。当时正值炎夏，病疫流行，粮食缺乏，日军对战俘恣意虐杀。几个月后，有3名美军士兵从日军战俘营中侥幸逃出，越海到达澳洲布利斯坦，揭开了这次"死亡行军"的秘密。

巴丹死亡行军是二战中著名的战争罪行与虐待俘虏事件。美菲联军投降人

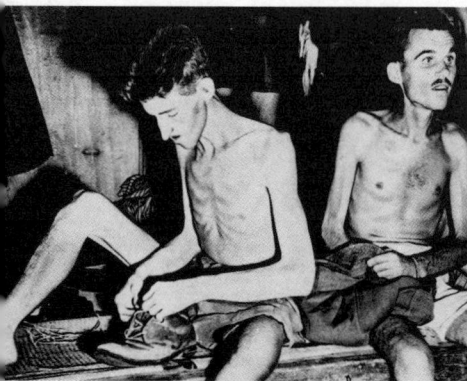

被关押的美军战俘

日军霸占了缅甸

数约有 78000 人，包括 67 名女护士。这 78000 人成为日军战俘后，遭日军强索财物，并押解到约 100 千米外的战俘营。路程以徒步行军为主，但整个行军过程除了初期给予少量的食物外（根据幸存者言，仅给一次高尔夫球大小的米团），一路上不再提供给战俘食物（美军投降时已用尽食物，而日军因未料到美军过早投降也没有事先准备供给战俘的食物）。经常有找寻饮水与食物的战俘被日军以刺刀捅或开枪处决。日军也驱赶当地菲律宾人给予战俘食物与水。路上只准战俘从路边水洼中饮水，即便有若干侥幸者躲过日军眼线而偷喝到几口河水，也因河水已严重遭受污染（河中漂浮着尸体以及绿色泡沫），且气温达 38 摄氏度，最后引发严重腹泻、呕吐而死。后来日军也追加设置了几个食物供应点。

经过不吃不喝的强行军，虽抵达目标营地，但沿路因饥渴而死及遭日军刺死、枪杀者达 15000 人之多。抵达战俘营后的战俘也没有摆脱死亡威胁，由于日军在营地内虐待战俘，包括拷打折磨、斩首杀害、逼迫苦力劳务、刻意让其挨饿等，在抵达营地的两个月内，又有约 26000 人死亡。

温赖特被俘后，辗转于菲律宾吕宋岛、台湾和中国东北战俘营。1945 年 8 月 16 日被苏军解救。战俘生涯彻底拖垮了他，他"皮包骨"，头发花白，形容枯槁，患上严重忧郁症，认为自己对菲律宾沦陷难咎其辞。此后几天，他先去重庆与蒋介石会见，而后飞往日本，与老领导麦克阿瑟见面。

1945 年 9 月 3 日，当麦克阿瑟在"密苏里"号战列舰代表盟军接受日本无条件投降时，温赖特站在麦克阿瑟身旁。麦克阿瑟在日本投降书上签字后，想起了什么，把钢笔递给在日军战俘营中备受折磨、极其憔悴的温赖特将军，让他也签上了自己的名字。这是麦克阿瑟的临时个人决定，没有人提出异议。让温赖特在日本的投降书上签字，全世界都认为十分恰当。

26. 杜立特轰炸：成本最高的撒气儿

日本偷袭珍珠港，使美国太平洋舰队遭到沉重打击，美国民心士气跌到最低点。为了重建全美信心，美国政府决定不惜一切代价空袭东京，以证明美军有战胜日军的能力。要空袭日本本土，轰炸机必须由航空母舰运载到日本近海起飞。为了避免遭遇当时盛极一时的日本海军舰队，航空母舰又不能太接近日本。于是美军制定了用航空母舰搭载陆军（当时美国还没有空军编制，飞机属于陆军航空队）远航程的B–25轰炸机空袭日本的计划。

罗斯福总统特别指示美军，尽快组织对日本的反击，唯一可行的是对日本本土空袭。美国陆军航空队的双引擎轰炸机由于航距所限，不足以飞到日本本土，而海军的舰载轰炸机都是单引擎的，作战范围小，美军的航空母舰也不能在没有制海权的情况下游弋到日本近海。然而，据海军作战部的参谋佛朗西斯·洛中校的观察，陆军的双引擎轰炸机能从航空母舰起飞。经过多番测试，美国军方证实了B–25轰炸机具有从航母起飞、击中日本军事目标并飞越东海在中国降落的能力。

航空母舰的甲板很短，而且B–25轰炸机是吊装到航空母舰上的，轰炸之后，不能在航空母舰甲板上降落，否则会冲出甲板坠海。所以，美军决定，B–25轰炸东京后，

B–25轰炸机在"大黄蜂"号航空母舰上列阵

杜立特在"大黄蜂"号上

杜立特把一些日本人发的奖章捆在炸弹尾翼上

飞往中国降落。用句俗话说,是死是活,就赌一把了。

吉米·杜立特 1896 年出生于加利福尼亚,1917 年加入美国陆军航空兵部队。1930 年退役后进入壳牌石油公司工作。1934 年,他提议将空军从陆军分离出来,成立单独的兵种,并促使壳牌石油公司研发专用的航空燃料。

珍珠港事件后,杜立特重新穿上军装,接受了这一即便轰炸成功也未必能生还的危险任务。他挑选了一批飞行员,在航空母舰甲板上练习 B–25 轰炸机升空。

按照计划,由海军新服役的"大黄蜂"号航空母舰搭载陆军航空队的 16 架 B–25 轰炸机空袭日本本土。杜立特中校负责改装飞机、训练飞行员并执行此次行动。B–25 轰炸机进行了有针对性的改装,加装了一个副油箱,载油量增加一倍,尽量拆除不必要的设备减轻重量。为了减轻起飞重量,甚至把轰炸机上的机枪都拆除了。美国军方出于保密原因,没有向中国方面通报这次行动。

"大黄蜂"号搭载了 16 架改装后的 B–25 型轰炸机,于 4 月 2 日离开旧金山港口,准备与从珍珠港出发担任掩护的"企业"号航空母舰会合。每架轰炸机都装载了 4 颗 500 磅的炸弹及额外的燃料,在航空母舰甲板上以起飞顺序摆开。4 月 14 日,"大黄蜂"号在北太平洋阿留申群岛与中途岛之间的一个指定地点同"企业"号编队会合,两艘航空母舰在 14 艘军舰的护航下由威廉·哈尔西统一指挥开往轰炸机的起飞地点。

4 月 16 日,在"大黄蜂"号甲板上举行了一个特殊仪式,杜利特在米切尔舰长的陪同下,来到准备装上 B–25 轰炸机的炸弹旁,将一些勋章系在炸弹上。这些勋章是战前日本授予美国海军一些官兵的,这些官兵委托海军部长诺克斯和太平洋舰队总司令尼米兹将勋章"还给"日本人。飞行员们还用粉笔在炸弹上写一些捎给日本人的话，表现了美国人特有的一种幽默。

美军原定计划是在4月19日（由于疏忽没有考虑国际日期变更线，实际发起空袭的日期是4月18日）下午，轰炸机在距离日本约450海里的海域升空。在傍晚时分轰炸东京及横滨一带的几座城市。具体分配是10架轰炸东京，3架轰炸横滨，其余3架分别轰炸名古屋、大阪和神户。然而事与愿违，日军已经事先在距其本土650海里外的海上部署了由50艘装有无线电的渔船组成的预警监视网络。

4月18日清晨，美军在距离日本约650海里的海域被一艘预警监视的日本渔船发现。虽然美军巡洋舰迅速将其击沉，但截获到渔船已发出的

B-25轰炸机从大黄蜂号起飞

B-25袭击了日本多处目标，这是在横须贺上空

无线电警报，杜立特决定所有轰炸机起飞，进行空袭任务。16架轰炸机成功飞抵日本并且超低空飞向东京、横滨、名古屋和神户，对油库、工厂和军事设施进行了攻击，接着便试图飞跃东海并降落在中国境内的机场。

原定计划在中国江西南昌和浙江衢州两个城市的机场降落，然后在中国参加抗日战争，加入陈纳德的"飞虎队"轰炸驻台湾新竹的日本航空队。然而由于起飞时间比原计划早，造成燃料的不足。当他们飞到中国海岸线附近时，燃料耗尽。由于联络不畅，计划中的地面指引没有及时到位，杜立特下令全体弃机跳伞。

空袭造成日本50人丧生，252人受伤，90幢建筑受损或倒塌。被轰炸的包括日本柴油机制造公司，日本钢铁公司第一钢铁厂，三菱重工，交通部变电所，国家纤维服装公司，横滨制造公司仓库，名古屋飞机制造厂，一座军工厂，一

中国军民营救了杜立特等人

所海军实验室，一个机场等。

与两年后美国用 B-29 超级"空中堡垒"对日本发动的攻击相比，空袭东京只是象征性任务。但空袭东京的成功，对节节败退的美军是一剂强心针。日本因此把部分战斗机调回本土。

执行任务的 16 架轰炸机，其中一架因燃料消耗过大，降落在苏联。由于苏日之间签订了《中立条约》，为了避免外交上的麻烦，苏联政府将飞机和 5 名机组人员扣押。机组人员于 1943 年经伊朗回国。

另外 15 架轰炸机在浙江、安徽、江苏等地坠毁，大部分飞行员迫降或跳伞。75 名飞行员中有 3 人（一说 5 人）丧生、64 人（一说 62 人）被中国抗日军民救助，辗转到达重庆、桂林后回到美国。15 架轰炸机大多落在国军和日军交错的地区，也有落在日占区的，其中一架落在江苏盐城建湖县，4 名飞行员被当地农民救起后经新四军张爱萍部转到重庆。

杜立特在中国跳伞后，被一个农民救起。他以为全部飞机损毁，行动失败，自己会受军法审判。但 4 月底到了重庆之后才得知，由于这次行动成功地鼓舞了美国人民的士气，他被罗斯福总统授予象征美国最高荣誉的勋章，并被授衔准将。

有 8 名机组人员被俘。由于恶劣的囚禁环境和日军的虐待而感染了痢疾和脚气病。他们是：迪安·霍尔马克、比尔·法罗、哈罗德·斯帕茨、蔡斯·尼尔逊、乔治·巴尔、鲍勃·海特、雅各布·德沙泽尔和鲍勃·米德尔。

1942 年 8 月 15 日，美国军方得

中国军民转移美军飞行员

知，8 名机组人员被囚禁在上海的日军宪兵总部。1942 年 8 月 28 日，8 名美国飞行员被日军在没有告知控罪的情况下审判。根据日本于当月 13 日通过的对敌军飞行员的处理法案，向非军事目标轰炸或射击的敌军飞行员都要被处以死刑，这 8 人均被判死刑。但因"天皇的仁慈之心"，其中 5 人得以减刑，改判终身监禁。被判死刑的 3 人分别是：迪安·霍尔马克、比尔·法罗和哈罗德·斯帕茨。三人于 10 月 15 日上午在上海第一公墓被枪决。

另外 5 名俘虏被囚禁。1943 年 4 月转到南京。1943 年 12 月，5 人当中 1 人病逝。其余 4 人在 1945 年 8 月日本投降后获释。战后，1946 年 2 月，在上海战犯审判中，4 名日军指挥官被控虐待参加东京空袭的 8 名美军战俘。4 名日本军官因虐待战俘的罪名成立而被判刑。其中 3 名被判 5 年劳改，1 名被判监禁 9 年。

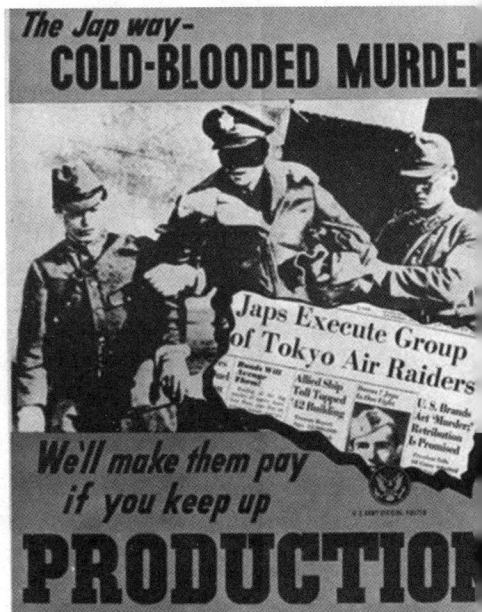

杜立特飞行队阵亡 11 人，被日军处决 3 人

轰炸之后的 3 个月内，日军在浙江一带展开搜捕活动，其间因怀疑村民藏匿美国飞行员而杀死了许多百姓。5 月 15 日日军发动浙赣战役以破坏浙江的衢州、丽水和江西玉山等机场。在这次大规模的扫荡中，日军为了报复中国人掩护美国飞行员而屠杀了大约 25 万平民，其中日军关东军驻哈尔滨的 731 部队和驻南京的 1644 部队参战，大量使用细菌武器。

回到美国的飞行员不久又重返战场，其中 12 人在战斗中牺牲。

二战结束后，当年参加轰炸东京等地的美军飞行员成立了名为"杜立特轰炸机队协会"的民间团体，其中一些成员到过中国访问。1992 年，当年营救美军飞行员的陈慎言、朱学山、曾健培、刘芳桥和赵小宝等 5 人受美方邀请，参加了在美国举办的纪念轰炸东京 50 周年庆祝活动。

27. 珊瑚海海战：航母对航母

1942年5月4日至8日，美国和日本航空母舰编队在珊瑚海进行了一场海战，这是第一次有航空母舰参与的海战，是第一次双方舰队在视线距离外进行的海战，也是第一次双方战舰没向敌舰开火的海战。这次交锋对双方战力未造成太大影响，但为双方一个月后的中途岛海战提供了经验。

1942年初，日本认为，珍珠港事件后，美国经济转入战时还需要过程，到1943年夏季才能组织起像样反攻，日本有时间进一步推进战线，扩大防御圈。日本陆、海军认为澳大利亚将是美国借以反攻的最大据点。日本陆军无力登陆澳大利亚，但可以切断澳大利亚与珍珠港的联系。日军占领东南亚广大地区后，向西南太平洋推进，以控制该地区制海制空权，切断美国通往澳大利亚的海上交通线。

1942年2月初，日军占领澳大利亚东北的俾斯麦群岛的拉包尔基地，3月初占领新几内亚的莱城、萨拉莫阿。4月下旬，日本第5航空战队和第5巡洋舰队从印度洋归来，回到特鲁克，开始实施攻占所罗门群岛的图拉吉和新几内亚的莫尔比兹港的计划。

4月30日，日本第5航空战队、第5巡洋舰队和6艘驱逐舰作为机动部队

美国海军上将切斯特·尼米兹

从特鲁克出发南下，横于夏威夷和新几内亚群岛之间，伺机消灭盟军舰只。登陆掩护编队由"祥凤"号轻型航母、8 艘巡洋舰、6 艘驱逐舰组成。4 月 28 日从拉包尔出发的先遣登陆部队在"祥凤"号的掩护下，于 5 月 3 日未遇抵抗占领了图拉吉。

1942 年初，太平洋对盟军是一片黯淡的景象。但在 1942 年 1 月 20 日，日军伊–124 号潜艇在达尔文港布雷时被击沉，随后美军用潜水作业船从伊–124 号上捞出了密码本。之后几个月中，随着情报的积累，珍珠港的情报处逐渐破译了日军密码，并用分散情报绘制出日本联合舰队的进攻矛头。这为太平洋战争初期美国海军能够与日本联合舰队周旋，提供了最为重要的情报。

通过破译密码得知日军占领图拉吉后，将对莫尔比兹港实施登陆。美国太平洋舰队司令尼米兹上将决心阻止日军登陆莫尔比兹，但盟军集结兵力对付来敌并不容易。"萨拉托加"号被潜艇击伤，在西海岸修理，"企业"和"大黄蜂"号在袭击东京后的返航途中，可供使用的只有第 8 特混舰队的"列克星敦"号和第 17 特混舰队"约克敦"号两艘航母，另有 8 艘巡洋舰和 13 艘驱逐舰。尼米兹决定由弗莱彻海军少将统一指挥两支舰队，5 月 1 日进驻珊瑚海。

第一场战斗在 5 月 3 日开始，弗莱彻接到日军正在图拉吉登陆的消息时，"约克敦"号仍然在巴特卡普角以西 100 多英里的海面上。他立即命令以每小时 26 海里的速度向北驶往所罗门群岛中部。5 月 4 日拂晓，"约克敦"号到达瓜达卡纳尔岛西南约 100 英里的海面后，出动战斗机向图拉吉附近海面上的日军发动袭击，摧毁了日军水上飞机，随后舰队向西莫尔比兹港进发。尼米兹后来对图拉吉战斗重新作了评价："从消耗的弹药和取得的战果来比，这场战斗肯定令人失望。"这一袭击也暴露了美军的实力，珊瑚海战役前，美国占有情报先机，袭击图拉吉后，双方的情报就拉平了。

5 月 4 日，日军登陆部队主力从拉包尔乘 14 艘运兵船，在 6 艘驱逐舰和 1 艘巡洋舰的掩护下驶向莫尔比兹港。完成图拉吉登陆掩护的"祥凤"号轻型航母及掩护舰向西航行准备与登陆部队会合，同时机

"约克敦"号航空母舰上的鱼雷轰炸机

"瑞鹤"号上的零式战斗机

"祥凤"号轻型航母没有上层建筑，内定为航母预备舰

动部队第 5 航空战队进驻珊瑚海。而前来迎击的美军第 17 和第 8 特混舰队已先于日军机动部队进入珊瑚海。于是发生了海战史上有名的珊瑚海海战。

日本第 4 舰队司令井上成美海军中将派高木武雄海军中将率领"翔鹤"和"瑞鹤"号航母（舰载机共 125 架）及重巡洋舰 3 艘、驱逐舰 6 艘从特鲁克岛出发，原忠一海军少将率"祥凤"号轻型航母和重巡洋舰 4 艘、驱逐舰 1 艘从拉包尔起航，掩护登陆船队驶向目标。

美军截获日军行动情报后，尼米兹命令弗莱彻率第 17 特混舰队，包括"约克敦"和"列克星敦"号航母，舰载机 140 余架，巡洋舰 5 艘、驱逐舰 9 艘在珊瑚海阻击。

5 月 3 日，日军占领图拉吉岛。次日上午，"约克敦"号航母舰载机袭击图拉吉岛外海日军舰队，击沉驱逐舰 1 艘和小型舰艇数艘。

5 月 6 日，在密云掩护下，弗莱彻同格雷斯上将的重型巡洋舰和"列克星敦"号会合。珍珠港的最新情报表明，由两艘航母提供空中掩护，入侵莫尔斯比港的日军船队，将于第二天穿过卢伊西亚德群岛。于是弗莱彻向西直驶珊瑚海。弗莱彻并不知道，一架日本水上飞机已在下午发现了他们。得知两艘美军航母正前往莫尔斯比港，截击日军船队的消息后，在拉包尔的井上海军中将司令部里一片恐慌。司令部紧急命令运输船队停止前进。高木少将率领以"翔鹤"和"瑞鹤"号为主力的机动部队收到警报时，正在瓜达卡纳尔以南加油，等到准备好将距离缩小到可以发动空袭的时候，舰队碰到了云雾。

5 月 7 日 4 时许，得知美军舰队基本方位后，日机动编队出动 12 架舰载机，分为 6 组，在 180 度至 270 度方位之间，250 海里距离内搜索。5 时 45 分，向南搜索的日机报告：发现美军航母、巡洋舰各 1 艘。6 时至 6 时 15 分，"瑞鹤"号出动零式战斗机9架、轰炸机17架、鱼雷机11架，"翔鹤"号出动零式战斗机9架、轰炸机19架、鱼雷机13架。共78架日机，向所发现的目标飞去。但到达目标上空后，发现不是美军航母编队，而是6日下午与弗莱彻本队分手的"尼奥肖"号油船和"西姆斯"号驱逐舰，形状与航母和巡洋舰相似。日机群于附近海面搜索两小时，未找到其他目标。鱼雷机未进行攻击，于9时15分开始返航，而36架俯冲轰炸机则于9时

舰载机差点滑到海里

26分至40分攻击最初发现的目标。"西姆斯"号被3颗250公斤的炸弹击中，有两颗在机舱爆炸，不到60秒钟就沉没了。"尼奥肖"号中7颗炸弹，载着大火在海上飘了几天后沉没。

这时弗莱彻的航母主力与油船分手后正在向西行驶，以期拦截日军登陆舰队，但美舰队犯了日军同样的错误：没有发现航母部队。黎明之后，"列克星敦"号的一架巡逻机发回报告说发现两艘航母和4艘重巡洋舰。弗莱彻以为是日军航母部队，决定以其全力实施攻击。

"列克星敦"号出动俯冲轰炸机28架、鱼雷机12架、战斗机10架，"约克敦"号出动俯冲轰炸机25架、鱼雷机10架、战斗机8架，共计93架舰载机飞向目标。飞到目标后，才发现是两艘轻巡洋舰和两艘炮艇，是日军登陆的掩护部队，由于密码错误，被夸大成一支突击部队。

93架美军战机和轰炸机轮番进攻，"祥凤"号中了13颗炸弹和7枚鱼雷后沉没，珊瑚海面上留下一团黑烟和一片扩散的油污。日本海军在这里丧失了第一艘大型舰只。

"企业"号航母

格鲁曼战斗机从"约克敦"号起飞

美军航空母舰上的机枪

5 月 7 日上午，美日双方舰队刚好处于相互攻击范围的边缘，但由于技术原因彼此没有发现，双方错过了先发治人时机。美军犯的错误很危险，因为出击的舰载机偏离方位达 90 度以上。日本联合舰队也犯了错误，因为至少知道美军主要目标的大致位置。日机下午 14 时起飞，18 时（日落后两小时）才能返航，这在 1942 年并非易事。但原忠一中将还是派 12 架轰炸机和 15 架鱼雷机在 14 时 15 分离舰向预定目标飞去。黄昏时分，日军飞机从美军舰队上空飞过，但因天气原因没有发现目标。返航时才发现美军舰队，但战机已抛掉了炸弹，并受到美军战机拦截。

暮色中，几架迷失方向的日机飞行员看错目标，试图在"约克敦"号上降落。由于识别信号不对，被"约克敦"号高炮手发现，并将其中的一架击落，另外几架慌忙逃入黑夜中。弗莱切意识到，日军航母就在附近，而决定这场海战结果的航母间的决斗必定在第二天进行。

5 月 8 日最后一个小时，珊瑚海两百海里内，4 艘航母上完成着同样的准备工作。侦察机都提前出发了。8 时 15 分，在最北边的美军侦察机发回报告：日军航母特遣舰队在"列克星敦"号东北约 175 英里的海面上以每小时 25 海里速度向南行驶。几分钟以后，美国航母的无线电台收到了日军发现美军的报告。随后"约克敦"号和"列克星敦"号出动 15 架战斗机、46 架轰炸机和 21 架鱼雷机，扑向日军舰队。1 小时 45 分钟以后，美军突击机队发现"翔鹤"号和"瑞鹤"号正向东南方向行驶，两艘航母之间相距 8 英里，各由两艘重型巡洋舰和驱逐舰护航。

美军战机在积云里组织进攻，"翔鹤"号趁机出动了更多战机，"瑞鹤"号躲进下着暴雨的海面。向日军航母发起首次进攻的美军飞行员，面对强敌乱了阵脚，鱼雷机和俯冲轰炸机被零式战机冲散，发射的鱼雷偏离目标很远，扔下的炸弹只有两颗击中"翔鹤"号，"翔鹤"号甲板上因燃油泄漏起火。10多分钟后，"列克星敦"号上的飞机赶来，但难于发现厚云层下面的敌舰。有15架美军轰炸机发现了目标，但只有6架野猫式战斗机保护，被零式战斗机冲散，只投中一枚炸弹。进攻再次失败。

珊瑚海海战中，舰载机是决定因素

"列克星敦"号的雷达发现远在70多英里外的日机后，立即出动战机拦截。日军69架舰载机在被拦截之前就已分成了3个攻击队，鱼雷机队首先飞临"约克敦"号。由于该舰灵活规避，日机的攻击未见效。但在环形警戒序列中，美军两艘航母都在自行规避，结果使两舰之间的距离迅速拉大，警戒舰也随之一分为二，从而削弱了对空防御，给日机以可乘之隙。

日机对"约克敦"号左舷发射了8枚鱼雷，均被避开。随后轰炸机队开始对"约克敦"号俯冲投弹。一颗800磅炸弹击中了舰桥附近的飞行甲板。

鱼雷机队攻击"列克星敦"号时，运用了夹击战术，从舰首的两舷、15-70米高度、1000-1500米距离发射鱼雷。"列克星敦"号吨位大，转弯不灵活，被两枚鱼雷击中左舷，锅炉舱有3处进水。"列克星敦"号拼命规避鱼雷时，日军轰炸机队又开始攻击，"列克星敦"号被两颗炸弹命中。这场遭遇战只持续了13分钟。

"列克星敦"号被鱼雷和炸弹击中后，出现了7度横倾，但调整燃油后，恢复了平衡，继续接纳返航飞机着舰，并为战斗机加油，加强制空。但由于燃油泄漏，舰内发生爆炸，引起大火，火势迅速蔓延而无法控制。下午15时，舰长下令全体舰员离舰。17时许，"费尔普斯"号驱逐舰奉命对其发射5枚鱼雷，"列克星敦"号于17时56分沉没，降落到该舰的36架飞机也随之沉入大海。"约克敦"号虽然有轰炸机和鱼雷机27架、战斗机12架，但已入夜，弗莱切

正在燃烧的"飞龙"号航母，数小时后沉没

日本"加贺"号航母下沉

遂命撤离战场。

珊瑚海海战对美国、对太平洋战局、对世界海战史都具有深远的意义。尽管参加此次海战的军舰不算多，交战规模不算大，激烈程度也不算高，但珊瑚海海战是首次航母之间的战斗。以往的海战，都是双方军舰在较近距离用舰炮相互攻击。珊瑚海海战则不同，双方的军舰没有开炮或者发射鱼雷，也没有进入对方的视线之内，而是在上百海里以外，出动舰载机交锋。这样的交战，在世界海战史上尚属首次。这是航空技术与兵器发展的结果。

从战术得失看，美军被击沉大型航母"列克星敦"号、一艘油轮和一艘驱逐舰，损失66架飞机，死亡543人，"约克敦"号航母受伤；日军损失一艘轻型航母、77架飞机，死亡1074人，一艘航母受伤。

虽然日军损失的飞机和伤亡的人数多于美国，但他们以损失12000吨"祥凤"号和在图拉吉岛外围被击沉几艘小舰的较小代价，换取了击沉"尼奥肖"号、"西姆斯"号和33000吨大型航母"列克星敦"号的胜利。

然而，从战略角度看，美国赢了。正如尼米兹所说，这是"一个具有决定性深远意义的胜利"。珊瑚海海战挫败了日军南下控制珊瑚海和澳大利亚海上通道的战略计划；被击伤的"翔鹤"号航母需要修理，损伤惨重的"瑞鹤"号航母要重建，削弱了日军在后来不久的中途岛海战中的实力；也让日本海军不可战胜的神话第一次遭到破灭。

尼米兹曾打算让弗莱彻舰队留在珊瑚海，因为哈尔西正在迅速赶往珊瑚海，可以把"约克敦"号并入第 6 特混舰队。但他最终放弃了这一想法。他把目光投向了即将展开的中太平洋遭遇战。他命令"约克敦"号必须尽快修缮，以便以较完整的阵容投入新的决战；同时，命令潜艇部队对受伤返航的日军航母发动袭击；又向普吉特海峡海军船厂发报，敦促加速修复"萨拉托加"号，以备急需。

5 月 10 日，日军采取了军事示威行动，占领了大洋岛和瑙鲁岛，意在挽回珊瑚海战中所丢的面子。尼米兹将计就计，电令哈尔西赶赴东所罗门群岛 500 海里内的海域。让"大黄蜂"和"企业"号航母及第 16 特混舰队摆开阵势，意在迷惑日军，让其相信太平洋舰队的所有航母都已抵达南太平洋，从而牵制日军北上进攻的兵力。此招果然奏效，日军慌忙撤出所占岛屿，在南太平洋海域排兵布阵。至此，珊瑚海海战烟云消散，日美双方在表面平静中酝酿新的攻势。

一架俯冲轰炸机降落时偏离"大黄蜂"号甲板中线

28. 中途岛大海战：可以说是情报的胜利

中途岛海战于 1942 年 6 月 4 日展开，是第二次世界大战的一场重要战役。美国海军在此战役中成功击退了日本海军对中途环礁的攻击，得到了太平洋战区的主动权。此战也成为太平洋战区的转折点。

中途岛的面积虽然只有 4.7 平方千米，但特殊的地理位置决定了它战略地位的重要性。该岛距美国旧金山和日本横滨均 2800 海里，处于亚洲和北美之间的太平洋航线的中途，故名中途岛。它距珍珠港 1135 海里，是美国在中太平洋的重要军事基地和交通枢纽，也是美军在夏威夷的门户和前哨阵地。中途岛一旦失守，美军太平洋舰队的大本营珍珠港也将唇亡齿寒。

珊瑚海海战后仅一个月，日本就把中途岛拟定为下一个攻击目标。这不仅要报美军空袭东京的一箭之仇，还能打开夏威夷群岛的大门，防止美军从夏威夷方面出动并攻击日本。日本海军想借此机会将太平洋舰队残余的军舰引到中途岛一举歼灭。为此，日本海军几乎倾巢而出，发动二战中最大的战略进攻。但在珊瑚海海战中，"祥鹤"和"瑞鹤"号两艘航母受到重创，使联合舰队的实力受到严重影响。

日本发动太平洋战争后的 3 个多月里，先后占领了东自威克岛、

战火笼罩中途岛

190

马绍尔群岛，西至马来半岛、安达曼和尼科巴各岛，南至俾斯麦群岛地区，几乎控制了西太平洋。然而，日军联合舰队司令山本五十六大将并不甘心，竭力赞成联合舰队参谋长宇垣少将提出的进攻中途岛计划，认为若能占领该岛，既可将其作为日军空中巡逻的基地，威逼夏威夷，又可诱出美军舰队，在决战中予以歼灭。

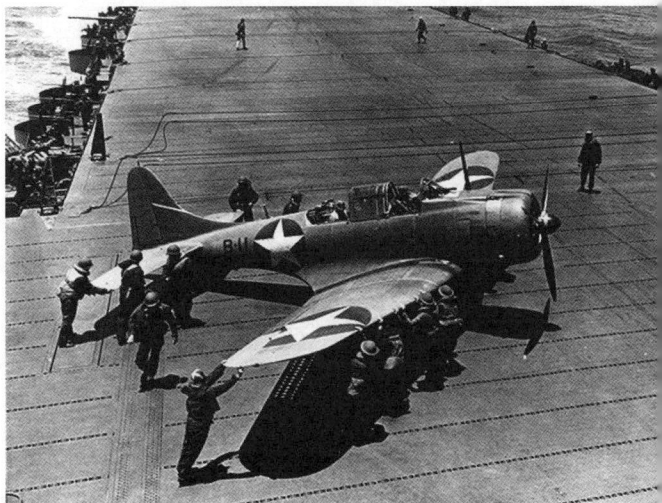

无畏式俯冲轰炸机准备起飞

珍珠港事件后，罗斯福总统决定由切斯特·尼米兹接替金梅尔出任太平洋舰队司令，他对尼米兹说："到珍珠港去收拾败局，然后留在那里，直到战争胜利。"尼米兹临危受命，到任后很快组织了有 4 艘航母及其护航舰的舰队。1942 年 4 月 18 日，从"大黄蜂"号航母起飞的 16 架 B-25 式轰炸机飞临东京上空，投下炸弹和燃烧弹后直飞中国。

这次空袭震动了日本朝野，刺激了山本要进攻中途岛的决心。在山本与海军高级将领着手研究进攻中途岛的具体作战计划时，1942 年 5 月 7 日，珊瑚海海战爆发。美军击沉了日军航母"祥凤"号，重创"翔鹤"号。珊瑚海海战对于阻止日本入侵澳大利亚起到了决定性作用，但也坚定了山本征服中途岛的

甲板上的野猫战斗机

零式战斗机

决心。他欲在中途岛建立一个机场，打击所有来自美军基地的船只。山本确定的作战方案是，先派遣一支舰队进攻美国控制的阿留申群岛，在该群岛的阿图岛、基斯卡岛登陆，以此为诱饵，分散美军舰队对中途岛的注意力，然后以主力舰队趁机夺占中途岛。

5 月 5 日，日本海军军令部发布了《大本营海军部第 18 号命令》，正式批准中途岛作战计划，并被命名为"米号作战"。作战日期定在 6 月初。

5 月上旬，美国海军情报局与英国和荷兰紧密合作，对日本海军主要通讯系统 JN-25 的破解取得了重大突破，由此窥探到日本海军的计划。

盟军从 JN-25 得悉"AF 方位"是日本海军下一个攻击目标，但无法破解 AF 的方位。美军将领有的认为 AF 是中途岛，有的则认为是阿留申群岛。正当美军将领伤脑筋时，一名年轻军官想到了一个能够确认 AF 是不是中途岛的妙计。他建议中途岛海军基地以无线电向珍珠港求救，说中途岛的饮水供应站出现了问题，中途岛面临缺水的危机。不久，美国海军情报局便截获了一则 JN-25 信息，内容果然提到了 AF 出现缺水问题。结果 AF 被证实为中途岛。

尼米兹掌握了日本舰队的可靠情报后，决定对阿留申群岛不采取任何行动，立即召回在太平洋西南方的"企业"和"大黄蜂"号航母以及正在珍珠港维修的"约克敦"号航母，任命雷蒙德·斯普鲁恩斯少将代替患病的哈尔西中将指挥第 16 特混编队。尼米兹以 3 艘航母为主力，另有约 50 艘支持舰艇，埋伏在中途岛东北方向，攻击前往中途岛的日本舰队。

约克敦号航母上的俯冲轰炸机尾部受损

美军一架轰炸机迫降在一艘巡洋舰边上，
驾驶员被救生艇救起

与此同时，参加珊瑚海海战的日军"瑞鹤"号航母在位于特鲁克的基地等待新的舰载机，受伤的"翔鹤"号则在基地进行维修。如果日本海军没有大意，以为美军只会派遣"企业"号及"大黄蜂"号两艘航母迎击"苍龙"、"飞龙"、"赤城"和"加贺"号的话，恐怕中途岛海战会有迥然不同的结局。

日本航母被击中

1942 年 6 月初，日军航母编队抵达中途岛附近海域，第一攻击波机群的 36 架俯冲轰炸机、36 架水平轰炸机和 36 架零式战斗机从 4 艘航母上起飞，在永友丈市海军大尉的率领下攻击中途岛。南云中将命令侦察机搜索东、南方向海域，第二攻击波飞机提到飞行甲板，准备迎击美军舰队。但是重巡洋舰"利根"号的两架侦察机因弹射器故障，起飞时间耽误了半个小时。"筑摩"号 1 架侦察机的任务是搜索美国特混舰队所在位置，但因引擎发生故障，中途返航，漏掉了美军特混舰队所在海域的搜索，给日军舰队埋下祸根。

在中途岛起飞的卡塔林娜式侦察机发现了日军航母，斯普鲁恩斯少将立即命令准备攻击日军航母。

日军舰载机向中途岛发动攻击。驻扎在中途岛的美军战斗机全部升空，美军轰炸机，包括了 B-17 型轰炸机也向日本舰队发动还击。

7 时，友永丈市大尉率第一攻击波机群准备返航前，向南云中将发出了需要进行第二次攻击的电报。

7 时 06 分，由战斗机、鱼雷机、俯冲轰炸机组成的 117 架战机，从斯普鲁恩斯少将的第 16 特混编队"大黄蜂"和"企业"号升空，奔向 200 海里外的南云舰队。

7 时 10 分，首批从中途岛起飞的 10 架美军鱼雷轰炸机出现在南云舰队的上空。美军飞机排成单行，扑向日军航母。在日军战机的截杀和军舰的猛烈炮火下，很快被击落了 7 架。友永的报告和美机的攻击，使南云中将相信中途岛的防御力量还很强，于是决定把原来准备用于对付美舰的飞机改为对中途岛进行第二次轰炸。此时，他仍然没有发现美军舰队。

7 时 15 分，南云下令"赤城"和"加贺"号把在甲板上已经装好鱼雷的飞机送下机库，换装对地攻击的高爆炸弹。

7 时 30 分，南云接到"利根"号延迟半小时起飞的 4 号侦察机发来的电报，在距中途岛约 240 海里的海面上发现 10 艘美国军舰。南云命其继续查明是否有航母，同时命令暂停对鱼雷机的换弹。就在南云等待侦

日本轰炸机击中"约克敦"号，浓烟腾起

察机的侦察结果时，空中再次响起了警报。40 余架从中途岛起飞的美军 B-17 轰炸机和俯冲轰炸机扑向南云的舰队。由于美军轰炸机没有战斗机护航，很快就被日军零式战斗机击退。

8 时 15 分，南云接到侦察机的报告：美军舰队里确实有航母。南云下令各舰停止装炸弹，重新改装鱼雷，日军航母的甲板上一片混乱，为了争取时间，卸下的炸弹，都堆放在甲板上。

8 时 30 分，空袭中途岛的第一攻击波机群返航，飞抵日军舰队上空，保护航母的战斗机也需要降落加油。南云进退维谷。第 2 航母战队司令山口海军少将建议，立即命令攻击部队起飞。但是，第二攻击波机群换装鱼雷还未完成，马上起飞进攻，也没有战斗机护航。而且甲板跑道被起飞的飞机占用，油箱已空的第一攻击波机群就会掉进海里。南云决定推迟攻击时间，先收回空袭中途岛和拦截美军轰炸机的飞机，重新组织进攻美军特混舰队。

8 时 37 分，返航的日机相继降落在 4 艘航母飞行甲板上。

8 时 40 分，35 架战机从"约克敦"号航母起飞。

9 时 18 分，日军所有飞机的作业完毕。南云命令舰队以 30 节的航速向东北方向的美军特混舰队靠近，以避开来自中途岛的美机攻击，准备全力进攻美军特混舰队。

9 时 20 分，掩护日军舰队的战斗机开始起飞。

9时25分，由"大黄蜂"号起飞的15架复仇者式鱼雷轰炸机编队发现了南云舰队，但他们的燃油即将耗尽，而且没有战斗机护航。在自杀式攻击中，被零式战斗机和高射炮火全部击落，30名飞行员仅1人生还。

9时30分，从"企业"和"约克敦"号起飞的28架美军战机陆续而来，向"苍龙"和"飞龙"号展开攻击。在攻击南云舰队时遭到重创，损失了20架鱼雷轰炸机，美机所投鱼雷竟无一命中。

负伤的水兵用绳索转移到另一艘军舰上

9时37分，接到"利根"4号侦察机于30分时发出的"燃料不足，我要返航"电报，阿部少将命令它留在原地，它说"我办不到"，于是允许返航。

10时，"苍龙"号的侦察机按"利根"4号机报告的错误方位，没能找到美国航母。

10时10分，兰斯马塞少校的"约克敦"第3俯冲轰炸机中队攻击"飞龙"号，担任掩护的6架F4F战斗机在琼·萨奇少校指挥下，第一次以"萨奇剪"战术面对15架零式战机，击落其中5架。但12架俯冲轰炸机中有10架被击落，剩下的也都在海上迫降。射向"飞龙"号的5枚鱼雷无一命中。

10时20分，日军战机在低空驱赶美军鱼雷机，南云舰队的上空出现了由麦克拉斯基少校率领从"企业"号起飞的33架无畏式俯冲轰炸机。此时，日舰正在掉头转到迎风方向，处于极易受攻击的境地，甲板上只停放着几架零式战斗机。

10时24分，第一架换班的防空日军战斗机飞离甲板时，"企业"号的33架无畏式俯冲轰炸机，分成两个中队分别攻击"赤城"和"加贺"号航母。随后，17架从"约克敦"号航母起飞的无畏式俯冲轰炸机攻击"苍龙"号航母。日军的3艘航母顿时变成3团火球，甲板上的飞机以及燃料、弹药引起大爆炸，火光直冲云霄，短短的5分钟，日本3艘航母被彻底炸毁。

10时40分，接替指挥空中作战的第2航空战队司令官山口多闻少将发动

正在下沉的"约克敦"号航母

反击。18 架九九式俯冲轰炸机和 6 架零式战斗机组成的攻击编队,从"飞龙"号航母起飞。飞向目标途中发现一批返航的美军轰炸机,便悄悄尾随,找到了"约克敦"号,并立即发动攻击。"约克敦"号被 3 颗炸弹击中,遭到破坏,但在美军船员的极力抢修下,恢复航行功能。

11 时 30 分,南云及幕僚转移到"长良"号巡洋舰,集合残余舰队。

13 时 40 分,从"飞龙"号起飞的 10 架九七式鱼雷攻击机和 6 架零式战斗机,对受伤的"约克敦"号发起了第二次攻击。"约克敦"号被两枚鱼雷击中,左舷掀开两个大洞,并把舰舵轧住了。弗莱彻少将被迫转移到巡洋舰,将指挥权移交给斯普鲁恩斯少将。

14 时 45 分,美军侦察机发现"飞龙"号航母,斯普鲁恩斯立即命令"企业"和"大黄蜂"号航母的 30 架俯冲轰炸机攻击。

15 时,美军"约克敦"号舰长巴克马斯特下令弃舰。但"约克敦"却没有沉没。美军又回到舰上,试图用拖船拖向珍珠港。

16 时 45 分,"企业"号航母的俯冲轰炸机攻击日军的"飞龙"号。"飞龙"号中弹后燃起一片火海。

19 时 13 分,"苍龙"与"加贺"号先后沉没。

20 时 30 分,山本五十六命令伊 -168 潜艇向中途岛机场炮击。

22 时 50 分,南云报告:美军还有航母 4 艘,我方航母全灭。

6 月 5 日 2 时 55 分,山本五十六否决首席参谋黑岛大佐提出的集中全部舰只在白天轰炸并登陆中途岛的挽回败局的方案,下令:"取消中途岛的占领行动。"并表示"所有责任由我一个人来担当,我回去向天皇陛下请罪。"他把自己关进会客室,一连 3 天拒绝会见部下。

3 时 50 分,南云收到山本击沉"赤城"号的命令。

5 时,抢救失败的"赤城"号航母被日军发射的鱼雷击沉。

5 时 10 分,无法挽救的"飞龙"号航母被日军驱逐舰发射的鱼雷击沉。第 2 航空战队司令山口多闻和舰长加来止男选择与舰共沉,部分被大火困于船舱底部的船员从鱼雷击穿的洞口逃生获救。

此日，美军派出多波战机追击日军军舰，但均未发现山本的主力舰队。

6月6日3时45分，日军两艘重巡洋舰"最上"和"三隈"号在浓雾中互撞，"最上"号重创。"三隈"号及另两艘驱逐舰留下护航。

8时05分，由中途岛起飞的12架陆战队轰炸机追击"三隈"及"最上"号。"三隈"被击沉，被重创的"最上"则逃过美军轰炸，返回特鲁克岛基地。美军接着试图追击早在数小时前沉没的"飞龙"号，但只找到了"谷风"号驱逐舰。双方也无任何战果。

6月7日13时，日军伊–168潜艇发现"约克敦"号，随即发射4枚鱼雷，两枚命中"约克敦"号，1枚命中护航的"哈曼"号驱逐舰，"哈曼"号驱逐舰随即沉没，"约克敦"号飘浮到第二天中午沉入海底。被攻击时，美军有6艘驱逐舰曾试图反击伊–168，但伊–168最终安全撤离。至此，中途岛之战宣告结束。

在中途岛战役中，美军损失1艘航母、1艘驱逐舰和147架飞机，阵亡307人；而日军损失了4艘大型航母、1艘巡洋舰、332架飞机，几百名飞行员和3700名舰员阵亡。

中途岛海战改变了太平洋日美航母实力对比。从此日本在太平洋战场开始丧失战略主动权。为掩饰惨败，日本电台宣称，日本已"成为太平洋上的最强国"。当舰队回到驻地时，东京竟举行灯笼游行，庆祝胜利。美国海军首脑事后评价："中途岛战斗是日本海军350年以来的第一次决定性的败仗。它结束了日本的长期攻势，恢复了太平洋海军力量的均势。"美国海军历史学家塞缪尔·莫里森把美国海军在中途岛海战中的胜利称之为"情报的胜利"。美国海军提前发觉日本海军的计划，是中途岛大战取胜的最主要原因。

中途岛上的海军油料库被炸弹击中

29.阿拉曼：蒙哥马利对决隆美尔

英军在北非击败意大利军队后，转战希腊，继续打击意军。1940年12月9日，北非的英军4个师和两个旅在埃及、利比亚边界再次击溃意军，推进800余千米。至翌年2月11日前，英军已进抵阿盖拉、马拉达以东一线，转入防御。

1941年初，德军统帅部将德军1个坦克师、1个轻步兵师组成一支"非洲装甲军团"派往北非，司令为埃尔温·尤根·隆美尔。

北非是地中海的南岸。盟国判断，德军进入北非，不仅是给墨索里尼帮忙，也是为了进入中东，打开与日军会师的通道。

希特勒决定从意大利人手中接管北非。1941年隆美尔上阵了

1941年2月11日，隆美尔奉希特勒之命到北非后，立即对前线地区做了侦察，他认为"最好的防御就是进攻"。1941年2月16日，他正式接管前线指挥权。2月末，德军攻占恩努菲利亚。3月，利用英军调防的时机，采取大胆行动，把数量不多的德军和意军组成混合纵队，从塞尔提向穆尔祖赫发起进攻，向前挺进450英里，给英军以意外打击。

9 天后，隆美尔以 3 个德国师、两个意大利军和 320 辆坦克攻占艾阿格海拉地区的要塞、水源和机场，占领马萨布莱加，把英军逼到阿吉达比亚地区并攻占阿吉达比亚。隆美尔不顾意大利最高统帅部阻止，继续前进，攻陷梅希里，使整个巴尔赛高原陷入德军之手。英军只剩下一支被围困在托卜鲁克的部队。

1941 年 11 月 18 日，英军展开"十字军战士"战役，投入 6 个师、5 个旅，11.8 万人，924 辆坦克，1072 架飞机，司令为坎宁安将军，以粉碎当面德军集团，解救被围困在托卜鲁克守军和解放利比亚东部的昔兰尼加。在两个月战斗中英军推进 800 千米，但未能歼灭驻北非德意军队。

1942 年 3 月 31 日，意德军队两个坦克师、1 个步兵师进攻英军两个已被削弱的师和 1 个旅。德意军队前出利比亚、埃及边界，攻占塞卢姆。英军在两星期内退到埃及边界。

隆美尔原指望在得到增援后进攻开罗，但德国正准备进犯苏联，他没有得到补充兵力。这使英军免于彻底失败，失掉埃及和苏伊士运河。至 4 月 16 日前，北非的战线便在利比亚和埃及边界附近稳定下来。

1942 年初，德军利用英军的分散和未做好防御准备，变更兵力部署，于 1 月 21 日发动反攻。至 1942 年 2 月 8 日前，德意军队推进达 600 千米，战线在此一直稳定到 5 月底。德意军队（7 个意大利师，3 个德国师，约 13 万人，610 辆坦克，600 架飞机）再度对英第 8 集团军（5 个师，3 个旅，约 13 万人，1270 辆坦克，604 架飞机）发动进攻，以便夺取埃及，并向近东突进。

德意军队于 6 月 11 日前攻占英军各支撑点前沿线，围攻托卜鲁克，尽管有大量武器和粮食储备，但 30000 多名守军，包括名将奥康诺仍然选择了投降。德意军队推进 600 千米后，逼近英军在埃及境内阿拉曼附近的阵地，企图在 7 月初发动进攻，但未得逞。此前，由于英美就共同实施北非战局达成协议，美军统帅部开始对驻非洲英军提供军事技术装备援助。

1942 年 6 月，"沙漠之狐"

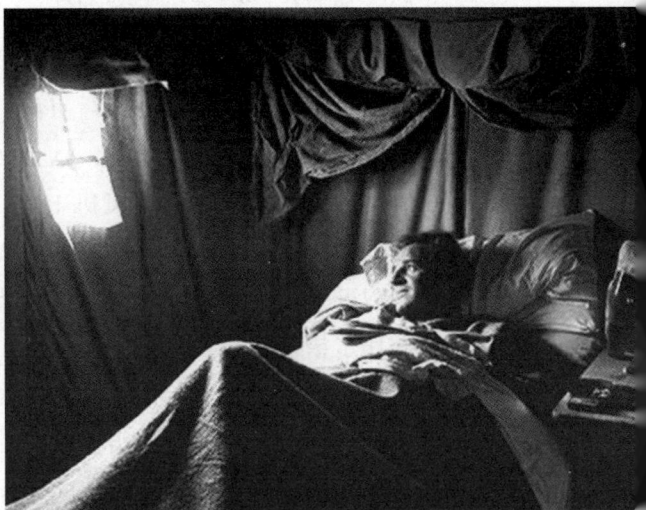

沙漠中的英军医院

皇家地中海舰队击沉意大利巡洋舰

隆美尔对北非英军发起进攻。奥金莱克的英国第 8 军团败退。7 月初，德军逼近距亚历山大港仅 160 千米的阿拉曼。丘吉尔清楚，如果德军突破阿拉曼防线，冲入埃及，占据苏伊士运河，德意两国舰艇就可以自由出入红海，渗入印度洋。这样，纳粹德国与日本会师的计划将会成为现实。丘吉尔命令奥金莱克必须死守阿拉曼防线。可是，这位被隆美尔打怕了的英国将军已经丧失了在军中的威望。

无奈，丘吉尔决定任命新的北非英军指挥官，以重振士气。8 月 4 日，他飞抵开罗解除了奥金莱克的指挥权，任命戈特将军接任第 8 军团司令。戈特临危受命，不幸的是，在飞赴开罗途中，遭到敌机拦截，折戟地中海。丘吉尔不得不再选择一位能够与隆美尔抗衡的指挥官，经反复权衡，目光投向了崭露头角的陆军中将蒙哥马利。就这样，蒙哥马利被任命为阿拉曼战役指挥官。

蒙哥马利来到了阿拉曼前线，部队低落的士气使他意识到自己肩负的重担。当晚，他召集英军高级军官训话："我不喜欢这儿的气氛。这是一种怀疑的气氛，是对击败隆美尔失去信心的气氛，我决不后退。我将在此战斗。我打算在阿拉曼献身。"蒙哥马利的话扭转了英军将士的悲观情绪。

蒙哥马利的英军第 8 集团军，辖 10 个师和 4 个独立旅，总兵力 23 万人，坦克 1440 辆，火炮 2311 门，飞机 1500 架。战役目标是钳制左翼德军，由阿拉曼西南地域向西迪哈米德方向实施主要突击，将德意滨海集团压迫至沿海一带，并予以歼灭。英军巧妙进行战役伪装，使德军对英军主要突击方向和战役发起时间作了错误判断。

蒙哥马利与隆美尔有相似之处，性格孤僻，专横傲慢，听命于别人时，像难以驾驭的烈马，而获得全部指挥权时，头脑清醒，有独到见解。两个人都喜欢体育，都不抽烟、不喝烈性酒，注重保持身体健康，都注意培养与军政要人的友谊。

隆美尔喜欢戴那顶带有风镜的帽子，蒙哥马利也戴着一顶镶着团队徽章的澳洲丛林帽，来显示自己的与众不同。另外，这两个人都喜欢挑选出类拔萃、年轻英俊的军官组成自己的参谋队伍。在战术方面，隆美尔擅长于运动战，而蒙哥马利从来就不是横扫千里的运动战专家。在阵地战中，他比隆美尔技高一筹。在情报获取上，隆美尔更是无法和蒙哥马利相比。

英国第 8 集团军司令伯纳德·蒙哥马利

隆美尔失去无线电侦听连后，获得的英军情报越来越少。英国情报机构为使德军产生错觉，用大量极易破译的情报暗示德军：意大利人在不断泄露情报。隆美尔对此深信不疑，加深了对意军的鄙视。而英国谍报机构却向蒙哥马利提供了大量侦破的德军情报，隆美尔对此却一无所知。一位德国军事评论家战后评论说："隆美尔就像被蒙上了双眼在和蒙哥马利决斗。"

蒙哥马利和隆美尔同样清楚，机械化战争的胜负在很大程度上取决于后勤供应。二人都强烈要求统帅部尽最大可能向非洲战场运送更多的作战人员和武器装备。英国的海上力量本来就强，加上在地中海中有马耳他岛作为中转基地，英军舰队逐渐控制了地中海，不仅遏制了从意大利通往北非的航道，也为英军运来大量武器装备，第 8 集团军的实力与日俱增。而德国向隆美尔运送军需物资则越来越困难。

1942 年 7 月，非洲装甲军团在隆美尔率领下深入埃及，威胁着英联邦军队跨苏伊士运河补给线。在德军补给线拉得太长且缺乏支援，而盟军大批援军即将到来的情况下，隆美尔决定向盟军发起进攻，尽管当时他的部队还没有集结完毕。

8 月 31 日，隆美尔调集 200 辆坦克向阿拉姆哈勒法一带的英军防线发动猛烈攻击。蒙哥马利料定隆美尔将会在这里发动进攻，已有充分准备。德军坦克攻上来后，蒙哥马利组织皇家空军狂轰滥炸，德军坦克一辆辆被炸，使战壕里的英军士兵信心大增，以密集火力击退了德军进攻。经过一周鏖战。隆美尔

隆美尔视察德军第 15 装甲师

被迫停止进攻。"沙漠之狐"感到遇上了真正的对手。

击败有沙漠作战经验的隆美尔，对蒙哥马利来说并不是件轻松事。他发现隆美尔把装甲力量几乎全部集中到了北面通道正面，对此，蒙哥马利制定了一个大胆的行动计划：在南面实施佯攻，在北面实施主攻，争取一举歼灭德军主力。

为了让隆美尔相信英军从南面发动进攻，蒙哥马利组织了专门用来欺骗的 A 部队，成员有银行家、药剂师、魔术师、剧作家、艺术家、情报人员和大学讲师，这批人有惊人的伪装欺骗能力，制作了大量模拟坦克、火炮和军用物资，故意暴露给德军情报人员侦察和拍照。为了让"演出"逼真，A 部队铺设了长达 30 千米的模拟输油管，修筑了与输油管平行的模拟铁路，并在沿途建立供水站。隆美尔预料到英军极有可能从北面发起进攻，但接到情报人员报告后，不得不关注南面的动向，始终不敢下定决心把兵力集中到北面的对决中，这样一来就落入了蒙哥马利设的圈套。

在"轻足行动"中，蒙哥马利计划用两支突击队穿越德军在北部布设的雷场，之后装甲部队经过这里去打击德军装甲部队。同时组织部队在南方佯攻，这样剩余的轴心国部队就不会北上增援。蒙哥马利计划用 12 天的时间分"闯入，混战，击败"三步取胜。

第一阶段进攻的计划是：4 个步兵师推进到一个叫"酢浆草线"的地方，摧毁德意军队外部防线。与此同时，工兵在雷区中清除地雷并划出安全通道，装甲师从这里经过后，推进到"苍蔷鬼线"，还可夺取"皮尔逊线"，并做暂时停留。这两条线都位于德意军队防区深处。在战役发生几个月前，英军使用了欺骗战术，以使轴心国军在开战时措手不及。欺骗战术的代号为"柏特来姆行动"。9 月，英军在北部倾倒了一些废弃物品，并将它们伪装起来，使它们看上去就像弹药库和粮仓。轴心国军很快发现了它们，但一段时间之后，英军没有发起大规模攻击，那些"弹药库"和"粮仓"的位置也原封不动，于是轴心国军也就没再注意。这就为英军在夜里把废弃物换成真正的弹药库、油罐和粮仓提供了方便。同时，盟军开始建造一条假输油管，以使轴心国军认为战役将在盟军计划的时间开始，而地点会在南方。为了进一步迷惑敌人，盟军在南方用胶合板覆盖住吉普车，使之看起来像坦克，而北方的坦克也被盖上了胶合板，看起来像运输队。

开战前夕，经过阿拉穆·哈尔发一战，轴心国军队损失惨重，德军和意军士兵都很疲惫，而且只能靠缴获的盟军给养维持生活。8月，隆美尔的部队在人员和装备上仍然有优势。但在此后，英联邦军队从英国、印度和澳大利亚得到大批人员和装备的补充，并从美国获得坦克和卡车，而隆美尔的部队没有得到任何支援，优势很快就失去了。他一直在向国内请求支援，但是当时苏联的顽强抵抗使德国的注意力都集中在了东线战场，只有很少量的支援到达了北非。

德军布设了50多万颗地雷，主要是反坦克雷，还混有人员杀伤雷。隆美尔将两个德军装甲师和一个摩托化步兵师，还有一支意大利部队交替部署在前线。盟军的欺骗战术使轴心国不清楚会在哪里发起攻击，因此隆美尔不得不在整个前线都部署军队。这就延长了集中兵力抵抗英军进攻的时间，也消耗了大量油料，而这正是隆美尔所缺乏的。

1942年10月23日，由蒙哥马利指挥的阿拉曼战役，在1000多门大炮的轰鸣声中拉开了序幕。英军多处出击，以佯攻配合主攻，使德军摸不着作战意图。10月24日下午6时，轴心国装甲部队反击。10月25日晚，盟军试图冲破防线。

澳大利亚军队在坦克后排成散兵线

10 月 25 日下午，轴心国军反攻，被澳大利亚第 9 旅袭击。10 月 25 日晚至 26 日凌晨，盟军从 3 个方向进攻。

"轻足行动"在 882 门火炮的连续炮击声中拉开了序幕，每门炮都发射了大约 600 发炮弹，共有 125 吨炮弹落到了敌人阵地上。

"轻足行动"的意思是，首先出动步兵，因体重轻，不会触发反坦克地雷，所以叫"轻足"。步兵向前推进的同时，工兵为随后的装甲部队开辟通道。通道有 24 英尺宽，刚好能让坦克以一路纵队前进。工兵要在"恶魔的花园"（轴心国布设的反坦克地雷的代号）中开辟 5 英里长的通道。这个任务很艰巨。由于轴心国雷场面积很大，此项行动失败了。

英国第 13 军团在南部佯攻，与德军第 21 装甲师和意军阿利埃特装甲师交火。与此同时，北部的英军第 30 军团在德军雷场中为第 10 军团的装甲师开辟道路。晚 10 点，第 30 军团的步兵开始推进。目标是一条假想线，德军在这条线上投入大批部队。当步兵前进到第一片雷场时，工兵开始为装甲部队开辟通道。第二天凌晨两点，第一批 500 辆坦克开始推进。凌晨 4 点，领头的坦克进入雷场，卷起了太多的尘土以至于根本就没有能见度，堵塞的情况开始变得越来越严重。

10 月 24 日早晨对于德军指挥部来说是场灾难。盟军的炮击切断了轴心国军队的通讯，更糟的是，10 月 23 日，代理隆美尔指挥的施图姆将军在外出途中遭英军伏击，从车上摔下来，心脏病发作而死。远在奥地利阿尔卑斯山上养病的隆美尔接到希特勒的电话，要求他立即返回北非前线。

上午，德军装甲部队开始攻击英军第 51 师。直到下午 4 点进展不大。傍晚，德军第 15 装甲师和意军里特瑞奥装甲师从基德尼山脊出发迎击澳大利亚装甲部队。阿

澳大利亚的轻型坦克在埃及沙漠中

拉曼战役中的第一次坦克会战就此开始。双方共投入了 100 多辆坦克，到了晚上，有半数坦克被击毁，而双方仍在僵持。

澳军装甲部队与德军装甲部队战斗时，英军第 51 师正在阿拉曼战役中的第一次步兵与坦克之间的战斗中抵抗着德军装甲部队进攻。这场战斗持续了两天，英军付出极大伤亡，但他们最终夺取了基德尼山脊。

10 月 25 日，双方持续战斗。盟军穿越了西部雷场，准备发动突袭。当盟军推进到米特里亚山脊时，轴心国士兵已钻进事先挖好的战壕。战斗进入僵持阶段。蒙哥马利命令部队结束在南部的战斗，撤出米特里亚山脊向北移动。此后整个战役集中在基德尼山脊和泰尔阿尔艾萨，直到僵局打破。

10 月 25 日清早，德军第 15 装甲师和意军里特瑞奥装甲师发动进攻，竭尽全力寻找薄弱环节，但一无所获。日落时，盟军步兵开始进攻。午夜时分，英军第 51 师发动了 3 次进攻，但是没人知道战斗发生的具体地点。轴心国军队歼灭英军 500 多名，只剩下一名指挥官。

美军投入的谢尔曼坦克

印度军队路过埃及金字塔

英军第 51 师在基德尼山脊战斗时，澳军在进攻"第 29 点"，这是位于泰尔阿尔－艾萨西南部一座 20 英尺高的小山，有德军观察哨所，当天早晨被蒙哥马利确定为重点攻击目标。随后发生在这里的战斗进入了白热化。澳军第 26 旅于午夜发起进攻，飞机扔下了 115 吨炸弹，随后盟军占领了这个小山并抓获了 240 名俘虏。接下来的一星期里战斗仍然在进行，德军要夺回这个对其防线至关重要的小山。

英军的一处机枪阵地

10月26日，隆美尔回到北非后立即开始评估战役形势。他发现意军特兰托师损失了一半步兵，第164轻装师损失了两个营，大部分部队经过了高强度的战斗。而且部队只剩下一半口粮，很多士兵生了病，剩余的油料仅够用3天。

德军抵挡住盟军的进攻。下午3点，德军在泰尔阿尔－艾萨向"第29点"发起反击。隆美尔下定决心要夺回它，命令所有位于基德尼山脊周边的坦克全部移动到战场周围。德军第21装甲师与意军阿利埃特装甲师沿着拉赫曼小道向战场聚集。隆美尔的决定是错误的。英军一直坚守着阵地，德军久攻不下，又因油料缺乏而无法撤退，只能滞留在一片开阔地上，任由盟军飞机打击。

但是在基德尼，英军却没能打败留守在这里的德军，尽管坦克部队被调到泰尔阿尔－艾萨。英军的每次进攻都被反坦克炮击退了。英军的一个好消息是，英国皇家空军的蒲福式鱼雷轰炸机在托卜鲁克击沉了一艘油轮，这是隆美尔的部队得到补给的最后希望。

10月27日。战役围绕泰尔阿尔－阿恰其尔和基德尼山脊进行。英军第1装甲师步枪团第2营正位于基德尼西南方一个代号为"狙击"的地点。"狙击"战斗是阿拉曼战役中的传奇故事。菲力普在《阿拉曼》的书中写道："炽热的沙漠在抖动着。士兵们躲在战壕中，从他们满是尘土的脸上流下来的汗汇成了河。空气中弥漫着一股恶臭。一群群苍蝇像乌云一样盘旋在尸体与粪堆上空，折磨着伤员。战场上布满了燃烧着的坦克与运兵车，还有损坏的枪炮与车辆。当枪炮中的高爆炸药爆炸时，烟雾与尘土便向四处飘散。"迫击炮与榴弹炮的炮弹呼啸了一整天。大约在下午4点时，英军坦克误击友军，造成重大伤亡。下午5点，隆美尔命令德军与意军坦克向"狙击"发起进攻。在只有4门反坦克炮可用的情况下，步枪团击毁了来犯的德军第21装甲师40辆坦克中的37辆。其余3辆撤退了，但德军又发起了新一波攻击。这回他们被打得只剩下了9辆坦克。步枪团只剩3门反坦克炮，每门炮只剩3发炮弹，但是德军放弃了进攻。

10 月 28 日至 29 日。澳大利亚第 9 师向泰尔阿尔 – 艾萨西北推进，目标是推进到铁路南方一处名为"汤普森的岗哨"的据点，并突破防线推进到沿海公路。那天结束时，英军还有 800 辆坦克，轴心国还有 148 辆德国坦克及 187 辆意大利坦克。得知"路易西亚诺"号油轮沉没的消息，隆美尔对他的下级军官们说："对我们来说，撤退是不可能了。因为我们没有足够的油料。现在我们只有一个选择，就是在阿拉曼战斗到底。"

10 月 30 日至 11 月 1 日。30 日夜，澳大利亚第 9 师仍在进攻，最终到达沿海公路。31 日，隆美尔命令向已被盟军占领的"汤普森的岗哨"发动报复性进攻。战斗异常激烈，经常出现短兵相接的情况，即使这样，轴心国也没能夺回任何土地。11 月 1 日，隆美尔尝试着将澳大利亚军队赶走，但战斗给他的部队带来的只有人员和武器装备的损失。对隆美尔来说，失败显而易见了，开始计划撤退，随大部队撤到富卡，一个在原地点以西几英里的地方。具有讽刺意味的是，就在这时，1200 吨油料被送到隆美尔那里，但是再想反击已经为时太晚，这些油料只能白白烧掉。

增压行动的战役开始于 1942 年 11 月 2 日凌晨 1 点，目标为消灭敌军装甲部队，迫使敌人在开阔地上作战，消耗轴心国军队的油料储备，切断敌军补给路线，最终瓦解敌军。增压行动是战役开始以来最紧张，最血腥的阶段。这个行动的目标为攻占泰尔阿尔 – 阿恰齐尔，轴心国最后一道防线。这次进攻以空军连续 7 小时对泰尔阿尔 – 阿恰齐尔和希迪阿巴德阿尔 – 拉赫曼的轰炸拉开了序幕，在此之后是 360 门炮连续 4 个半小时的炮轰，它们一共打出了 15000 发炮弹。增压行动最初的攻击任务落到了新西兰军队身上（尽管用于进攻的步兵是英军步兵师中的两个旅，而用于进攻的装甲部队为新西兰师中的英军第 9 装甲旅）。新西兰军队的指挥官弗雷伯格本不想让他的部队执行这个任务，因为他的部队已经精疲力竭了，但是上级没有

英军在埃及港口卸载坦克

隆美尔手下的王牌飞行员马尔赛尤

答应，于是在这个 11 月中的寒冷夜晚，新西兰军队出发了。

步兵完成了任务，但是就像战役第一天的"轻足行动"一样，直到第二天早晨，工兵才在雷场中开辟了安全通道。因此第 9 装甲旅无法借着夜色掩护去攻击敌军。11 月 2 日破晓时分，德国 88 毫米炮击中了一辆又一辆的英军坦克。第 9 旅没能完成任务。实际上，他们有 75% 的人员伤亡，128 辆坦克中有 102 辆被击毁。但是，他们在防线中打开一个缺口。第 10 军团中由雷蒙德·布里格斯率领的英军第 1 装甲师可以与敌人战斗了。正午时分，120 辆意大利和德国坦克开始出发，目标是打赢阿拉曼战役中规模最大，也是最后的一场坦克大战：阿恰齐尔山脊之战。这场战斗持续了一整天。

"沙漠在热浪中抖动。只能被看作一个被高爆炸药爆炸产生的尘土笼罩的地方，一个被燃烧的坦克和卡车产生的烟弄得昏暗的地方，一个被无数枪支的火光照亮的地方，一个红色绿色和白色曳光弹满天飞的地方，一个在轰炸中震颤的地方，和一个被双方的炮火弄得震耳欲聋的地方。"

这次坦克大战的结果被后人称作"彻底击败了德国坦克"。尽管双方损失了大约同样多的坦克，但是这个数量对于英军来说只是一小部分，对于隆美尔来说则几乎是全军覆没。

隆美尔将在南方的意军阿利埃特装甲师调到泰尔阿尔 – 阿恰齐尔协助德军最后的防御。当天夜晚，轴心国部队只剩下 32 辆坦克在前线。就在非洲军团于阿恰齐尔作最后的斗争时，隆美尔开始向富卡撤退了。

隆美尔向希特勒发报说部队已不堪一击，准备撤退。希特勒让他多坚持一下。冯·托马告诉隆美尔说："我现在就在战场周边。第 15 装甲师只剩 10 辆坦克，第 21 装甲师剩下 14 辆，里特瑞奥装甲师还有 17 辆。"隆美尔给他看了希特勒的电报，于是他留了下来，继续指挥非洲军团。

冯·托马与几乎被歼灭的第 15 和第 21 装甲师并肩作战，迎击英军 150 辆坦克。他坐在指挥坦克指挥，直到最后一辆坦克被摧毁。最后，他独自站在自己那辆燃烧着的坦克旁边，那个地方后来被称为"德国坦克坟场"。

11月4日，战役中最后的战斗开始了。英军第1、第7及第10装甲师穿越了德军防线，正在开阔的沙漠行驶着。轴心国部队正在撤退。这一天，意军的阿利埃特装甲师、里特瑞奥装甲师和特利埃斯特摩托化师全军覆没。在这次战役中，隆美尔损失了12000人和350辆坦克，只剩下80辆坦克可以用。盟军的损失也很惨：23500人伤亡或失踪，这是第8军团步兵人数的1/4。道格拉斯·温伯利向第9装甲旅的约翰·居里询问哪些是他剩余的部队，他指着12辆坦克说："他们是我剩余的装甲部队。"

11月2日，蒙哥马利组织指挥120多辆坦克，对德军的最后一道反坦克阵地发动猛烈进攻。在损失114辆坦克后，英军终于将德军的反坦克阵地彻底摧毁。这样一来，英军就为发动全面进攻开辟了通道。经此一搏，隆美尔只剩30辆坦克了，蒙哥马利手上却仍握有600辆坦克的强大攻击力量。

隆美尔彻底失望了。他策划后撤时，11月3日接到希特勒要他不惜一切代价死守、绝不能后退的命令。为避免受到希特勒的严厉制裁，隆美尔只好暂时放弃了后撤计划，传达命令坚守阿拉曼，指望能够出现奇迹。

对于隆美尔的命令实行撤退行动时，希特勒来电严令坚守，不得后退。隆美尔准备服从命令；但副手冯·托马将军说："希特勒的命令是愚蠢的、荒谬的，我再也不能执行这种命令了。"他随后换上干净制服，挂上军阶标志和勋章，站在他那辆已燃起熊熊大火的坦克旁，直到英军前来接受他的投降。当晚，他已经坐在蒙哥马利的司令部里与这位英军名将共进晚餐了。

防线已经被撕开了12英里宽的缺口。隆美尔说："如果我们还停留在这里的话，我的部队连3天也坚持不了。如果我执行元首的命令，那么我的部队可能拒绝服从我，我的部队是第一位的！"

英军向纵深推进了8千米，控制了阿拉曼北部，眼看就要完成对德军的包围。隆美

战壕中的英军

没有任何遮掩的开阔地

阿拉曼战场的德军坦克

尔顾不上元首的命令了，决心撤退。

接到撤退命令后，早就想逃命的德国官兵争先恐后挤进各种运输车辆，向西逃窜。蒙哥马利指挥英军一路穷追猛打，由于担心隆美尔惯用的"回马枪"，蒙哥马利行动谨慎，结果没能完成对德军的包围。

11月6日，天降大雨，道路泥泞不堪，英军大量坦克和装甲车顿时陷入泥潭。隆美尔见状命令德军扔掉武器装备，得以轻装逃脱。11月7日，蒙哥马利下令停止追击。至此，阿拉曼战役以英国的最后胜利而告终。

消息传到伦敦，举国欢腾。丘吉尔下令敲响自德国袭击英国以来从未敲响的教堂钟声，让全英国人都记住这个伟大的日子。

阿拉曼战役结束，德军4个精锐师、意军8个师被歼，伤亡20000人，被俘30000人，损失坦克450辆、大炮数千门。英军伤亡13500人，损失坦克500辆、大炮400门。此次战役，英军以其海空优势，封锁和破坏对方后勤补给线，使德军难于在沙漠地区机动兵力和持久作战。

阿拉曼战役是盟军打赢的第一次大战役。丘吉尔在1942年11月10日发表对这场战役的著名评论："这场战役不是战争的结束，甚至不是战争结束阶段的开始，而可能是战争开始阶段的结束。"这是蒙哥马利最光荣的成就，他被授予爵位时获得了"阿拉曼的蒙哥马利子爵"称号。

阿拉曼战役是盟军在北非的一次决定性战役，盟军此后在北非的战斗中节节胜利。丘吉尔在回忆录中概括道："在阿拉曼战役之前，我们从未获胜过；在阿拉曼战役之后，我们从未失败过。"

30. 天王星计划：斯大林格勒大血战

斯大林格勒战役（1942 年 7 月 17 日至 1943 年 2 月 2 日）是纳粹德国争夺苏联南部城市斯大林格勒进行的战役，是二战东部战线的转折点。该战役是近代历史上最血腥的战役，双方伤亡约 200 万人，参与该战役的人数也比历史上的其他战役多，更以双方无视军人与平民分别而造成的伤亡著称。

1941 年，德军占领乌克兰后，斯大林格勒成为苏联中央地区通往南方重要经济区域的唯一交通咽喉。如果德军占领这一地区，苏联就会失去战争所需要的石油、粮食和重要的工业基础，而德国此时也迫切需要这些资源。希特勒曾对第 6 集团军司令保卢斯将军说："如果我拿不到迈科普和格罗兹尼的石油，那么我就必须结束这场战争。"

1942 年 5 月 8 日，曼施坦因指挥德军在克里米亚发起攻势，占领刻赤半岛，俘虏苏军 17 万人。7 月 4 日，守卫塞瓦斯托波尔要塞的近 10 万苏军向德军投降。5 月 12 日，刻赤半岛激战之际，铁木辛哥元帅指挥西南方面军和南方面军约 45 个师，分别从哈尔科夫东北和东南方向哈尔科夫进攻，3 昼夜内前

德军进入苏联国土纵深

211

德军逐渐逼近斯大林格勒

进了 25-50 千米。然而在 5 月 17 日,德军克莱斯特第 1 装甲集团军在两个集团军支援下,从哈尔科夫南面向苏军侧翼发起反攻,于 5 月 23 日合围了南方面军的第 9、第 57 集团军、西南方面军的第 6 集团军和博布金战役集群。至 5 月 29 日,被围苏军大部被歼。苏军西南方面军副司令员科斯坚科中将、第 57 集团军司令员波德拉斯中将、第 9 集团军司令员戈罗德扬尼斯中将、战役集群司令员博布金少将阵亡。苏军 25 万人被俘,损失坦克 1249 辆,火炮 2026 门。

哈尔科夫战役拉开了斯大林格勒会战的序幕。德军在克里木和哈尔科夫的胜利使苏联来之不易的预备队消耗殆尽,南翼受到严重削弱,德军重新夺回部分战略主动权,暂时处于优势地位。德军夺取了巴尔文科沃突出部,为即将发动的攻势占据了有利的进攻出发阵地。

1942 年 6 月 28 日,德军 B 集团军群左翼霍特第 4 装甲集团军和魏克斯第 2 集团军突然从库尔斯克东北向东攻击,目标直指顿河上游的沃罗涅日。6 月 30 日,右翼保卢斯第 6 集团军也从哈尔科夫东北发起进攻,突破第 21 和 28 集团军防御。苏军在沃罗涅日方向上的所有方面军的预备队都投入了作战,最高统帅部还抽调第 6、第 60 集团军和坦克第 5 集团军加强布良斯克方面军。随着预备队不断投入,沃罗涅日方面局势稍有缓和,但没有消除德军突破顿河以及沿顿河向斯大林格勒方面突击的风险。

德军的进攻使苏军在空旷的草原上很难进行有效抵抗,后撤达 100 至 300 千米,顿河及顿巴斯盆地最富饶的地区均落入德军之手。第 6 集团军在战役初期取得的战果使希特勒再次改变了计划。他认为攻占斯大林格勒无需那么多兵力,遂于 17 日命令霍特第 4 装甲集团军从斯大林格勒方向南下,转隶 A 集团军群,以支援克莱斯特第 1 装甲集团军强渡顿河下游。这样,斯大林格勒方向的德军就只剩下第 6 集团军,辖有 6 个军,含两个装甲军,计 14 个师约 27 万人,近500辆坦克，3000门火炮和迫击炮，由第4航空队1200架作战飞机进行支援。

苏军最高统帅部逐渐明确德军的意图，决心在斯大林格勒组织坚守。7月12日，在斯大林格勒会战方面军原有基础上组建了由铁木辛哥元帅为司令员（后改由戈尔多夫中将接替），赫鲁晓夫任军事委员会委员的斯大林格勒方面军，由从苏军战略预备队调来的第62、63、64集团军和原西南方面军的第21、28、38、57集团军残部，坦克第1和第4集团军（下辖第13、22、23坦克军，仅有坦克240辆），以及空军第8集团军、海军伏尔加河区舰队组成。共计38个师。但只有16个师能够进入主要地带的防御阵地，固守从巴甫洛夫斯克至库尔莫亚尔斯卡亚的长约530千米、纵深为120千米的防御地带。当面之敌为德军第6集团军和下辖的18个齐装满员师。当时双方力量对比为，人员1：1.2，坦克1：2，飞机1：3.6，火炮和迫击炮大致相等，德军实力占优。

7月17日，苏德双方在斯大林格勒接近地展开了激烈的交战，会战正式开始。德军第6集团军在保卢斯上将指挥下，以第8步兵军和第14装甲军为北突击集团，以第51步兵军和第24装甲军为南突击集团，突击苏军第62集团军防御并实施包围，向卡拉奇方向发展进攻。同时，以部分兵力向苏军第64集团军发起佯攻，以吸引苏军的注意力。7月23日，德军突破苏军第62集团军右翼防线，合围了该集团军的两个师，前出到斯大林格勒西面的顿河河岸。1942年7月25日，德军对苏军第64集团军的右翼阵地发起攻击，企图在卡拉奇附近强渡顿河。7月29日，第64集团军被迫退过顿河。为此，斯大林撤消了铁木辛哥方面军司令员职务，由第64集团军司令戈尔多夫中将接任，并派总参谋长华西列夫斯基上将

德军不顾一切要切断苏联的石油通道

1942年8月，德军渡过顿河

德军轰炸斯大林格勒

作为最高统帅部代表前往斯大林格勒协助指挥战事。斯大林还决定将预备队的坦克第 1 和第 4 集团军火速调往斯大林格勒地域。

为了增强斯大林格勒守军的斗志，斯大林于 1942 年 7 月 28 日发布了第 227 号命令，凡是不服从命令而离开战斗岗位或者撤退的军人都将被枪毙，并严厉要求苏军 "绝对不许后退一步！"

德军第 6 集团军缺少装甲兵支援，被迫转入防御态势。德军在行进间占领斯大林格勒的计划被粉碎。但此时顿河西岸苏军的处境非常困难，两翼都陷入了德军包围。

霍特的第 4 装甲集团军于 8 月 1 日奉命沿科捷尔尼科沃 – 斯大林格勒铁路向东北方向进击，当天突破了苏军第 51 集团军防线。8 月 3 日，攻占了科捷尔尼科沃，5 日突破了苏军第 64 集团军防御，前出到阿勃加涅罗沃地域。但之后遭到苏军越来越顽强的抵抗和反击，霍特只好放弃了独立攻占斯大林格勒的想法。

8 月 19 日，保卢斯和霍特重新发起进攻。第 6 集团军从斯大林格勒西北面的特列赫奥斯特罗夫卡亚向东南攻击，22 日突破苏军第 62 集团军在韦尔加奇和彼斯科瓦特卡地段的防线，强渡顿河。23 日第 14 装甲军推进到斯大林格勒北郊的叶尔佐夫卡地域，前出到伏尔加河，将苏军第 62 集团军与斯大林格勒方面军主力分割开来。霍特第 4 装甲集团军从南面的阿勃加涅罗沃地区向北进攻，突破了苏军第 64 集团军的防御，29 日进至城南的加夫里洛夫卡地域，其前锋已前出到京古塔车站。9 月 2 日，第 6 集团军右翼与第 4 装甲集团军左翼在旧罗加奇克地区取得联系。与此同时，德军第 4 航空队出动飞机几百架，入夜又出动 2000 架次飞机对斯大林格勒狂轰滥炸。

鉴于斯大林格勒异常严峻的形势，斯大林任命朱可夫为最高副统帅，并立即派遣第 24、66 集团军和近卫第 1 集团军开赴斯大林格勒。8 月 29 日，朱可夫飞到斯大林格勒后，组织第 24、66 集团军和近卫第 1 集团军的反击行动。9 月 3 日，斯大林致电朱可夫，要求立即对斯大林格勒进行突击，以缓解当地紧张局

苏军第 62 集团军指挥所, 右二是司令员崔可夫

势。9 月 5 日拂晓, 朱可夫将 3 个新锐集团军投入反击, 由于准备仓促, 反击未达到预期目标。当晚, 斯大林命令朱可夫继续冲击。9 月 6 日, 苏军再次发动进攻, 再次失败。1942 年 9 月 10 日, 苏军试图从北面实施突击, 恢复同第 62 集团军的联系, 又遭失败。9 月 12 日, 苏军撤至市区围廓, 外围防御地带已全部丧失。

在高加索方向, 8 月 9 日, 德军克莱斯特第 1 装甲集团军占领迈柯普油田。8 月 22 日, 在海拔 18526 英尺的厄尔鲁斯山峰上升起了第三帝国的万字旗。8 月 25 日, 克莱斯特部攻占了莫兹多克, 距格罗兹尼四周的苏联最大产油中心只有 50 英里, 距里海也只有 100 英里。8 月 31 日, 希特勒命令 A 集团军群司令利斯特元帅倾其力量向格罗兹尼作最后进攻, 尽快拿下油田。但德军因缺乏燃油, 冲击力迅速下降, 虽然竭尽全力, 也无法再前进一步。

9 月 12 日, 希特勒从东普鲁士飞抵乌克兰的文尼察, 召见 B 集团军群司令魏克斯上将和第 6 集团军司令保卢斯上将, 命令他们于 1942 年 9 月 13 日对斯大林格勒发起进攻, 并从高加索方向抽调 9 个师加强给第 6 集团军。

斯大林格勒方向上的轴心国部队有 50 多个师, 斯大林格勒方面军和东南方面军虽有 120 个师, 但人员缺额严重, 实际防守斯大林格勒的是第 62 和 64 集团军, 共有 90000 余人, 1000 余门火炮, 120 辆坦克。

9 月 13 日, 德军开始攻城。此前, 德军 Ju-88 式轰炸机用燃烧弹将市区炸成废墟。第 6 集团军从城北实施猛烈突击。第 4 装甲集团军则从城南推进, 策应第 6 集团军在城北的主攻。苏军崔可夫中将指

德军推进到郊区

德军使用的一种轻便野战炮

德军在市区

挥的第 62 集团军和舒米洛夫少将指挥的第 64 集团军受领保卫斯大林格勒市区的任务。

9 月 14 日，德军从城北突入市区，与苏军第 62 集团军展开激烈巷战，双方逐街逐楼逐屋反复争夺。斯大林格勒变成了一片瓦砾场，在满是瓦砾和废墟的城中，苏军第 62 集团军顽强抵抗，在城中的每条街道，每座楼房，每家工厂都发生了激烈枪战。攻入城中的德军死伤人数不断增加。尽管德军对伏尔加河东岸进行频繁的轰炸，但是苏军还是从那里得到了不断的补给和支持。德军采用步兵、工程兵、炮兵和空军各兵种联合作战战术，给苏军造成重大伤亡。刚赶赴城中的苏军战士平均存活时间不超过 24 个小时，军官也只有约三天的平均存活时间。为了对抗德军战术，苏军采取贴身紧逼的策略，尽量将己方的前线与德军贴近，使德军炮兵无法远程攻击。

近卫航空兵 11 团的伊尔 –2 强击机给入城德军坦克重大杀伤。9 月 15 日，德军对马马耶夫高地实施重点突击。该高地是斯大林格勒的制高点，可以俯瞰全城，第 62 集团军司令部设在这里。经过一天残酷的战斗，德军占领了马马耶夫高地。9 月 16 日，近卫第 13 师渡过伏尔加河，向德军发起反冲击，夺回了该高地。9 月 27 日，德军冲进北部工厂区，重新占领了该高地，9 月 29 日又被苏军夺回。以后的战斗更加激烈，两军不断交替占领这片高地。

德军第 6 集团军一位叫汉斯·德尔的军官在《进军斯大林格勒》一书中写到："敌我双方为争夺每一座房屋、车间、水塔、铁路路基，甚至为争夺一堵墙、

老鼠战争

老鼠战争中的老兵

一个地下室和每一堆瓦砾都展开了激烈的战斗。其激烈程度是前所未有的。"在一个大粮食仓库里，两军士兵非常接近，甚至能够听到对方的呼吸声。经过数星期的苦战，德军不得不从这个仓库撤走。斯大林格勒一直进行着激烈的巷战。德军逐屋战斗，从地面和地下的废墟中找路前进，所以也被称为"老鼠战争"。

投入老鼠战争的也有伏尔加河舰队的水兵

扬科夫·巴甫洛夫指挥一个6人小分队占据了城中心的一座公寓楼，在大楼附近埋设大量地雷，窗口安设机枪，还将地下室的隔墙打通以便通讯。这座顽强的堡垒后来被称为"巴甫洛夫大楼"。最后仅剩的一堵墙保留到至今，上面雕刻着士兵抵抗的画面，右上角刻着"58"，表明斯大林格勒会战6人坚守了58天。

苏军最高统帅部将战略重点从莫斯科转移到了伏尔加河地区，调动全国所有空中力量支援斯大林格勒。9月底和10月初，苏军向斯大林格勒城区调去了6个步兵师和1个坦克旅；德军则调去了20万补充部队，包括90个炮兵营

德军从来没遇到过
这种抵抗

和 40 个受过攻城训练的工兵营。双方指挥官也承受着巨大压力。德军指挥官保卢斯眼部肌肉痉挛，崔可夫在地下室司令部忍受着湿疹病痛，不得不将双手完全包扎起来。

德国陆军参谋总长哈尔德力主放弃斯大林格勒之战，向西撤退。结果在 9 月底被希特勒免去陆军总参谋长职务，原驻法德军司令库尔特·蔡茨勒接替其职。

11 月初，德军终于推进到伏尔加河岸，占领了斯大林格勒的 80% 地区，将留守的苏军分割成两个狭长的口袋状。伏尔加河开始结冰，苏军不能再通过船运补给城中守军。尽管如此，马马耶夫高地附近的战斗和北部城区工厂地带的战斗依然非常激烈。其中 红色十月工厂、拖拉机厂和街垒工厂的战斗为世界所知晓。当苏军与德军进行枪战时，工厂内的工人就在侧旁修复损坏的坦克和其他武器，有时甚至直接在战场上修理武器。坦克由工人志愿兵驾驶，直接从兵工厂的生产线上开到战斗前线，甚至来不及涂上油漆和安装射击瞄准镜。

11 月 11 日，德军虽然从街垒工厂以南冲到伏尔加河岸，但已成强弩之末，保卢斯被迫于次日停止了进攻，修整部队。苏军损失同样严重，第 62 集团军的两个师损失了 75% 的兵员。据苏联统计，从 1942 年 7 月到 1942 年 11 月，德军在顿河、伏尔加河和斯大林格勒的战斗中损失约 70 万人，1000 余辆坦克，

德军不明白为什么攻占不了一座小城

德军预感到了某种不祥

反攻中的一支苏军，着装像当年的西伯利亚人

西伯利亚人再次显威

2000 多门火炮，1400 余架飞机。

自 9 月底，苏军最高统帅部准备反攻，开始秘密集结兵力。至 11 月中旬，在斯大林格勒地域南北两侧有 3 个方面军，10 个诸兵种合成集团军，1 个坦克集团军，4 个空军集团军和若干个独立军、坦克军和旅，共 143 个师，110.6 万人，15500 门火炮和迫击炮，1463 辆坦克和强击火炮，1350 架飞机。当面德军 B 集团军群共有 80 个师又 3 个旅，约 100 万人，10290 门火炮，675 辆坦克，1216 架飞机。

11 月 13 日，斯大林批准了朱可夫和华西列夫斯基拟制的反攻计划，代号为 "天王星"。11 月 19 日，苏军开始实施 "天王星" 行动。

西南方面军和顿河方面军在大雪中发起反攻。瓦杜丁指挥的主攻部队包括 3 个集团军，由 18 个步兵师，8 个坦克旅，两个摩托旅，6 个骑兵师和 1 个反坦克旅组成，并得到空军第 2、17 集团军支援。仅在战斗发起的第一天，罗马尼亚第 3 集团军的阵地便被苏军突破。与此同时，顿河方面军实施了两个辅助突击，以第 65 集团军从克列茨卡亚以东地区向东南突击，以第 24 集团军从卡恰林斯卡亚地区沿顿河左岸向韦尔佳奇方向向南突击，割裂顿河小弯曲部德军与斯大林格勒德军的联系。第 66 集团军在斯大林格勒以北地区原地防御。顿河方面军得到空军第 16 集团军支援。11 月 20 日，叶廖缅科的斯大林格勒方面军第 51、57、64 集团军也在南部转入反攻。22 日，西南方面军开始分批渡过顿河。11 月 23 日，西南方面军和斯大林格勒方面军在卡拉奇会师，完成了对斯大林格勒的包围。

德国第 6 集团军司令保卢斯被俘

至 11 月 30 日，苏军 3 个方面军将德第 6 集团军的 5 个军 22 个师，罗马尼亚、意大利以及部分克罗地亚军队共约 27 万人合围在斯大林格勒 1500 平方千米的地域内，第 6 集团军只有约 5000 人被分割在包围圈之外。

陆军总参谋长蔡茨勒力劝希特勒下令保卢斯撤出斯大林格勒。但空军司令戈林元帅却向希特勒保证说，空军有能力通过"空中桥梁"为第 6 集团军补给。事实证明，德国空军每天 300 吨的运输上限无法满足第 6 集团军每天 700 吨的需求。

希特勒命令保卢斯坚守阵地，第 6 集团军必须留在斯大林格勒，并命令这个集团军今后改称"斯大林堡垒"集团军。由于恶劣天气和苏军防空火力，空投计划很快就遭受失败。据统计，德军只得到 10% 左右的所需物资，第 6 集团军渐渐感受到饥饿威胁。

11 月 21 日，希特勒下令将第 11 集团军扩为顿河集团军群，由曼施泰因任司令，第 6 集团军、第 4 装甲集团军和罗马尼亚第 3、4 集团军交他指挥。

12 月 12 日，曼施泰因发起反攻，代号"冬季风暴"。但曼施泰因很快发现，德军有被数倍于己的苏军包围的危险。他不顾希特勒的命令，下令保卢斯立即向南突围，与第 4 装甲集团军会合。然而，保卢斯在没有接到希特勒直接命令前，没有突围意图，以燃料不足为由拒绝命令。12 月 27 日，苏军将第 4 装甲集团军击退 150–200 千米，退回原阵地。曼施泰因的"冬季风暴"宣告失败。

温度降到零下 45 摄氏度，包围圈中的德军第 6 集团军的空运补给越来越少，平均每天不到 100 吨，濒于弹尽粮绝的境地。口粮的分配减到能维持生活的标准之下，炮兵弹药缺乏，医药品和燃料都已用尽，数千人患上伤寒和痢疾，冻伤的人更多，每天有数千名士兵死于饥饿、严寒和营养失调。一些军官试图说服保卢斯，不顾希特勒的命令迅速突围。但保卢斯害怕背上违抗军令罪名，坚持按兵不动。

12月29日，保卢斯派第14军军长胡比中将飞出包围圈，晋见希特勒，把第6集团军的情况当面向元首汇报。但希特勒还是命令第6集团军死守斯大林格勒，直到1943年春天为止。

1943年1月8日，苏联顿河方面军司令员罗科索夫斯基中将向德国第6集团军司令保卢斯上将发出最后通牒。保卢斯电告希特勒，要求准予相机行事，被驳回。1月10日，罗科索夫斯基的顿河方面军向被围的第6集团军发起了代号为"指环"的进攻，德军从斯大林格勒郊区向城区收缩防守。

1月22日，苏军占领古门拉克机场，第6集团军的空运补给和伤员撤退彻底中断。保卢斯向希特勒报告说："部队已不能支持，继续抵抗已毫无意义，请准允投降。"得到的答复是："第6集团军应在斯大林格勒尽到英勇责任，直到最后一人为止。"

1月30日，希特勒授予保卢斯德国陆军元帅节杖。他对约德尔说："在德国历史上，还从来没有元帅被生俘过。"希特勒希望保卢斯能自杀殉国。1月31日，保卢斯向总部发出最后一份电报："第6集团军忠于自己的誓言并认识到自己所负的极为重大的使命，为了元首和祖国，已坚守自己的岗位，打到最后一兵一卒，一枪一弹。"但是，当苏军攻入德军设在百货商场地下室的司令部时，保卢斯选择了投降。

至此，斯大林格勒会战结束。德军2000名校级以下军官和91000名极度饥饿劳累的士兵被俘，约14万人死亡。保卢斯元帅、步兵第4军军长普费费尔中将、第51军军长库尔茨巴赫中将、第295师师长科尔费斯少将等23位将官被带往莫斯科。1955年，这些高级战俘被遣送回国。据统计，91000名战俘中，6000名得以生还，战后回到了德国。

那时苏军没有想更多，认为这只是一场战役的胜利

31. "火炬"计划：盟军进入北非

"不要把兵力浪费在防守上，要在德国人屁股上踢一脚！"温斯顿·丘吉尔说。英军撤出欧洲大陆后，整个欧洲大陆几乎没有一个盟军士兵，成为纳粹德国的天下。丘吉尔认为，盟国即便一时无法反攻欧陆，也得为反攻欧陆做点什么。那就是站在德国人的后面，朝他的屁股踢一脚。德国的后面是北非。

丘吉尔对法国有特殊情愫，对法国投降耿耿于怀。自从维希政权建立后，法国在北非的殖民地投向维希政权。北非与南欧隔着地中海。盟军从北非维希政权地盘登陆，安抚在那儿当家的维希政权，而后把北非作为反攻南欧的跳板。这就是丘吉尔设计的计划，代号为"火炬"。

由于英军与法军结了仇，"火炬"计划不适于英军单干。1940年6月法国败降。为防止法国舰队落入德、意之手，英国制订"弩炮"计划，击毁法国舰只。袭击奥兰为计划的重要组成部分。皇家海军奉命组建"H"舰队，由海军中将 J.F.萨默维尔指挥，在直布罗陀集结待命。7月3日凌晨，"H"舰队起航，9时30分抵达奥兰附近。萨默维尔向法国

英军撤出欧洲大陆后，终日训练，只是在北非有些战事

舰队司令 M. 让苏尔发出最后通牒，要求继续对德、意作战，或在英国舰队监督下驶往英国港口，或驶往法属西印度群岛港口解除武装，或将舰船交给美国保管，如拒绝要求，则应在 6 小时内自沉。但遭法国贝当政府拒绝。17 时 54 分，英国舰队开火，舰载机同时实施轰炸。约 30 分钟后，停泊港内的

前排中为艾森豪威尔，左起第二人是巴顿

战列舰"布列塔尼"号被击沉，战列舰"普罗旺斯"号、战列巡洋舰"敦刻尔克"号被击伤搁浅，战列巡洋舰"斯特拉斯堡"号、水上飞机母舰"泰斯特"号和驱逐舰 6 艘逃往土伦。此役，法方死亡 1297 人；英方无损失，基本达到预期目的。

这件事令法国人万分悲伤，从此恨上了英国人。所以，在法属北非登陆，唱主角的应该是美国人，能避免英法之间的尴尬。

1942 年 8 月，丘吉尔飞到莫斯科。在克里姆林宫的首轮会谈中，还没等丘吉尔开口，斯大林就发了一通火。自苏德战争爆发以来，欧洲大陆上一直是苏军单独与德军作战，英美一再允诺要在欧洲开辟第二战场，但至今没有动静。对斯大林的怨言，丘吉尔心里并不服，当初英军与德军单独作战时，苏联也没有在东线开辟第二战场。但丘吉尔没有揭短，他对斯大林说，英国人和美国人都是忠勇的民族，绝不会食言，一旦条件成熟，马上会开辟第二战场。即便目前条件不成熟，却也准备实施一个替代方案。丘吉尔拿出"火炬"作战计划。据说，斯大林看完这个计划后，气马上消了一半。

北非国家濒临地中海，当时都是西方大国的殖民地。英国是埃及的宗主国，意大利是利比亚的宗主国，最富的是法国，拥有突尼斯、阿尔及利亚和大半个摩洛哥。

盟国之所以选择法属北非为登陆区域，原因很简单，这里有良港，有小半个法国舰队，却没有德军。法国投降后，法属北非由维希政府继续控制，并且由法国军队继续驻守。根据停战协定，法国舰队大部分停泊在本土的土伦军港，

美军舰队出发了

其余则分别停泊在阿尔及利亚的阿尔及尔港、奥兰港和摩洛哥的卡萨布兰卡。

自从美国参战以来，美国政府一直考虑向太平洋战场以外的对德战场投入一支大军。因为美军是匆匆扩编的，既没有两栖作战经验，也不摸德军的实力，因此只能挑一个稳妥，但又至关重要的地区登陆。与纳粹德国作战屡战屡败的英军，不敢把刚刚出道的美军领到烽火连天之处，只好在法国人的地盘里了。丘吉尔认为，盟军只要做好法国守军的工作，便可以把登陆的风险降到最低。

丘吉尔建议罗斯福总统任命艾森豪威尔担任"火炬"战役总指挥。由英国将军亚历山大担任副总指挥。

在法属北非，约有20万听命于维希政府的法军，把自由法兰西的戴高乐将军称为"逃兵"，对英国人怀有强烈仇视情绪。为保证顺利登陆，盟军被安排成一次形式上的纯粹的美国军事行动，由美国将军担任最高指挥。尽管艾森豪威尔没有实战经验，但他却被认为是一支由不同国别组成的混合部队的最好指挥者。登陆地点确定在卡萨布兰卡、奥兰和阿尔及尔。

实行"火炬"作战计划，是一战爆发以来，英美军队第一次联合军事行动，由美国的艾森豪威尔少将统一指挥。

1942年夏秋之交，第一批美军离开本土，前往英国。为了使这一行动高度保密，这批美军没有乘坐军舰，而是搭乘海军部临时征用的豪华客轮。

1942年8月，盟军司令部情报参谋专门研究轴心国在地中海的军事实力。通过截获德空军的恩尼格玛、意大利的C38M和空军的高级密码情报，盟军很快掌握了地中海地区轴心国军队部署的相关信息。维希军队规模不大但作战力较强的舰队部署在土伦，部署在北非的作战力不强；在北非各机场还部署有几百架老式飞机。意大利舰队部署在从塔兰托、墨西拿、那不勒斯一线地区。德海军16艘U型潜艇和几艘E型潜艇在希腊和意大利外海活动。德空军约170架战斗机、轰炸机和侦察机部署在西西里和撒丁岛。意大利空军有300架作战力不强的轰炸机和战斗机部署在西西里、撒丁岛和的黎波里塔里亚。

盟军司令部在制定北非登陆作战计划之前，对轴心国军队在地中海战区的意图和作战能力进行详尽评估。评估主要由英国进行。经过长时间的分析研究，政府密码学校空军情报科在 1942 年夏天完全掌握了德空军的基本信息。另外，德空军的密码情报还反映出，德军直到进攻这一天都没有掌握盟军的"火炬"计划，这使盟军司令部放心大胆进行作战准备。

从英国出发的 77 艘军舰上，有 74000名英军与美军。与此同时，32000 人的特别行动部队从美国本土出发，直接前往目的地。率领这支军队的是乔治·巴顿将军。

英美盟军在"火炬"行动中充分利用军事密码情报，制定周密的作战计划并付诸实施，同时对轴心国军队开展军事欺骗行动。盟军破译的轴心国的密码情报不仅帮助盟军大规模舰队平安通过大西洋，进入地中海，而且还使盟军充分了解了轴心国军队的作战力和意图，以及对盟军军事欺骗活动的反应。这样，盟军在基本上未遇到抵抗的情况下就完成了作战史上的一次大规模联合登陆作战行动。

制定"火炬"行动计划之初，位于布莱切利庄园的英国密码学校破译了德国恩尼格玛密码机生成的高级密码，英军获得了新情报来源，即"厄尔特拉"。

盟军舰队的水兵

调查海上遭遇的船只

美国密码分析人员也破译了几种重要密码。在艾森豪威尔将军指挥下，盟军在制定和实施火炬行动作战计划中首次利用"厄尔特拉"和其他来源的特殊情报，并在情报的支持下协同实施战略欺骗活动。

配合"火炬"计划的美国空军

在"火炬"行动中，盟军1400多艘满载人员和物资的舰只从美国和英国港口出发，通过德军U型潜艇和空军轰炸机封锁的海域，在卡萨布兰卡、地中海沿岸的奥兰和阿尔及尔3个地方分别发动登陆作战行动。这3处登陆作战行动分别由美国东海岸的西部特遣部队、英国中部和东部特遣部队发动。登陆后，盟军从阿尔及尔沿着北非海岸线向东推进，而蒙哥马利的第8军则从东面出击，消灭德军在突尼斯的残余部队。

盟军登陆特遣部队面临的主要对手为轴心国的海空军力量，主要包括意大利部署在地中海的小规模水面舰队，其主要装备为少量大型军舰、鱼雷艇和潜艇，以及为数不多的巡逻和攻击飞机。这些部队虽然作战力不强，但如果集中力量攻击盟军的舰只，也会使整个登陆作战行动遭受挫折。德军则在撒丁岛和西西里部署大量远程和攻击飞机，许多U型潜艇也在大西洋和地中海游弋，隆美尔的装甲部队主要位于突尼斯。此外，德国还可以命令法国维希政府的军队特别是土伦舰队去攻击盟军。处于中立状态的西班牙的军队也可能对盟军构成威胁。

多个无线电信号情报来源为"火炬"行动提供了情报。这些情报来源大多数来自英国破译的轴心国密码电报。英军信号情报局在1942年7月破译了维希政府气象密码报，掌握了登陆地点的最新气象分析。1942年9月，密码学校还破译了德国空军从维希政府获得的气象密报的副本。尽管气象预报并不视为特殊情报，但是两栖攻击行动的成功很大程度上取决于天气。

维希政府海军继续使用法国被占领之前所使用的密码。虽然维希海军尝试使用新加密方法，但破译这种密码对密码学校来说不是件难事。因为当时法国的一些战舰不愿被纳粹俘虏，而驶往英国，为此英国获得了法国海军的基本密码。密码学校还破译了维希政府空军的密码，从而了解了维希政府空军部署在北非的装备。

10月底时，盟军准备起航，盟军此时主要关注U型潜艇的活动。在舰队起航之前，盟军司令部选择了舰队航行时间以规避德海军 U 型潜艇的攻击。虽然密码学校破译了空军和陆军的恩尼格玛密码，但是其在德海军 U 型潜艇的活动方面不能为盟军提供大量准确的信号情报。

不过盟军采用的规避德国 U 型潜艇"狼群"的手段非常显著。盟军不断破译"海豚"情报，并获得 U 型潜艇在大西洋和地中海活动的一些信息。盟军和美海军潜艇利用这些情报，再加上信号报告、测向、通信分析和其他可用的信息获得了德海军在大西洋和地中海的总体情报信息。

备受争议的法国海军上将达尔朗

这些情报信息在安排和变更盟军舰队行程、指挥舰只护航和提供空中支援对抗 U 型潜艇，并且应对空中侦察机方面取得极大成功。盟军还通过复杂的通信分析技术，在 U 型潜艇向陆军驻地中海海军上将邓尼兹的指挥中心报告和接受指令时对单个潜艇进行跟踪。另外，为了应对凯斯勒林的增援要求，部署在挪威和波尔多的远程侦察机在登陆部队起航之前转场至地中海地区。因此"火炬"行动的舰只从大西洋行进至非洲时并没被轴心国军队发现。盟军也没有受到 U 型潜艇的协同攻击。此外，盟军所有登陆的舰只都严格遵守保密制度，或保持无线电静默。

10 月 27 日，U 型潜艇在西非海域碰到一支英国商船队。邓尼兹命令驻守在直布罗陀以外的 10 艘 U 型潜艇驶往马德拉进行攻击，击沉了 13 艘商船。到目前为止，仍不知这是盟军有意做出的牺牲还是一个偶然事件。但对"火炬"行动来说是幸运的。因为在关键时间英国商船队牵制了 U 型潜艇，使得位于亚速尔群岛附近的盟军登陆舰安全航行。

因为盟军实施军事欺骗，U 型潜艇驶向地中海东部海域，远离了盟军抵达

盟军舰队接近阿尔及尔港

1942 年 11 月 18 日，盟军在卡萨布兰卡捕获德军谈判代表

战区的登陆舰队。11 月 5 日，第一批登陆舰队经过直布罗陀海峡进入地中海。盟军破译的密码情报证实轴心国已经发现了登陆舰队。邓尼兹认为有必要增援地中海的部队，但是没有预测出登陆舰队的最终目的。他命令 7 艘 U 型潜艇在 11 月 4 日从比斯开港前往地中海，这对于盟军 8 日的登陆行动来说为时已晚。随后，邓尼兹将部署在地中海的 9 艇 U 型潜艇调往喀他赫纳到奥兰一线，期待有盟军舰只经过。但是并没有拦截到"火炬"行动的舰只，因为英国海军在塞浦路斯和塞得港附近的活动使邓尼兹将潜艇的位置东移以拦截东线或西线至马耳他的盟军舰队。最后，只有一艘 U 型潜艇发射鱼雷击伤了美国一艘运输船。这样，盟军在登陆前没有损失一艘舰船。

盟军采取欺骗措施掩盖部队的动向，并通过侦察德军的情报以检验欺骗措施的效力。1942 年 10 月份，密码学校和盟军司令部仔细研究了轴心国在地中海军队的行动和集结的情报，特别是德军战机从其他战区转场至地中海或是在地中海的转场活动以及 U 型潜艇在地中海的集结情况。情报显示前者没有重大增援迹象，U 型潜艇也没有集结迹象。实际上，10 月 29 日德空军装备从西西里转场至爱琴海地区，表明轴心国并没有预见到盟军在卡萨布兰卡等地的登陆行动，这使盟军对夺取登陆胜利充满信心。德空军在 1942 年秋天将战机转场至挪威，表明德国担心盟军会在西北欧洲发动进攻。直到 11 月初，这些战机才返回德军驻地中海凯斯勒林陆军元帅的辖区。

轴心国对"火炬"登陆行动的反应影响着盟军的作战决定。尽管情报证实轴心国已经得知盟军在直布罗陀集结空军和海军装备，但是德国仅增援了少量空军装备。其中一个原因是德军认为盟军在举行例行演习，所以未予以重视。这从 10 月 30 日和 31 日的德军情报中得到证实。但是随着登陆舰队大规模通过直布罗陀海峡，盟军司令部开始担心，如果德军发现盟军的动向，就会出动空军攻击舰队，从而威胁整个登陆行动。11 月 5 日后，德军所有情报都称盟军舰队沿东或东北方向进入地中海。但凯斯勒林认为盟军是向马耳他补给，他采取的措施是待盟军舰队进入西西里时，在 12 月 8 日早利用部署在附近的增援飞机进行攻击。盟军登陆指挥官在得知这一情报后都松了一口气。东部和中部登陆部队于 11 月 7 日夜向南航行至阿尔及尔和奥兰。德军始终未了解盟军舰队的目的地，而且凯斯勒林对盟军舰队有限应对措施使盟军在未受阻拦的情况下抵达北非战区。

卡萨布兰卡会议，戴高乐与法国将军亨利·吉罗出席了会议

11 月初，两支舰队在直布罗陀海峡附近汇合。共有 13 个师，665 艘军舰和运输船，包括 3 艘战列舰、7 艘航母、17 艘巡洋舰、64 艘其他战舰以及大批运输船，分编成 3 个特混舰队，1700 架飞机作为登陆的空中保障。总兵力 10 万人。计划于 11 月 8 日分别在卡萨布兰卡、奥兰和阿尔及尔三地登陆。

直布罗陀海峡是地中海的唯一天然入口，南岸是摩洛哥，北岸属于西班牙，其中有 6 平方千米的英国飞地，控制着海峡的最窄处。英国自从 1704 年占领这里后，用了两个半世纪的时间，把它建成坚固的要塞。

德军发现直布罗陀海峡外有庞大的盟军舰船集结，但未能猜出盟军的目的。希特勒这时正准备参加一年一度的"啤酒馆政变"纪念集会，得知这一消息后也心不在焉，只是撂下了一句话："准备占领法国。"希特勒不怕北非法军不忠，他手里攥着一个特殊的筹码，那就是法国未曾沦落的半壁江山。一旦北非法军有靠拢盟军的动向，他将以占领法国全境相胁迫。

盟军登陆舰队抵达卡萨布兰卡、奥兰和阿尔及尔时，盟军司令部密切关注着轴心国在掌握盟军真实目的后会采取的应对措施，破译了轴心国认为盟军可能在 11 月 8 日登陆的情报，但该情报内容不完整；还掌握了法国维希部队对登陆反应的情报。在盟军登陆后，破译的情报反映，德国向维希政府施压，要求其不惜一切代价阻止盟军。在卡萨布兰卡登陆时，巴顿将军遇到法国海军和沿海炮兵抵抗，不过土伦的舰队没有参加抵抗盟军登陆的战斗。并且在希特勒下令夺取土伦的舰队时，法国海军立即将军舰凿沉。为了争取法军归顺，英美

罗斯福与丘吉尔嘀咕悄悄话

营救出被囚禁的法国将军亨利·吉罗，并将其送到直布罗陀盟军司令部。美国驻阿尔及尔总领事墨菲也积极争取法军驻北非将领魏刚和朱安等。魏刚对墨菲说："假如你仅仅带 1 个师来，我将向你开枪；假如你带 20 个师来，我就要拥抱你了。"朱安也表示愿意配合。正当盟军的军事和外交工作准备就绪，战役即将打响时，一个意外使情况发生了变化。维希政府副总理达尔朗海军上将因儿子突发小儿麻痹症住院，匆匆于 11 月 5 日飞到阿尔及尔探望并多逗留了一天。达尔朗的到来使朱安的职权失去了作用。在朱安劝说达尔朗失败后，他和墨菲遭到逮捕。

登陆地点的法军是否会抵抗？盟军始终吃不准。当盟军舰队驶近目的地时，维希法国的三军总司令达尔朗突然来到阿尔及尔，他本来是看望儿子的，却无意间闯入即将成为世界关注的热点地区。他的态度对于法军是否会抵抗有着决定性的作用。

在直布罗陀海峡之外，盟军舰队分为两路，巴顿带一路去卡萨布兰卡，其余的进入海峡，前往阿尔及尔。之所以如此，是怕德军潜艇封锁海峡，所以要在海峡外面留一路，以便内外有个照应。

接近卡萨布兰卡时，巴顿对士兵说："我们到现在也不知道法军是否抵抗。如果抵抗，就地歼灭；如果缴枪，平等相待。请记住，法国人不是德国人或日本人。"话虽这么说，巴顿心里比较踏实，因为他是美军，与法军没有什么积怨，况且美法还保持着外交关系。

阿尔及尔的情况则比较复杂。法国人对于皇家空军轰炸法国舰队一事耿耿于怀。所以英国舰只躲在后面，美国舰只打头阵。艾森豪威尔下达命令："希望法军不要给我们出难题。如果抵抗，就地歼灭；如果无意抵抗，则在垂直方向打开探照灯，以示对盟军友好。"

黑沉沉的夜幕中，舰队小心翼翼地向阿尔及尔港驶去，舰上的盟军士兵焦急地观察着港内法军的反应。直到最后一刻，法军还在犹豫。港口上空亮起了一片探照灯的光带，垂直地指向天空，这是友好的表示。但到舰队入港后，法军开了枪。法国的残山剩水，成为希特勒悬在法国人头顶的一把剑，他们也不知道该怎么办才好了。

在阿尔及尔，美国公使找到达尔朗海军上将和法国驻军司令。后者态度鲜明，站在盟国一边，但是要看达尔朗如何定夺。达尔朗态度暧昧，说如果允许盟军登陆，德国就会占领法国全境。

由于上峰莫衷一是，法军的抵抗也没有统一部署，打不打由前线的军官说了算。阿尔及尔港的法军只进行了轻微抵抗；奥兰港的法国海军进行了较猛烈的抵抗，初出茅庐的美军打了个硬仗。正式抵抗发生在卡萨布兰卡，法军甚至出动了飞机。但是，所有这些抵抗都在几天内平息了。

法国人的犹豫彷徨，使得他们在二战中上演了一出又一出的悲剧。当盟军在法属北非登陆后，希特勒命令德军迅速占领法国全境。这时，艾森豪威尔请达尔朗给土伦军港下命令，让法国舰队开到北非来。但土伦军港却给了达尔朗两个字的答复："放屁！"转眼之间，德军包围了土伦军港，刚刚强硬拒绝了达尔朗的海军将领，又更强硬地拒绝了德军，下令把法国舰队全部凿沉。

斯大林得知盟军在北非登陆成功的消息后，给予了极高评价："苏联方面认为这次军事行动是有重大意义的卓越事实，它表明盟国武装力量的实力正在增长，并展示了意德同盟不久将崩溃的前景。非洲的军事行动再一次驳斥了那些断言英美领导者没有能力组织重大的军事行动的怀疑论者。毫无疑问，只有第一流的组织家才能完成这样重大的战役。"

盟军安排吉罗发表了号召北非法军停止抵抗的广播演说，但作用不大。艾森豪威尔只好与达尔朗谈判。丘吉尔对这一作法是支持的。在艾森豪威尔到直布罗陀前，丘吉尔就曾对他说："如果我能见到达尔朗的话，尽管我极恨他，但我若能以爬行一里路使他把舰队带到盟军这边来，那我也欣然照办。"11月10日，盟军与法方达成停战协定后，达尔朗下达了停火命令。11月13日，双方又达成协议，以北非的法国军政官员和平民与盟军合作为条件，盟军承认达尔朗对法属北非行政事务的管理权，而北非的所有法国军队则由吉罗将军指挥。此后不久，盟军以这种模式也争取到法属西非的皮埃尔·布瓦松的合作。

英国政府早早推出戴高乐领导的自由法国这块牌子。但英法的恩恩怨怨已经延续了若干年，双方的合作并不那么愉快。英国政府在背后一边输血，一边搞小动作，使得戴高乐的势力发展得并不强大。

美国显然也看到了戴高乐这个法国最大抵抗势力的招牌作用，如果运作好了，不仅可以获得法国殖民地支持，甚至能在未来整个法国大蛋糕上切一块。

摩洛哥人也参加了午餐会

当初身为法国国防部和陆军部次长的戴高乐刚拉起山头的时候，手下能指挥的只有法国外籍军团一个营、阿尔比斯猎兵师一个营、海军陆战队一个连以及几百散兵游勇。其中战斗力最强的是外籍军团那个营，长官是马格兰·韦内雷上校，像当时很多愿意投身抵抗组织的高阶军官一样，他改名为蒙特克拉。处境难堪的戴高乐手下可谓是缺枪少弹。

1942 年 11 月 7 日深夜，大不列颠首相私人参谋部通知设在伦敦的"战斗法国"运动总部：英美军队开始在摩洛哥和阿尔及利亚登陆。"战斗法国"参谋长比奥特上校向戴高乐将军报告了北非战役已经打响的消息。"战斗法国"的首脑事先就估计到盟军可能在北非登陆。当然，登陆北非代替不了在欧洲开辟第二战场。就规模而言，也不能与当时在苏德战场上进行的斯大林格勒战役相提并论。德军投入 260 个师对付苏联，而在北非却只有 10 至 15 个师的德意军队。然而，在摩洛哥和阿尔及利亚登陆，却能使英美军队从后面向德意在利比亚和埃及的军队发动攻击。占领北非之后，英美就可以进军意大利、巴尔干和法国本土。

但是，盟军与达尔朗达成协议一事在英美国内和自由法兰西的拥护者中引起了强烈不满。丘吉尔也为之深感不安，专门打电报给罗斯福提请他注意。罗斯福遂发表声明称："目前在北非和西非所作的安排，仅是由于战事紧迫而不得已采取的一种权宜之计。"两天后罗斯福又对记者引用了一个流传在巴尔干的古老格言："在大难临头之际，你们可与魔鬼同行。"以此说明美国在处理"达尔朗－戴高乐问题"上的态度。声名狼藉的达尔朗哀叹自己"仅是一个被美国人挤干后将要扔掉的柠檬"。12 月 23 日，达尔朗被年轻的戴高乐分子刺杀身亡。

1943 年 1 月中旬，丘吉尔与罗斯福在摩洛哥举行卡萨布兰卡会议。戴高乐与吉罗代表法国参加会议。受邀的斯大林因冬季有"重大战役"而无法前来。

会议决定北非之战结束后的进攻方向是地中海，开展西西里战役。为打消苏联的怀疑，丘吉尔和罗斯福还在会后举办记者招待会，重申盟国战斗到底的决心，德、意、日"无条件投降"是盟国决不改变的目标。

2月上旬，丘吉尔回国后因病被迫休息，但他仍密切关注议会正在进行的"关于国内事务的生动讨论"。讨论是由贝弗里奇爵士发表的关于战后复兴问题的研究报告所引起。报告提出了激进的改革建议，认为政府应该承认需要实行家庭补贴、实行全民健康保险以及维持充分就业，通过扩大社会服务完成社会革命。情报部长布雷肯向内阁报告说，贝弗里奇"已经准备就此问题掀起一场政治风波"。财政大臣金斯利·伍德为内阁中提供了《社会保险计划的财政方面问题》报告，其中提到为维护战后军备所需费用以打消人们关于福利社会的不切实想法。2月，下院就此问题进行辩论并表决，结果忠于政府的人以335票对119票获胜。激进派的反叛没有成功，但造成的政治影响很大。反映了英国政治向左转的趋势。

1943年5月4日，丘吉尔一行乘坐"玛丽王后"号前往美国。5月12日，在华盛顿与美国军政首脑举行了代号为"三叉戟"的秘密军事会议。会议确定了英美两国的全面战略思想："同俄国和其他盟国合作，尽早促成欧洲轴心国家的无条件投降；与太平洋的其他有关国家合作，维持并扩大对日本施加不懈的压力，以便继续削弱日本的军事力量……尽早促成日本的无条件投降。"会议规定的基本任务是：打破轴心国潜艇的威胁；加强空中优势；尽力援助苏联和中国；促使非洲法军在今后战争中起积极作用；在地中海作战以迫使意大利退出战争；集中最大限度的人力和物力于英国。以便在1944年春在法国登陆，对德实施决定性进攻。

会议结束后，丘吉尔和马歇尔一同飞往阿尔及尔，与艾森豪威尔讨论下一步战斗部署，授权他在攻占西西里岛后采取迫使意大利退出战争的适当措施。丘吉尔飞抵北非的消息导致了一场悲剧。一架由里斯本飞往英国的客机被德军战机击落，13名旅客全部丧生，其中有英国电影明星莱斯利·霍华德。原因是该机起飞前曾有一个口衔雪茄烟的矮胖子上了飞机，德国间谍误以为是此人是丘吉尔。

32. 突尼斯战役：巴顿没有遇到对手

　　1943年1月14日，英美首脑在卡萨布兰卡会晤，决定在北非战场设立战区，由美国人艾森豪威尔将军任总司令，英国人亚历山大将军为副总司令。北非盟军整编为第18集团军群，下辖安德森指挥的英第1集团军、蒙哥马利指挥的英第8集团军、弗雷登道尔指挥的美第2军和部分法军。亚历山大任集团军群司令，统一指挥盟军在北非的地面部队。

　　1943年3月17日至5月13日，美英法三国军队实施突尼斯战役。战役的目的是粉碎德意非洲军，攻占突尼斯领土，把德意军队全部赶出北非。

　　1942年11月，密码电报反映，德军向突尼斯派遣了大量增援部队，德空军密码电报命令从各前线转场战斗机和俯冲轰炸机至北非战区。11月11日，

隆美尔与意大利将领在北非

"海豚"密码电报要求德军在突尼斯建立桥头堡，希特勒将亲自指挥作战，抗击盟军进攻。德空军恩尼格玛电报透露出夺取突尼斯和比塞大附近机场的情报。柏林还派遣一个装甲团增援隆美尔。这些情报向盟军司令部提供了轴心国将会极力保卫突尼斯的信息。

　　当时位于隆美尔部队正面的英第8集团军，尚未对马雷特防线构成威胁，蒙哥马利攻占的黎

波里后，发动新攻势需准备时间。安德
森指挥的英第1集团军和弗雷登道尔指
挥的美第2军威胁着隆美尔的后方。隆
美尔决心利用位于两股盟军之间的中心
地位，先以背面包抄奇袭方式击溃后面
的盟军，然后调头对付蒙哥马利。这个
出色的计划在实施时却遇到困难，德第
5装甲集团军不归隆美尔指挥，而隆美
尔与阿尼姆的配合又不协调。

德军敷设反坦克雷

　　盟军破获了隆美尔的进攻计划，却
搞错了其主攻地点。艾森豪威尔的司令
部和英第1集团军司令部都认为德军的进攻地点是在丰杜克附近，因此，在丰
杜克后面部署了重兵。

　　1943年2月14日，德意军队发起代号"春风"的进攻。北面阿尼姆的第
5装甲集团军从弗德山口向美第2军阵地发起主攻，德第10和第21装甲师两
面夹击，重创美第1装甲师，攻占锡迪布齐德。15日，隆美尔部队攻占加夫萨，
17日进占费里亚纳。隆美尔计划从费里亚纳挥戈西北，向阿尔及利亚的特贝
萨挺进，以切断盟军的交通线，把战术性胜利发展为战略性胜利。不过，他虽
然得到了在罗马的德南线总司令凯塞林的支持，却得不到阿尼姆控制的装甲部
队的支持。

　　经过妥协，隆美尔虽然获得了第10和第21装甲师的指挥权，却不得不首
先进攻东北面的勒凯夫。这样，隆美尔
面对的是盟军正面，而不是背后。隆美
尔火冒三丈，气得够呛。在他看来，这
意味着"离敌人战线近得不能再近，势
必使我们去攻打强大的敌人后备军"。

　　2月19日凌晨2时30分，隆美尔
向勒凯夫方向进攻，攻占卡塞林隘口，
接着向勒凯夫南面的塔拉推进，但攻势
被盟军援兵阻止。隆美尔停止攻击，下
令部队撤退。隆美尔的进攻作为一次"目

美军检查报废德军坦克里的残留物

盟军占领的德军机场

美军缴获的德军火炮

标有限"的出击，战果说得过去，却未能实现迫使盟军撤出突尼斯的目标，尽管这一目标似乎十分接近。英国军事理论家利德尔·哈特说："如果隆美尔从开始就主持这次战役而不受牵制就进攻特贝萨的话，这样一个目标也许有可能实现的。如果能迅速夺取拥有大量补给储备的美军那个基地和中心机场，那会使盟国部队不再可能守住他们在突尼斯的阵地。"

隆美尔的进攻使美军遭受重大损失，美军第 2 军有 3000 人阵亡，4000 人被俘，260 辆坦克被毁，这是美军在北非战场上遭到的最严重失败。蒙羞受辱的艾森豪威尔撤换了弗雷登道尔，任命巴顿出任美第 2 军军长。巴顿早就渴望能与隆美尔交手，说："对他的书我不知读了多少遍，研究了他的每一个战役，自认对他了如指掌。我平生的愿望就是与他捉对厮杀。"

希特勒任命隆美尔为新组建的非洲装甲集团军群司令，统一指挥阿尼姆第 5 装甲集团军和梅塞的意大利第 1 集团军（原隆美尔非洲装甲集团军）。隆美尔获得新权力后，决定抢先发动攻击。然而，蒙哥马利从破译的情报中掌握了隆美尔进攻的方向和确切时间，从海岸把炮兵部队调到隆美尔选择为突破口的南部地带，集结了近 4 个师兵力、400 辆坦克、350 门大炮和 470 门反坦克炮于梅德宁附近，建立了严密防线。

3 月 6 日凌晨，隆美尔以 3 个半装甲师的 160 辆坦克（比 1 个装甲师本应拥有的还要少），在 200 门大炮和 10000 名步兵支持下，向梅德宁发起进攻。上午 8 时，德军装甲部队推进到离梅德宁约 15 千米的一座山脊上，遭到了蒙哥马利部署的近 500 门反坦克炮的猛烈轰击。到中午时分，德军装甲部队仍无力向前突破，160 辆坦克损失了 50 辆。下午 5 点，隆美尔下令取消进攻。他说："从一开始，我们就没能使敌人措手不及，所以这次行动就失去了它本身的意义。"

防守突尼斯的德意非洲军司令为阿尼姆上将，指挥坦克第 5 集团军和意第 1 集团军，共 17 个师两个旅。在以前的战斗中，兵员和技术装备损失惨重。由于英美军队完全掌握了制空权和地中海，德意军队在补给和补充人员方面困难重

美军觉得这一仗酣畅淋漓

重，仅得到少量飞机和意军 16 艘驱逐舰、21 艘潜水艇和德军 22 艘潜艇的支援。德意军队占据"马雷特"筑垒线阵地，固守非洲的最后一个登陆场。

英国亚历山大上将指挥第 18 集团军群的英第 1、第 8 集团军和美第 2 军，共 18 个师（英 12、美 4 和法 2）另两个旅，作战飞机 3241 架和盟国地中海海军（战列舰 3 艘、巡洋舰 8 艘、驱逐舰 40 艘、扫雷舰 23 艘、14 个小型战斗舰艇区舰队）。盟国远征军总司令艾森豪威尔任战役总指挥。与德意军对比，盟军居优势：步兵多 1 倍、火炮多 2 倍、坦克多 3 倍。仅德国潜艇对盟军稍有威胁。突尼斯战役的目标是：英第 8 集团军在滨海方向上，沿马雷特——加贝斯公路实施主要突击，并协同美第 2 军，歼灭意第 1 集团军的基本兵力；尔后盟军向突尼斯市进攻。美第 2 军向米克纳西和加贝斯湾方向实施辅助突击，插向意第 1 集团军后方并断其退路。

盟国在兵力上的巨大优势，为迅速歼灭突尼斯之敌和结束整个北非战局创造了有利条件。然而，美英政府并未作出足够的努力。苏联政府提醒说，对北非军

美军运输机飞过埃及金字塔

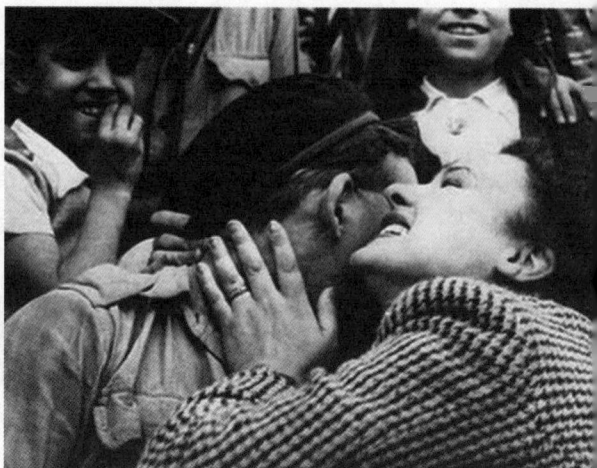

阿尔及利亚奥兰火车站，美军给维希法国的
士兵送行

1943 年 5 月，英国坦克兵受到突尼斯人的欢迎

事行动结束日期的屡次更改应加以注意。北非军事行动的拖延导致了德军预备
队继续毫无阻碍地从西方向苏德战场调遣。

阿尼姆指挥德第 5 装甲集团军、意第 1 集团军共 13 个师，130 辆坦克、
500 门火炮、500 架飞机，企图依托朗斯托普峰和 609 高地等突尼斯沿海复杂
地形，阻滞盟军进攻。

盟军第 18 集团军群司令亚历山大上将，指挥英第 1、第 8 集团军和美第 2
军，共 20 个师，1200 辆坦克、1500 门火炮、3241 架飞机，以右翼第 8 军团
向泰克鲁那和昂菲达维尔实施佯攻，左翼美第 2 军向比塞大和马特尔方向实施
助攻，中路英第 1 集团军向首府突尼斯实施主攻。战役发起前，盟军已完全封
锁突尼斯与意大利之间的海空运输线。

4 月 19-20 日，英第 8 军发起进攻。22 日，英第 1 集团军和美第 2 军开始进攻，
遭到了顽强的抵抗，未能占领朗斯托普峰和 609 高地，仅美第 2 军左翼第 9 师
有所进展。23-26 日，英军经反复争夺占领朗斯托普峰；美第 2 军屡攻 609 高
地不克。30 日，盟军以两个师加强英第 1 集团军。同日，美军攻占 609 高地，
第 9 师进抵海岸，威胁德意军侧后。

蒙哥马利向马雷特防线缓慢逼近，盟军控制了制空和制海权，德意部队缺
乏补给和增援兵力。隆美尔意识到自己的部队已濒临绝境，继续留在突尼斯等
于自杀。他向希特勒提出了撤兵返回欧洲的计划，但被希特勒拒绝。3 月 9 日，

隆美尔心灰意冷地告病回国休假，永远离开了北非，阿尼姆接过了指挥权。一心想与隆美尔较量的巴顿闻讯，大失所望。

蒙哥马利指挥英第 8 集团军进攻马雷特防线，巴顿指挥的美第 2 军也于 3 天前从西南进攻马雷特防线的后方。梅塞被迫率意第 1 集团军从马雷特防线向北撤退。蒙哥马利突破加贝斯隘口，与从加夫萨东进的巴顿会师。英第 8 集团军又占领了斯法克斯。

到 4 月中旬，盟军完成了对德意军的合围。阿尼姆率非洲装甲集团群共 14 个师 20 多万人退守突尼斯北部，他的 3 个装甲师仅剩下 120 余辆坦克，作战物资异常匮乏，没有补给。而亚历山大的第 18 集团军群共有 20 个师

美军在北非临时设立的战俘营

打烂的德军飞机

30 万人，拥有 1400 辆坦克和 1000 多门火炮。制空和制海权也掌握在盟军手中。

亚历山大下达了代号为"铁匠"的总攻令，要求部队沿整个弧形战线强攻退守的德意部队。安德森的英第 1 集团军担任主攻，突入敌军的中央防线，直取突尼斯城；蒙哥马利的英第 8 集团军在南面，对敌军左翼发动攻击；布莱德雷的美第 2 军在北面，打击敌军右翼，以夺取比塞大港为目标；法第 19 军在蒙哥马利左侧和安德森右侧伺机参加攻击而扩大战果。

蒙哥马利在南面发动攻击。安德森指挥英第 1 集团军在中央战线发起主攻，阿尼姆集中装甲兵力激烈抵抗，英第 1 集团军进展缓慢。亚历山大遂从蒙哥马利那里调来第 7 装甲师、第 4 印度步兵师和 201 警卫旅给安德森，以增强英第 1 集团军的打击兵力。在 400 门火炮和战术空军的支援下，英第 1 集团军全力猛攻，德意部队终于招架不住，向后溃退。同时，在美第 2 军的不断压迫下，在北面的德意军防线也开始向内凹入。安德森指挥的英第 1 集团军攻入了突尼斯城。不久，布莱德雷指挥美第 2 军也攻占了比塞大港。以后的情形，英国人莫尔西德在《非洲的末日》中说："德国人完全吓慌了，当他们看到英国人的

意大利炮兵在突尼斯的一片仙人掌中

1943 年 5 月北非德意军队投降人数达 28 万

坦克扬长而过，简直感到手脚无措。德军将领已经无法下达命令，因为他已经与其部下丧失了联系。在恐惧之中，德军纷纷奔向滩头，但他们发现既无船只，又无飞机，于是军队就完全崩溃了。"

5 月 6 日，盟军经炮火准备后再次发起攻击。德意军退至邦角（今提卜角），企图从海路撤出北非。7 日，美第 9 师占领比塞大，英第 1 集团军占领突尼斯市，左翼于 8 日占领普罗维尔，其右翼于 11 日占领整个邦角半岛。德意军因盟国海空军严密封锁，未能撤往意大利。5 月 13 日，阿尼姆率德意军余部投降。北非战局至此结束。

突尼斯战役中德意军损失 30 多万人，其中被俘约 24 万人，包括德军 12.5 万人（一说被俘德军 10 万人）。盟国攻占了地中海的整个北非沿岸，保障了地中海交通线的安全，为进攻西西里岛和亚平宁半岛创造了有利条件。

33. 军事欺骗战略：盟军攻占西西里岛

早在 1941 年，英国密码学校就破译了轴心国在地中海使用的 C38M 中级海军密码，为盟军掌握意大利海军情报提供了便利。意大利空军高级"书"密码也在"火炬"行动之前被盟军破译，尽管其空军在"火炬"行动之前和之中并未发挥较大作用，只是在盟军登陆后，才增援突尼斯的德军。

英国密码学校还破译了德国反谍机关(Abwehr)和帝国保密部(SD)的密码电报，获得德军对"火炬"

盟军向码头集中

行动的了解等信息。对于破译的德国反谍机关恩尼格玛密码情报，盟军称为 ISK 和 GGG。通过破译帝国保密部的密码，盟军还获得用于衡量盟军双面间谍向德国提供虚假信息所取得效力的情报。因为这些密码电报中包括德国间谍发给柏林的有关战场情报的情报。

盟军还有另外一个重要情报渠道，即 Y 情报。Y 情报是监听到的一些低级和中级密码情报，以及一些非加密信息，可帮助确定德军部队的构成、位置和单位呼号，证实和补充高级密码情报信息。厄尔特拉和其他特殊来源的情报有时使一些看似毫无用处的 Y 情报变得非常有价值。盟军在 1942 年 4 月后破

美军的运输舰和巡洋舰

译了德国陆军恩尼格玛密码（盟军称之为花鸡Ⅰ、Ⅱ、Ⅲ），获得德国陆军后勤、战术和战略方面的情报。例如隆美尔详细的作战战术、后勤供给陷入绝境等。对德军其他密码电报的破译，也有助于盟军北非作战计划的制定。例如在 1942 年 8 月后破译"海豚"密码电报，获得登陆行动前和登陆期间，德海军在地中海的活动情报，准确分析出轴心国军队在地中海的作战意图及作战能力。

除了 U 型潜艇，德空军巡逻和攻击飞机是盟军进攻舰只最大的威胁。英国密码学校破译德空军密码情报后获得重要信息。例如，1942 年 1 月破译"蝗虫"密码，得到德国空军在西西里和撒丁岛的详细情报。德军战斗机和远程轰炸机将增援西西里和撒丁岛，同时将集中有限的空中和水面力量侦察特定海域。盟军从这些情报中得到预警后，命令登陆舰队在航行时避开这些区域。盟军破译意大利海军收到的密码电报，撒丁岛和西西里岛的战机处于战备状态，意军准备随时打击经过西西里岛的盟军舰队。对这些密码电报的破译，证实轴心国将注意力放在了远离盟军登陆地点之外的地方。从而帮助盟军实施掩盖登陆行动的军事欺骗，夺取登陆行动的胜利。

盟军实施军事欺骗的主要目的是，使德军力量分散，阻止其在盟军力量最为薄弱的时间和地点集中力量，以实现对北非的突然登陆。此外盟军还利用多种手段向轴心国情报机构传播虚假信息。盟军最高机密的"××委员会"专门负责利用双重间谍向德国提供一些虚假信息。同时也报告一些不重要或是过时的盟军机密活动以保持所发布消息的可信度。××委员会还对外发送一些密码电报，传递一些容易被泄露的欺骗性情报，以增加欺骗行动的真实性。

8 月中旬，英国战略欺骗中心开始实施"颠覆行动"，这是"火炬"行动三级欺骗和掩盖计划的第一部分，主要以盟军在英国的集结和运输活动对轴心国实施欺骗。通过大量双重间谍散布虚假报告，并且在英国集结大量的登陆艇、驳船等舰只，做出即将发动一场两栖登陆行动的假象。德空军在英吉利海峡附近进行空中侦察时，发出的恩尼格玛密码电报证实德军已被这场虚假的集结活动所吸引。导致驻西北欧洲的德军一直保持警戒状态，直到 11 月初才转移至地中海西部。说明欺骗行动取得了成功。

第二阶段"独奏行动 I"。就盟军舰只集结，并从英国向登陆区域推进过程中对德军实施欺骗。给德军留下盟军的大规模集结行动是为了进攻挪威，保护通往苏联航线畅通的假象。双面间谍向德国报告盟军占领了纳尔维克港口，使德国认为盟军试图阻止将瑞典的铁矿石输入到德国。战略欺骗中心要求加拿大军队不参与"火炬"行动，而是在登陆部队起航前在英国北部举行大规模两栖作战演习。此外，快速攻击舰只一直留在港口到登陆前 8 天再离开，其余舰只在登陆前 4 天再离开，以便在大规模舰队向南航行时，仍使德国认为盟军有可能攻击挪威。最后，用无线电发送战机抵达苏格兰集结区域的虚假报告。整个欺骗计划的前两部分互补，并且使用大量的同样的装备迷惑德军，使其搞不清楚盟军的意图。

最后阶段的行动代号为"独奏 II"，使德军摸不清盟军集结活动目的地。首先，英国士兵被通知将通过好望角，最终抵达马耳他。双面间谍发布虚假报告，盟军舰队在直布罗陀的集结与马耳他补给有关，让德军认为马耳他严重缺乏食物、油料和弹药。11月 6 日破译的密码情报证实德国并不清楚盟军舰队进入地中海的目的，以为盟军除了为马耳他提供补给，还可能在的黎波里 – 班加西

巴顿关注着西西里岛登陆

美军在西西里岛登陆

坦克在西西里岛登陆

盟军伞兵准备空降作战

区域或撒丁岛或西西里登陆。最后地中海"火炬"行动舰队按照盟军总司令部的命令，欺骗轴心国空中侦察人员，向凯斯勒林的参谋提供有关马耳他舰队的虚假无线电通信等。

其实在 10 月底时，德国空军恩尼格玛密码电报就有隆美尔的报告——盟军在马耳他、直布罗陀、英国海军部之间存在大量作战性质的无线电通信。凯斯勒林也确信从直布罗陀到马耳他之间存在盟军舰队。战略欺骗中心还在 11 月 6 日建议盟军司令部下令皇家海军"简宁"号发送一份虚假的不加密的求救信号，报告其在"火炬"行动舰队以东的海域遭到轰炸攻击而下沉。此举使德国进一步确信，盟军的目的地是地中海的东部。最后，11 月"海豚"密码电报透露出凯塞林担忧在地中海东部的活动，他认为盟军舰队的活动与英国正在攻击隆美尔的行动有关。总之，轴心国军队获得的情报使其仅对撒丁岛和西西里进行了增援，以准备攻击经过那里的舰只。

威廉·弗兰茨·卡纳里斯是纳粹德国军事谍报局局长，被称为"纳粹谍王"，一度是希特勒的宠臣。但他却对希特勒产生了与日俱增的反感，决心推翻希特勒的残暴政权。为了促使佛朗哥不参战，他将希特勒对付西班牙的底牌全部告诉佛朗哥，使西班牙独裁者打消了参战的念头。

1942 年夏季，英美盟军开始执行"火炬"计划，准备在北非登陆。当盟军的 500 多艘舰艇驶进直布罗陀海峡并准备进攻北非时，潜伏于西班牙的德国间谍向卡纳里斯报告：在海峡附近的海面上发现了一支数量异常庞大的盟军船队。卡纳里斯扣下了这份电报，没有向上面发出警告。但意大利海军得到情报后通知了德军最高统帅部。卡纳里斯于是设法误导上级，称盟军可能在科西嘉岛或撒丁岛登陆，绝对不会在法属北非登陆。

1943 年 5 月 13 日，盟军即将在西西里岛登陆前，实施了代号为"肉馅"的欺敌计划。英国情报官员从停尸房里选来一具尸体，给他穿上皇家海军陆战队少校军官的军服，取名威廉·马丁。在他的口袋里装着几封信，其中一封是英军副总参谋长阿奇博尔德·赖伊上将亲笔写给英军驻西北非司令亚历山大将军的。信中佯装说，盟军将攻打希腊和撒丁岛，西西里为掩护目标。"马丁少校"身上的文件很快就到了卡纳里斯手中。英国情报机关认为，如果卡纳里斯是暗中站在盟国一边的，即便怀疑文件并非真实，也会以真件转给上司。事实果真如此，卡纳里斯把文件转交给了德军最高统帅部。希特勒接到情报后，对盟军可能登陆的地点作了错误的判断，把德军主力调往撒丁岛和希腊。德南线总司令凯塞

一艘美国货船受到德军袭击，发生爆炸

林元帅意识到盟军极有可能进攻西西里岛，于是将戈林装甲师和第15装甲步兵师派往西西里岛，增强该岛的防御力量。1943年6月，防御西西里岛的意军第6集团军已辖有9个意大利师和两个德国装甲师，约25.5万人，由意军将领古佐尼指挥。

这里附带说一句，1944年刺杀希特勒的"7.20"事件后，卡纳里斯作为参与者被希特勒杀害。

意大利西西里岛是地中海最大的岛屿，面积为25700平方千米，人口400多万。岛上西北角为巴勒莫港，东北角为墨西拿港，东南角有锡腊库扎港。整个岛屿易守难攻。

1943年1月的卡萨布兰卡会议上，美英首脑便决定在突尼斯战役结束后，立即实施西西里岛登陆作战，以扫除地中海交通线上的障碍，迫使意大利退出战争。1943年夏，盟军在北非沿海港口集中了大量军队，准备执行代号为"爱斯基摩人"的西西里岛登陆作战计划。负责实施该计划的是亚历山大将军指挥的第15集团军群，下辖英军第8集团军和美军第7集团军，共13个师（包括10个步兵师、1个装甲师和两个空降师）又3个独立旅，总兵力达47.8万人，作战飞机4000余架，战斗舰艇和辅助船只约3200艘。英第8集团军由蒙哥马利指挥，任务是在岛东南的锡腊库扎到帕基诺地段登陆，向墨西拿前进；美军第7集团军由巴顿指挥，任务是在岛西南的杰拉到利卡塔地段登陆，通过该岛中央把敌军切成两半，并肃清岛西北角的敌军。登陆时间定在1943年7月10日。

1943年6月11日，为了取得进攻西西里岛的前进基地，盟军在西西里岛

盟军士兵观察西西里岛的一个小镇

和北非之间的班泰雷利亚岛登陆，俘虏意军 11000 多人。揭开了西西里岛战役的序幕。两天后，邻近两个小岛的意军也放下了武器。

盟军在登陆前 3 周，共出动 4000 架飞机对西西里岛和卡拉布里亚实施了战略轰炸。7 月 1 日，盟军取得了西西里岛及意大利南部的制空权，德意空军的 1400 架飞机撤到意大利南中部和撒丁岛。

7 月 5 日，盟军攻击舰队从奥兰、阿尔及尔等 6 个港口出发，载送部队前往马耳他岛会合。同时英国海军出动"无敌"和"无畏"号航母、6 艘战列舰等大型战舰，掩护攻击舰队。航母还向希腊方向佯动，迷惑敌人。7 月 9 日，盟军舰队在马尔他岛东西两侧集结。准备登陆时天气骤变，狂风怒号，恶浪滔天，德意军因此放松了警惕。

7 月 10 日，代号"哈斯基"的西西里战役开始了。凌晨 2 时 40 分，美军第 82 空降师和英第 1 空降师 5400 名官兵搭乘 366 架运输机从突尼斯出发，飞向西西里岛。巴顿和蒙哥马利指挥 16 万美英登陆大军分乘 3200 艘舰船，在 1000 架飞机掩护下，横渡突尼斯海峡，凌晨 3 时 45 分在西西里岛的西南和东南部实施登陆。至中午时分，英美部队顺利登上各自的目标滩头，并保持着攻击态势。

7 月 11 日，西西里岛意军在古佐尼中将指挥下开始反击。德第 15 装甲师从岛上西部调到了东岸，以阻止英第 8 集团军向北面的奥古斯塔移动；德军戈林装甲步兵师和意军两个摩托化步兵师则向美第 7 集团军发起反击。德空军出动了 481 架飞机频频轰炸盟军滩头部队，盟军飞机前来拦截，结果引起一场混战。激烈的战斗持续了一天。德军坦克几乎推进到距美第 7 集团军滩头阵地不足两千米处。巴顿亲临前线指挥美军奋力反击，海军也用猛烈的炮火轰击德军坦克。战至傍晚，德军损失大批坦克，被迫撤退。美军趁势攻占杰拉城。12 日，东面的英第 8 集团军攻克了锡腊库扎。

德意军队第一次反攻失利后，凯塞林知道大势已去，便与盟军混战以拖延时间，牵制盟军，然后经墨西拿海峡退至意大利的卡拉布里亚。希特勒亲自批准了凯塞林的计划，将驻卡拉布里亚的德军第 29 装甲师和驻法国的第 1 空降师调往西西里岛。在加强兵力的同时，德意部队加紧调动，以阻止英第 8 集团军威胁墨西拿。戈林装甲师被调往东部的卡塔尼亚；德军第 1 空降师也同时在卡塔尼亚空降；德第 15 装甲师在恩纳附近阻止美第 7 集团军北进；新调来的第 29 装甲师部署在埃德纳火山西南。这样德意军队构筑了从恩纳到卡塔尼亚的坚固防线。

加拿大步兵登岛作战

7 月 13 日，蒙哥马利的第 13 军突击卡塔尼亚，盟军 145 架飞机载着英第 1 空降旅 1900 名士兵从突尼斯出发在卡塔尼亚空降，配合地面部队联合进攻。德戈林装甲师和第 1 空降师进行顽强抵抗，牢牢控制着从卡塔尼亚通向墨西拿的海岸公路。蒙哥马利正面进攻受挫，被迫调第 30 军绕过埃德纳火山西侧，在美第 7 集团军的支援下进攻墨西拿。

巴顿不甘心让蒙哥马利独唱主角，兵分两路，一路由布莱德雷率领第 2 军在西西里岛中部支援英军作战，一路由凯斯将军率领 1 个暂编军直取西西里首府巴勒莫。7 月 22 日，美军不战而克巴勒莫，俘虏意军 53000 人。

与此同时，蒙哥马利却在两个重要方向上都陷入困境，第 13 军被阻于卡塔尼亚，而向西迂回的第 30 军也在阿德拉诺地区徘徊不前。6 个师对付不了德军 3 个师和部分意军。

巴顿和布莱德雷见蒙哥马利受阻，决心变助攻为主攻，抢在蒙哥马利之前拿下墨西拿，一洗英国宣传机器的奚落和咒骂。布莱德雷的美第 2 军在攻占北部的佩特拉里亚后，迅速调头东进，沿北海岸公路直扑墨西拿。8 月 1 日，艾伦指挥美军"大红一师"向特罗伊纳发起进攻。艾伦低估了德军的兵力和战斗力，结果伤亡惨重败了下来。德军死守特罗伊纳，与美军殊死搏斗了 7 天才撤离该城。8 月 5 日，英第 8 集团军终于攻克卡塔尼亚，开始沿东海岸公路向墨西拿推进。德军有计划地边打边撤，沿途过河炸桥，并埋下数以万计的地雷。8 月 10 日，德意部队退到墨西拿附近，由于盟军没有切断墨西拿海峡的计划和行动，40000 德军和 70000 意军用 6 天 7 夜的时间，完成了向意大利本土的敦刻尔克

美军攻入西西里岛首府墨西拿

式撤退。

盟军向墨西拿的进军变成了美英两国军队的赛跑。8月16日傍晚，美军第3师的先头部队到达墨西拿城下。8月17日上午6时30分，美先遣部队进入墨西拿。10时30分，巴顿乘坐指挥车率领一支摩托车队驶进城里。1小时后，一队英军也吹吹打打地进了城。

当天，岛上的一切抵抗均告停止，西西里岛登陆战结束。盟军占领了西西里岛，从此在地中海往来无阻，打开了登陆欧洲的大门。

在西西里岛登陆战役中，盟军共伤亡22811人，其中5532人死亡，14410人受伤，2869人失踪。德意军伤亡33000人，被俘13.2万人，损失坦克260辆，大炮500门，飞机1700架。这次战役虽然没能消灭德军大量有生力量，但达到了迫使意大利退出战争的政治目的。

墨索里尼的一系列失败招致意大利高层的不满。以国王埃曼努尔和总参谋长安布罗西奥将军及巴多格里奥为一派，法西斯党内的元老为另一派形成两个密谋集团，出于不同目的分别进行推翻墨索里尼的活动。

意大利法西斯党最高委员会于7月24日开会，以19票赞成、8票反对、1票弃权的比数通过了解除墨索里尼军政权力的决议。连他的女婿齐亚诺也投了赞成票。7月25日，国王召见墨索里尼，宣布废黜他的一切军政职务，由巴多格里奥组织新政府，并立即拘禁了墨索里尼。

巴多格里奥上台后，为了不招致德国的武力干涉，表面上宣布继续对盟军作战，暗中却派特使与盟国密谈，准备反戈一击。新政府同意将意大利的港口、机场、军舰和交通线交盟国支配，并从巴尔干国家撤走意军或就地解除武装。由于盟军未能及时抓住这一时机，使德国人发现了一些动向，增派了军队加强戒备。9月8日，盟军司令部和意政府宣布停战后，德军迅速包围罗马，迫使国王和政府成员逃往盟军占领区，并且成立了流亡政府。10月13日，意大利对德宣战。英美苏三国随即宣布意大利为共同作战的一方。

34. 日本航空兵对重庆的残暴轰炸

抗日战争期间的 1938 年 2 月 18 日至 1943 年 8 月 23 日，日军对中国战时陪都重庆进行了长达 5 年半的轰炸。

1937 年 11 月 20 日，国民政府迁往重庆。1938 年初至 1938 年底，日军对重庆实施试探性轰炸。出动的多为陆军航空队。1938 年 10 月日军攻陷武汉，12 月 2 日后，日军大本营对华中方面军下令，开始向重庆实施"由空中入侵对敌军战略中枢加以攻击同时进行空中歼灭战"。这道命令为日军正式对重庆进行战略轰炸的宣告，目的是震撼作为战时首都的重庆，打击中国政府的抗战意志。

1938 年 12 月底起，由日本陆军对重庆开始实施战略轰炸。1939 年 5 月，改以海军实行轰炸。5 月 3 日及 4 日，日机从武汉起飞，连续轰炸重庆市中心区，并且大量使用燃烧弹。重庆市中心大火两日，商业街道被烧成废墟，3991 人死亡，2323 人受伤，损毁建筑物 4889 栋，约 20 万人无家可归；罗汉寺、长安市也被大火吞噬，同时被炸的还有外国教会及英国、法国等各外国驻华使馆，连挂有纳粹旗的德国大使馆亦未能幸免。

1940 年 5 月，日本大本营发动"101 号"作战，由陆、海军同时对中国后方轰炸。陆军主要以山西运城为基地，海军主要以汉口为基地。轰炸重庆的日机超过 2000 架次。8 月 19 日的轰炸尤为惨烈，超过 140 架轰炸机，重庆 2000 多户民居被毁。到 1940 年为止，日军对重庆投掷了 4333 吨炸弹。

发动太平洋战争前，日军向中国集中力量空袭，发动名为"102 号"作战

国军在重庆周边布置的防空声音探测器

的大规模轰炸。在1月至8月，超过3000架次飞机空袭重庆，当中包括夜间空袭。6月5日，从傍晚起至午夜连续对重庆实施多小时轰炸。日军有目标地轰炸防空洞口和通风口。重庆市内的一个主要防空洞部分通风口被炸塌引致洞内通风不足，洞内市民因呼吸困难挤往洞口，造成互相践踏，以及大量难民窒息，估计数千人死亡（当时官方没有公布权威伤亡数字）。

1941年年中以后，日军为准备在太平洋发动战争，陆、海军航空队主力从中国抽出。之后对重庆只有零星轰炸。到了1943年8月以后，日军再无能力空袭重庆，重庆大轰炸告一段落。

重庆大轰炸被认为是与南京大屠杀同等性质的事件。据不完全统计，日机空袭重庆共达218次，出动飞机9513架次，投弹21593枚，炸死市民11889人、炸伤14100人，炸毁房屋30000多幢，30所大中学校被轰炸。

为摧毁抗战陪都重庆，日本策划并发动了多次以重庆为主要目标的战略轰炸行动，"101作战"是其中规模最大的一次。日军出动的军事打击力量之多，空袭之残酷、野蛮、猛烈，在历次战略轰炸中居首。"101作战"中，日机采取了全方位、无差别、连续的地毯式的轰炸战术，对重庆市区反复轰炸，造成了极其惨重的损失。

1939年4月底，重庆的浓雾渐渐消失之后，重庆也就失去了其天然的保护屏障。日军趁此机会制定了"五月攻势"作战计划，决定集中力量，对重庆进行猛烈空袭。其中，尤以5月3日和4日的轰炸最为惨烈，总计炸死市民3991人，炸伤市民2287人，炸毁房屋4871间，市民财产损失更是不计其数。因国民党政府迁都而一度繁华的重庆市区顿成断垣残壁，战时首都重庆遭受了其有史以来前所未有的大浩劫，日军飞机也创造了其有史以来空中大屠杀的黑暗纪录。"五三"、"五四"大轰炸不仅给重庆造成的损失难以计数，给重庆市民心灵的创伤更是难以弥合。

　　见证人：张永芳，女，1932 年出生。重庆大轰炸时，家住南温泉陈家桥。炸弹摧毁了张永芳一家的房子，把只有 7 岁的张永芳以及她的一家全部埋在里面，亡 6 人。"四周树枝上挂着的亲人们的衣服碎片，地上是断脚断手断头，我哭得声嘶力竭。我们家是靠摆渡为生的。那天是 1939 年农历八月十四，刚好是我外公一周年祭日。天气很热，全家人在一起刚吃过中午饭，正在耍，很热闹，我才 7 岁，在和舅娘的女儿做游戏。当时一屋子的人，大家有说有笑，特别热闹。突然，防空警报拉响了，屋里的外婆、父亲、17 岁的二姐、我、大姐两岁半的女儿、舅爷、30 多岁的舅娘、舅娘的 5 岁女儿和另外 3 个帮工一起躲进附近的防空洞，当时舅娘还怀着身孕。一会儿，警报解除了，我们从防空洞里出来了。谁知敌机突然又回来了，但我们已经来不及再躲起来了，只听见天空中一阵嗡嗡的声音。当时我大姐的女儿被吓哭了，我和舅娘的女儿就骂她，叫她不要哭了。躺在床上的父亲也从里屋走过来，大声吼我们，'敌机来了，不要闹了……'一只脚刚跨在门槛外，另一只脚还在门槛内。话没说完，只听见外面就是一阵刺耳的"嚓－嚓－嚓"的声音，有人惊恐地喊了一声糟了，糟了！一颗炸弹在我家的坝子里爆炸了，房子炸塌了，我们一家人都被埋在了废墟里。后来听说，还有一颗燃烧弹也掉在了我家附近，如果炸响了可能我就没有今天和你们记者说话的机会啦！至今，我印象最深的，是我趴在废墟中的两根木桩之间，大哭大喊：'快救我，我害怕！'附近的亲戚们见我家房子塌了，赶过来掏人。待到把我掏出来时，我浑身上下都是血，衣服也是一条一条的，附近的人都赶过来了。看着四周树枝上挂着的亲人们的衣服碎片和地上捡来的断脚断手，我哭得声嘶力竭。小姨在一旁使劲拽着我，不断地哄我。我不晓得自己当时是什么样子，但看到父亲脸上血肉模糊，除了一点眼白外，身上一团漆黑。我记得在掏二姐的时候，还能听到她喊父亲的声音。等到大家把她从乱土堆里拽出来的时候，她脸色却一下子变了，越来越白，人马上不能说话了，只是用双手使劲地抓自己的胸口，抓出很多血槽，身上也不停地抽搐。当时太阳非常大，有人砍来竹子，搭起个三角棚，盖上破席子为二姐遮太阳。其他人继续掏，又救出外婆、舅爷、舅爷的儿子和一个民工。舅爷和他的儿子是从粪坑里救出来的。听舅爷讲，敌机飞来的时候，他就一直把他的儿子抱着，炸弹爆炸后他又把儿子护在腋下，他手臂上的血管被炸断了，鲜血止不住地往外流，被埋在土里后就使劲往外面拱，没想到他由于过度紧张却爬进了粪坑里，大家是从粪坑里把他们捞出来的。公路上还有一只被炸断的人手，没人靠近它，手

重庆有不少防空洞

已经腐烂。我父亲在路边挖了个坑，把那只手给埋了。前面几个人掏出来后，防空警报又拉响了。警察就把所有的人都赶到附近的防空洞躲起来，等第三次敌机轰炸结束后才又赶回来救人。这时二姐已经死了，身体都开始发了。后面救出来的人都死了，样子非常惨。大姐女儿身上的衣服也不知道哪里去了，从前面看身上一点伤都没有，但背上有一个拳头大小的洞，肠子从里面流出来一大堆。舅娘身上还怀着小孩，掏出来时

脑壳却没有了，脖子齐齐整整地断了，直到下葬时也没有找到她的头。两个民工也没有全尸，手脚都不知道到哪里去了。事实上，我们家能救出几人，还算是好的，附近有几家人全家都死绝了，香火都没有了。离我家不远处有一户'下江人'，房子刚建好没两天，结果这一炸，一家人只活了一个。当时我们真是家破人亡，家里的房子、粮食和衣物都没了，活着的人都没有饭吃，但死了的人要埋呀。家里没钱，连一口棺材都买不起，更不用说做法事了。而且，那次轰炸后附近几个镇的棺材铺都卖缺了。天气越来越热，尸体留不住。没办法，只好是简单又简单了。二姐是用烂门板钉了个匣子埋的，匣子太小，二姐的尸体放不下去，是大人们使劲把尸体扭弯后才塞进去；大姐的女儿连小匣子都没有了，大姐从家里拿来一个装衣服的箱子，刚好把女儿放进去。那民工更惨了，尸体放了两天也没有人认领，臭得老远就能闻到，后来我父亲找了张席子，往民工尸体上一裹，挖了坑埋了。"

见证人：朱绍臣，男，1911 年生，抗战时在重庆卖旧衣服为生。

"1941 年 6 月 5 日晚饭前后，敌机来袭。剧烈的爆炸声连续不断，防空洞都在摇晃。黑暗中，周围的人开始躁动，小孩哭，大人骂，场面乱极了。正在这时，有人说空袭警报解除了，人群就争先恐后地向外挤，那个时候能吸上一口外面的空气就是幸福。当我随人群挤到防空洞的三申店岔道口时，紧急警报又响了，洞里的空气紧张起来，已经挤出防空洞的人拼命往里钻，里面的人则使劲朝外挤，你推我攘。这时有人惊恐地大喊踩死人了！踩死人了！人群更加骚动起来，你拥我挤，争相逃命，也不知道有多少人被踩死踩伤。小日本的

飞机仍然在外面轰炸，猛烈的爆炸声好像就在洞门口，防空洞一抖一抖的。渐渐有人晕倒了，有人有了轻生的念头，不断拿自己的头往墙上撞，甚至有人用刀子割自己的手腕、喉咙；体力好的年轻人撑着周围人的肩膀，试图从人群的头顶上爬出来，但他们都没爬多久，就被下面的人死死拽住手或脚，钉在了那里。我头昏眼花，鼻子和嘴一起贴着墙壁呼吸，嗓子干得快冒烟了，我感到自己不管死活，必须往洞口爬，就一脚踏壁，一脚踩在别人肩上，双手抱住前面那个人的头，使足了劲往上蹭，试了好几次才爬上去。其实，这时主洞里的人死得差不多了，一人堆一人快挨着防空洞顶了。我一寸一寸朝外挪，背已经顶在防空洞的顶上。不晓得过好久，我听见有人喊：这里还有一个爬的！就被抬到洞外。洞外天黑，洞口亮，有人烧几堆火，到处都是呻吟。那些不能动弹的人，不管是死的还是昏的，只要一抬出来，就有人往其身上撒石灰（防止尸体发臭），然后往路边一扔，堆起几座小山，惨不忍睹。"

见证人：赵克常男，1925年出生，武汉人。

"1939年5月4日下午两三点钟的样子，我们的船停在接近朝天门码头的一个隐蔽的地方，敌人的飞机正在轰炸重庆。我们这些孩子在船上到处跑，看轰炸的情景。我跑到了船头，我不怕，因为我在武汉的时候见过空战。当时天上的飞机多呀，黑压压一片，9架一排，飞得很低，连日本人的膏药旗都能看得见。炸弹就像狗拉屎一样向下掉，还有飞机上的机关枪也喷着火，响个不停。当时朝天门到处是浓烟和灰尘，在船上听声音就跟打闷雷似的。敌机轰炸完走了，我们也很快从朝天门码头上岸了。我记得，下了船到路上，要爬很高的台阶，起码有几千个坎，当我刚爬了一小半的时候就大哭起来。因为越往高处走，地上就有越来越多的人肢体的碎片，有血肉模糊的大腿横在路上，有乱成一堆的肠子还在蠕动，有带着凌乱长发的半边脸狰狞地看着你，有只断臂的手心里握着一个精致小包，抓包的手指还在微微抖动！我当时根本喘不上气，胸闷，窒息了，好像马上就要被憋死了一样，我忘了有没有哭出声，

惨案

我当时可能连哭出声的力气都没有。我记得，当时不少孩子都把眼睛蒙住不看，有个孩子没蒙，但嘴张得大大的，合不拢，就这样走了一路。我们走的是从朝天门到上清寺的那条路，步行。一路上去，看到到处着火，冒黑烟，尸体遍地，还有一块块人的肢体碎片。消防队员在救火，但大都是人扑手打，高压水枪很少。路边有不少哭死去亲人的。我在重庆的生活，就这样开始了。"

见证人：王群生，男，70 岁，1935 年出生于日本，1938 年随父母回到重庆，亲历了重庆大轰炸，后为重庆市文史馆副馆长。

"日机的轰炸除直接炸死炸伤市民外，由于长期轰炸造成的环境污染，使当时的重庆成为'闻名遐迩'的三多城市：垃圾多、污水粪便多、老鼠多，霍乱、痢疾、流行性脑炎和天花等相当流行，使大批市民间接致死。1939 年'五三'、'五四'大轰炸后，重庆市区就曾发生过严重的霍乱和痢疾，当时驻守在机房街的新兵团就有数十人因痢疾流行而死亡；6 月，重庆化龙桥地区霍乱流行，当月死亡人数就达 200 多人。1999 年，一位曾参加过重庆大轰炸的日本飞行员到重庆谢罪，他告诉我当年他们在重庆也扔过细菌炸弹。我查了资料，发现重庆出现鼠疫、霍乱等疾病的时期，和日军投弹时间很相符。此外，据当时《儿童福利工作总报告书》记载，重庆空袭仍频，死伤枕藉，遗弃孤儿，随处皆是。截至 1940 年 2 月统计，孤儿人数就已达到两万人左右。日机轰炸还引起了重庆住房拥挤、交通混乱，给市民生活带来了巨大影响。大轰炸致使重庆出现了极严重的房荒，大多数重庆百姓都是住用木棍和篾竹搭起的'抗战房'。当时的重庆，家家户户的房子都没有玻璃，不是在轰炸中被震碎，就是为防止日机轰炸时破碎伤人。1941 年日机对重庆实施疲劳轰炸，重庆市民经常几小时、十几小时地处于空袭警报当中。从 8 月 7 日起，日机不分昼夜，以不到 6 小时的间隙对重庆进行了长达一周的持续轰炸。8 月 10 日至 13 日，市区空袭警报达 13 次，96 个小时，市内水电全部中断，市民断炊断水。但日本侵略者野蛮的轰炸并没让重庆屈服。那时重庆有个民谣是这么唱的：任你龟儿子凶，任你龟儿子炸，格老子我就是不怕；任你龟儿子炸，任你龟儿子恶，格老子豁上命出脱！"

轰炸之后的残垣断壁

35. 漫长的瓜达尔卡纳尔岛之争

瓜达尔卡纳尔岛简称瓜岛，位于南太平洋所罗门群岛东南，面积 6500 平方千米。从 1942 年 8 月 7 日至 1943 年 2 月 9 日，美军为了保护美国、澳大利亚和新西兰之间的运输航线，展开代号"瞭望台"的行动，与日军在这个岛上激战 7 个月。这场岛屿战争以太平洋战争的分水岭而闻名。或者说，瓜岛之战，是美军在太平洋反攻的开始。

珍珠港事件后，罗斯福总统与海军部部长法兰克·诺克斯任命欧内斯特·约瑟夫·金为美国舰队总司令，是美国海军最高领导人。美军攻占南所罗门的构思来自金，代号"瞭望台"，行动日期为 1942 年 8 月 7 日。最初"瞭望台"计划攻占图拉吉和圣克鲁斯群岛，没有瓜岛。然而，在侦察机发现日本在瓜岛建设后，也把攻占该岛纳入占领计划。

"瞭望台"部队包括 75 艘战舰和运输舰，1942 年 7 月 26 日在斐济附近集结，7 月 31 日前往瓜岛前只进行了几次登陆演练。远征部队指挥官是美国中将弗兰克·弗莱彻，旗舰是"萨拉托加"号航母。登陆运输队指挥官是美国少将里士满·特纳。海军陆战师第 1 师师长范德格里夫特率领 16000 名陆战队员参与登陆行动。派往瓜岛的部队仅配备老式手动枪机式步枪，只有 10 天的弹药供应。第 1 陆战师面对即将来

瓜岛上的亨德森机场

海军陆战队用两栖装甲车冲上瓜岛海滩

临的作战代号是"鞋带"。

1942 年 5 月，日军占领图拉吉并构建水上飞机基地。7 月在瓜岛修建机场。这些基地将保护日军拉包尔基地，威胁盟军供应和通讯路线，配合计划中对斐济、新喀里多尼亚和萨摩亚的进攻。日军计划在瓜岛机场一次性部署 45 架战斗机和 60 架轰炸机，为向南太平洋的日本海军提供空中掩护。

远征军于 8 月 7 日抵达瓜岛附近。登陆部队中的一部分进攻瓜岛，另一部分进攻图拉吉、佛罗里达和附近岛屿。美军占领图拉吉岛和附近的吉沃图和塔纳姆博格时，岛上的 886 名日军进行了激烈抵抗，几天后日军被歼。与之相反，8 月 7 日早上 9 时 10 分，范德格里夫特和 16000 名陆战队员在瓜岛登岸。推进中，除了被热带雨林纠缠，仅遇到日军轻微抵抗。8 月 8 日下午攻占机场。日海军建设部队和朝鲜劳工逃到 5 千米外，留下了食品、补给用品、建筑设备、车辆及 13 具尸体。

8 月 8 日晚，弗莱彻从所罗门群岛撤出航母编队。由于失去舰载机的空中掩护，特纳决定 8 月 9 日早上从瓜岛撤回运输船只，并尽可能在撤离前多卸载补给物资。8 月 8 日晚，运输舰卸载货物时，盟军负责掩护的军舰，被来自拉包尔和卡威恩海军基地的日军第 8 舰队 7 艘巡洋舰和 1 艘驱逐舰偷袭。1 艘澳大利亚军舰和 3 艘美军巡洋舰被击沉，1 艘美军巡洋舰和两艘驱逐舰被重伤。日军有 1 艘巡洋舰中度受损。特纳在 8 月 9 日晚上撤出所有剩余的盟军海军部队，留下了没有太多重型设备和物资的海军陆战队。

留守的海军陆战队最初集中在瓜岛机场外围，形成松散的防守圈。在包围圈内，连续 4 天将卸在岸上的补给物资转运至分散的储存地点。

8 月 12 日，为纪念在中途岛战死的海军陆战队飞行员洛夫顿·亨德森，将瓜达机场命名为亨德森机场。18 日，足够 5 天的食品由运输舰运送靠岸，加上俘获的粮食，有 14 天的粮食储备。海军陆战队在登陆后不久遇到严重痢疾，有 1/5 染病。8 月 12 日晚上，一支 25 人的美军巡逻队被日军全歼。作为报复，8 月 19 日，范德格里夫特派出美军第 5 陆战团的 3 个连攻击集中在马坦尼考以西的日军部队，打死 65 名日本兵，自己丧生 4 名。

8 月 20 日，护航航母"长岛"号运送两个中队海军飞机到亨德森机场，其中一个中队有 19 架 F4F 战斗机，另一个中队有 12 架 SBD 无畏式俯冲轰炸机。这两支中队组成"仙人掌航空队"。日军轰炸机开始全日空袭后，陆战队战斗机投入战斗。8 月 22 日，5 架美国海军 P-400 战斗机及其飞行员到达亨德森机场。

日本大本营命令百武晴吉的第 17 军收复瓜岛，并由山本五十六的联合舰队支援。第 17 军正在新几内亚行动，其中川口清健少将的第 35 步兵旅在帕劳，青叶步兵团在菲律宾，一木清直大佐的第 28 步兵团在关岛附近的运输船上。只能先派出少数部队参战。栎木团首先抵达。一木团的 917 名士兵 8 月 19 日零时从太午角登陆。于 8 月 21 日晨正面进攻鳄鱼河阵地，损失惨重。天亮后，海军陆战队对残存日军实施反击，打死一木本人。917 人中仅有 128 名幸存者撤回太午角。此战后被称为"泰纳鲁河战役"。

8 月 16 日，3 艘运输舰运载栎木团的 1400 名士兵及第 5 横须贺特别海军登陆部队的 500 名海军陆战队员离开特鲁克。运输舰由 13 艘军舰护航，计划 8 月 24 日在瓜岛登陆。为掩护登陆部队登陆，并为夺回亨德森机场的行动提供支援，山本五十六在 8 月 21 日从特鲁克派出南云忠一的 3 艘航母和 30 艘战舰，朝所罗门群岛南部前进。

弗莱彻指挥拥有 3 艘航母的特混舰队接近瓜岛，应对日军进攻。8 月 24 日和 25 日，双方航母舰队在东所罗门交战，日军损失一艘轻型航母。田中舰队遭到来自亨德森机场的美陆军航空队飞机的攻击而受到重创，1 艘运输舰沉没，被迫转移到所罗门群岛以北的肖特兰群岛。

截至 8 月底，盟军 64 架飞机驻扎亨德森机场。9 月 3 日，第 1 陆战队航空联队司令莱尔·盖格皮接管亨德森机场的空中作战指挥。从亨德森机场起飞的盟军飞机和来自拉包尔的日军飞机的空战几乎每天都在持续。8 月 26 日至 9 月 5 日，美军损失 15 架飞机，日军损失 19 架飞机。超过半数被击落的美军机组人员获救，而日军机组人员从未被救回。

范德格里夫特继续加强和改进伦加防御圈。8 月 21 日至 9 月 3 日把梅里特达·埃德森的第 1 突袭营和第 1 伞降营以及第 5 陆战团第 1 营先后调到瓜岛。

8 月 23 日，川口的第 35 步兵旅团到达特鲁克，搭乘运输舰前往瓜岛。由于田中舰队在东所罗门海战中受创，日军打算把更多部队送到瓜岛。运输舰改将第 35 步兵旅团载到拉包尔，然后用驱逐舰经由肖特兰群岛海军基地送到瓜岛。日本驱逐舰经常一夜间直下新乔治亚海峡到瓜岛并回航，以避免盟军的空袭。盟军称为"东京快车"，而日军称为"老鼠运输"。

盟军海军没有在夜间挑战日本海军，所以日军在夜间能控制所罗门群岛附近海域。但是，在白天日军舰船只要在亨德森机场攻击范围之内，即受到空中打击。这种情况持续了数月之久。

8月29日至9月4日，日军数艘轻巡洋舰、驱逐舰和巡逻艇运送大约5000名士兵至太午角登陆。川口于8月31日在太午角登岸，指挥瓜岛的全部日军。冇船队运送第35步兵旅团的另外1000名士兵，在伦加防御圈以西的卡米姆博湾登陆。

9月7日，川口要求部队分成3组迫近伦加周边，实施夜间袭击。奥卡的日军从西面进攻防御圈，栎木第2梯队从东面攻击。主要攻击部队为伦加防御圈以南丛林的川口"中央梯队"，约3000人。至9月7日，川口部队离开太午角，沿海岸线向伦加前进。约250名日军留下看守太午角供应基地。

海军陆战队接到报告，日军在太午角附近的塔希姆波柯。埃德森计划突袭集中在太午角的日军。9月8日，埃德森的部队在太午角附近下船后，攻占了塔希姆波柯，日军退入丛林。埃德森的部队发现并摧毁了川口的主要补给站，带上了一些文件和设备，返回伦加防御圈。海军陆战队判断，至少有3000名日军在岛上。

埃德森与范德格里夫特的执行军官杰拉德·汤马斯上校认为，日军很可能从与伦加河平行、亨德森机场南面的珊瑚脊——伦加山脊发起进攻。9月11日，埃德森营840人部署在山脊周围。9月12日晚，川口第1营攻击伦加河与山脊间的突击队，迫使一个海军陆战队连撤回山脊。第二天晚上，川口旅3000人加上各种轻型火炮，面对埃德森的840名突击队员，入夜后开始进攻，川口第1营攻击山脊以西埃德森的右翼。在突破海军陆战队防线后，该营的进攻最终被守卫山脊北部的海军陆战队阻止。

川口的第2营两个连在山脊南部边缘进攻，埃德森的部队被击退至山脊中部的123号山岭。整个晚上，海军陆战队在火炮支援下，击退了日军一波波的正面攻击。越过山脊到达机场边沿以及攻击库玛和奥卡营的日军也被打败，川口带领残兵不得不撤退，5天后与奥卡的日军会合。此战日军和美军分别有850和104人阵亡。

9月15日，日本大本营得知川口战败的消息后认为，"瓜岛可能发展成为战争的决定性战役。"此战结果开始对日军在太平洋其他地区产生战略影响。经大本营同意，第17军司令百武晴吉下令在新几内亚的部队后撤，直至"瓜岛问题"解决为止。

川口部队撤退到马坦尼考以东地区，许多掉队士兵分散在伦加防御圈和马坦尼考河地区之间。范德格里夫特决定在马坦尼考河谷进行小规模行动，以扫荡分散在马坦尼考河以东的日军，防止其在伦加地区巩固阵地。

所罗门群岛的土著自卫军

9月23日至27日，海军陆战队3个营试图攻击马坦尼考河以西日军，但被日军包围在马坦尼考河以西的告鲁斯点，遭受沉重损失，在美军驱逐舰和登陆艇协助下艰难逃脱。第2次行动在10月6日至9日实施，渡过马坦尼考河攻击刚刚登陆的日军，将日军逼出马坦尼考河以东阵地。10月9日和11日间，美军第2陆战团第1营在伦加防御圈以东突袭日军，35名日军丧生，20名美军阵亡。

9月底10月初，日军第2师团抵达瓜岛。日本海军为支援陆军攻势，不仅提供人力物力，而且加强对亨德森机场后续空中攻击并轰击机场。

10月8日，南太平洋美国陆军部队司令米勒德·哈蒙增派亚美利加师第164步兵团2837人前往瓜岛。为了保护运送第164团的船只，霍姆利下令第64特混舰队堵截和打击任何威胁到运输舰队的日军舰只。

10月11日夜，日军第8舰队两艘水上飞机母舰和6艘驱逐舰分别运送728名士兵以及火炮和弹药到瓜岛。同一时间，3艘重巡洋舰和两艘驱逐舰在五藤存知少将指挥下炮轰亨德森机场的目标。斯科特战舰雷达发现五藤舰队在萨沃岛和瓜达尔卡纳尔岛之间海峡入口附近，便以T字形展开。斯科特战舰击沉五藤的一艘巡洋舰和一艘驱逐舰，另一艘巡洋舰受重创，其余日舰放弃炮轰任务。交火时，斯科特的一艘驱逐舰被击沉，一艘巡洋舰和另一艘驱逐舰受到严重破坏。与此同时，日军的补给舰队完成在瓜岛的卸载后开始返程。10月

12 日早，补给舰队的 4 艘日军驱逐舰协助五藤撤出损坏战舰。亨德森机场仙人掌航空队当晚空袭并击沉日军两艘驱逐舰。运送美国陆军部队及补给品的舰队如期在 13 日到达瓜岛。

尽管美军在埃斯帕恩斯角取胜，日军仍决定于 10 月底大规模进攻。10 月 13 日，日军 6 艘货轮在 8 艘驱逐舰的护航下，运送隶属第 16 和第 230 步兵团的 4500 名士兵、两个重炮兵营及 1 个坦克连前往瓜岛。

为掩护舰队免遭仙人掌航空队攻击，10 月 14 日凌晨，日军"金刚"和"榛名"号战舰到达瓜岛附近炮轰亨德森机场。在 1 个半小时内，共向伦加防御圈发射了 973 发炮弹，许多炮弹是破碎弹，专门摧毁地面目标，跑道被严重损坏，几乎所有的航空燃料燃烧起来，仙人掌航空队 90 架飞机有 48 架被摧毁，41 人丧生，包括 6 名飞行员。而后，两艘日舰返回。

尽管亨德森机场遭受严重破坏，但在数小时内 1 条跑道即恢复。17 架 SBD 无畏式俯冲轰炸机和 20 架野猫式战斗机降临亨德森机场。

美军得知日军大型增援舰队即将到达，仙人掌航空队两次袭击该舰队，但没有造成破坏。

10 月 14 日午夜，日本舰队到达瓜岛，开始卸载。10 月 15 日，仙人掌航空队轰炸和扫射卸载中的舰队，摧毁了 3 艘货船。舰队卸下所有部队和大约三分之二的补给和装备后于当夜离开。几艘日军重巡洋舰在 10 月 14 日晚和 15 日炮轰亨德森机场，摧毁美军部分飞机。

10 月，日军已运送 15000 士兵到瓜岛。由于丧失了马坦尼考河东侧阵地，百武决定从南面进攻亨德森机场。丸山政男率第 2 师团（得到第 38 师团增援）7000 名士兵通过丛林前进，攻击美军靠近伦加河东岸的防线，进攻日期为 10 月 23 日。为转移美军视线，百武的炮兵和 5 个营步兵攻击美军沿西海岸走廊防线。日军估计有 10000 名美军在岛上。

10 月 12 日，日军工兵开辟了长 24 千米、从马坦尼考河至伦加防御圈南部的"丸山道路"。此路要通过众多河流、沟壑、山峰和丛林，限制了装备的携带。10 月 16 日至 18 日，第 2 师团沿丸山路前进。23 日，日军从丛林中挣扎出来。当日黄昏，第 4 步兵团的两个营和第 1 独立坦克连的 9 辆坦克在马坦尼考河口对美军海岸防线发动进攻，被美军击退，日军所有坦克被，众多士兵丧生，而美军只有轻微伤亡。

10 月 24 日，日军全部抵达伦加防御圈。之后连续两个晚上，日军对美军第7陆战团第1营及第164步兵团第3营进行了多次进攻。美军对日军进行了"可怕的大屠杀"。小股日军突破了美军防线，后被肃清。日军1500多人被打死，美军损失约为60人。同样，在这两天，从亨德森机场起飞的美军飞机摧毁14架日军飞机，击沉日本一艘轻巡洋舰。

10月26日晨，百武取消后续攻击，下令撤退。约有一半幸存部队撤退至上马坦尼考河谷，日军两三千名士兵阵亡，而美军约80人战死。

瓜岛日军补给匮乏，处境越来越困难。12月3日，日军第8舰队司令三川派10艘驱逐舰装载1500个装有粮食、药品等物资的铁桶，于当天深夜将全部铁桶投放到塔萨法隆格附近海域，但瓜岛日军只得到310个，其余被美机击沉。12月7日，日军再派11艘驱逐舰运输铁桶，途中遭美军飞机和鱼雷艇阻击，被迫返航。12月11日，田中再次率领10艘驱逐舰进行铁桶运输，投放了1200个铁桶后，在返航途中遭到美军鱼雷艇的攻击，旗舰"照月"号被鱼雷击中。弹药舱爆炸后沉没，田中负伤落水，和舰长等17名军官、139名水兵游上瓜岛。瓜岛日军仅捞起220个铁桶。日本海军感到对瓜岛陆军的支援已力不从心。而陆军仍想挽回败局。第8方面军司令今村决定在1943年1月将第6和第51师团投入瓜岛，2月中旬发起总攻，一举夺回瓜岛。

美军基本控制了瓜岛制海和制空权后，顺利地向瓜岛运送援军和物资。1942年12月初，美军海军陆战队第2师和陆军第25步兵师抵达瓜岛，接替了疲惫不堪、因伤病减员7800人的海军陆战队第1师。战役结束后，陆战队第1师荣获罗斯福总统颁发的"优异部队"称号，成为美军第一支获得这一荣誉的部队。12月9日，帕奇少将从范德格里夫特手里接过瓜岛地面部队指挥权，陆战队第1师带着瓜岛的赫赫威名撤回澳大利亚休整。从此，该师师徽标上 "GUADALCANAL"

战斗间歇

尼米兹观察日军阵地

（瓜达卡纳尔），以纪念血战瓜岛的辉煌战绩。

12月初，仙人掌航空队得到5个陆战队航空兵中队、4个海军航空兵中队和1个陆军航空兵中队加强，飞机数量达200余架，掌握了瓜岛制空权。他们还在所罗门群岛其他岛屿岸基航空兵和航母舰载机支援下，不断空袭日军"东京特快"的起点站肖特兰岛，使日军舰船和物资损失越来越严重。

自从12月11日田中的驱逐舰编队遭到美军鱼雷艇攻击后，日军将近3周没有组织舰艇向瓜岛运送补给，瓜岛日军仅靠潜艇运送的为数极少的补给。食品极度匮乏，热带疾病流行，每天因病饿而死多达百人。尽管百武再三请求体面的战死，而不是饿死在掩体中，但今村拒绝了百武发动最后决死进攻的请求。

1943年1月4日，日本大本营向联合舰队司令山本和第8方面军司令今村下达撤离瓜岛的命令。鉴于瓜岛美军不断发动进攻，日军从第38师团的第230联队中抽调约700人，由矢野桂二中佐指挥，代号"矢野部队"，于1月14日送上瓜岛，作为保障瓜岛部队撤离的殿后部队。

1月27日，1艘运输船运载一批去瓜岛换防的美军，为保障航行安全，哈尔西派出包括航母和战列舰在内的5支编队掩护。负责近距离掩护的是第18特混编队，有3艘重巡洋舰、3艘轻巡洋舰和6艘驱逐舰。日军在瓜岛附近海域部署有大量潜艇。1月29日发现美军第18特混编队正在伦内尔岛海域航行后，迅速通报基地。日军随即从蒙达机场起飞10多架鱼雷机前去攻击。当日黄昏，美舰雷达发现60海里外的日机后，既未改变队形，也未做任何防空准备。日机分成两队，先由两架飞机佯攻，随后退出战斗。吉芬以为战斗结束，仍以原队形继续航行。天黑后，日机突然投下照明弹，接着发动攻击。美舰以猛烈炮火还击，数架日机被击落。一架在"芝加哥"号左前方中弹坠海，燃起的火焰将"芝加哥"号照得清清楚楚，立即引来日机集中攻击。"芝加哥"号被鱼雷命中，机舱进水，主机停车。其余军舰降低航速以减少舰尾浪花，并禁止射击。日机失去目标，发射曳光弹，企图引诱美舰开火，但美舰不为所动。日机在黑夜中找不到目标，只得返航。

次日，"路易斯维尔"号巡洋舰拖带"芝加哥"号，在6艘驱逐舰保护下驶往圣埃斯皮里图岛，"企业"号航母派出10架战斗机担任空中掩护。下午日军12架鱼雷机攻击"企业"号航母。掩护"芝加哥"号的战斗机击落3架日机，其余日机摆脱美机，转而攻击"芝加哥"号。"芝加哥"号航速慢，被4枚鱼雷命中后沉没，一艘驱逐舰被击伤。又有7架日机被击落。尼米兹对有6艘驱逐舰和10架战斗机保护的"芝加哥"号被击沉，感到痛心和不可理解。日机集中攻击第18特混编队，没有去攻击美军4艘满载部队的运输船，运输船顺利抵达瓜岛。这次海空战称"伦内尔岛海空战"，美军1艘巡洋舰被击沉，1艘驱逐舰被击伤，日军损失飞机15架。

上述行动给美军造成日军即将发动大规模进攻的假象。1月22日，哈尔西陪同海军作战部长诺克斯和太平洋战区总司令尼米兹视察瓜岛，3位高级将领都没有察觉日军即将撤退的迹象。

为压制美军航空兵力，日军将东南太平洋地区的100架陆军飞机和200架海军飞机集结到拉包尔。1月25日后对美军在瓜岛和圣埃斯皮里图岛的机场进行多次空袭。日军原计划1月30和31日对瓜岛实施大规模空袭，然后组织撤退。因天气不佳，空袭计划被迫延期。不料31日晚，拉包尔反遭美军空袭，日机损失50架。这使得日军在空袭计划实施前就决定立即组织撤退。

2月1日，桥本少将率领20艘驱逐舰从肖特兰岛出发，进行第一次撤退行动，当天中午被美军侦察机发现。美军判断是日军为发动总攻而向瓜岛运送增援部队，即出动飞机阻击。36架轰炸机于下午临空轰炸，日军担任空中掩护的18架零式战斗机全力迎战，击落美机4架。桥本旗舰"卷波"号被重创，由己方鱼雷击沉。其余驱逐舰于深夜到达瓜岛附近海域，以8艘驱逐舰担任警戒，11艘靠岸接运撤退人员。

打烂的日军军舰和潜艇

瓜岛参战留影

撤退过程中，美军鱼雷艇和飞机多次前来攻击，都被日军警戒舰击退。2月2日凌晨，桥本编队接5414人返航，中午抵达肖特兰岛。

2月4日上午，日军20艘驱逐舰组成第二次撤退编队，从肖特兰岛起航，途中遭美军31架战斗机和33架轰炸机、鱼雷机的攻击。护航战机和驱逐舰击落美机10架，日军"舞风"号被炸伤，由"长风"号拖带返航。其余18艘驱逐舰到达瓜岛，接运5004人，次日凌晨返航。在日军接运人员过程中，美军出动鱼雷艇前去攻击，但未发现日军编队无功而返。

2月7日，小柳少将指挥18艘驱逐舰接运撤退部队。美军派出15架轰炸机空袭，日军一艘驱逐舰被击伤，在另一艘驱逐舰的护卫下返航。其余16艘驱逐舰驶抵瓜岛，接走百武和第17军军部人员计2639人。海滩上还有数百名奄奄一息的重伤病员，无法接运上舰，给他们留下手榴弹，用以自尽。

瓜岛战役中，日军25000名官兵战死，日军在新几内亚战役的目标破产。同时日军也失去了所罗门群岛南部的控制权，无力阻止盟军在澳大利亚的航运。其主要基地拉包尔受到盟军空中威胁。重要的是，日本空、海军在瓜岛的丛林和周边海域消失了。

日军撤出后，瓜岛和图拉吉岛成为盟军在所罗门群岛进一步行动的重要基地。除了亨德森机场，另外两条战斗机跑道分别建于伦加和科里角。海军港口及物流设施建在瓜岛、图拉吉和佛罗里达岛。图拉吉附近锚地成为前进基地，供盟军军舰和运输船支援所罗门群岛战役。

36. 库尔斯克会战：最大规模的地面战役

　　库尔斯克会战是苏德战场的决定性战役之一，双方投入超过 268 万名士兵和 6044 辆坦克，参战飞机超过 2000 架，是史上规模最大的坦克会战和单日空战。战役之前，德军能够自主选择发动进攻战役；战役之后，德军丧失了战略主动权，苏军开始收复国土的全面进攻。

　　1943 年初，苏军在斯大林格勒战役中获胜后乘胜进攻。德国南方集团军群司令曼施坦因元帅主动放弃了一些重要据点。苏军在不断进攻中，战线越拉越长，德军却完成了兵力集结，向顿涅茨河和第聂伯河之间发起反击，重创苏西南方面军，使其被迫放弃一个月前刚攻占的哈尔科夫，后撤至库尔斯克南面的奥博扬地区。为防止战线的彻底崩溃，苏最高统帅部把第 1 坦克集团军从列宁格勒南调，第 21 和第 64 集团军也从斯大林格勒调至这些方向，战线趋于稳定。

　　哈尔科夫战役的胜利使得德军又充满了信心。曼斯坦因希望通过一次诱敌进攻后的防守反击来歼灭苏军，提出实施代号为"反手一击"的大胆行动，通过迂回到亚速海的罗斯托夫包围红军。有人认为库尔斯克战役来自曼施坦因的最早策划，这不符合事实，亚速海岸围歼战才

苏军坦克兵

是其最初设想。曼施坦因其后制订库尔斯克战役计划并坚持把这个战役进行到底，充其量只是初衷未竟而退求其次——服从希特勒的构想和意志。因为之前曼施坦因曾提醒希特勒，无论如何，推迟和中止库尔斯克战役将导致整个战略的不利。所以在战役过程中对希特勒的犹豫和退缩，曼施坦因坚决要求将此战役坚持下去。所以有人误解为曼施坦因主张计划并实施了库尔斯克战役。

对于退求其次的库尔斯克战役，曼施坦因提出两个建议，一是趁苏军立足未稳，先期发动进攻战役；二是等待苏军先行进攻，待其疲惫和消耗后，德军再行反攻，并抄击苏军后路。曼施坦因更为看好后者。但是，希特勒拒绝了后者，认为让苏军抢先进攻过于冒险。希特勒选择了前者，试图抢先攻击，但又一再推迟，期待己方力量的增加。就这样，希特勒又犯了一个错误，使苏军的力量得到更快加强。

库尔斯克突出部犹如从苏军的战线中伸出的拳头，其正面长约 250 英里，而底部却不到 70 英里。在该突出部有众多成建制的苏军。曼斯坦因计划通过南北两翼的钳形攻击，合围并歼灭整个突出部内的苏军重兵集团。并且此战役的成功将缩短德军的战线，使德军的机动性大大增加。曼斯坦因的计划得到了中央集团军群司令克鲁格元帅和陆军总部参谋长蔡茨勒上将的支持，但遭到第 9 集团军司令莫德尔上将和装甲兵总监古德里安上将的反对。理由是，1943 年春，德军在欧洲东线坦克损失巨大。到 1943 年 5 月，东线 18 个装甲师只剩 495 辆坦克，平均一个师只剩 27 辆。虽然改进过的 3、4 号长炮型坦克能够压制 T–34/76，而新式虎式和豹式坦克更具优势，但数量差距短期内不可弥补。古德里安认为对库尔斯克的进攻将使坦克遭受很大损失，他的改编装甲兵的计划也将破产。希特勒对此也犹豫不决，他曾对古德里安说“自从我开始考虑这次进攻，一直心情不好”。但最终希特勒还是决定采纳曼斯坦因的计划并发布第 6 号作战命令，决定德军以中央集团军群和南方集团军群联合发动一次钳形攻势，以摧毁在库尔斯克突出部的苏军。作战代号为“堡垒”。

1943 年的雨季结束较晚，德军也准备不足，“堡垒”计划一再延期。在 5 月讨论“堡垒”计划会议上，第 9 集团军司令莫德尔上将带来一叠航空照片，照片显示苏军在德军计划进攻路线上构筑了大量防御工事。莫德尔认为进攻最佳时机已失去，苏军恢复了元气，应该放弃“堡垒”计划。希特勒再次显示出犹豫，但在克鲁格、蔡茨勒和曼斯坦因等的坚持下以及对于“闪电战”的自信，最终确定发动“堡垒”作战。

中央集团军群所属莫德尔上将第 9 集团军在库尔斯克突出部北部，该集团军共有 21 个德国师和 3 个匈牙利师，33.5 万人，其中有 6 个坦克师，共有 590 辆坦克，424 门火炮。

突出部中部是中央集团军群的第 2 集团军，96000 人，在攻势中的主要任务是保持突出部南北德军间的联系。

突出部南部是曼斯坦因的南方集团军群，包括霍特将军的第 4 装甲集团军和肯普夫集群。第 4

俄国一直重视骑兵，但这个兵种在这次战争中作用不大

装甲集团军下辖第 52 步兵军、第 48 装甲军和第 2 党卫装甲军，共 22.4 万人，925 辆坦克，704 门火炮；右翼的肯普夫集群，拥有 10 个师，12.6 万人，344 辆坦克和 25 门火炮。

此外还有约 20 个师部署在各突击集团翼侧。第 4、第 6 航空队负责支援陆军。这样，德军的进攻总兵力达到 90 余万人，火炮和迫击炮约 10000 门，坦克和自行火炮 2700 辆，飞机 2050 架。德军为这次进攻还投入了大量新式兵器包括虎式、豹式坦克和斐迪南反坦克歼击车及胡蜂等自行火炮，以及福克沃尔夫 190A 式战斗机和汉克尔 129 式攻击机。

希特勒的将军们为"堡垒"计划争吵不休时，苏军也在计划下一步的行动。沃罗涅日方面军司令瓦图京大将主张发动一场先发制人的进攻，以打乱德军进攻准备，并夺回在哈尔科夫战役中失去的主动权，斯大林本人倾向于这一方案。而朱可夫、华西列夫斯基则认为，苏军应先保持防御状态，以防御消耗德军进攻能量，摧毁其装甲兵力，然后再发动反攻。

此时，前线侦查和间谍情报，都预示德军将对库尔斯克突出部的苏军展开大规模进攻。在一次会议上，斯大林最终被说服，采纳了朱可夫的计划。于是苏军开始在库尔斯克转入积极防御准备。

苏军精心设计防御，构筑数道防线，防御纵深超过 100 英里。防御体系由大量互相紧密配合的战壕、铁丝网、反坦克火力点和反坦克沟壕以及雷区组成。

德军指挥曼施坦因元帅打算吃掉弧形防线内的苏军

在德军最可能的进攻方向上，聚集了大量的兵力和火力。

在库尔斯克突出部北部，面对德中央集团军群的是苏中央方面军，包括第70、13、48、60、65集团军和第2坦克集团军，总兵力达71万人，10000多门大炮和迫击炮，1785辆坦克和自行火炮。苏军认为强大的德中央集团军群会担当此次主攻，所以在北部的力量是最强的，由朱可夫坐镇指挥。

库尔斯克突出部南部，面对德南方集团军群的是沃罗涅日方面军，下辖第6、7近卫集团军。第40、38、69集团军，第1坦克集团军及步兵第35军，兵力62.5万人，8718门大炮和迫击炮，1704辆坦克和自行火炮。

在中央方面军和沃罗涅日方面军的后方是科涅夫的草原方面军，任务是两个方面军形势吃紧时提供增援。而一旦库尔斯克防线被德军突破，它将成为最后一道防线。当苏军转入反攻时，它将提供增援。

科涅夫方面军辖第4、5近卫集团军，第27、47、53集团军，近卫第5坦克集团军，近卫第3、5、7骑兵军，近卫第4坦克军，近卫第1、3机械化军。总兵力为57万人，8510门炮，1639辆坦克和自行火炮。

莫斯科会战时，苏军只有17个诸兵种合成集团军参加，没有坦克集团军；斯大林格勒战役时，参战部队增加到14个诸兵种合成集团军，1个坦克集团军和几个坦克军；而在库尔斯克战役时，有22个诸兵种合成集团军，5个坦克集团军和6个空军集团军及大量远程航空兵部队。苏军在兵力上占2.4：1的优势，在坦克上占1.9：1的优势，防御纵深达250–300千米，另外还得到2900架飞机支援。兵力构成上，炮兵团首次超过步兵团，比例为1.5：1，在威胁最大的中央方面军第13集团军的正面，每英里防御正面得到148门火炮支援，远超德军为发动进攻拼凑的数目。

一个个被认为德军可能发动进攻的日子都过去了。两个月来，前线十分平静。进入7月，瓦图京上书斯大林，认为应该率先展开攻势，苏军是为了夏季德军攻势而准备的，如果到了秋天，苏军工事就将失去作用。

由于斯大林一时下不了决心，苏军统帅部给前沿部队下令，抓德军俘虏审讯，看看德军准备做什么。7月4日夜，在突出部南部，第6近卫集团军捕获了德军第168步兵师的一名士兵，他供认德军即将在第二天开始进攻。5日凌晨，在突出部北部的第13集团军俘虏了德军第6步兵师一名中士，他也供认德军将在几小时之后发动进攻。

为了打乱德军进攻步骤，朱可夫于5日凌晨下达命令，率先向德军阵地实施炮击。由此拉开了库尔斯克会战的序幕。

南线：苏军的炮击完全出乎德军意料，给其造成很大损失。虽然原计划推迟了3个小时，但德南方集团军群的第4装甲集团军仍然发动了进攻。在损失了36辆坦克后，艰难越过苏军反坦克雷区，猛攻第67近卫步兵师防线。面对德军3个师的进攻，第67近卫步兵师被迫后退，瓦图京调来方面军预备队，试图把德军挡在第二道防线外。但德军还是在苏军第二道防线上打开了一道缺口，并强渡佩纳河。

德军的进攻比预计的要猛烈得多，瓦图京被迫取消了原定反攻计划，将用于反攻的第1坦克集团军的部分坦克布置在防线后方，以支援步兵进行防守，部分坦克布置在侧翼打击德军。这天，德国空军出击超过1000架次，完全压制住苏联空军。6日傍晚，瓦图京向华西列夫斯基请求增援，后者在得到最高统帅部的同意后，立即把草原方面军第5近卫集团军的第2和第10坦克军353辆坦克调往沃罗涅日方面军。同时，瓦图京接到斯大林亲自打来的电话，要求他不惜一切代价，阻止德军突破库尔斯克突出部的南部。在战斗中，德军只向前推进了数千米，未能达成突破苏军防线任务。

第二天德军继续进攻，瓦图京也在计划反攻，向最高统帅部请求，把草原方面军第5近卫坦克集团军和第5近卫集团军调他指挥。他的请求被批准了，但这些部队要几天的时间才能到达。在制空权的争夺上，苏联空

苏军一个炮阵地被击中的瞬间

军逐渐扭转了劣势，完全夺取制空权只是时间问题。

瓦图京指挥部队抵挡德军向奥博扬推进，同时在两翼发动反击。虽然反击遭到失败，却使德军无法全力攻击主要目标。德第 4 装甲集团军司令霍斯将军见无法正面突破奥博扬，决定先从右翼突破。他命令第 2 党卫装甲军转向东北的普罗霍罗夫卡。接下来的两天，德军进攻比较顺利，攻到一个叫普罗霍罗夫卡的村庄，库尔斯克会战的高潮由此上演了。

1943 年 7 月 12 日苏德双方共有 1500 余辆坦克和自行火炮在普罗霍罗夫卡激战。普罗霍罗夫卡坦克大战也被认为是战争史上最大规模的坦克战。

对于普罗霍罗夫卡坦克大战，一名幸存的德军坦克兵说："敌人无数坦克向我们猛冲，我对俄国坦克压倒一切的威力的印象从来没有那天深。团团硝烟使空军无法支援我们，大量 T-34 坦克很快冲破我们的队形，在整个战场像大群的耗子一样尖叫。"华西列夫斯基说："我有幸目击了两股钢铁洪流在库尔斯克突出部进行的真正大规模的坦克会战。数百门火炮和我们所拥有的全部火箭炮同时参加了战斗，结果在一小时内燃烧着的德军坦克和我方坦克遍布战场。"科涅夫说："普罗霍夫卡坦克大战，是德军装甲兵这只天鹅临终前的美妙歌声。"

随着冷战结束，前苏联资料公开，研究者发现这次坦克大战的规模比原先认为的小，双方直接参战的坦克和自行火炮约 600 辆。其中德军不到 200 辆，苏军约 400 辆。苏德双方几乎同时发动进攻，战斗中，德军虎式坦克的 88 毫米炮与 4 号坦克的 75 毫米坦克炮优势明显，而苏军 T-34 坦克的 76 毫米炮在同样距离下无法对德军造成威胁，大量苏军坦克在交战距离以外就被德军击毁。苏军第 5 近卫坦克集团军战报说，所属坦克军已丧失继续进攻能力，将余下坦克编入步兵部队。这天的坦克大战中，德军虽然以相对较小的损失摧毁了更多苏军坦克，却没能攻占普罗霍罗夫卡。而随后源源赶到的苏军援兵使防线将更加坚固。

北线：苏军炮击使德军的进攻比原计划推迟了两个半小时。在几十分钟的炮火准备和空中轰炸之后，德第 9 集团军按计划开始了进攻。莫德尔为了把苏军的注意力从德军主攻方向上引开，先在左翼以 3 个步兵师实施佯攻，但被苏军阻止。在主攻方向，德军集中了 4 个装甲师和 3 个步兵师，经激烈的战斗，突破了苏第 13 集团军第一道防线，艰难地向前推进 5 千米。但在两翼，苏军顽强地守住阵地。地面激战的同时，双方空军激战。这一天德军出动了 1000

架多次，苏军也出动了600余架次。双方战至终了时，德军只向前突破不足10千米，却至少损失了70辆坦克。

第二天，罗科索夫斯基发动反击，莫德尔把预备队投入战场，一次大规模坦克战展开。经过激战，苏军两个坦克旅遭到重创，损失了约70辆坦克。德军乘胜前进，杀到苏军第二条防线前，但被第17近卫步兵军以及赶来增援的苏第17坦克军阻止。凌晨，德军再次发动进攻，企图夺取交通枢纽波内里，战斗异常激烈。德军数次攻入市区，都被苏军击退。苏联空军经过激战，夺取了库尔斯克北部制空权。

库尔斯克会战中，德军不仅看不到胜利希望，而且在突出部的第9集团军有被切断后路、重蹈斯大林格勒覆灭的危险。希特勒决意终止"堡垒"计划，抽调B集团军群去意大利，克鲁格赞同希特勒的决定。但曼斯坦因强烈反对，他认为德军不应在决战战场草率收场，德军还有充分力量继续以坦克优势消耗苏军装甲力量，使苏军不能在德军撤出进攻后立即发起强力反击。所以在战役刚进行到决战高潮时取消"堡垒"作战是错误的决定。而希特勒最终取消进攻，德军开始后撤，双方基本恢复交战前态势。

苏军决定在12日发动进攻，以打败拿破仑入侵的俄国元帅库图佐夫的名字作为战役代号。12日凌晨，苏军向奥廖尔突出部德军阵地实施了两个多小时炮击。随后索科罗夫斯基上将的西方方面军和波波夫上将布良斯克方面军的一线部队开始进攻。德军顽强抵抗。

此时苏联空军完全控制了制空权，法国"诺曼底"航空大队在库尔斯克上空与苏联空军并肩作战。面对坦克和兵力都占优势的苏军，莫德尔无力阻止进攻，意识到失去奥廖尔只是时间问题。莫德尔向希特勒请求放弃奥廖尔，后撤至"哈根"防线，但被希特勒否决。

7月25日，墨索里尼下台，意大利退出战争的迹象明显，希特勒需要从欧洲东线抽调兵力去意大利，奥廖尔突出部的德军面临被苏军合围的危险。莫德尔和克鲁格再次请求后撤，希特勒最终同意弃守奥廖尔，并调第2党卫装甲军去意大利稳定局势。德军向"哈根"防线撤退途中，德军实行了残酷的焦土政策。苏军攻克了奥廖尔，并继续追击退却中的德军，解放了霍特涅茨，进入卡拉切夫。苏军的进攻基本结束，战线逐步稳定了下来。

奥廖尔战役中，苏军歼敌近20万人，损失坦克1040辆、火炮2402门，向西推进了150千米，拉平了库尔斯克防线，但未能完成战前制定的合围并歼灭德中央集团军群的计划。苏军伤亡也巨大，伤亡近 43 万人，损失坦克 2586 辆、火炮 892 门、飞机 1104 架。

在南线，德军和苏军脱离接触时，斯大林要求立刻发动反攻，但朱可夫认为经过连续战斗后，苏军应进行必要的补充和修整。这样苏军把进攻的日期最终确定 8 月 3 日，作战代号以七年战争中俄国名将鲁缅采夫的名字命名。担当此次进攻任务的是沃罗涅日方面军和草原方面军，总兵力为 90 万人、2800 多辆坦克和自行火炮。

8 月 3 日凌晨，苏军近万门大炮齐鸣，炮击持续了两多小时，最后以喀秋莎火箭炮的齐射作为结束，随后坦克和步兵发起攻击。在炮击中幸存的德兵无力阻挡苏军的前进，苏军很快突破德军第一道防线。经过一天战斗，苏军各突击集团向德军纵深推进了 10–15 千米。随后几天战斗中，德军的防守异常顽强，苏军的坦克继续向前突破，步兵却被德军缠住，进展缓慢。5 日，苏第 1 坦克集团军攻占鲍里索夫卡，切断了托马罗夫卡德军第 255、332 步兵师和第 19 装甲师的退路，德军拼死抵抗，为曼斯坦因将德军主力从别尔哥罗德撤往哈尔科夫赢得了时间。5 日，苏军收复别尔哥罗德，7 日，占领德军后方的后勤供应基地博戈杜霍夫，缴获大量德军物资和燃料。

由于苏军坦克部队前进快，步兵忙于清除被包围德军，坦克部队和步兵开始脱节。曼斯坦因打算等苏军进攻能量消耗后实施反击。此时瓦图京对形势十分乐观，认为德军已到了崩溃的边缘，命令前线坦克部队继续进攻，切断哈尔科夫至波尔塔瓦的铁路线，阻止德军逃脱。

德军已集结完毕，补充了弹药和燃料，曼斯坦因开始反攻。而此时苏军坦克部队仍处于追击状态，步兵和炮兵仍在后方，经过多日激战，弹药和燃料都已严重不足，特别是苏军对德军的进攻未察觉。苏军重犯了 5 个月前在哈尔科夫战役的错误。11 日晚，苏第 1 坦克集团军的第 49 坦克旅

照片中这位苏军基层指挥员不久即阵亡

和第 17 坦克团被德军围歼，由于苏第 5 近卫坦克集团军及时赶到，避免了第 1 坦克集团军全军覆灭。在德军的进攻下，苏军被迫后退，随后苏第 6 近卫集团军的坦克被德军全歼。

德军反击虽然给苏军重创，但曼斯坦因没有力量扩大战果。苏军数量上的优势再次起到决定性作用，恢复了进攻。其后德军的反攻再未给苏军造成威胁。苏军攻抵哈尔科夫西面的乌德河北岸，强渡乌德河，在南岸建立了桥头堡。攻打哈尔科夫的战斗异常激烈，强大的苏第 5 近卫坦克集团军只剩下 50 辆坦克。苏第 53 集团军率先攻入城内，德军退向第聂伯河防线，沿途破坏了所有公路、铁路和桥梁，污染了水源、焚烧一切农作物，毁坏了建筑物。苏军收复哈尔科夫。

库尔斯克战场遍布着数以百计烧焦的坦克和飞机的残骸，以及无数的尸体。苏军遭受了巨大损失后，仍然能按照计划发起全面反攻，而德军则再也无法扭转整个东线战局。

库尔斯克会战双方伤亡统计出入很大，也是史学界争论的焦点。

德军统计，75000 人阵亡、受伤或被俘，248 辆坦克被击毁，900 架飞机被击落。苏军 180000 人阵亡、受伤或被俘，600 辆坦克被击伤或击毁，2000 架飞机被击伤或击落。

苏军统计，德军 300043 人阵亡，1019109 人受伤，122508 人失踪，700 辆坦克被击伤，2609 架飞机被击落。苏军 141941 人阵亡，991472 人受伤，3064 辆坦克被击伤或击毁，1200 架飞机被击伤或击落。

库尔斯克会战以苏军的最后胜利而结束。会战后，苏军完全掌握了战略主动权，转入战略进攻。斯大林说："苏军在库尔斯克会战的胜利标志着德国法西斯已经处于覆灭的边缘。"斯大林还说："如果说斯大林格勒会战预示着德国法西斯的衰落，那么库尔斯克会战则使它面临灭顶之灾。"

37. 中国远征军：出征和撤退

滇缅公路的入口是缅甸首都仰光，中国的外援物资从那里上岸。缅甸是英国殖民地。抗战初期，日本政府屡屡向英国政府施加压力。当时执行绥靖政策的英国政府，在日本的压力下，差点从仰光关闭了滇缅公路。

蒋介石把滇缅公路视为命根子，曾派林蔚去考察。林蔚是蒋介石的老乡，早年考入南京江南水师学堂工程科，后考入陆军大学。1929年蒋介石成立陆海空军总司令部，设参谋、总务两厅，林蔚任参谋厅厅长，成为蒋介石的高级待从幕僚。1938年4月林蔚调任待从室第一处主任。1941年1月中国成立缅印马军事考察团，林蔚任副团长，团长为商震，到缅甸、印度、马来西亚考察，搜集有关经济、政治、军事资料，为日后中国远征军出征缅印打下了基础。

1941年12月7日爆发珍珠港事件。丘吉尔给蒋介石发报说，日本人已经向我们发动无耻的攻击，美国和英国都遭到打击。现在我们面对着共同的敌人，我们是同一个战壕的战友，表示中英要军事合作，结成军事结盟。对中国来讲，当时缅甸是中国唯一的国际通道，是抗战的生命线，

日军在缅甸南部的毛淡棉登陆

也有与英国合作的意向。蒋介石第一个反应是要派军队去缅甸，组织会战。在英国未正式表态前，蒋介石让杜聿明带领两个军，日夜兼程向缅甸进发。

1941 年 12 月 15 日，随中国驻缅甸军事代表侯腾赴缅的王楚英，留下了这段历史转折关头时期的记忆。

侯腾一行到达仰光后，向英军呈交中方拟定的中英联军缅南会战计划，但英国人对这个计划并不积极。据王楚英回忆，英国驻缅军司令胡敦看了计划后，摇了摇头，意思是说日军不会来缅甸。

珀西瓦尔·韦维尔生于在英国军人世家，1939 年出任中东英军总司令，1940 年 10 月 1 日晋升上将，1941 年 7 月调任印度英军总司令。

韦维尔在战争中失去一只眼，王楚英对这位"独眼将军"没有好感。他说，韦维尔出于对中国的偏见和殖民主义者的自私，认为中国军队会赖在缅甸不走，动摇大英帝国在亚洲的统治，才使中英联军缅南会战计划搁浅。而中国远征军没有能够适时入缅作战，丧失了第一次取胜的有利时机，也为后来中英联军在缅甸战场的失败埋下了祸根。

12 月 23 日，中英签署《中英共同防御滇缅路协定》。中国为支援英军在缅甸抗击日军，也为保卫滇缅公路而组建了中国远征军。这是中国与盟国直接进行军事合作的典型代表。

中英战略利益大相径庭。二战爆发后，英国在远东地区首要之务是保卫输出资源最多的殖民地印度，并将其余殖民地视为保卫印度的战略纵深。但对中国而言，缅甸是争取国外援助的最后生命线。如果滇缅公路不保，外援即无法进入中国，影响对日作战的补给。因此中国极力争取与英国建立军事同盟，以保障作战物资的输入。

王楚英回忆说，他对杜聿明的第一印象是不像个将军，没有什么威严，就像个教书先生，谈话慢条斯理的，分析问题中肯。他说英国人对日本人苦头还没吃够，在缅甸打仗的决心不大。

约瑟夫·史迪威担任过美国驻华大使馆武官，多次来华，会讲中文。珍珠港事件之后，美国参战，史迪威年晋升中将，被派到中国。

1942年3月3日上午，王楚英到机场迎接史迪威。王楚英说，史迪威像教授，背有点弓，个子高，瘦瘦的，戴了顶童子军帽。看了王楚英一眼，就用中国话问，你是哪位达官贵人的子弟啊，到缅甸谋得这么个好差事。在王楚英看来，史迪威打算表明自己是个中国通，深谙中国国情。

史迪威将军　　　　　杜聿明　　　　　　罗卓英

　　蒋介石对杜聿明打过招呼，史迪威可能到缅甸指挥作战，要有思想准备。对此，杜聿明没有发表意见，但很心里不满意。王楚英亲耳听到杜聿明对林蔚发牢骚：中国军队为什么要交给外国人指挥？1939 年史迪威还是个上校，没有打过仗，现在我们十几万人交给他指挥行吗？而且现在英军也好，美军也好，都是打败仗，我的部队让他指挥，下级军官信得过他吗？

　　杜聿明却给史迪威留下了好印象。中国远征军有两个军长，第 5 军军长杜聿明和第 6 军军长甘丽初，还有 6 个师长。杜聿明是黄埔 1 期的，在古北口当副师长时，打过硬仗，后来在昆仑关打过胜仗。史迪威在美国看到报纸上报道了杜聿明，说这是个能干的人，我们会处好的。

　　3 月 12 日晚，杜聿明看望史迪威，这是他们第一次见面，却好像老朋友见面一样。杜聿明告诉他，进入缅甸后，准备在同古发动进攻，史迪威说我也想在同古进攻，所以他们往后就谈的很投机。

　　1942 年初，日本侵占马来西亚后，入侵英国殖民地缅甸。日本入侵缅甸的军队约 60000 人，远超英国在缅甸的防务力量。3 月 8 日，日军占领缅甸首都仰光，就像拧死了向中国输水的水龙头，滇缅公路已然报废。3 月到 4 月间，日军进攻曼德勒。此时，英国依照协定求助，中国远征军协防缅甸，远征军司令由罗卓英担任（而后由杜聿明代理司令官），由中缅印战区参谋长史迪威指挥，中国远征军约 10 万人向缅甸进发。

　　由于英国阻挠，直到 1942 年 2 月中旬，中国远征军只有第 6 军 49、93 师进入缅甸景东，其余各部仍在滇缅公路集结待命。此时由于缅甸战事吃紧，英国人开始急着要远征军入缅参战。2月16日，蒋介石下令先运送第5军入缅，以第200师为先头部队。3月7日，第200师到达缅甸的同古。

1942年3月1日，蒋介石以盟军中缅印战区总司令的身份飞临缅甸腊戌，筹划缅甸作战。王楚英作为中国驻缅军事代表侯腾的助手，也被留在腊戌。在短短的时间里，分别接触了中、美、英三国高级将领。

王楚英回忆说，这天，蒋介石与韦维尔会面，蒋介石问他英军有没有作战计划，他说没有；要不要建立统帅部，他说不要。两国军队在一起打仗，没有统帅部统一指挥行吗？他不要。不要计划怎么打？蒋介石对他说，你这个部队现在是挫败，要赶快恢复，我们一定掩护你们，但是你们一定要有计划，同时告诉他，日本人可能要攻。他讲不会，锡唐河有的地方1000多米宽，日本人没有船，又没有橡皮艇，炮也没有带上来，坦克车也不能来，只有些马匹，补给都没有办法，他还能打吗。

韦维尔把日本人估计得太呆板了，拿英军打仗的习惯来估计日本人。但东方人有东方人的特点，有些西方人做不到的事，东方人能做到。蒋介石判断对了，日本人几天就拿下了仰光。蒋介石是留日的，晓得些情况。

3月12日，蒋介石下令成立中国远征军第一路司令部，任命卫立煌上将为司令长官，杜聿明中将为副长官兼第5军军长，因为卫立煌没有到任，正职暂由杜聿明担任。蒋介石特别要求杜聿明，绝对要服从史迪威的指挥。新任缅甸军总司令哈罗德·亚历山大已在3月5日到任。正如杜聿明后来在回忆录中所说，既没有规定亚历山大和史迪威相互之间的地位，也没有规定司令长官和史迪威参谋长官相互之间的地位，因此在缅甸战场上盟军指挥因权限不明，各有所私，使得远征军不可避免地陷入被动，陷入困境。

会见杜聿明后，第二天史迪威前往同古，视察戴安澜的200师，对这支部队的表现满意。中午在那个皮尤骑兵团吃饭，就跟那些人讲，

戴安澜将军在缅甸战死

你们这个部队是好的。你们戴师长是我的好师长，我要带着你们收复仰光，将来还带着你们打到东京去，到那一天就是我一生最幸福的日子了。士兵就喊乔大叔万岁。史迪威在军队里面年龄最高，喊乔大叔他高兴，喊他老头他也高兴，不要喊他将军。视察完毕，正好英国第 2 旅来了，来向他报告，戴安澜讲，我们撤退下来，现在我们另外一个旅在前面。史迪威笑了，你们枪还都带着呢，没有丢了给日本人吧，英军听到很不好意思，因为他想着英国人打起来仗来枪老是丢的。

同古是南缅平原的小城，人口 11 万，距仰光 260 千米，扼公路、铁路和水路要冲，有永克冈军用机场。同古保卫战是缅甸防御战期间作战规模最大、坚守时间最长、歼灭敌人最多的战斗。在师长戴安澜指挥下，第 200 师同兵力、装备都占优的日军苦战 12 天，歼敌 5000 余人，掩护了英军撤退。

蒋介石计划以第 200 师不惜代价死守同古争取时间，掩护远征军主力向同古一带集结。3 月 16 日，日军开始轰炸同古，此为远征军与日军第一次大规模接触。3 月 19 日，第 200 师首次与日军地面部队接触，由于缅甸交通线不断遭到日军的狂轰滥炸，再加上英方消极延误，后续部队始终没有按原定计划到达同古。10 余日后，第 200 师重创日军第 55 师团，自身伤亡 2000 余人，内缺粮弹、外无援兵，面对 4 倍于己的敌军包围，杜聿明审时度势，下令 200 师于 3 月 29 日晚从同古以东突围。3 月 30 日，日军进城。

尽管史迪威和杜聿明的同古作战计划得到蒋介石批准，并且得到英国亚历山大将军信誓旦旦的保证，但是最终英方背信弃义，没有为中国远征军提供所需的运输车辆，使得远征军集结严重受损，最后第 200 师在同古陷入三面被围的境地。戴安澜写了遗书，决心与阵地共存亡，因为现在援军还在几百千米以外，他说为了战争胜利，一定要带着部队战斗到最后，准备牺牲。他命令班长以上的都要指定，负伤了或者打死了由谁代理，这样部队都清晰了，指挥不至中断。戴安澜下了必死决心，结果一直打到 29 日，第 200 师司令部几次遭到敌人攻击，都被打退了，而且有个大佐被打死。这个大佐在他日记里面讲，他说皇军自南京以来所向披靡，敌军闻风逃窜，同古之战遇劲敌，劲敌乃中国 200 师是也。

同古之战是日军南侵以来第一次受到的重创，也是盟军自太平洋战争以来，首次给予日军以沉重打击的战例。然而它的代价也是沉重的，原来计划的同古攻势被迫放弃，中国远征军第二次失去了歼敌良机，不仅没有能够达到收复仰光的目的，反而使日军向盟军的大后腊戌长驱直入。而此后，缅甸战局急转直下，形势日趋恶化。

3月29日，在和日军激战了12天后，第200师师长戴安澜奉杜聿明之命撤出同古，这一决定让史迪威大为恼火。王楚英回忆，当时史迪威说，这是我38年戎马生涯以来最令我气愤，最叫我失望的一天。至此史迪威和杜聿明之间的冲突彻底公开。中国兵越打越少，敌人越打越多。所以杜聿明才决定要撤，不撤这个师就完了。杜聿明要戴安澜撤出同古是正确的。29日晚上，他们两个就决裂了。史迪威问为什么不进攻，杜聿明说不能进攻。第22师可以进攻，但第200师已经在第22师进攻前撤退了。他拍起桌子来，你不听我的命令？杜聿明讲你这个命令我没有办法接受，军队是我们抗战的本钱，不能随便就扔了。

同古战役结束，史迪威就怀着不可遏制的愤怒飞往重庆，在蒋介石面前告了杜聿明一状。4月2日，蒋介石改派罗卓英上将为远征军第一路司令长官，由罗卓英负责协调史迪威与中国远征军之间的关系。

4月5日，蒋介石夫妇在史迪威、罗卓英的陪同下，来到梅苗，决心实施平满纳会战计划。就在这天，新38师在师长孙立人带领下急驰入缅支援。

4月8日和9日，蒋介石视察了部队。第二天史迪威来视察，他事先不通知。部队正在挖战壕。他也钻到里面去。有个团长叫李鸿，听说史迪威来了就喊立正。史迪威说你们在工作，不能立正，手都是泥巴，史迪威跑去双手把他握住，一握手，手上都是泥巴，就在身上擦擦。

王楚英回忆说，罗卓英比较矜持，士兵对他就离得远点。但史迪威一到，士兵就很欢迎。我提醒说，你是上将，

孙立人

史迪威向印度撤退

人家怕你嘛。其实罗卓英人很好，但国民党那个旧军队体制养成他这个习惯，不能不保持威仪。

王楚英说，4 月初，中国远征军在积极组织平满纳会战，决心举行反攻时，英军开始全线撤退。此时英军已毫无斗志，一退再退，短短 10 天内，把最重要的能源基地仁安羌暴露在日军刀锋之下。16 日，杜聿明筹划平满纳会战，史迪威带着罗卓英到东线。这一天打得最紧张，巴拉克丢了。一道回到司令部，亚历山大已在那等了。史迪威开玩笑说，你来跟我一道发动平满纳会战的？不是，我来向你求援的，英一师在仁安羌部被围，快不行了，你赶快派人去救。蒋介石说过，对英军要救助。如果英军有损失，跟我们自己损失一样，唇亡齿寒。怎么救呢，部队就是孙立人这个师。1942 年 4 月，孙立人率新 38 师抵达缅甸，参加曼德勒会战。4 月 17 日，西线英军步兵第 1 师及装甲第 7 旅被日军包围于仁安羌，孙立人派 113 团团长刘放吾率团星夜驰援。18 日凌晨，孙立人从曼德勒赶往前线，指挥 113 团于 19 日拂晓秘密渡河，第二天天不亮，摸到日军炮兵营里，又是手榴弹又是冲锋枪。炮兵连开炮的机会都没有，汽车拖了就跑。日军一个大队增援。刘放吾带了两个营，一个营已钻到敌人后面去了。把增援的那个营打垮。那些英国兵本来绝望了，抱起中国兵向天上抛，场面很动人。我对被营救的英军斯科蒂旅长讲，赶快带部队回去吧。结果那个旅长无论如何要见孙立人将军，我告诉他，孙立人正在指挥作战，在山头上。他也一定要上去，最后他们跑到山上了，跟孙立人抱起来。英国人也是会哭的。

孙立人和刘放吾歼敌一个大队，解了 7000 英缅军之围，并救出被日军俘虏的英军官兵、传教士和新闻记者 500 余人。仁安羌之战是中国远征军入缅后第一个胜仗。孙立人以不满 1000 兵力，击退数倍于己的敌人，救出近 7 倍于己的友军，轰动一时。之后，蒋介石给他颁发了四等云麾勋章。罗斯福总统授予他丰功勋章。英王乔治六世则授予他不列颠帝国勋章司令勋衔，孙立人是第一个获得这种勋章的外籍将领。

由于西线英军不告而退，史迪威不得不放弃平满纳会战，并且接受了亚历山大的"斯利姆计划"，组织曼德勒会战。这样以来，新 38 师就深陷敌后，只能担任掩护英军撤退的任务了。

4 月 20 日，史迪威和罗卓英轻信英方关于在仁安羌和乔克柏当之间有日军 3000 余人的情报，命令第 200 师长途奔袭至乔克柏当。第 200 师到了乔克柏当后，发现没有日军，只有英军在新 38 师的掩护下撤退。而后又退回到棠吉，浪费了宝贵的 3 天时间，使日军抢先攻占了棠吉。4 月 23 日下午，第 200 师向棠吉发起攻击，经过激烈的战斗，于 4 月 25 日 18 时占领棠吉。而在 4 月 24 日，在日军猛烈攻势之下，第 6 军被迫放弃雷列姆，日军随后从雷列姆北进，因此时防守棠吉已无意义，第 200 师遂于 4 月 26 日主动放弃棠吉。4 月 29 日拂晓，

罗斯福、丘吉尔、蒋介石共同举行开罗会议，这次重要会议为中国远征军派了活儿

日军猛攻腊戍，第 66 军伤亡惨重。当天中午，日军占领腊戍，第 66 军各部退守新维。所谓曼德勒会战已经彻底成了泡影。此时撤退已经成了当务之急。

东线方面，第 6 军于 4 月 24 日被迫放弃雷列姆之后，且打且退。5 月 12 日，退到萨尔温江东面，随后撤回国内。

中线方面，第 5 军军部和所属新 22 师、第 96 师主力于 4 月 26 日黄昏由皎克西乘汽车、火车向曼德勒转移，当天夜间全部到达。5 月 1 日撤至伊洛瓦底江以西以北，此后第 5 军直属部队、第 200 师、第 96 师、第 66 军的新 38 师徒步轮流掩护撤退。5 月 8 日上午，日军攻占密支那，杜聿明按蒋介石的命令向国内撤退。5 月 9 日，由于在杰沙发现日军，并且新 38 师先到杰沙掩护的只有一个团，而新 38 师、新 22 师主力至少需要一天半才可以从前线撤下，杜聿明认为日军有可能从南北包围将远征军歼灭，下令第 93 师在右翼掩护，在孟拱附近占领掩护阵地，同时命令各部队分路回国，自寻生路。

新 38 师师长孙立人没有听从杜聿明的命令，向西撤往了印度。新 38 师是第一次远征结束之后唯一一支保存建制的部队。

杜聿明率领第 5 军直属部队和新 22 师，离开密瓦公路改道向西北方向追去，转打洛到新平阳，迷路的远征军在森林里转来转去，很多人因为饥饿、疾病死去，还有一些人因为忍受不了折磨而自杀。后来，一架美国飞机在野人山上空发现了这支军队，盟军随后空投了电台、粮食、药品，使得这支军队终于走出了野人山。由于预定回国路线所经的中缅国境已有大量日军把守，这支军队最

阿萨姆邦的中国远征军墓地。远征军诗人穆旦说：
虽然他们的身子挣扎着想要回家，而头上却开满了野花

后还是改道去了印度。

第 200 师至棠吉，以后沿途突破敌人的封锁线，经南盘江、梅苗、南坎以西回国。5 月 18 日，第 200 师分兵两路通过细（胞）抹（谷）公路，前卫部队突然遭到伏击。激战一天，第 200 师伤亡过半，终于成功从东面山坡将日军阵地撕开一条缺口，部队突围而出，官兵得以死里逃生。戴安澜在突围时被两颗机枪子弹击中胸部和腹部。5 月 26 日，戴安澜将军牺牲。

第 96 师及炮工兵各一部经孟拱、孟关、葡萄、高黎贡山回国。

据战后统计，穿越野人山的部队有 30000 余人葬身原始森林，其中第 5 军新编第 22 师野战医院的护士刘桂英更是作为唯一走出野人山的女兵而闻名。

第一次远征失败后，滇缅公路中断，10 万远征军经血战只有 40000 余人安全撤离。日本既封锁了国际援华运输线，又打开了西攻印度的大门。原有的作战物资转而通过驼峰航线与中印公路输送。

远征军第一次入缅作战，出动 103000 人，伤亡 56480 人，折损了一半以上兵员。绝大部分不是战死疆场，而是在胡康河谷、野人山中饿毙，或死于疾病。日军伤亡约 45000 人，英军伤亡 13000 余人。

38. 卡西诺修道院的"绿色魔鬼"

　　1944 年 1 月至 5 月，在意大利中部战役中，盟军为了突破古斯塔夫防线，同德军展开了 4 次激战，而几次激战都是围绕着一座修道院展开的。

　　蒙特·卡西诺修道院是意大利中部著名的修道院。位于罗马与那不勒斯间的卡西诺镇，在卡西诺附近海拔 502 米的丘陵地。建于公元 6 世纪。有许多关于基督的遗迹，是基督教徒的朝圣地。1349 年曾遭受强地震破坏，后修复。1866 年，意大利政府将这座修道院改为国立纪念馆。

　　1943 年，盟军在西西里岛登陆，随后以西西里岛为跳板，向意大利腹地进军。7 月 25 日，意大利发生政变，国王伊曼纽尔三世下令软禁墨索里尼。国王对墨索里尼说："你已经成为全意大利最令人憎恶的人。"接着，一辆救护车把墨索里尼押往警察局。

　　尽管盟国已经觉察到墨索里尼快要混不下去了，但是，消息传来，盟国首脑还是感到突然。对于这件事的反应，政治家不如生意人来的明快。百老汇的老板马上表示，愿

墨索里尼喜欢在军事上表现自己

希特勒接见营救墨索里尼的功臣斯科尔兹内。他被称为"欧洲最危险的男人"

意出 10 万美元的出场费，请墨索里尼先生在纽约演 3 周话剧。盟国首脑显然不想让墨索里尼演什么话剧。他们所要做的是能否从意大利的大换班中捕捉到什么机会。

新政府开始与美英秘密谈判。但在墨索里尼垮台的次日，希特勒便下令占领德意边境和法意边境的阿尔卑斯山的所有山口，从法国和德国南部迅速集结 8 个德国师，称 B 集团军群，由隆美尔任司令，做好进军意大利的准备。8 月初，隆美尔率部进入意大利北部，以支援驻守在意大利南部的凯塞林元帅的 8 个德国师。

9 月 3 日，意大利代表和盟国代表秘密签订了停战协定。当天凌晨，蒙哥马利第 8 集团军从西西里渡过狭窄的墨西拿海峡，在意大利的亚平宁半岛登陆。9 月 8 日，英国广播公司广播了意大利投降正式文告。9 月 9 日凌晨，克拉克指挥的美第 5 集团军在萨勒诺湾登陆。意大利国王没料到登陆来得那么快，起初否认英国广播，随后又承认了。德军闻讯，立即将 80 万意军解除武装，并于 9 月 10 日占领罗马，控制了南至那不勒斯的意大利本土。意大利国王和巴多格利奥等仓皇乘潜艇逃到南端的盟军占领区。

9 月 13 日，希特勒派党卫军中校斯科尔兹内指挥突击队用滑翔机将囚禁于大萨索山顶旅馆的墨索里尼营救出来。随后在希特勒扶持下，墨索里尼在意大利北部成立"意大利社会共和国"傀儡政府，与巴多格利奥政府对抗。10 月 13 日，巴多格利奥政府正式退出轴心国同盟，向德国宣战。同时，英、美、苏三国政府发表宣言，承认意大利为共同作战一方。

克拉克指挥的美第 5 集团军在萨勒诺湾登陆后，遭到德军猛烈抵抗。在德军南线总司令凯塞林元帅指挥下，德军冲进美第 6 军和英第 10 军之间的缺口。但盟军利用强大的海空军向萨勒诺桥头堡紧急调派增援部队。至 9 月

16 日，美第 5 集团军拥有 7 个师，200 多辆坦克。凯塞林终于认识到，把盟军赶下海去不过是白日做梦，遂于当晚决定停止战斗，边打边向北撤。一路上破坏桥梁、公路、隧道和铁道设施，阻止盟军前进。

克拉克挥师向意大利西海岸进军。10 月 1 日，美第 5 集团军占领那不勒斯。同日蒙哥马利的第 8 集团军占领了东海岸的福贾。

卡西诺修道院

10 月 14 日，美第 5 集团军攻占了卡普亚，同东面的英第 8 集团军会师，并在意南部建立了一条 120 英里长的牢固战线。

11 月 5 日，希特勒调隆美尔元帅到西线视察海岸防御工事，B 集团军群解散，驻意德军合编为 C 集团军群，共 21 个师，370 架飞机。由凯塞林元帅任总司令。凯塞林为阻止盟军向北推进，在西起罗马以南 80 千米的西海岸，向东穿越亚平宁山脉直到东海岸，建立了横贯意大利中部的"古斯塔夫防线"。这条防线从东面的桑格罗河口穿过阿布鲁兹山脉直到西海岸的拉皮多河口，中枢和制高点就是卡西诺山。

高 1700 英尺的卡西诺山峰筑有卡西诺修道院。卡西诺山地西北 100 英里是罗马，盟军冲击罗马的必经之路是利里河谷，6 号公路穿过该谷，直通罗马。卡西诺山地四周还有很多高地。盟军要进军罗马就必须要拿下卡西诺山。美第 5 集团军和英第 8 集团军数次发起攻势，试图突破该防线，但未成功。整个冬季，盟军受阻于古斯塔夫防线。

1944 年初，为打破僵局，亚历山大指挥第 15 集团军群 19 个师又 4 个旅，4000 架飞机和 3000 艘舰艇，决定在加强正面进攻的同时，以部分兵力在罗马南部小镇登陆，从背后突破德军防线。

1944 年 1 月 17 日，英美军及法国远征军开始第一次进攻，计划英军第 10 军穿过卡西诺西面的加利吉里亚诺河，在利里河谷附近迂回德军。法国远征军从东面高山攻击德军侧面。在中央，美军第 2 军将穿过卡西诺以南的拉皮多河从正面进入利里河谷。

1月17日上午9点，英军第10军炮兵对德军第94步兵师猛烈轰击后，开始进攻加利吉里亚诺河。英军试图将德军第94步兵师的前哨部队逐过加利吉里亚诺河，实施了一次两栖登陆，部分部队迷失方向，回到自己战线的后面。不过德军还是被赶过加利吉里亚诺河。第二天晚上，英军停止了行动，对加利吉里亚诺的进攻失败了。

拉皮多河不宽，水深流急。沃尔顿·沃克将军指挥的美第36步兵师认为行动成功的可能性极小，不赞成渡河，但只能执行命令。对岸守卫的是德军第15装甲掷弹兵师。20日，美军炮兵轰击对岸的德军防御阵地，穿越拉皮多河时，美军渡船和架桥设施损失严重。这时德军的火力发威了，两个连美军冲过了拉皮多河，进攻对岸的德军阵地。到了晚上，工兵部队在河上架设了浮桥，以增援对岸。

卡西诺山的德军将这些桥摧毁。冲至对岸的美军被火力压制住。1月21日，美军不得不向东撤离拉皮多河，仅留两个连在对岸。美军决定做第二次尝试越过拉皮多河。6点，美军发起进攻。第3营冲过加里河，被德军第129装甲掷弹师阻挡。美军再次从加里撤离。

骁勇的廓尔喀士兵投入对修道院的争夺

德军第104装甲掷弹兵团发动进攻，将美军第36师赶过拉皮多河。在这3天的战斗中，美军143人丧生，663人负伤，875人失踪。第36师试图吸引德军预备队的计划失败了，德军第14集团军压向安齐奥，抵抗盟军登陆。同日，当撤退的命令下达的时候，美军第36师伤亡惨重。

相比英美军队，法国远征军的进攻取得了一定成功。1月24日，克拉克将军命令法国远征军攻占卡西诺山北面的山地。晚上，法军以突尼斯第4步兵团为先锋，进攻西法尔考山地，很快占领470高地，但是没有把德军完全赶出山地。突尼斯士兵穿过拉皮多河，向德军发起进攻，并在山地上取得一个立足点。西法尔考山地上德军火炮猛烈开火，导致突尼斯部队损失严重。1月26日，突尼斯士兵依然猛攻，占领 862 高地。美军第 34 师仅有一个连越过拉皮多河。1 月 27 日，在 800 门火炮支援下，德军第 200 装甲掷弹兵团对 862 高地实施反击，将突尼斯部队击退。突尼斯部队被阿尔及利亚第 7 步兵团取代。1 月 29 日，德军和阿尔及利亚士兵激战。1 月 30 日，美军第 34 师穿越拉皮多河行动中，仅有第 168 步兵团过河。美军犯了个大错，没有支援阿尔及利亚士兵，而是向卡西诺以南推进。

2 月 1 日后，双方围绕卡西诺附近一些山地和阵地激战。盟军第一次进攻卡西诺山地的行动未成功，付出大量伤亡。仅攻占卡西诺周围山地的一些支撑点。没有冲垮山地中央德军的坚固防御。

卡西诺修道院位于卡西诺顶峰，俯瞰卡西诺山地。在德军炮火打击下，盟军吃尽了苦头。他们认为德军炮火之所以准确，是利用修道院作炮兵观测所。盟军指挥部决定将这所欧洲最古老的修道院夷为平地。14 日，盟军向防守的德军和难民抛撒传单，宣称盟军决定空袭卡西诺山地以及周围的德军阵地。15 日，空袭开始，盟军首次用重型轰炸机支援步兵。在空袭中，卡西诺修道院化为废墟。出乎盟军意料，空袭前德军并没有利用修道院，修道院被炸毁，反而使德军以厚厚的墙壁以及废墟作为防御地形。

空袭结束后，盟军开始进攻。新西兰第 2 师攻击卡西诺火车站，这个火车站是卡西诺城防御的重要部分。围绕修道院和卡西诺山地防守的是德军第 90 装甲掷弹兵师，援兵包括第 1 伞兵师第 1 团，机枪营及第 3 营，阵地设置在修道院西北，第 1 伞兵师机枪营阵地位于卡西诺山上。2 月 17 日，新西兰第 2 师师长帕金森将军投入第 28 毛利营。毛利士兵占领火车站，德军很快就将毛利营击退回拉皮多河对岸。掷弹兵渡过拉皮多河并夺回火车站。新西兰部队遭到猛烈火力，被迫撤过了拉皮多河。

美军第 34 和 36 步兵师占领卡西诺背后的蛇头山地，从这个山地可以观测修道院的位置。13 日，第 4 印度师取代美军接管了蛇头山地。空袭开始后，第 4 印度师的士兵钻进掩体，但仍有很多炸弹错扔在他们头上。印度士兵试图占领德军拒守

盟军只得炸毁卡西诺修道院

287

的卡瓦里山地时，被大批射杀。残余的印度士兵躲进卡西诺山地四周的掩体，仅监视德军动向。第二次卡西诺作战结束。

2 月 20 日，德军伞兵第 1 师代替第 90 装甲掷弹兵师。2 月 26 日，师长里查德·海德里希接过防御指挥权。奥斯特曼中尉指挥的第 1 伞兵先锋连加固了地下室以及建筑物火力点的防御。在卡西诺镇，德军可以观察到新西兰部队的动向，卡车正在运来援兵，盟军很快又会发动一次新的进攻。

3 月 15 日早晨，盟军开始第三次卡西诺作战，出动 775 架轰炸机，在卡西诺投了大约 1250 吨高爆弹。轰炸结束后，盟军发起炮击。到下午，746 门火炮发射了 20 万发炮弹。

德军伞兵钻进地下掩体，等待炮击结束。伞兵第 3 团的指挥部设在一个山洞里，在轰炸的时候里面可以容纳八九十人。在炮击中，德军伞兵损失很大，一些伞兵营只剩 200 人。

新西兰和印度步兵在装甲部队以及炮兵支援下向卡西诺发起进攻。但第 2 新西兰师依然遭到残余德军的顽强抵抗。傍晚，北面进攻的新西兰第 6 步兵旅先头部队第 25 营仅向卡西诺镇突入 20 码。坦克投入战斗，却陷入了弹坑和泥地，只能被用做固定火力。街道上堆满的残岩断壁成为坦克障碍物，新西兰第 4 装甲旅被阻挡在卡西诺城外围，花了 36 个小时用推土机清除障碍以通向城市中心。英军在位于卡西诺镇上方的卡斯特山地夺取了一些阵地。卡西诺山上的硝烟使德军的直瞄火力观测很困难。新西兰军队夺取了大部分卡西诺城，仍有少数孤立据点掌握在德军手中。逐屋逐户的战斗持续了几天，延缓了新西兰军队的前进。

德军第 1 伞兵师师长海德里命令所有炮兵向卡西诺镇的新西兰士兵射击，拖延了新西兰部队的进攻。晚上 9 点，盟军炮兵开始反击山上和城内的德军。深夜，印度士兵艰难推进至 165 高地。德军第 3 伞兵团损失了整个第 2 连。16 日，第 3 伞兵团团长下令第 2 营进入卡西诺镇，支援德军防御。其 300 人中有 160 人丧生或者受伤。印度步兵被德军伞兵第 3 连阻挡，还遭到了己方炮兵误击，损失了所有的军官，不得不撤回。

新西兰士兵在坦克支援下攻占了植物园和火车站，旅馆仍在德军手中。3 月 18 日凌晨，海德里希命令一个摩托化连穿过拉皮多河重占火车站。不过这个连被自己人的迫击炮误伤损失惨重。稍后，德军涉过冰凉的河水，冲至火车站，随后便是拉锯战。3 月 19 日，德军摩托化连被迫撤退。

但德军又迅速发动了一次新的进攻。第 4 伞兵团第 1 营发起反击，遭到了英军和印度士兵的阻击。战斗异常激烈，出现了肉搏战，双方都蒙受了惨重的伤亡，德军伞兵不得不撤退。接着德军又发动第二次进攻，也被击退。但是这些进攻却切断了盟军的补给和增援路线。

盟军空军试图空投补给给卡西诺镇的士兵，但有很多落入了德军之手，其中包括德军急需的医用血液。新西兰第 20 装甲团计划打通和印度部队之间的联系，但未实现。德军发现在山地上出现坦克后，很快投入战斗。由于山地狭窄，前面的坦克被击中后，就会堵塞整个坦克纵队，成为德军的活靶子，战斗中有 17 辆坦克被德军摧毁。同时，毛利部队也遭到德军阻击，寸步难行。同样的情况也发生在卡西诺西北面的 193 高地，新西兰部队所有的进攻都被德军挫败。当日结束，付出沉重代价的盟军终于前出到卡西诺北面，将德军逐到拉皮多河对岸，并控制了火车站和 435 高地。但是德军依然控制着卡西诺镇中心及修道院废墟。

卡西诺城的大部分已经掌握在新西兰部队手里，增援部队试图穿过卡斯特高地，进入该城。海德里希开始怀疑是否还能坚守住卡西诺镇的那些孤立据点。3 月 20 日，卡西诺镇继续激战。3 月 21 日，新西兰部队对卡西诺镇和修道院废墟发起进攻。第二天，新西兰和印度部队发动新攻势，都被德军第 1 伞兵师阻止，仅向前突破了很小一段距离。3 月 23 日，亚历山大将军下令停止进攻。毛利部队举着红十字标志撤退，德军没有开火。从 3 月 15 日到 23 日，盟军损失 3000 人。

3 月 25 日，盟军炮击修道院废墟，掩护部队从汉格曼山地撤退。第二天，德军意识到盟军已撤退了，便在汉格曼山地升起军旗。第 3 次卡西诺战役落下了帷幕。盟军认识到，仅仅使用空军和炮兵，而没有地空协同作战，无法征服卡西诺。同时，盟军学会了尊敬善战的对手，即德军伞兵第 1 师。后来这支德军伞兵部队被称为"卡西诺的绿色魔鬼"。

山谷和海边的盟军都陷入困境，盟军统帅部没有别的选择，只能实施强攻。5 月 11 日晚，在空军轰炸后，盟军对古斯塔夫防线发动全面进攻。隶属法军的摩洛哥骑兵冲上海拔 4850 英尺的山峰，绕到德军背后发动进攻。

5 月 17 日，波兰军第 2 支队冲进卡西诺修道院废墟。在废墟上升起国旗。古斯塔夫防线许多地段被突破，凯塞林被迫命令德军撤至从台伯河口到东海岸佩斯卡拉的凯撒防线。至此卡西诺战役宣告结束。

从 1944 年 1 月 17 日起到 5 月 17 日，德军和盟军在卡西诺耗费 1 亿发子弹。盟军发起 4 次攻势，牺牲 63000 人，终于占领了通向罗马的据点。德军伤亡 20000 多人。德国伞兵在克里特岛失利后，在卡西诺以空前绝后的机枪对射和不可思议的顽强勇敢，再次显示了实力。

被称做"卡西诺的绿色魔鬼"的德军第 1 伞兵师组建于 1943 年 5 月 1 日，是在原德军第 7 空军师基础上组建的。1943 年 7 月，盟军在意大利西西里岛登陆。德军随即将第 1 伞兵师于 7 月 12 日抽调到西西里岛参加防御作战。直接隶属于德军第 14 集团军。第 1 伞兵师到西西里马上投入战斗。随着盟军攻势加强，德军决定放弃西西里岛，将岛上部队陆续撤到意大利南部，包括精锐的赫尔曼·戈林装甲师。第 1 伞兵师是最后撤出西西里岛的，休息调整了一个月左右，又被重新投入意大利战场。

1943 年 9 月，盟军对意大利本土发动攻势，德军遵循凯塞林的意图，缓缓向预先设置好的意大利中部防线撤退。而英军则沿着意大利半岛的东侧推进，9 月 27 日，驻守在福贾机场的德军第 1 伞兵师经过短暂战斗，撤离福贾机场。盟军由此开始了在意大利艰苦的攻坚战。因为德军撤入了建立在桑格罗河以卡西诺为中心的古斯塔夫防线，凯塞林在这里采取了有效的防御手段，尽可能坚守罗马以南的地区。意大利的雨季开始后，道路变得泥泞，不便于机械化部队行进。不过盟军从 9 月到 12 月一直没有间断过进攻。德军第 1 伞兵师第 3 伞兵团，在 1943 年 12 月间在奥托纳巷战中重创了英军加拿大师。1944 年 2 月初，盟军再次在意大利发起攻势，第 1 伞兵师被部署在古斯塔夫防线中心的卡西诺山区。利用山地防御，隐藏在坚硬的岩石背后，这些天然防御工事对盟军构成了很大的威胁。美军和新西兰步兵师在 2 月至 3 月间试图攻占卡西诺城及其背后的各阵地时遭到德军第 1 伞兵师顽强的抵抗，攻击严重受挫。战后，西方军史研究人员称卡西诺山地之战是二战中经典的防御杰作。该师随后撤入古斯塔夫防线后面的凯撒防线及哥特防线，继续与盟军作战，一直持续到 1945 年第三帝国崩溃。

39. "鹅卵石"：盟军被困安齐奥海滩

"鹅卵石"行动始于 1944 年 1 月 22 日，是盟军在意大利中部安齐奥地区的两栖登陆行动，意图是切断德军退路和进攻罗马。

马克·克拉克于 1917 年从美国西点军校毕业，1942 年初，先后担任美国地面部队副参谋长、参谋长，8 月升少将，任第 2 军军长，11 月，升为中将并被任命为"火炬"行动联军副总司令，总司令为艾森豪威尔。

1943 年，克拉克出任新成立的第 5 军团司令，该军团辖英国第 10 军与美国第 6 军，第一个任务是在意大利萨莱诺湾登陆，代号"雪崩"。德军早就猜到登陆地点，8 月 8 日，希特勒亲令魏亭果夫将军的第 10 军团在那不勒斯（"雪崩"的主要目标）与萨莱诺之间部署机动战斗群。美军第 5 军团在 9 月 9 日准备登陆前，德军已严加戒备，而克拉克为获得战术奇袭的机会，禁止海军进行登陆前的炮击；而且登陆部队在船上已经知道意大利于 8 日与联军签署休战协议，因此都认为这将是一次轻松的登陆。结果登陆艇还没接近滩头就遭到德军的猛烈阻击。

到第一天结束时，盟军虽然占领了 4 个不连续又狭窄的滩头，但随时都有被赶下海的危机。10 日到 14 日，德军对滩头猛攻，第 29 装甲步兵师也从意大利南部赶到。英军被困在萨莱诺附近，美军也被赶回滩头，克拉克要求海军将第 5 军团司

盟军在安齐奥海滩登陆

令部接回海上。艾森豪威尔与第 15 集团群军司令哈德罗·亚历山大将军立即增加萨莱诺地区的海、空支援，并将第 82 空降师交给克拉克指挥，才勉强守住滩头。

盟军的海空联合火力击退了德军，凯塞林元帅下令部队北撤。萨莱诺登陆对盟军是一场灾难。德军北撤后，第 5 军团于 1943 年 10 月 2 日占领那不勒斯，代价为损失 12000 兵员。接着第 5 军团沿着西海岸往罗马推进，德军采举迟滞防御作战，并将桥梁摧毁，而且雨季提早来临，使得第 5 集团军进展缓慢。到 1944 年 1 月中旬，连古斯塔夫防线前缘都还没到达，4 个月只进展 100 千米，离罗马还有 130 千米，战斗损失却近 40000 人，而病患则达 50000 人。

媒体用"寸进"形容 1943 年的意大利战场。英国军事评论家利德尔·哈特则用"蚕食"批评盟军的行动，他认为联军浪费太多时间在整顿、准备与巩固。此外，丘吉尔也批评联军不知利用两栖作战来迂回德军侧面。

意大利被称为"伸入地中海的高跟鞋"。在"高跟鞋"上面，还有完整的"小腿"和"大腿"，罗马位于"膝盖"的位置上。按照盟军的本意，拿下西西里岛后横渡墨西拿海峡，先占领"鞋尖"，然后一点一点往上打，从南向北推过去，直至占领罗马。这似乎是无可取代的计划。丘吉尔却突发奇想，说："我们何必像只小臭虫一样呢？从脚尖、脚踝，慢慢地爬上小腿肚子。让我们做一只猫，一爪子就挠到膝盖上。"

这的确是天马行空的想法，墨索里尼刚下台，意大利乱哄哄的。在这种时候，如果聚合起盟军在北非的所有力量，从海上直逼意大利"膝盖"处的罗马，的确有可能呈现出一番新景观。但是，美国人对丘吉尔的意见素来有保留。他们佩服他的战时领导能力，又怕他那意气风发的脑子，不知道会把美国兵支到哪里打仗去。

1943 年入秋时节，盟军在意大利循规蹈矩的行事，按照计划渡过墨西拿海峡，在意大利的"鞋尖"登陆，顺着"脚面"一路北上。

凯塞林元帅迅速组织部队围困安齐奥

很快，盟军就被阻止在古斯塔夫防线

面前。这时，盟军的重点计划是几个月后的诺曼底登陆作战，在意大利只保持有限的作战行动，兵力也不多，因此很难突破古斯塔夫防线。这时，丘吉尔提出：不是从南向北突破不了古斯塔夫防线吗？那就把一只"野猫"投放到古斯塔夫防线北面的海岸线上，南北合击，把古斯塔夫防线碾碎。实际上，这个方案还是他早先提出的"臭虫和猫"计划的变种。

这个计划的代号是"鹅卵石"行动，确定的登陆地点是古斯塔夫防线北面近百千米的小镇安齐奥，也是个渔港，那里有一座德军的疗养院。

"鹅卵石"行动开始就被美军头面人物乔治·马歇尔所轻视，觉得它太业余。后来丘吉尔向罗斯福和斯大林提出，才被接纳，而斯大林对于任何能减轻东战场压力的盟军作战提议都赞成。根据计划，由马克·克拉克中将指挥的美国第5军团从南面发起进攻，把驻守罗马周围的德军引出来；第5军团的约翰·卢卡斯第6军在安齐奥与聂图诺地区登陆，迅速向阿尔班山地前进，威胁德第14装甲军的后方。

卢卡斯对计划缺乏信心，在日记中写到："除非我们得到我们所希望的，否则行动将是铤而走险的，在我自己个人意见讲，这不应该去尝试的。""该行动有很强的加里波利之战的意味及表面上仍然是同一个门外汉在同一个后备席上。"这个门外汉所指的显然就是指丘吉尔，他是第一次世界大战中灾难性的加里波利登陆的设计师。

另一个问题是登陆舰只的有效性，美军特别强调没有任何其他事可以推迟诺曼底登陆及其在法国南部的登陆。"鹅卵石"行动将要使用一些用于这两次登陆的舰只，罗斯福总统容许使用至2月5日前交回。

参与这次进攻的盟军包括5艘巡洋舰、24艘驱逐舰、238艘登陆艇、62艘以上其他船只、40000名士兵及5000辆以上车辆。

进攻分为3个方向：一是英军进攻安齐奥以北10千米的海岸。二是美军进攻安齐奥港，本来动用美军第504伞降步兵旅在安齐奥以北空降，后来被取消。三是西南美军进攻安齐奥以东10千米海岸。

登陆行动始于1944年1月22日。最初的登陆行动除了德国空军零星的攻击，基本没有遇到抵抗。凌晨时分，36000名士兵及3200辆车辆在海滩登陆，共有13名盟军阵亡及97人受伤；大约20名德军被俘。英军第1步兵师向内陆推进了3千米，美军苏格兰营占领了安齐奥港，美军第509伞降步兵团占领聂图诺，美军第3步兵师向内陆推进了5千米。

盟军突破古斯塔夫防线

1月22日，卢卡斯将军指挥美军第6军在安齐奥顺利登陆，并很快建立了滩头阵地。卢卡斯打算向内陆推进25英里，占领阿尔卑斯山，切断德军的供应线和退路。但卢卡斯过于谨慎，没有乘胜前进。随后9天，关注的是把更多的兵力和给养运上岸来。

对卢卡斯此举，史学家约翰·基谨说："卢卡斯登陆的第一天，就有可能到达罗马，虽然之后可能被逐回，无论如何，他孤注一掷地向内陆进攻可能更好。"卢卡斯在行动的计划阶段便缺乏信心，认为登陆后会面对两至三倍的德军。基谨认为，卢卡斯的行动是在任何世界上都是最差劲的。丘吉尔不满地说："我本来希望向海岸投入野猫，但现在我们却变成了一条搁浅的鲸鱼。"卢卡斯在2月23日被解除职务。

凯塞林在得知盟军在安齐奥登陆后，立即从法、德及南斯拉夫调派兵力支援。到了28日，已有4个师面对美第6军，并准备进行反击。1月30日，卢卡斯才向阿尔卑斯山发动进攻。经过3天战斗，付出5500人的伤亡后，卢卡斯被迫停止进攻，命令部下挖壕自卫，在滩头阵地周围布上铁丝网和地雷。

凯塞林元帅1月22日凌晨3点得悉盟军登陆，5点令第4警察装甲掷弹兵师及德军王牌师赫尔曼·戈林装甲师组织机动部队迎战，确保安齐奥经由卡姆波莱奥内及奇斯泰尔纳到阿尔班山地间所有道路为德军控制。并在先锋部队作战时，盟军登陆第1天结束前再增派两万名德军到前线作战，把盟军赶下海去。德军最高统帅部接受他的建议，令自法国、南斯拉夫与德国境内派3个师赶到意大利前线。早上8时，凯塞林打电话命令第14军团与在古斯塔夫防线上第10军团也增援前线。

盟军登陆后，所有在意大利南部可调动的德军都迅速赶往安齐奥滩头作战。凯塞林最初认为，如果盟军在1月24日之前对德军发动猛攻，德军肯定战败。但在1月22日结束前，盟军仍未发动猛攻。凯塞林不敢相信，盟军将领竟不知此时应该猛攻，其略感放心。德军艾佛瑞·史克伦指挥党卫队第1装甲军在1月22日傍晚率先包围安齐奥滩头的盟军，次日又有一批德军赶到，1月24日，超过40000德军到达战斗位置。

登陆3天后，盟军在滩头被围困了。第4警察装甲掷弹兵师在西边，第3装甲掷弹兵师在中至阿尔班山地布防，赫尔曼·戈林装甲师在东边。德军8个步兵师组成的近10万兵力围住滩头，还有近60000名德军在增援途中。

随着美军第45步兵师及第1装甲师到达，滩头的盟军人数在1月29日增至69000人、508门火炮及208辆坦克，防守德军增至71500人。

1月30日，卢卡斯部切断7号公路，另一路则向东北经阿尔巴诺进至卡姆波莱奥内，经过激烈战斗，英军第1步兵师未能攻占卡姆波莱奥内，形成突出部。两个苏格兰营发动了果敢的进攻，但日出后被孤立。第1和第3营的767名士兵中，只有6人回到盟军战线，有743人被俘。

2月3日，10万德军向卡姆波莱奥内突出部发动反攻。德军分为两个军，由艾佛瑞·史克伦的第1伞兵军及由特劳戈特·海尔指挥的第76装甲军。战斗极为激烈，2月10日，盟军被赶出突出部。

安齐奥滩头阵地陷入困境，不仅前进不得，而且德军越来越多，已有10个德国师包围安其奥的5个盟军师。2月28日，德军试图一举将盟军赶下海去，但遭到盟军空军空袭，当天德军损失了30多辆坦克，凯塞林不得不于3月4日下令停止反击，以5个师维持对美军的包围。

盟军被压缩在滩头阵地上，伤亡日增，一筹莫展。有位新闻记者描述当时美军的状况："美军在这里就像原始人那样生活，他们那副样子，挥舞棍棒也许比使用机枪还更像样些。

双方都知道，春季内不能取得决定性战果。凯塞林命令准备一条新防线，名为"凯撒防线"，从罗马以南的台伯河开始，沿盟军滩头阵地，经比沙里穿越阿尔班山地，到瓦尔蒙托内，横贯意大利，到达亚德里亚海。驻守防线的是第14军团及第10军团。

卢西亚·特拉斯科特从第3步兵师师长晋升，代替卢卡斯出任美国第6军司令，他与参谋人员共同计划一次决定性的进攻，配合意大利盟军总司令哈罗德·亚历山大计划的对古斯塔夫防线的主要进攻行动。

盟军占领那不勒斯后，维苏威火山爆发

3月和5月初，美军第34步兵师、第36步兵师分别到达安齐奥，英军第56步兵师被英军第5步兵师取代。5月底，盟军滩头部队达15万人，包括5个美军师及两个英军师，面对5个德军师。

亚历山大要求第6军切断6号公路。克拉克却命令第6军向罗马进攻，他后来在回忆录中说："我们不单只希望得到攻占罗马的荣誉，但觉得应该拥有它；我们不单只希望变成第一支从南面攻占罗马的军队，亦希望给在罗马的人们知道这是第5军团做的事及付出了多少代价做成这事。"5月6日，克拉克通知特拉斯科特："攻占罗马是我们唯一的重要目标。"

1944年5月23日晨5时45分，盟军1500门火炮轰鸣，40分钟后炮轰停止，步兵和装甲部队在空军支援下发起进攻。第一天的战斗十分激烈：第1装甲师损失了100辆坦克，第3步兵师有955人伤亡，这是二战中美军所有师中单日伤亡最高数字，德军第352步兵师损失了50%的战斗力。

冯·马肯森认为，盟军的主要进攻方向是西斯特纳，就算英军在5月23日和24日发动佯攻亦不能说服他，但凯塞林相信盟军的目的是夺取6号公路，因此命令赫尔曼·戈林师从240千米外赶往瓦尔蒙托内，以帮助第10军团守卫6号公路，第10军团正使用该条公路从卡西诺后撤。

美军第5集团军司令马克·克拉克不顾古斯塔夫防线，径直进军罗马，有沽名钓誉之嫌

5月25日下午，奇斯泰尔纳落入美军第3步兵师手中，第3步兵师领头进入韦莱特里狭谷，而第1装甲师到达瓦尔蒙托内5千米内，与从里窝那赶来的赫尔曼·戈林装甲师爆发战斗。美国第6军在3天的战斗伤亡超过3300人。当晚，特拉斯科特收到克拉克的命令：将主攻方向左转90度，最重要的是，虽然进攻仍然指向瓦尔蒙托内及6号公路，但美军第1装甲师被撤出及准备进行新的进攻，而第3步兵师在第1别动队支援下继续向瓦尔蒙托内进攻。克拉克在5月26日早上才通知亚历山大这个改变，而当时这个命令之改变已经是既成事实。

当时特拉斯科特大感震惊，后来写

道："我被吓呆了，当时仍
不是时候转向西北推进，因
为这个方向的敌人仍然强
大；我们应该集中力量进入
韦莱特里狭谷，以消灭撤退
中的德军，我不会在没有跟
克拉克进行个别讨论下遵守
命令。他当时不在滩头阵地，
就算经无线电亦不能到达。
这是一个将主要进攻力量从
瓦尔蒙托内及消灭德国第 10
军团转变的命令，5 月 26 日

1944 年 6 月 5 日，美军通过罗马大斗兽场

该命令被实施。……从我的角度看，克拉克仍然服从亚历山大的指示，他在
5 月 26 日没有改变我们向西北的进攻方向，安齐奥的战略目标已经完全达到，
首先进入罗马是对失去这个机会的最差补偿。"

　　5 月 26 日，凯塞林派 4 个师进入韦莱特里狭谷，阻止盟军对 6 号公路的进攻。
进攻的另一轴线只有少许进展。5 月 29 日，美军第 1 装甲师就位，进攻凯撒防线，
但没有进展。5 月 30 日，由弗雷德·威克少将指挥的美军第 36 步兵师找到凯
撒防线上德国第 1 伞兵军与第 76 装甲军的接合部，在攀登卡西诺山上陡峭的
山坡后，从后方威胁守军，阻止其撤退。这是一个主要转折点，冯·马肯森要
求辞职，凯塞林立即接受。

　　由于上级不断增加的压力，克拉克指派美国第 2 军从古斯塔夫防线沿海岸
北上，5 月 25 日与第 6 军在阿尔班山地右边会合，沿 6 号公路进入罗马。

　　6 月 2 日，凯撒防线全面崩溃，第 14 军团经罗马撤往北方战斗。同一天，
希特勒害怕出现另一个斯大林格勒战役，命令凯塞林宣布罗马为不设防城市。
3 天后，后卫部队撤离。盟军在 6 月 5 日早些时间进入罗马。当日早上，克拉
克在市政府会堂召开新闻会议。他甚至在十字路口亲自站岗，以阻止英军进入
罗马，以确保意大利首都罗马是美国人的战利品。

40. 彩排：从迪厄普海滩到斯拉普顿海滩

迪厄普位于英吉利海峡中心地带的法国一侧海岸，是巴黎西北滨海塞纳省的不起眼的海港小城。远在诺曼底登陆前两年的 1942 年，盟军就在这里进行了一次相当规模的两栖登陆作战行动。虽然这次作战以失败告终，但却为盟军最终反攻欧洲大陆，获得最后胜利奠定了一定基础。

1942 年春，盟国形势严峻。纳粹德国的装甲部队深入苏联国土，英国第 8 集团军在北非战场败退到埃及。在西欧，盟国隔着英吉利海峡和德军对峙。迫于德军节节进逼，5 月 27 日，斯大林派外交人民委员莫洛托夫紧急前往英国，要求丘吉尔尽快出兵，渡过英吉利海峡，在欧洲大陆开辟战场。莫洛托夫对丘吉尔说，在今后几周乃至几个月里，苏德战场的形势对苏联极为不利。因此，迫切需要英国开辟第二战场，以迫使德国从苏联撤走部分部队，从而减轻德军对苏联的压力。

丘吉尔表示，由于缺乏登陆设备及制空权，不可能短时间内组织大规模登陆作战。同时英国能出动的陆军数量占据绝对劣势，现在出兵无异于自杀。丘吉尔面临两难境地，而从战争全局考虑，如果进行一次两栖突袭作战，可以加重德国对盟国开辟第二战场的担心，从而大量吸引德军布防到海峡一线，相对缓解对其他战场的压力。进行一次突袭作

德军虎式坦克

战还可以试验新型武器，获得而后进行大规模登陆作战的经验。丘吉尔向莫洛托夫指出，英国将在 8、9 月间渡过英吉利海峡，开辟第二战场。他还强调，由于缺乏登陆艇，这次行动的规模是有限的。

在蒙巴顿将军主持下，英国联合作战司令部 5 月开始制定对迪厄普的突袭作战计划。按照最初计划，战役将在 7 月 4 日实施，加拿大部队将作为这次突袭作战的主力。5 月 20 日，加拿大第 2 步兵师进驻怀特岛，开始登陆作战的强化训练。但是在预定日期准备开始行动时，恶劣气候原因使得原先的计划多次推迟，最终流产。

根据丘吉尔的要求，英国必须在夏季制定一个大规模行动计划。联合作战司令部在蒙巴顿带领下，将流产的计划做了调整，用英国特种部队取代伞兵部队，突袭德军两个海岸炮台。

8 月 18 日上午，联合作战司令部发出电令。参加的部队共 6100 人，含加拿大第 2 步兵师 6 个营、装甲团 5000 名官兵，英军康曼德突击队的 1000 多名官兵，及一支 50 人的美军突击队。舰船和支援舰艇 237 艘，包括提供火力掩护的 8 艘驱逐舰。74 个飞行中队提供空中支援，包括 44 个喷火中队，8 个飓风中队，4 个波士顿中队，两个布雷汉姆中队，两个野马中队，3 个台风中队及 24 架 B-17 和若干搜索救援中队。

登陆船队由英国休斯·哈利特海军上校指挥。加拿大第 2 步兵师师长 J．罗伯特少将指挥登陆作战。空军准将科尔负责与空军部队的作战协调工作。3 个指挥官都坐镇旗舰"卡尔普"号驱逐舰上。

突袭作战有两个任务：一是攻占迪厄普滩头阵地，二是英军康曼德突击队分别攻击贝尔讷瓦勒和瓦朗日维尔两处的德军海岸炮台。

5 时 10 分，驱逐舰对海岸进行 10 分钟炮击，5 时 20 分开始登陆。突袭行动从 16 千米长的海岸线上的 5 个地点展开。4 个地点为佯攻，在迪厄普小镇的登陆行动作为主要攻击行动，半小时后展开。

突袭登陆战不顺利。8 月 19 日晨，突袭部队船只悄悄接近法国海岸时，遭遇了一支德国小型护航船队。顿时德国海岸警戒部队的炮火倾泻在海面上。作战完全丧失了偷袭性，不得不改为强攻。

由于德军炮火猛烈，两个地点的行动失去成功的可能。英军第 3 突击队的船只被迫分散，多数作战部队没能登上海岸，在海上就遭到惨重伤亡。少数登上海滩的突击队员被德军阻滞，撤退中险些全军覆没。第 3 突击队的 420 名官

迪厄普海滩全景

兵中，伤亡多达 117 人。

唯有第 4 突击队登上瓦朗日维尔海岸。经肉搏，120 名德军仅 4 人幸存，他们破坏了瓦朗日维尔炮台并撤离。这也是迪厄普作战过程中唯一达成的作战目标。但第 4 突击队 265 名队员损失 45 名官兵。

加拿大南萨斯喀彻温团和卡梅伦山地部队遇到了小规模抵抗。当他们继续横渡锡河，向迪厄普城区靠近时，遭到德军强烈抵抗。南萨斯喀彻温团和部分卡梅伦山地部队被阻截在离镇外不远的地方。同时，卡梅伦山地部队向机场推进时，德军死死阻挡，无法前进一步。

接到撤退命令后，加拿大官兵向滩头登陆艇撤退。德军从东西两面的阵地对滩头形成猛烈交叉火力。加军后卫部队掩护两支部队主力撤退。付出极大伤亡后，加军主力终于撤退到船上，但多数士兵负伤。负责掩护任务的后卫小部队则来不及后撤，在弹药用尽后被迫向德军投降。

按照预定计划，对迪厄普小镇的主攻在其他 4 个地点半小时后展开。但战役突然性已完全丧失，德军已做好战斗准备，隐藏在坚固的工事和小镇的建筑物中，迎击盟军登陆部队。

迪厄普行动总指挥是加拿大将领罗伯茨

先头登陆的埃塞克斯—苏格兰步兵团登上小镇东的开阔海滩，埋伏的德军用密集火力封锁了海滩。盟军向海边防波堤的多次冲击失败。加军突破德军滩头防线一角，一支小部队勉强渗透到镇内，一条"埃塞克斯步兵团已经成功打开突破口"的错误消息发给位于海上的作战指挥部。指挥部立刻将预备部队皇家蒙特步枪营送上滩头投入作战。由于过早上岸，该营同先头部队一同拥挤在滩头上，完全暴露在德军火力打击下。

加军皇家汉米尔顿轻步兵团在小镇

西面的海滩上岸，清除了重兵防守的建筑物和邻近的碉堡抵抗，部分官兵穿越流弹纷飞的林荫大道，攻入小镇，随即陷入惨烈的巷战。

灾难发生在卡尔加里坦克团登陆时。为等待空军火力完成对滩头火力点的压制，坦克在预定时间15分钟后才上海滩，上岸后立刻陷入火海。新型的丘吉尔步兵坦克有的刚离开登陆艇就被反坦克炮击毁，有的被海滩障碍物和防波堤挡住去路。不少坦克陷在防波堤外的混凝土障碍物间，失去行动能力。20多辆坦克中只有6辆冲过防波堤，很快都被德军击毁。尽管失去了行动能力，陷在海滩上的坦克依然对德军火力点连连射击，支援了滩头步兵作战，而后在掩护部队撤退时也起到了作用。坚持战斗的坦克手们最终不是阵亡就是被俘，坦克团全军覆没。

战斗持续到中午，加军和德军激战在迪厄普城区，作战目标已不可能达成。罗伯特少将不得不下令撤退。大批英加军官兵边打边撤，德军战斗机和俯冲轰炸机也向滩头盟军和海上船只发起攻击，大量登陆艇被炸毁，无数加拿大官兵倒在海滩上。

海军舰艇被迫返航，只有旗舰"卡尔普"号驶向滩头海面，打捞浮在水上的官兵。德军炮火向这艘孤独的驱逐舰倾泻炮弹。一架德军飞机俯冲下来，炸弹准确命中"卡尔普"号，空军准将科尔倒在血泊中。罗伯特少将在打捞上所有能够被救起的盟军官兵后，立刻命令返航。德军飞机的炸弹接连从空中落下，所幸的是没有再命中。驱逐舰上挤满了浑身血污、疲惫不堪的官兵。所有人都默不作声，静静地等待着回家。

迪厄普战役的空中战斗也非常激烈。8月19日当天对抗皇家空军的有JG-2和JG-26战斗机航空团，KG-2、KG-45、KG-77轰炸机航空团，装备有107架轰炸机，包括59架道尼尔Do-217和Ju-88、He-111。

皇家空军出动了2955架次，损失飞机106架，创造了整个战争中日损失率的最高纪录。此外，皇家空军损失了62名飞行员。德国、军损失48架飞机，其中半数在空战中被击落。

傍晚时分，英国海空军退出战场，被困在岸上的加拿大官兵和突击队员基本停止了抵抗，行动以惨痛结局收场了。

1942年8月19日，盟军在迪耶普港发动朱比利行动。这是为筹备诺曼底登陆而进行的一次死伤人数最多的"预演"。在德军机枪的扫射下，1500名官兵永远地倒下了。

对迪厄普突袭战，主流的看法是，这次两栖作战行动虽然失败，但为盟军后来的登陆战取得了宝贵经验。盟军实行"火炬"作战前，对迪厄普作战的每个步骤都作了详尽研究。两年后的 D 日（诺曼底登陆日代号）作战，更汲取了这次作战的教训，为第二战场的开辟奠定了基础。此外，盟军还针对在登陆作战中暴露出来的大量问题，研究和发展了减少伤亡的装甲、船舶和技术。最重要的是认清了在海滩建立人工港口对战役的重要性。这一点在诺曼底作战中最终得到了体现。

英国用鲜血向苏联证明了自己同法西斯血战到底的勇气和决心，取得斯大林的信任，也使其认识到，在 1942 年贸然渡过英吉利海峡无异于自杀。由于这次突袭，迫使德军将 33 个师部署在英吉利海峡，以防海峡一带各个港口受到袭击，这在一定程度上减轻了东线压力。

这次战役损失惨重，仅加拿大第 2 师就有 882 人阵亡，597 人受伤，更多的人失踪或被俘。4963 名加拿大官兵只有 2210 人回到英格兰。1100 名美英突击队员中，伤亡失踪被俘人数达 275 人。坦克团参战的 29 辆丘吉尔步兵坦克全部损失。皇家海军有 550 人阵亡，还损失了一艘驱逐舰和大批登陆艇。但最大悲剧的是大批陆军官兵被舍弃在法国岸边，总共有 1946 人被俘，基本上都是加拿大第 2 师的官兵。

在诺曼底登陆前一个多月，盟军曾举行过一次鲜为人知的重要登陆演习。这场演习因"可怕错误"导致参演美军遭受巨大伤亡，被盟军最高司令部以最高军事机密长期掩盖。

诺曼底登陆作战计划制定后，为了训练缺乏作战经验的美军，1943 年底，英国海滨小村斯托肯汉姆附近的海滩成为盟军的登陆演习场。

1944 年 4 月 26 日，包括美军第 4 师和支持部队在内的 23000 名盟军士兵在斯拉普顿海滩展开代号"老虎"的演习，由少将莱蒙德指挥。艾森豪威尔和蒙哥马利亲临观看演习。可惜的是，此次演习的准备工作极为混乱。

4 月 27 日黎明，"老虎"演习开始，美军步兵和工程兵如潮水般冲向斯拉普顿海滩。随后第二、第三波部队搭乘 8 艘登陆舰，在英国驱逐舰护航下，驶往海滩。不幸的是，由于文书失误，英国驱逐舰和美国登陆舰使用了不同的无线电频率，导致失联。更糟糕的是，一艘英国护卫舰因意外被撞出一个小洞，必须回基地维修，舰长却无法通知美国人。最终，该护卫舰在另一艘英国军舰护送下返回普利茅斯港，美军登陆舰就此失去保护。

27 日夜里，8 艘满载士兵和坦克的美军登陆舰向斯拉普顿海滩驶去，对失去英舰护航一无所知。28 日 2 点左右，灾难不期而至。这支美军舰队被德军潜艇发现，507 号坦克登陆舰首先被两枚鱼雷击中，447 名士兵与水手纷纷跳海。15 分钟后，531 号坦克登陆舰也被德军鱼雷击中，舰船进水下沉，美军士兵像下饺子一样地跳向海中。2 时 30 分左右，第三艘坦克登陆舰被德军鱼雷击中船尾，但幸免沉没。

"反攻欧陆，在哪里登陆？"成为军官们最关心的问题

面对突如其来的攻击，惊慌失措的盟军士兵向黑暗中胡乱开火，却击中了己方舰船，还有一些登陆舰以为这是演习的一部分。等到英军驱逐舰群赶到出事区域，盟军指挥官命令幸存的 6 艘美军登陆舰全部回港，以免损失更多人员。破晓时分，英国海军官兵在冰冷的海水中发现了数百名美军士兵头朝下漂浮着。原来他们错将应该围在腋下的救生衣围在了腰上，结果沉重的背包装备使他们头朝下窒息在冰冷的海水中。

这场美军历史上最大的演习灾难，造成 749 名美军官兵死亡或失踪。当灾难报告送到艾森豪威尔司令部时，他迅速做出决定：严守口风，不得向外泄露。幸存者被赶到隔离营房，不许泄露一个字。受伤士兵被送进军事医院时，医生也被告诫不许询问受伤原因。

"老虎"演习的巨大伤亡和漏洞百出，警醒了盟军高层。艾森豪威尔亲自为"老虎"演习罩上了面纱。几个月后，当人们沉浸在诺曼底登陆的伟大胜利中时，斯拉普顿海滩的死者被淡忘了，很多士兵尸体再也没有找到。虽然当地居民看到美军在焚烧尸体，在农田里有大量无标识的坟墓，但是只有疑问没有解答。救治演习伤员的医生和护士也缄口不谈此事，否则会被送上军事法庭。直至 1984 年 5 月 31 日，一辆在"老虎"演习中沉入大海的美军谢尔曼坦克被打捞出来。1987 年 1 月，美国国会通过决议，铸造了一个纪念铜匾，立在这辆坦克旁。

41. 反攻欧陆：诺曼底登陆战役

诺曼底战役是世界上最大的海上登陆作战，发生于 1944 年 6 月 6 日早 6 时 30 分。行动代号为"霸王行动"。战役在 8 月 19 日渡过塞纳－马恩省河后结束。盟军重返欧陆，使二战的战略态势发生了根本变化。

此役盟军伤亡 12.2 万人，损失 1 艘战列舰，3 艘巡洋舰，8 艘驱逐舰，3 艘护卫舰和 48 艘其他舰船。德军伤亡和被俘 11.4 万人。至 8 月底，盟军消灭或重创德军 40 个师，德军 3 名元帅和 1 名集团军司令被撤职或离职，击毙和俘虏德军集团军司令、军长、师长等高级将领 20 人，缴获和摧毁德军各种火炮 3000 多门，摧毁战车 1000 多辆。德军损失飞机 3500 架，坦克 13000 辆，各种车辆两万辆，人员 40 万。

艾森豪威尔的军衔不高，自己没想到
会派到英国担任欧洲盟军总司令

1941 年 9 月，斯大林向丘吉尔提出在欧洲开辟第二战场对德国实施战略夹击的要求，当时美国尚未参战，英国无力组织这样大规模的战略登陆作战。1942 年 6 月，苏美和苏英发表联合公报，达成在欧洲开辟第二战场的充分谅解和共识，但英国在备忘录中对承担义务作了些保留。

1943 年 1 月，卡萨布兰卡会议通过在西西里岛登陆的决定，把在欧洲大陆的登陆推迟到 1943 年 8 月。会议上，英国借迪厄普失败，以大规模两栖登陆的复杂与危险须谨慎从事为由，坚持要求推迟对欧洲大陆登陆。美国反对，英国只得同意成立英美特别计划参谋部，制订在欧洲登陆的计划。由英国陆军中将 F•摩根担任参谋长。摩根立即组建"考萨克"（CEETHC），这是盟国欧洲远征军最高参谋部的英文缩写，负责指挥对欧洲大陆偷袭骚扰作战的英国联合作战司令部司令蒙巴顿海军中将也是其成员。

艾森豪威尔探望第 101 空降师

1943 年 5 月，英美华盛顿会议决定于 1944 年 5 月在欧洲大陆实施登陆，开辟第二战场。"考萨克"开始制定登陆计划。根据历次登陆作战的教训，登陆地点要具备 3 个条件：一是在从英国机场起飞的战斗机半径内，二是航渡距离尽可能短，三是附近有大港口。从荷兰符利辛根到法国瑟堡长达 480 千米的海岸线上，有 3 处地区较合适：康坦丁半岛、加莱和诺曼底。

康坦丁半岛地形狭窄，不便于展开大部队，被否决。加莱距英国最近，仅 33 千米，缺点是德军防御力量最强，附近无大港口，缺乏内陆交通线，不利于登陆后向纵深发展。诺曼底距离英国较远，但德军防御较弱，地形开阔，可同时展开 30 个师，距法国北部最大港口瑟堡仅 80 千米。

几经权衡，"考萨克"选择了诺曼底。1943 年 6 月 26 日起制定具体计划，以"霸王"为作战方案代号，第一梯队以 3 个师在卡朗坦至卡昂之间 32 千米宽的三个滩头登陆，即后来的奥马哈、金和朱诺滩头，同时空降两个旅。第二梯队为 8 个师，在两周内占领瑟堡。计划中最大的难题是港口问题，也就是在占领瑟堡前，如何解决部队的后勤补给。诺曼底在五六月间多大风大浪，很难为登陆部队保证后勤供应。"考萨克"海军代表英国海军少将约翰•哈莱特想起蒙巴顿的一次玩笑话：既然没有天然港口，就造个人工港。于是建议制造配件装配成人工港来解决问题。他的设想获得批准。

7 月 15 日，摩根将"霸王"计划大纲呈交英美联合参谋长委员会。8 月，英美魁北克会议批准"霸王"计划。11 月，英美苏德黑兰会议确定于 1944 年 5 月发动"霸王"行动。12 月，美国陆军上将艾森豪威尔被任命为欧洲同盟国远征军最高司令，于 1944 年 1 月 2 日抵达伦敦就任。

艾森豪威尔阅读了摩根计划，认为突击正面窄，最初攻击中缺乏足够突击力量。他提出修改意见，把登陆正面扩大到 80 千米，第一梯队由 3 个师增加到 5 个师，登陆滩头从 3 个增加到 5 个，新增犹他海滩和宝剑海滩，空降兵从两个旅增加到 3 个师，这一意见得到最高司令部三军司令支持。

1944 年 2 月，英美联合参谋长委员会批准了"霸王"计划大纲和修改后的作战计划，随之对登陆舰艇的需求也增加了。为确保拥有足够的登陆舰艇，英美联合参谋长委员会决定将登陆日期推迟到 6 月初，并且将原定同时在法国南部的登陆推迟到 8 月。

接着，盟军面临着迷惑德军的问题，就是让德国搞不清盟军到底是在加莱还是诺曼底登陆。为此，艾森豪威尔打出了巴顿这张牌。

乔治·巴顿脾气火爆，性格强硬，对战斗疲劳的病情不以为然。1943 年 8 月初西西里战役期间，他分别在两所后方医院遇到远离前线在此住院、但又没有明显受伤的两名二等兵，这让他非常愤怒，打了他们耳光。这一事件在驻军中传扬开来，并最终传到了艾森豪威尔的耳朵里。他命令巴顿向两位士兵道歉。这一事件在美国国内引起很大的关注，艾森豪威尔与美国陆军参谋长马歇尔决定不解除巴顿的指挥官一职，但巴顿在近一年时间内没有被安排指挥作战。艾森豪威尔选择布莱德利领导诺曼底行动。布拉德利原是巴顿的下属，但在战争的最后一个月他成为巴顿的上级。

1943 年末，艾森豪威尔安排巴顿到地中海地区高调旅行，前往阿尔及尔、突尼斯、科西嘉、开罗、耶路撒冷和马耳他。德军最高统帅部敬重巴顿，认为他是任何从北面进军欧洲军事行动的核心。正因如此，盟军让德国间谍获取了源源不断的假情报，表明巴顿已经被任命为美国第 1 集团军指挥官，并且正在对进军加莱作准备。但第 1 集团军实际上根本不存在，而是盟军在多佛尔地区使用道具和无线电信号等手段做诱饵，误导希特勒，让其相信这一地区有大批部队集结。整个 1944 年初，巴顿遵照命令保持低调，让德军以为他一直在多佛尔，而实际上他在英国训练第 3 集团军。

登陆日（代号 D 日）推迟到 6 月初，盟军统帅部开始确定具体日期。这是个复杂的协同问题，各军兵种根据自己的需要提出不同要求，陆军要求在高潮上陆，减少部队暴露在海滩上的时间；海军要求低潮上陆，尽量减少登陆艇遭到障碍物的破坏；空军要求有月光，便于空降部队识别地面目标。经考虑，拟定符合各军种方案，在高潮与低潮间登陆。5 个滩头潮汐不尽相同，所以规定 5 个不同登陆时刻。D 日安排在满月的日子，空降时间为凌晨 1 时，符合上述条件的登陆时间。

美国伞兵飞临英吉利海峡上空

战役目的是横渡英吉利海峡，在法国北部夺取战略性登陆场，为开辟欧洲第二战场最终击败德国创造条件。1944 年 1 月 21 日，艾森豪威尔召开远征军最高司令部会议，明确了登陆作战纲领，这次会议成为二战中最重要的军事会议。

1944 年 5 月的一天，盟国欧洲战区最高司令艾森豪威尔查阅了未来 5 天的天气资料，断定 6 月初诺曼底登陆日前后，气候不会有太大的变化。于是，他向盟军各部队司令发出命令：登陆日定在 1944 年 6 月 5 日。

各登陆部队及战舰都做好了进攻准备。然而 5 月 29 日下午，一个巨大的气流漩涡正在欧洲上空形成。盟军气象总部的气象专家、英国皇家空军上校约翰·斯泰戈和美国空军上校 D·耶茨，通过对大量气象资料的分析断定，欧洲的气候在未来的几天中将会出现变化。

6 月 1 日，航行在大西洋的英国舰队报告：海面上明显感到了低气压。随后，气象船和飞机提供的数据显示，纽芬兰和爱尔兰之间正在迅速形成几处低气压带。斯泰戈和耶茨召开分析会议，气象专家对气候变化的看法并不一致。有人认为这种低气压带不会造成不列颠群岛一带的坏天气，即使有坏天气，也不足以影响到英吉利海峡或西部海岸。斯泰戈和耶茨则认为，海峡地区在一段时间里，必定会受到低气压的影响，出现恶劣天气。

6 月 2 日，大西洋北部是一个接一个低气压带。斯泰戈和耶茨意识到，恶劣天气即将出现。登陆日前后，海峡上空将阴云密布，狂风大作。他们立即报告这一情况。艾森豪威尔要求作出精确判断，但气象专家分歧很大。

6 月 3 日是关键的一天，因为要在 5 日准时登陆，人员、坦克、火炮、辎重等必须在这一天登船完毕，护航舰队必须在这天夜里起航。为此，艾森豪威尔一大早就召见斯泰戈，询问气候有无好转可能，斯泰戈依然坚持自己的观点。

艾森豪威尔最终决定：登陆时间推迟 24 小时。

推迟登陆命令下达时，盟军最后的准备工作正在全面进行中。5300 多艘舰船待命起航。重轰炸机群飞离后方基地。陆地上有 200 多万人做着各项准备工作。尽管接到推迟登陆命令，绝大多数部队停止行动，但有一支没有接到推迟登陆命令的护航舰队仍按原计划行动，差点酿成大祸。

这支舰队有 138 艘舰船，装载美军第 4 步兵师。6 月 3 日离港，途中由于通讯设施出现故障，没有接到推迟进攻命令。指挥部多次发出无线电信号，没有奏效。此时海面上波涛汹涌，海浪滔天，附近找不到船只去拦截。无奈之下，指挥部只好派出飞机搜寻。一架小型侦察机终于找到了舰队。飞行员将装有海军司令部密码公文的罐子投向旗舰，由于风浪太大，罐子掉进海里。飞行员赶忙写了张便条装进罐子，再次向旗舰投去，这次成功了。舰长接到纸条后，发出了返航的命令。

斯泰戈在研究气象图时忽然发现，冷气流和低气压层不是同时到达海峡。冷气流过后，低气压层到来之前，有一个短暂的平静期，在这期间可能出现好天气。随后他准确地推测出平静期将出现在 6 月 6 日。艾森豪威尔得到消息，提出利用 6 日短暂的好天气实施登陆的建议，然后问盟军地面部队司令蒙哥马利："有什么理由认为我们 6 日不应该出击吗？"蒙哥马利坚定地答道："没有。依我看，出击！"

1944 年 6 月 5 日凌晨 5 点，暴雨打在窗户上，艾森豪威尔向盟军指挥部以及华盛顿联合参谋总部发出信号：登陆日为 6 月 6 日。他作出一个历史性动作，右手轻轻地往前一送，说道："孩子们，上路吧。"

盟军集结了 288 万人的部队。陆军共 36 个师，约 153 万人；海军军舰约 5300 艘，战斗舰包括 13 艘战列舰，47 艘巡洋舰，134 艘驱逐舰在内约 1200 艘，登陆舰艇 4126 艘，还有 5000 余艘运输船；空军作战飞机 13700 架，其中轰炸机 5800 架，战斗机 4900 架，运输机滑翔机 3000 架。

1944 年 5 月，德军在东线有 179 个师和 5 个旅，占德军总兵力的 65%。西线的法国、比利时、荷兰，只有西线总司令隆德施泰德指挥的 59 个师，其中 33 个海防师，15 个步兵师，8 个装甲师，两个伞兵师。即使再加上由希特勒亲自指挥的战略预备队两个装甲师，总共才 60 个师，约 76 万人。

西线编为两个集团军群，B 集团军群由隆美尔指挥，驻法国北部，39 个师；G 集团军群由布拉斯科维兹指挥，驻守法国卢瓦河以西，共 19 个师。

飞过风车的机群

伞兵跳伞之前

登陆部队出发

登陆舰队的上空是防空气球

　　1941 年 12 月起，纳粹德国就开始构筑沿海永久性防御工事。1942 年 7 月 20 日，希特勒下令从挪威北部至西班牙海岸构筑由 15000 个坚固支撑点组成的防线，也就是所谓"大西洋壁垒"。希特勒要求在 1943 年 5 月 1 日之前完成，实际上直到 1944 年 5 月，除加莱地区，在 960 千米海岸线上，只修筑了少数相距遥远的零星支撑点。由于盟军情报机关的努力，德军最高统帅部认为，挪威将是盟军优先夺取的地区，因此投入了大量人力物力，在挪威沿海修建了 350 座可部署 88 毫米到 381 毫米火炮的炮台。

　　被德国宣传部门大肆渲染的大西洋壁垒，只是徒有虚名而已。倒是隆美尔就任 B 集团军群司令后，非常重视对沿海地区的防御建设，亲自率领特派代表团实地视察了从丹麦、荷兰、法国的沿海防御情况，并特别要求前沿防御要前推至海中。从高潮线开始，在深海中布设水雷，在浅海中设置斜插入海的木桩，被盟军称为"隆美尔芦笋"。海滩上则是锯齿状的混凝土角锥、坦克陷阱，还布设大量地雷。在能俯视海滩的制高点构筑隐蔽火力点，海滩后面的开阔地区则布设了大量防机降的木桩。布置这些爆炸物和障碍物，工程浩大，直到盟军发起登陆时，仅完成一部分。

在诺曼底登陆中，盟军空降兵的任务是在登陆滩头两侧距海岸 10–15 千米的浅近纵深空降，阻止敌预备队增援，并从侧后攻击德军海岸防御阵地，配合海上登陆。只有建立起可供装甲部队展开的大登陆场后，才能将装甲部队投入作战。如果在装甲部队上陆前德军突破了登陆部队的防线，将会给登陆带来灭顶之灾。

英国第 1 空降师是最早投入行动的部队。午夜就被空投到登陆地区的左翼地区，目标是夺取佩加索斯桥附近的桥梁，防止德军装甲部队前往海岸支持。伞兵迅速占领了这些桥梁，直到稍后登陆的突击队员赶来。

相比之下，美军第 82 和第 101 空降师就没那么幸运了。由于领航员没有经验和地面情况复杂，空降兵散落各处，有的不幸落在海中或内陆被德军故意淹没的低洼地区，由于装备沉重，很多伞兵淹死在水中。24 小时后，101 师空降师才集合起约 3000 人。但盟军可以说因祸得福。伞兵被投放在整个诺曼底，各自为战，分散了德军兵力。德军高估了伞兵的人数，调动了很多兵力，很大程度上分散了海滩登陆场的压力。

宝剑海滩紧邻兀斯特罕港，是"霸王"行动 5 个抢滩点中最东边的海滩，法国北部航运中心康城位于海滩南边。从宝剑滩东登陆的英军抢滩后，很快击溃德军轻装步兵，午后与先前空降内陆的伞兵部队会合。但从宝剑滩西边登陆的英军，遭到德军第 21 师顽强抵抗，无法顺利与从朱诺海滩登陆的加拿大部队会师。双方一直激战至黄昏后，盟军才击退德军装甲部队。登陆的 29000 名英军中，伤亡 630 人。

朱诺海滩宽 6 英里，德军部署于海滩沙丘后的村落中，这样的地形对穿越沙丘进攻的盟军威胁极大。登陆作战开始便极为惨烈，有 1/3 的

接近登陆海滩

盟军登陆艇遭水雷和障碍物摧毁。加拿大攻击部队虽然越过沙滩，却在沙丘前遭到德军攻击，首波进攻部队伤亡率高达 50%。接近中午时，加拿大部队才占领沿岸城镇，向内陆挺进，并与来自黄金海滩的英军会师。参与朱诺登陆战的官兵共 21400 名，伤亡人数为 1200 人。

黄金海滩是整个登陆行动的中心，登陆时间比犹他和奥马哈海滩登陆晚一小时。由于涨潮，盟军无法彻底清除海中布雷和障碍物，企图迅速抢上滩头的英军陷入苦战。德军在滨海小城利维拉和阿梅尔部署重兵防守，在离海岸 500 公里处设置了 4 门 155 毫米炮，直接瞄准海岸。在皇家海军"艾杰克斯"号炮火轰击下，终于摧毁这 4 门重炮。入夜前，已有 25000 名盟军顺利登陆，迫使防守德军撤退 6 英里。英军有 400 名官兵伤亡。

奥马哈是诺曼底登陆战役中战斗最激烈的海滩。盟军在奥马哈滩头阵亡达 2500 人。海滩全长 6.4 千米，多为三十几米高的峭壁，易守难攻。登陆任务由美军第 9 军承担。盟军由于情报有误，认为这里的德军只有一个团，没有装甲车，战斗力差。实际上隆美尔在 3 月已将德军精锐的第 352 步兵师调往诺曼底，其主力团就驻守在奥马哈滩头。可惜直到登陆部队出发后，盟军情报机关才找到第 352 师的下落。

登陆艇上的官兵多为晕船和湿冷所苦，还没到达作战地点就已精疲力竭。登陆作战也不顺利，海滩西段 32 辆水陆坦克有 27 辆刚下海就因风浪过大而沉没，幸存的 5 辆有两辆被德军炮火摧毁。由于潮汐影响和秩序混乱，登陆的美军士兵多搞不清方向和集合点，大批士兵挤在滩头任凭德军炮火攻击。两小时

英军在诺曼底登陆

加拿大部队冲上朱诺海滩

里美军没有一名士兵冲上海滩，东段也仅占领了 9 米宽的一段。在极为严峻的情况下，美军 17 艘驱逐舰不顾触雷、搁浅和被岸炮炸翻的危险，进至距海滩仅 730 米处，为登陆美军提供火力支援。美军敢死队爬上霍克海角，发现所谓 155 毫米海岸炮居然是电线杆伪装的。堵在海滩的美军也开始冲锋。中午时分登陆部队第二梯队提前登陆。在空军指引下，美国海军战列舰和巡洋舰也开始对岸射击，德军的防御基本崩溃。天黑时，美军登陆成功。

犹他海滩位于卡伦坦湾西侧，是宽约 3 英里的覆低矮沙丘。盟军实际登陆的地点虽然比预定地点偏东 1 英里，不过德军部署的兵力并不多。攻击行动展开后，仅 3 小时，盟军就跨越了滩头，掌控了沿海公路；当天中午之前，登陆部队与 5 小时前空降敌后的空降部队会合。当天午夜，盟军不但已达成登陆预订的作战目标，更向内陆推进 4 英里。犹他海滩登陆是伤亡人数最少的，23000 名官兵中，仅有 197 名伤亡。

德军在 D 日组织反击的只有第 21 装甲师。师长不在指挥岗位，参谋长无权调动集结部队，只好将仅有的 24 辆坦克派去攻击卡昂以东的英军。因为仓促出动，准备不足，加上没有步兵支持，被英军击退。当天下午，师长费希丁格赶回师部，集结部队向朱诺海滩和宝剑海滩之间的卢克镇发动攻击，盟军在这两海滩之间尚有数千米空隙，德军的反击将打在盟军的要害。正当第 21 装甲师行进间，盟军 500 架运输机飞临，为英军第 6 空降师运送后续部队和补给，费希丁格误认为盟军空降兵要前后夹击，惊慌失措不战自乱，放弃反击匆忙后撤。

除此，德军在 D 日再没未反击。1944 年 6 月 6 日被隆美尔预言为"决定性的 24 小时"，艾森豪威尔称作"历史上最长的一天"。

6 月 7 日，希特勒将西线装甲集群的 5 个装甲师交给隆美尔。隆美尔面对严峻局势，把反击目标定为先阻止盟军将 5 个登陆滩头连成完整的大登陆场，其次再确保卡昂和瑟堡。德军 5 个装甲师从 100-200 千米外赶来，在盟军空袭下，

美军在奥马哈海滩损失惨重

无法成建制投入作战，部分到达海滩的，也在盟军军舰炮火下伤亡惨重。

盟军登陆滩头形成统一的登陆场后，按计划向内陆发展。美军第 1 集团军夺取瑟堡。英军第 2 集团军猛攻卡昂以造成直取巴黎的假象。隆美尔调整了部署，步兵防守卡昂至科蒙一线，抽出装甲师阻止美军的进攻。还没等部署完毕，英军就发动了攻势，打乱了德军计划，保障美军对瑟堡的攻击。

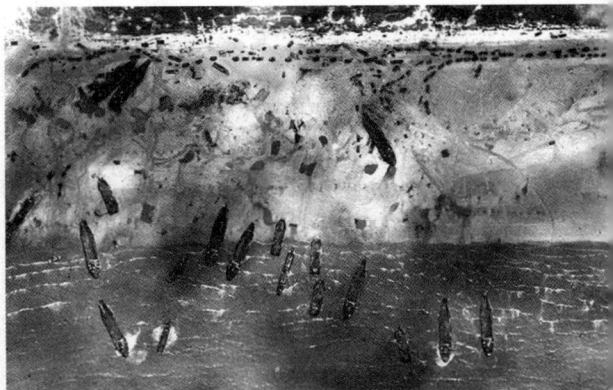

皇家空军野马战斗机拍摄的登陆场面

6 月 13 日，英第 7 装甲师在向卡昂西南的维莱博日推进途中，与正从亚眠赶来的德军党卫军第 2 装甲师遭遇，随即爆发激战。英军损失很大，被迫后撤。英军的进攻没有进展，却将德军第 2 装甲师吸引在卡昂地区，为美军进攻瑟堡创造了条件。美军占领卡朗坦后，德军从卡昂地区无法抽出部队，只好从布列塔尼半岛紧急调来党卫军第 17 装甲师，攻击美军侧面。美军击退了德军，突破德军在圣索沃地区的防线，于 6 月 16 日攻占圣索沃。希特勒指示，在该地区的 4 个师必须全力阻滞美军的前进，然后向瑟堡且战且退，死守瑟堡。但这 4 个师装备消耗很大，无力胜任坚守瑟堡的重任，即使退入瑟堡，充其量不过多坚持几天而已。所以隆美尔向希特勒请求将部队直接撤往塞纳河，加强塞纳河防御。遭到希特勒拒绝。当圣索沃地区出现被突破的征兆时，隆美尔不顾希特勒的指示，命令所有能联络上的部队迅速向南撤退，才挽救了不少部队。

6 月 19 日，美军直取蒙特堡，将科汤坦半岛拦腰切断。

同一天英吉利海峡风暴突起，风力达 8 级，浪高 1.8 米，美军地段的桑树 A 人工港，浮动码头解体，沉箱断裂，十字形钢制件相互碰撞而严重受损。英军地段的桑树 B 人工港，由于受到海底礁石保护，损失较小，只有 4 个沉箱被毁。登陆滩头，盟军共有 7 艘坦克登陆舰，1 艘大型人员登陆舰，1 艘油船，3 艘驳船，7 艘拖网渔船，67 艘登陆艇被大风刮沉，1 艘巡洋舰和 1 艘渡船因相互碰撞而损坏，还有一些舰船因汹涌的风浪引爆了德军布设的水压水雷而被炸伤。狂风暴雨还将近 800 艘舰艇抛上陆地，迫使盟军卸载中止 5 天，使两万辆车辆，10 万吨物资无法按计划上陆。

美军后续部队登上奥马哈海滩

风暴造成的物质损失大大超过13天作战的损失，使盟军的后勤补给出现严重困难。如果德军能抓住这一战机进行反击，战局有可能改写。但当时德军兵力仅够勉强防御。虽然从匈牙利调来从苏联战场撤下来的整编党卫军第9、10装甲师，但法国境内铁路破坏严重，无法集结机动，错失了机会。

6月20日，美军3个师推进到距瑟堡仅8千米处。瑟堡位于科汤坦半岛北部，是法国北部最大的港口。德军在此筑有混凝土野战工事，还利用河流和水渠设置反坦克障碍，在城郊部署有20个设在暗堡里的炮连。其中15个是口径150mm的重炮连，这些火炮既可向海上目标射击，又可控制内陆道路。只是因为前一时期的战斗消耗了大量有生力量，城防司令施利本将军把勤杂人员编入战斗部队，才勉强凑起4个团的兵力。

6月21日，美军为保全港口设施，以广播敦促德军投降遭到拒绝，于是决定对瑟堡实施强攻。6月22日，盟军出动500架次飞机对瑟堡实施密集轰炸，投弹1100吨。随后美军3个师从南面发起猛攻，德军殊死抵抗。

激战到6月24日，施利本耗尽了所有预备队，致电柏林，要求空投铁十字勋章，授予有功人员以激励士气，准备死守到底。为尽快攻下瑟堡，美军迫切需要海军提供舰炮火力支援，但恶劣天气使舰炮火力支援直到6月25日才开始。海军派出3艘战列舰、4艘巡洋舰、11艘驱逐舰组成舰炮编队，进行了长达7小时的射击，有效压制了德军火力。美军第7军于6月25日黄昏冲入瑟堡市区。次日，施利本和港口海军司令亨尼克少将宣布投降。

瑟堡虽被占领，却已是一片废墟。早在6月7日，也就是盟军登陆的第二天，德军就预料到盟军必将夺取瑟堡，开始有计划毁掉瑟堡，码头、防波堤、起重机等港口设备都被炸毁，港口水域里遍布水雷，还用沉船堵塞航道。美军工兵专家看了毁坏情况，认为是"历史上最周密、最彻底的破坏"。盟军派出大批工兵、打捞分队、扫雷舰艇进行清除工作，足足花了3个星期，扫除133枚水雷，打捞起20艘沉船，才恢复了瑟堡港口的吞吐能力。7月16日，盟军从瑟堡卸下第一艘运输船物资。7月底，瑟堡日卸货量已达8500吨。到9月，日卸货量又上升到17000吨。3个月后，瑟堡的卸载能力仅次于马赛，成为盟军在欧洲的第二大港。

美军攻占瑟堡的同时，蒙哥马利指挥英军第2集团军，于6月26日以4个师的兵力猛攻卡昂。当天中午攻占舍克斯，但左右两翼都受到党卫军第12装甲师反击，

无名士兵的牺牲之地

前进艰难。6月27日，英军击退德军的反击，占领劳良，先头部队第11装甲师控制了奥登河上的桥梁。

6月28日，英军主力渡过奥登河，建立起正面宽3650米，纵深900米的桥头阵地。29日，德军集中5个装甲师反击，盟军空军大举出动，对德军装甲部队实施了猛烈轰炸，瓦解了德军的攻势。英军第11装甲师乘机占领卡昂西南的战略要地112高地。德军随即组织多次反扑均未得手。

6月30日，德军集中炮击112高地，英军难以坚守，撤到奥登河岸边。德军虽夺回112高地，但在盟国空军猛烈打击下，无法集中使用装甲部队，只能使用200名步兵和15-20辆坦克组成小型战斗群短促出击。隆美尔为确保卡

在诺曼底海岸临时搭建的码头

奥马哈海滩登陆场

昂，放弃外围一些阵地，将全部 900 辆坦克中的 700 辆部署于卡昂近郊。盟军在占领卡卢克机场后，再无力推进，双方陷入对峙。

6 月 29 日，隆美尔和隆德施泰特晋见希特勒，汇报了战局。希特勒大为不满，以克卢格元帅取代隆德施泰特任西线总司令，埃伯巴赫取代施韦彭格指挥西线装甲部队，并将所部改称第 5 坦克集团军，以党卫军上将豪瑟接替刚病故的多尔曼上将任第 7 集团军司令。

7 月初，盟军已上陆 25 个师，共 100 万人，56.7 万吨物资，17.2 万部车辆。盟军仍觉得登陆滩头狭窄，便继续扩大登陆场。为保障日后能展开大规模的装甲部队，取得有利的进攻出发阵地，美军第 1 集团军在攻占瑟堡后马不停蹄立即挥师南下。

7 月 3 日，盟军集中 14 个师攻击登陆场正面德军 7 个师。因前进道路遍布地雷和障碍物，两侧又是沼泽，只能展开一个师的兵力与德军顽抗中步步推进；而且天气不佳，空军无法出动，进展十分缓慢。5 天才前进 6.4 千米，伤亡却高达 5000 人。随后的 7 天又付出 5000 人的伤亡，才推进 4.8 千米。

7 月 6 日，直属盟军最高司令部指挥的美军第 3 集团军，在巴顿的率领下，踏上欧陆。7 月 9 日，德军党卫军装甲教导师被调到维尔河地区，抗击美军攻势。尽管该师全力奋战，仍未阻止美军推进。

7 月 11 日，西线美军向诺曼底地区重要的交通枢纽圣洛发动钳形攻击，德军依托工事拼死抵抗，美军的攻击未能成功。美军停止攻击，整顿部队，补充弹药。德军人员、装备和弹药所剩无几，又得不到补充，在美军随后发起的第二轮进攻中不支，圣洛于 7 月 18 日被美军攻占。

圣洛战斗中，德军在诺曼底地区的前线指挥第 84 军军长马克斯中将阵亡。美军为夺取圣洛也付出了近 40000 人伤亡的代价。随着圣洛失守，德军在诺曼底地区的防线被盟军分割为两段，局面更为被动不利。

与此同时，英军对卡昂发动

瑟堡一名战死的德军士兵

第二轮攻势。7月7日，盟军出动460架次重型轰炸机，对德军阵地密集轰炸，40分钟里投弹2500吨。7月8日，英军两个师和加军1个师向卡昂实施向心突击。7月10日占领卡昂。

在随后的一周里，盟军一边补充兵力物资，一边不断向正面德军施加压力，使其无法重新调整部署。7月18日，为将登陆场扩大到奥恩河至迪沃河之间，英军继续由卡昂向东南推进。为配合英军进攻，盟军出动1700架次重轰炸机和400架次中轰炸机，投弹达12000吨，并吸取对卡昂轰炸教训，改用瞬发引信，减少对道路的破坏。德军也改变战术，采取纵深梯次防御，大量使用88毫米，高射炮平射坦克，在有利地形不断组织反冲击，英军坦克损失150辆，进攻被迫停止。

尽管英军的进攻没有取得进展，但在整个战场上，盟军已形成宽150千米，纵深15–35千米的登陆场，建立并巩固了桥头堡，完成了大规模地面总攻的准备，为收复西欧奠定了坚实的基础。至此，诺曼底登陆战役结束。

42. 冲向法国南部的"龙骑兵"

为尽快打败德日法西斯，早日结束战争，美国总统罗斯福、英国首相丘吉尔和苏联领导人斯大林于1943年11月28日至12月1日在伊朗首都德黑兰举行首次会晤，史称"德黑兰会议"。

这是罗斯福与斯大林首次相见，"太高兴见到你了！"两人几乎是不约而同地说了同一句话。稍后，丘吉尔也到了。在会谈正式开始之前，举行了一个庄重的授剑仪式，而且全体参与者高唱苏联国歌。

苏联取得了斯大林格勒保卫战的辉煌胜利，英国工匠精心铸造了一把宝剑。在德黑兰，丘吉尔代表英国政府把宝剑赠给斯大林。赠送仪式中，丘吉尔不慎让剑从剑鞘里滑了出来，斯大林拾起重新插入剑鞘，避免了尴尬场面，接着接过宝剑，轻吻了一下。这使会议有了良好开端。

自由法国运动就像这架飞机，已然残缺不全，仍然在飞行

会议进入实质性阶段时，分歧出现了。斯大林强调："英美不能再拖延时间了，必须早日开辟第二战场。现在苏联人抗击着大部分德国军队，承受着无比沉重的物质和人力压力。"这时丘吉尔提出"地中海战略"，他说："考虑到种种复杂的情况，我主

张英美从地中海进攻意大利，然后进军巴尔干半岛。"斯大林耐着性子说："目前我们需要的是给德国人狠狠一击。巴尔干离德国心脏太远，不可能达到这一效果。因此，还是赶快执行'霸王行动'计划好。"丘吉尔沉默了一会儿，又提出两路并进的主张，实际上还是想以巴尔干为主战场。这时，斯大林忍不住了，说："我们的人民每天都在流血牺牲，我们的孩子因没有面包吃而正在挨饿！而有的人却在这时只顾抢夺中欧的地盘，置人民的牺牲于不顾！我是在这里浪费时间。"说完他就要离开会场。罗斯福看出，丘吉尔是想从巴尔干打进中欧，以便在苏联红军到达之前抢占奥地利、罗马尼亚和匈牙利。他觉得丘吉尔过分了，见斯大林生气地要走，连忙劝阻，同时也劝阻丘吉尔。

自由法国运动领导人戴高乐

罗斯福见气氛有些紧张，打趣地说："怎么，你们欺负我走不动路，想显示你们有两条健康的腿吗？"他的腿因小儿麻痹后遗症一直不能站立。这位伟人坐在轮椅上领导着一个世界强国，并使它从经济衰退中复苏过来。也是他以超人的胆识和魄力打破了意识形态界限，说服丘吉尔与社会主义的苏联合作，共同抗击德意日法西斯国家。

斯大林和丘吉尔自觉失态，听罗斯福这么一说，不觉哑然失笑，气氛缓和多了。经过反复磋商，3位领导人终于达成了共识，决定在1944年5月，由英美在法国诺曼底登陆作战，实现"霸王计划"，开辟欧洲战场。而苏联也同时发起攻势，以阻止东线德军西调。关于对日作战问题，苏联初步同意在欧洲战争结束后半年左右参加对日作战。作为交换，苏军可以进入中国大连，大连可以在国际监督下成为自由港。苏联的此项要求并未经过中国国民政府的批准，损害了中国的利益。

德黑兰会议确定，在实施代号"霸王行动"的同时，盟军将在法国南部登陆。在策划阶段，该行动代号为"铁砧"，以作为"大锤"行动的补充，"大锤"是酝酿实施诺曼底登陆战役的第一个代号。随后，这两个计划被重新命名，后者成为"霸王行动"，前者改为"龙骑兵"行动。

"霸王"被确定为主攻计划,法国南部登陆计划代号叫"龙骑兵",被确定作为诺曼底登陆的辅攻计划。实施"龙骑兵"计划,目的在于策应诺曼底的登陆部队,先肃清法国南部的德军,攻占法国最大的海港马赛港。这样不仅可为在欧洲战场的盟军进行后勤补给,而且可以顺势由南向北进攻,对法国境内的德军形成南北夹击之势。

按照德黑兰会议的决定,诺曼底登陆和法国南部登陆应当同时进行。后因诺曼底登陆规模庞大,要保证其实施,必须准备好数量众多的海、空运输工具。如同时在法国南部展开集团军一级的登陆战役,一时很难筹集到足够的舰船和飞机。因此,"龙骑兵"计划被推迟到诺曼底登陆后两个月,即1944年8月实施。

但丘吉尔认为,"龙骑兵"行动是在浪费资源,不如将这部分兵力投入到出产石油的巴尔干,然后向其他东欧国家推进。除了进一步限制德国获得急需的石油外,可以使西方国家通过解放被德军占领的地区,在二战后的和平时期有更好的定位并防范苏军。

"龙骑兵"计划的原设想是,由法军和美军组成的部队攻占土伦军港,后又陆续列入了马赛港及圣特罗佩。1944年修订该计划时,美英两国军事人员之间发生争论,英方反对该登陆行动,而美方则赞成登陆行动。

艾森豪威尔属意法国南部的马赛港作为"龙骑兵"的目标,然而,在诺曼底登陆战役没有明确战果前,他对于"龙骑兵"行动并没有下最后的决心。而两个事件陡然加重了"龙骑兵"行动的砝码。这两个事件就是盟军在6月拿下罗马,尤其是"眼镜蛇"行动的成功。

盟军在诺曼底登陆后,7月25日上午9时30分,"眼镜蛇"行动开始。美军首先派出数架雷电战斗轰炸机,对德军阵地发起猛烈空袭。随后又派出将近1500架轰炸机,投下3000多吨炸弹。紧接着,380架B-26中程轰炸机又飞临德军上空,投下了1400吨烈性炸药。德军阵地被炸得面目全非,炸死德军1000多人,另有1000多人被炸伤或被震昏,无法继续参加战斗。虽然轰炸行动切断了德军的通信网络,但无法对所有德军构成全方位的打击。距离美军阵地最近的德军没有受到轰炸,随着坦克四处逃窜。此时美军突然发起了第二轮空袭,炸死德军111人,炸伤490人。但美国陆军地面部队司令詹姆斯·麦克纳尔中将在空袭中被己方误炸身亡,成为美军在二战中牺牲的最高军衔军官。

盟军地面进攻从上午11时开始。在轰炸中没有造成较大破坏的地区,德军进行了顽强抵抗。第一天进攻原计划向前推进3英里,实际只推进1英里。

科林斯决定第二天动用装甲部队，不再单独使用步兵进攻。次日，美军装甲部队突破德军防线，科林斯继续施压，命令部队在 26 日和 27 日晚上通宵进攻。7 月 28 日，德军防御已被彻底打乱，企图实施有序撤退的计划化为泡影。在此情况下，美军决定修改 "眼镜蛇" 行动计划，取消在突破德军阵地后要休整一段时间的安排，准备一鼓作气，利用德军溃败扩大战果。在美军持续进攻面前，希特勒不得不亲自参与制定作战计划。

德军计划在莫尔坦附近出击，夺取阿夫朗什，该目标对遏制美军的进攻至关重要，因为它是巴顿第 3 集团军运输补给品的必经之地。希特勒认为，在这里发起进攻，可以打乱美军整个计划，对于打击美军先遣师意义重大。8 月 7 日，德军进攻开始，突破美军防线 16 千米。美军遭到袭击。然而到了上午 9 时到 10 时许，天空中到处都是盟军轰炸机。由于德军需要躲避飞机轰炸，前进被迫中止。在随后 3 天，他们只能在夜间发动袭击。接下来的战斗更为艰苦，德军没有取得任何进展，让希特勒恼羞成怒。

8 月 8 日，巴顿的第 3 集团军先头部队到达勒芒，艾森豪威尔命令巴顿向北推进，进入英军战区。与此同时，加拿大第 2 军计划向南推进，攻击法莱斯，与美军会合，击败德军进攻。8 月 8 日黄昏后，重型轰炸机轰炸了通往法莱斯公路两侧，加拿大军队沿着公路顺势而下，向法莱斯进军。

德军企图阻止加军前进，在 8 月 9 日正午之前开始发起反攻，但在下午 2 点前被击退。正当加拿大和波兰军队准备继续前进时，500 架美军 B-17 轰炸机飞临上空，准备像前天一样实施夜间轰炸，结果却犯了灾难性的错误。由于炸弹落点离盟军部队太近，炸死了许多自己人和己方坦克。

第二天，一支加拿大部队迷路，误入两个德军装甲编队包围圈，遭到袭击，而此时波兰军队也在与德军交战。虽然加、波两支部队按照合围计划的目标向前推进，但速度之缓慢已使自己处于危险境地，他们面对的德军数量越来越多。

美军正抓紧时间向阿让唐开进。由于即将与美军会合，英军士气高涨。一场合围之战即将打响。

1944 年 6 月，诺曼底登陆后，艾森豪威尔信心满满，而 "眼镜蛇" 行动的成功，更让艾森豪威尔下决心实施 "龙骑兵" 行动，在濒临地中海的法国南部开辟战场，取得更多的港口设施，把德军的抵抗彻底碾碎。

"龙骑兵" 登陆战役计划由美第 7 集团军组织实施。第 7 集团军由亚历山大·帕奇指挥，编成内有美、英、法三国的 7 个步兵师、5 个装甲师、1 个摩

盟国发起"龙骑兵"行动。这是美军的 B-26 轰炸机

托化师和 1 个空降兵师，共拥有 1000 余辆坦克、4700 余架作战飞机、850 余艘舰艇和大量运输船只。作战对象是驻守在法国南部的德军第 19 集团军共 8 个步兵师、1 个坦克师、120 余辆坦克、200 多架飞机和 30 余艘舰艇。

德军的人员和装备均缺额很大，战斗力不强，从总体实力上比较，盟军占有绝对优势。特别是在盟军选择的登陆场一线，即从圣拉法尔到土伦港之间约 90 千米的正面，德第 19 集团军仅部署了 5 个营，海岸防御力量薄弱。"龙骑兵"登陆计划规定，盟军登陆部队将在戛纳城以西夺取正面宽 90 千米、纵深 25 千米的登陆场，攻占土伦和马赛，然后向北发展进攻。

第 7 集团军的将领在考虑作战方案时估计到，因正面德军岸防力量薄弱，登陆战役打响之后，德军海岸部队可能会向纵深撤退，层层抵抗；而法国境内纵深的德军也可能以快速机动部队利用便利的公路和铁路，驰援海岸部队。尽管当时德军在法国南部的部队已经由于抽调一部分到诺曼底而显得实力不足，但其对盟军宽大的登陆场实施猛烈的反击，还是很可能的。怎样才能有效地阻止德海岸防务部队的后

"龙骑兵"登陆

撤，同时又能遏止德内陆部队对登陆场的反击，这确实是令参谋人员们大伤脑筋的问题。如果有一支部队能预先攻占登陆场纵深地区的公路和铁路交通枢纽，问题就会变得简单得多。如此艰巨的任务，当然最好是由空降兵完成。于是，"龙骑兵"空降特遣队便应运而生了。

参谋军官们计划的是实施一次师级规模的空降作战。当时盟军在地中海区域内的几支伞兵部队和滑翔机部队非常分散。第7集团军司令帕奇将军费尽了心思，才将零零散散的空降部队集中到一起，并于7月7日正式组建了配属"龙骑兵"登陆战役使用的空降兵师，当时称作暂编空降特遣队。师长由美军罗特·弗雷德里克少将担任。

空降特遣队完全是混合编成的，人员来自四面八方，既有美军，也有英军、法军，甚至有日裔美国人。包括伞兵509团、517团、551团1营、滑翔机步兵550团和炮兵463团两个连，还有英军独立伞兵第2旅、法军伞兵第1团、两个75毫米炮兵营和1个反坦克炮兵连；配属空降特遣队的还有400多架运输机和500多架滑翔机，均归罗特·弗雷德里克少将直接指挥。

8月11日，盟军登陆部队分别从那不勒斯、巴勒莫、奥兰、塔兰托、布林迪西等港口上船，开始航渡。14日，在科西嘉岛西海岸海域集结。15日晨，美英空降兵5000人在离登陆海岸24千米的勒米空降，阻止德军增援；随后，出动1300架轰炸机和大批舰艇进行轰炸和炮火准备。8时，美军第36、45、3师和法军各登陆分队在普罗旺斯海岸80多千米地段的5个登陆点突击登陆。德军在该地段仅部署有5个营，未做有力抵抗。盟军登陆进展顺利，当日占领3个登陆场，共90000人、12000辆车辆上陆。德军在盟军和自由法国军队强大攻势下，节节败退。至19日，盟军攻占正面宽90千米、纵深60千米的登陆场，上陆兵力达16万人、火炮2500门、坦克600辆、汽车21000辆。而后，美军兵分两路发展进攻，第3、45师向阿维尼翁推进，第36师沿着"拿破仑大道"北上；法军挥戈西进，27日解放土伦，28日解放马赛。8月1日，盟军进逼里昂。9月3日，盟军进入该市。9月11日，法军与诺曼底登陆的美军在第戎以西25千米处会师。此役加快了法国解放和同盟国战胜德国的进程。

包括法国在内的24个盟国的45万军队投入了战斗，其中25万多法国参战部队中的90%来自北非和黑非洲的20个法语国家。这是一场几乎被世界遗忘的行动，而在战后，法国每年都举行普罗旺斯登陆纪念活动。

43. 敌后战场："迪克西"抵达延安

抗战期间，中国的两大政治力量是共产党和国民党。国民党是握有统治权的最大政党，有几百万军队和得到国际承认的外交地位。没有它的参加，全民族的抗日战争难以形成。在中华民族处于生死存亡的最危急关头时，国民党改变了过去实行的"攘外必先安内"的错误政策，停止内战，抵抗日本侵略者，在抗战最初阶段有过积极表现，先后组织淞沪、忻口、徐州、武汉等会战，并在湘北、鄂西、昆仑关、滇缅等战场上英勇杀敌，为国家和民族立下不朽之功。

毛泽东在抗日军政大学作报告

但其有一致命弱点，就是对民众、特别是共产党的疑忌太深，生怕威胁其统治，总是千方百计地加以限制和打击。到抗战的中后期，国民党的专制和腐败表现得越来越厉害，激起民众的强烈不满。这样，自然谈不上充分依靠并发动民众力量去战胜日本侵略者，而是尽量保存实力和依赖外援。对怎样夺取抗战的胜利，提不出一套正确的方针和办法。

中国共产党在抗战前只有几万党员和几万军队，但充满活力并积极发展。1938年5月，毛泽东发表了《论持久战》。抗战开始不久，他就富有

朱德在太行山

八路军副总司令彭德怀在前线指挥

预见地指明了战争的趋势和前途。他在分析战争双方的长处和短处后得出结论："中国会亡吗？答复：不会亡，最后胜利是中国的。中国能够速胜吗？答复：不能速胜，抗日战争是持久战。"他从双方长处和短处的消长演变，说明中国在这场持久战中将经历三个阶段：战略防御阶段，战略相持阶段，战略反攻阶段。而战略相持阶段也许要经过相当长的时间，将是抗战中最困难的时期，然而又是转变的枢纽。在这个阶段中，中国方面的作战形式主要是游击战，以运动战为辅。这是一场犬牙交错的战争。要进行普遍深入的政治动员，"动员了全国的老百姓，就造成了陷敌于灭顶之灾的汪洋大海，造成了弥补武器等等缺陷的补救条件，造成了克服一切战争困难的前提。"《论持久战》的发表，在全国激起强烈反响。

当国民党军队从前线大规模溃退时，共产党领导的八路军和新四军却朝着相反的方向，向敌后沦陷区挺进。把自己的力量深入到民众中去，在民众中间深深扎根，把民众组织和武装起来，指导民众开展游击战争，打击敌人，收复失地，建立抗日根据地，并且逐步从山地扩展到平原地区。

1937年12月，国民党制定《第三期作战计划》时，规划在全国建立12个抗日根据地。1939年2月和5月，军委会西安会议决议和《游击队调整办法》，规定了选择根据地的标准和要求。6月在重庆最高幕僚会议第二次临时会议上，讨论并原则通过陈诚提出的《建立全国游击区方案》，共在全国划分了12个具有战略地位的游击区，其中敌后有8个。国民党敌后根据地的选择与建设有章可循；各根据地的划设与全国抗战的总体布局相互关联，独而不孤；各敌后根据地和游击区都接受相应战区的领导指挥，构成较为周密的网络体系，与正面战场做战略与战役配合。

国民党对根据地的认识、建立途径、作战方式均与共产党存在差异。国民党在抗战初期计划和建立的根据地，一般有较多正规军支撑，储存较充裕的粮食、弹药、医疗器材等战备物质；根据地大多未被日军占领，或者短期被占领随即恢复。例如大别山的立煌县，7 年多只沦陷了短短几天，实质是位于敌后的后勤补给集散地。与共产党白手起家，在敌后建立根据地的情况有所不同，由于在敌后的正规军较多，弹药较充足，国军在敌后不仅能打游击战，也能打运动战，甚至能打阵地守备战；其敌后作战方式比共产党军队丰富，包含了游击战和正规战的多种战术，不过这并不改变其敌后战场游击战的属性。

随着时间推移，沦陷区日益扩大，敌后根据地与正面战场及国统区大后方的距离渐远。尤其是位于完全敌后的根据地，必须以自力更生为主，进行根据地建设，否则便难以维持。从 1939 年初至 1940 年底。不仅新成立了冀察、鲁苏两个完全在敌后的游击战区，而且包含沦陷区的其他各战区也普遍建立了游击区和根据地。沦陷区除了重要城镇和交通要道为日伪军所控制外，其余几乎全部成为游击区。在日军统治薄弱、地形有利的地域，还建立了较为稳固的根据地。全部、大部或者部分成为国民党游击区或者根据地的县，约占沦陷区总面积的一半以上。

在敌后建立抗日根据地，不仅有必要性和可能性，同时又有极大艰巨性。日本侵略者原本要把侵占的地区变成继续扩大侵略的后方基地。当发现八路军、新四军的游击战争对其构成越来越大的威胁时，立刻掉过头来，对抗日根据地进行残酷的封锁、分割和"扫荡"。日军侵入根据地后，惨无人道地推行烧光、杀光、抢光的"三光政策"，大搞"铁壁合围"、反复"扫荡"等，制造一个个"无人区"。因此根据地同后方几乎处在隔绝状态。处在这样险恶的环境中，如果没有独立分散作战的主动精神，如果不能同当地民众建立起血肉相连、生死与共的关系，根本没有办法站住脚跟。这便是为什么共产党领导的八路军和新四军能够在敌后抗战中取得成功，而国军却难以做到的根本原因。

抗日战争进入相持阶段后，国军仍在顽强抵抗，正面战场和敌后战场需要相互支持。但国民党当局的基本态度是保存实力和期待外援，军队主力集中在西南和西北地区。在正面战场，只是当日军发动局部进攻时，国军才英勇奋战，而且一般都以日军停止进攻而结束。像湘北和鄂西的几次战役都是如此。这种消极避战的做法，换来的却是国军自身战斗力的削弱和丧失，以致在 1944 年出现了令人震惊的豫湘桂大溃退。

由于国民党当局的严密封锁，八路军、新四军在敌后的战斗业绩很长时间内不为外人所知。直到 1944 年，国民党当局才允许中外记者西北参观团到中国共产党领导的抗日根据地去采访。这些记者写了大量报道和评论。《纽约时报》记者哈里逊·福尔曼在延安和晋绥抗日根据地采访 6 个月后，写了《来自红色中国的报告》。他说："我们新闻记者多半既不是共产主义者，也不是共产主义的同情者。"他在描述了大量亲眼看到的事实后说："凡见到过八路军的都不会怀疑他们，他们所以能以缴获的武器或简陋的武器坚持作战，就是因为他们与人民站在一起。""延安他们把战果告诉我时，我真不敢相信。但当我和八路军在敌后共同作战两个月后，真正地参加占领和摧毁这些据点和碉堡，我所见到的一切证明了共产党的叙述并无夸大，只是进攻受到武器和环境的限制。"

对这些舆论，国民党上层不以为然。几位记者从延安回来，向蒋介石夫人宋美龄赞扬共产党人廉洁奉公、富于理想和献身精神。宋美龄感触良深，默默地凝视了几分钟后，回身说，如果你们讲的有关他们的话是真的，那我只能说，他们还没有尝到权力的真正滋味。

1944 年 5 月，罗斯福接见了著名记者埃德加·斯诺，这是美国总统短期内第二次在白宫接见这位毛泽东的朋友。这次谈话使罗斯福更加坚定了与中国共产党接触的决心。6 月，美国副总统华莱士访华，他是美国建国以来访问中国的最高在职官员。21 日，华莱士在重庆与蒋介石进行了第一次正式会谈，向延安派遣美国使团是会谈的主要议题之一。在美国的压力下，有求于美国的蒋介石不得不退让了，于是华莱士提出这个使团要尽早成行。

1944 年 7 月 22 日，一架美军 C-47 运输机从重庆起飞，向北方飞去。两架美国陆军第 14 航空队战斗机随即起飞，为这架运输机护航，它们的目的地是延安。运输机上的乘客是美军延安观察组的第一批 9 名成员，代表美国军方和政府开辟与中国共产党直接联系通道的使命。

美国政府跨越意识形态的巨大鸿沟把观察组派到延安，是因为日军在中国战场上的优势已不复存在，中日双方进入相持阶段。为了协同作战，美国政府不仅加强对国民政府的援助，也对不断开辟敌后战场的共产党武装产生了越来越深厚的兴趣。重庆红岩村是第 18 集团军驻重庆办事处所在地。经常到访红岩村的客人中，有两位年轻的美国大使馆外交官谢伟思和戴维斯，都出生在中国四川，是美国传教士的后代，能说流利的中国话。1944 年 1 月，戴维斯和谢伟思通过不同渠道向美国国务院递交了内容相似的报告，建议向延安派遣常驻军事和外交人员。但戴维斯和谢伟思的两份内容相似的报告却经历了截然不同的命运。谢伟思的报告被美国国务院一位头头批上"荒谬、可笑"等字眼后退回。戴维斯的报告则被直接呈递给罗斯福总统的顾问霍普金斯。霍普金斯知道美国政府已经准备同中国共产党直接接触，于是他立即将戴维斯的报告上交给罗斯福。

说到美军延安观察组的起源，还有一位重量级人物，就是美军中缅印战区总司令、中国战区参谋长约瑟夫·史迪威。朱德总司令的朋友、美国记者史沫特莱女士和史迪威是朋友，彼此有通讯联系。她说史迪威在写给她的信中，曾一再提及他对朱德的钦佩，而且长时间以来一直如此。史迪威不信仰马克思主义，他只是为了美国和中国的共同利益，希望早日打败日本帝国主义，所以对那些坚决抗日、为人正派的中国人士表示尊敬，认为这些人代表着中国的新生力量并寄予厚望。

得到美国政府派遣延安观察组的指令后，驻华美军和美国大使馆开始与国民政府的协调，经过重庆、延安和美军三方面协调，这个使团被正式定名为"美军中缅印战区驻延安观察组"，代号"迪克西"使团。迪克西的本意是指美国南北战争中的南方各州。

美军观察组的通行证拿到了，接下来的工作就是组建小组。史迪威将军提出，组长的人选必须是一个中国共产党能够接受和尊重的，最好是能说流利中国话的美国军官。52 岁的包瑞德上校成了最佳人选。他来自科罗拉多州，大学毕业后投笔从戎来到中国。担任美军观察组组长之前，包瑞德曾在美国大使馆和美军多支部队任职，对外交、军事都不外行。

观察组成员名单上的另一个重要人物是约翰·谢伟思，当年 35 岁，是美国驻华使馆的二等秘书。抗战爆发后，谢伟思在中国大后方各地进行了多次深入考察，并向美国政府递交了很多有影响的报告，由此受到了史迪威将军的器重。在美军观察组组建时，史迪威将军和美国驻华大使克拉伦斯·高思一致认为，由谢伟思担任观察组的政治顾问再合适不过。因为他不仅是一个敏锐的政治观察家，也是忠实客观的记录人。

美军观察组由 18 人组成，来自美国外交系统和海陆空三军，并代表了军医、情报等部门和许多技术兵种。他们都是第一次去延安。延安在普通美国人眼中是神秘的，一方面，埃德加·斯诺等美国进步记者对毛泽东和中国共产党的深度报道已经影响了一代美国人；另一方面，国民党政府多年的反共宣传使有些人误以为共产党领导的边区在经济和政治上都非常落后。因此他们也把进驻延安看作是一次探险。

7月4日是美国国庆日，在重庆庆祝活动上，观察组的海军上尉希契和陆军上尉科林见到宋庆龄。得知眼前的这两个美国年轻人是即将出发到延安观察组成员，宋庆龄向他们表示由衷的祝贺，并告诫说，不要听信任何关于延安的传言，要用一颗不抱成见的心去观察和思考。

中共七大会场

从接到美军观察组即将成行的正式通知后，中共中央就开始了积极的准备。6月29日，毛泽东主持召开了中国共产党六届七中全会主席团会议，专门讨论了美军观察组来延安和即将开始的国共谈判的问题。会议还决定在延安设立外事组，担任组长的是杨尚昆。从这之后到美军观察组抵达延安的一个月里，毛泽东又多次过问接待美军观察组的准备情况，并亲自到延安机场视察安全保卫工作。

7月21日，美军观察组启程的前一天，组长包瑞德上校从美军中缅印战区司令部拿到了一纸正式指令，指令详细地列出了观察组在延安的任务，主要是收集共产党军队已获取的日军情报和共产党根据地的政治、军事各方面的综合情况，并协调营救被日军击落的美军飞行员。

7月22日，载着美军观察组第一批成员的C–47运输机从重庆起飞，飞向一片陌生而又充满传奇色彩的土地。

中共中央在延安机场为美军观察组举行了热烈的欢迎仪式。为了方便观察组第二批成员尽快到达延安，当天下午，一支部队进入机场，开始平整跑道。熟悉机场建设的美军观察组成员也前来助阵。随后赶到的叶剑英在问候了观察组成员后，撸起袖子就加入了工作。这一举动让观察组的成员备感惊讶，因为在国民党军队中，不用说叶剑英这样的高官，即使是普通的营长或连长，也不可能与士兵一起劳动。叶剑英的举动感染了在场的美军军官，他们也兴致勃勃

在延安，包瑞德被称为"包上校"

地加入进来。

听说美军观察组正在帮助修机场，很少能见到外国人的延安人扶老携幼，都到机场来看热闹，最后，连毛泽东也兴致勃勃地赶来了。

4天后，毛泽东在窑洞中为观察组成员举行正式晚宴，朱德也参加了宴请。面对这群远道而来的美国年轻人，毛泽东幽默地说，你们知道你们自己有多重要吗？你们的副总统都要亲自来中国说服委员长为你们放行呢。毛泽东的幽默打消了美国客人一时的拘谨，他们争着向毛泽东和朱德敬酒。

观察组成员第一次到延安，最初住处在延安城南关交际处，这是延安接待外国客人的地方。陕甘宁边区的民主状况远超美军观察组的期望。当时边区政府主席是中国共产党元老林伯渠，副主席由民主人士李鼎铭担任。由于1944年的大部分时间林伯渠都在重庆与国民党谈判，民主人士李鼎铭担任了边区的代主席，边区各级政府实行"三三制"，即共产党、左派代表和中间派各占政府领导成员的三分之一。包瑞德说，他在国统区亲眼看到捆成一串的老百姓被抓去当兵，但在共产党领导的边区，他从来没有看到过这种现象，在边区，参加18集团军是很光荣的一件事。

美军观察组成员按照预定职责，迅速进入角色，经常工作到后半夜。包瑞德要求不管前一天晚上忙到多晚，第二天必须六点半起床出操。在充满朝气的延安，这十几个美国人也保持了积极的工作状态。他们在延安见证了正在孕育的新中国。

"迪克西使团"在延安开展了有成效的活

美军观察组在延安机场

动，听取了彭德怀、叶剑英、陈毅等中共高级军事领导人所做的报告，对敌后战场和抗日根据地有了基本了解；他们也深入部队，进行调查研究，对中共军队军事素养与作战能力有了直接了解。除在延安附近活动外，他们还不断派出小组或个人到敌后根据地进行考察。例如，1944年到1945年期间，美军观察组派了三批军官到华北抗日根据地，其中，彼得金中校去了阜平，约翰·高林上尉与路易斯·琼斯中尉去了晋察冀边区，惠特尔赛中尉还为此献出了生命。他们还组织对美国空军的救援工作，把落难的空军战士送回国内。

叶剑英与美军观察组

"迪克西使团"在延安活动的最主要成果就是向美国政府提交的大量报告。这些报告内容广泛而具体，包括抗日根据地内人民的生活、共产党军队的作战能力、共产党的外交政策等，为美国政府制定对华政策提供了大量可靠的第一手材料。在这些报告中，"1945年的政策建议"引人瞩目。它包括卢登与谢伟思共同撰写的《美国远东政策的军事弱点》和谢伟思起草的《中国的局势》的报告。报告指出，中共通过各种途径收集情报，他们主要依靠民众，而大多数民众都在日军后方，几乎不需要报酬也会充当情报员。中共军队士气高昂，而国民党内士气低落，国民党官员大多素质低下，通常利用政治压力来完成任务。国民党政府腐败，控制区内，租借法案物资大部分在进行买卖。报告还说，人们痛恨为国民党当兵服役，为了防止士兵逃跑，国民党经常把他们捆绑起来并关押在监狱里；而在中共控制地区，没有人拒绝服兵役，也没看到军官虐待士兵。国共之间的鲜明对比给谢伟思、卢登等美军观察员们留下了深刻印象。他们建议美国政府采取现实主义的对华政策，无论从当前美国对日作战方面考虑，还是从战后美国保持在远东长远利益出发，都应放弃只单纯支持蒋介石的错误政策，避免把美国的利益同蒋介石集团的命运绑在一起。

然而，这些真知灼见并没有引起美国政府重视，美国上层自以为是地从战略需要出发，反而采取扶蒋反共政策。在抗日战争期间，"迪克西使团"的历史作用并没有体现出来。而在将近30年后，美国总统尼克松1972年的"破冰之旅"，才实现了这批有良知的美国军人的愿望。

44. 英帕尔战役：驻缅日军的转折点

英帕尔是印度东部与缅甸交界地区的边境城市，位于吉大港通往印度东部阿萨姆邦的交通线上。周围是曼尼普尔山脉，近郊是英帕尔平原。英军兵败缅甸撤退至此后，把英帕尔建成了一个军事和后勤补给基地。平原上遍布着军营、医院、军械库、弹药库和军需库。

1944年1月7日，日军大本营在《大陆指第1776号》中下达代号为"乌"号的英帕尔作战计划。日军担任进攻任务的是缅甸方面军第15军，由素有"小东条"之称的牟田口廉也中将指挥，辖有第15、31、33师团。英军驻守英帕尔和科希马等地区的由斯利姆指挥的第14集团军，下辖第4、15、33军，共85000人，由第5飞行师提供支援。

牟田口廉也在"七七"事变时，是驻屯军步兵旅团第1联队联队长，是他下令在现沙岗村大枣园沙丘阵地的炮兵向宛平城开炮，在卢沟桥打响了第一炮，点燃中日之战的战火。为此，天皇裕仁亲授其金鹰三级勋章，晋升为少将。

英帕尔战役发起之前，牟田口信誓旦旦地说：说起大东亚战争，那是我的责任。在卢沟桥下令开第一枪的是我，因此，我必须设法尽早解决这场战争。第15军小畑参谋长以后勤为理由，反对发动此次作战。牟田口的回答是："没有补给，就不能打仗？那怎么能行！日本军队

蒙巴顿

蒋介石和蒙巴顿、史迪威

蒙巴顿在称赞孙立人，样子却像在骂人

能够忍受任何艰难困苦。粮食可以从敌人那里夺取。"

在进行作战计划讨论时，牟田口说："关于此次作战，我们已经详细地讨论过各个细节，并全部解决了。因此，成功应该是显而易见的。"他的部下相内祯助大佐（后来成为法务部长）讽刺道："军司令官阁下讨论的细节里，似乎没有把敌人的抵抗计算在内。"

渡钦敦江之前，第 31 师团佐藤师团长似乎预见到了一丝不祥，发布了"饥饿训示"："诸位，今夜我们要开始横渡钦敦江了。在此之前，我有话要对大家说明白，请好好听着。只要不发生奇迹，诸位的性命将会在即将发起的此次作战中丧失。但是，不是倒在枪弹之下，你们中的大部分人将会饿死在阿拉干山里。请做好心理准备。"

1944 年 3 月 8 日，牟田口率领第 15 军 3 个师团共约 10 万人，赶着作为肉食给养品的大批牛羊渡过印缅边界地区的钦敦江，拉开了英帕尔会战的序幕。牟田口站在钦敦江畔，口出狂言："陆军现已达到天下无敌的地步，太阳旗将宣告我们在印度肯定胜利的日子为期不远了。"

打英帕尔，日军的保密工作做得相当缜密，盟军没有察觉。日军昼伏夜出，行军速度缓慢。而那些驮物资的牛羊在行进中不断跌下山崖，以至于物资损失越来越大。前往英帕尔需要翻过一座座高山，牛羊根本无法随队行军，日军只行进了一半路程，所有牛羊几乎损失殆尽。当到达指定攻击位置后，日军指挥员发现，士兵们几乎已筋疲力尽，无力发起冲锋了。

英国东南亚盟军总司令蒙巴顿勋爵得知日军渡过钦敦江的消息后，迅即亲临英军第 14 集团军司令部，听取集团军司令斯利姆的军情汇报。蒙巴顿决定：

把钦敦江以西沿边境进行防御的部队撤至英帕尔附近高地组织防御，使日军远离自己的后方基地，日军不仅要被迫背靠宽阔的钦敦江作战，而且还得完全依赖很不安全的丛林运输线。

此外，盟军的空中优势不仅会保证可能遭包围的英军的补给，还能轰炸日军地面运输队，阻止日军获得补给品。蒙巴顿认为，由于雨季即将使干涸的河床变成汹涌的急流，日军必须在雨季到来之前迅速取得胜利，否则就不得不面临一场灾难。

日军第 15 军全部渡过钦敦江后，随即兵分三路，以第 33 师团和第 15 师团主攻英帕尔，第 31 师团负责正面突击。日军初期进展较顺利。3 月 28 日，第 33 师团打到距英帕尔西南约 20 千米的比辛布尔地区，封锁住英帕尔的南部通道。与此同时，第 15 师团攻占英帕尔至科希马间的密宣，封锁住英帕尔的北部通道。向科希马进攻的第 31 师团也打到了科希马的外围。

日军两个师团已对英帕尔形成南北合围之势，而驻守英帕尔地区的只有斯库纳斯中将指挥的英军第 4 军的印军第 17 和第 20 两个不满员师。斯库纳斯急电集团军司令斯利姆派兵增援，而集团军下辖的第 15 军主力尚在 300 英里以外的若开地区，从地面赶到需时 3 个星期。

蒙巴顿立即请求美军帮助空运部队。美方很快同意了英方请求，从 3 月下旬开始把用于驼峰运输线的 45 架达科他式运输机借给蒙巴顿使用。这 45 架运输机满载着第 15 军之第 5 英印师及全部枪炮，从若开飞往英帕尔平原，协同第 4 军保卫英帕尔。

日军第 33 和第 15 师团形成了对英帕尔的南北夹击态势后，4 月上旬，牟田口决定以第 33 师团为主攻部队，逐步从东南向英帕尔推进。为了加强该部的攻击力量，他从山本支队调来坦克和重炮联队，又从新编入第 15 军的第 53 师团调来两个步兵大队增援，并亲临第 33 师团指挥战斗。4 月 10 日，日军攻占了英帕尔东南面的伯莱尔公路上的谢阿姆山口，英印军被迫退守直接俯瞰着公路干线的坦努帕尔。牟田口廉也认为胜利已经在望，又调集了一批新锐部队，企图在坦努帕尔突破防线。经过一连几昼夜的疯狂进攻，日军取得了一些进展，英印军的防线被迫向后移动。

牟田口廉已接近突破对方防线，但补给越来越跟不上，官兵每天的口粮从出发时的 6 两减至 4 两、3 两、1.5 两甚至 0.3 两；每天只能发射 30 发子弹，士兵们只好拣拾英印军丢弃的枪弹使用。

英军方面则物资充足得近于奢侈。按照西方人的观点，战斗的胜负取决于后勤供应。英印士兵得到了充足的弹药、食物、甜酒、香烟甚至换洗衣服。常常是英军攻上山头，立即就会有运输机投下大量的弹药、食品、饮水甚至红酒和香烟。

印军模仿英军，喜欢吹吹打打的出征

英军第一次攻势在 5 月 15 日开始，第 17 英印师第 48 旅楔入了日军第 33 师团的后方，并在铁定－英帕尔公路第 33 号里程石处修筑起工事。日军把一切可用部队包括后勤部队一股一股地投入反扑。4 天以后，第 15 师团发动的一场疯狂进攻被击退。

随后，英印军第 48 旅向北推进到莫伊朗，经过激烈的战斗，在那里设下了另一个立足点，威胁着日军第 33 师团的后路。雨季很快到来。牟田口决定变更主攻方向，向英帕尔以北迂回，企图从北面打入英帕尔。为此日军在泥泞难行的丛林小道艰难推进。

随着雨季到来，日军士兵 30000 多人染上疟疾、痢疾、霍乱、流感等疾病，尤其是伤寒，蔓延猖獗。由于缺乏药品和医疗器械，患病士兵饱受病痛折磨。"士兵们的皮肤常常布满溃疡和脓疮，穿着湿透了的衣服躺着任随蚂蚁去叮咬。"雨季的丛林就像是一座蒸气弥漫的绿色地狱，那些被饥饿和疾病折磨的士兵一个个瘦骨嶙峋，成千成千死去。牟田口感到应当全线撤退了，在科希马战线上的第 31 师团司令官佐藤中将未经他同意就已先行率第 31 师团主力撤退了。

6 月 25 日，进攻科希马的日军第 31 师团司令官佐藤中将和忍饥挨饿、疾病缠身的官兵沿着山谷小路向乌克鲁尔撤退。乌克鲁尔是英军大规模强攻的焦点，它是日军在亲敦江和英帕尔之间的大规模山区基地，也是在战斗开始后迅速修建起来的。由科希马蜂拥而下的英军部队与从英帕尔向前突进的盟军部队同时出发，并在预定时刻会师。两支队伍就像钢钳的两只钳牙，在 109 里程石处将日军钳住。被钳住的是日军第 15 师团和在乌克鲁尔的印度国民军的一个旅。几支日军纵队沿着各条通道，向其主要基地狼狈逃窜。英军第 33 旅旅长刘易斯·皮尤后来回忆当时日军的狼狈情形时说："我旅置身于那些随带着大量伤病员撤退的日军部队及其最近的目的地——乌克鲁尔之间。敌军已不存任何希望，他们得不到食物，得不到药品，什么也得不到了。他们衰弱不堪，嘴里塞满野草。"

在日军第 15 军司令部，牟田口还在强撑，集合司令部全体官兵，说："如果此次英帕尔作战不成功，无法晋升为陆军大将，我决不会返回日本的。"在收到前线日军要求补充粮食的电报后，牟田口回复如下："日本人自古以来就是草食民族。你们被那么茂密的丛林包围，居然报告缺乏食物？这算怎么回事！"

第 31 师团佐藤师团长放弃了从第 15 军司令部获得补给的希望，直接给第 5 飞行师团田副师团长发电报："我们没有得到一发子弹、一粒粮食的补给，只能依靠夺取敌人的弹药粮草来继续攻击。现在唯一可以依靠的就是空中补给。敌人不要说是弹药粮草了，他们的武装兵员都在我眼前降落。只能是感慨！感慨！"第 15 师团山内师团长也向田副师团长发了类似电文："我军已无可攻击之弹，如今在暴雨和泥泞之中，饱受伤病饥饿折磨，战斗力尽失。事情走到这个地步，完全是 15 军和牟田口的无能所致！"

7 月 2 日午夜，经东京大本营同意，日本南方军司令部下达停止"乌"号作战命令，并将行动冠以"退却作战"。所谓"退却作战"，实际上是真正的大溃败。当英军沿着铁定公路向钦敦江推进时，他们见到了战败者的全部情景："到处是赤脚露体的尸体，士兵像骷髅一样躺在泥地上；行驶中遭到轰炸的运输车和烧毁的坦克；被精疲力竭的士兵扔得满地都是的枪支弹药和军事装备。"

据日方记载："这次退却作战是日军战史上未曾有过的艰苦作战。各师团既处于艰苦环境中，而将士还由于长期苦战和补给断绝，早已疲惫不堪。众多的伤病员即使用全部兵力也不能抬着护送，而且处于第一线上的人员也大都患有疟疾、痢疾和脚气病，医药用品的补给，却毫无准备。由于道路的泥泞崩坍，车辆完全不能行动。而且时值雨季顶峰，横在我军道路上的曼尼普河、雅纳河、尼瓦河和钦敦江几条大河自不待说，所有河床干道也都泛滥，洪水奔流。至于我军渡河器材、设备、则寥寥无几，无济于事。有些部队伤病员徒步先行，行动困难的大部分选择了自杀的办法。徒步的病人，在沿途的密林中力尽倒下的、被浊流吞没下落不明的人不计其数，真是鬼哭啾啾，凄惨万状。

一位英国记者报道了亲眼所见，他看到路边倒着两排日军的尸体，连死都排着队，每具尸体的弹着点一样，都是脑后左侧着一枪。显然，这是集体自尽。军官依次对每个士兵的脑后开枪，而后自绝。

从前线返回的佐藤师团长离开第 15 军司令部次日，牟田口召集司令部全体人员进行训话："诸位，佐藤师团长违背军令，擅自抛弃了科希马战线。因为没有食物无法战斗，就擅自撤退。这样的人还能称之为皇军么？皇军即便没有食物，也必须继续战斗。没有武器弹药和食物就不能打仗？这决不能成为正当的理由！没有子弹的话，不是还有刺刀么？没有刺刀的话，还有拳头呢。没有拳头的话，可以用脚踢的。就算这些都没了，不是还可以用牙齿咬么？不要忘记日本男子应该有的大和魂！日本是神州，神灵必定会保佑我们的。"

8月20日，日军溃退至钦敦江边。此时钦敦江因暴雨和山洪，江面宽度已达1500米以上，而且各渡河点均暴露在英军炮火和飞机扫射轰炸之下。日方资料称："当时我军有5000多名重伤病员聚集呻吟在各渡河点，8月25日，我军就在这种情况下开始渡河退却。经过第31师团、第15师团后卫部队的拼死战斗和渡河战斗队的奋斗，终于在8月30夜半，使最后一兵渡至钦敦江东岸。第33师团早已损失惨重，且要抗击腹背之敌。然而军部无法援助他们，只好信任该师团的勇敢奋斗精神，期待他们靠自力突破敌人包围，向后撤退。"至9月初，日军第15军在钦敦江西岸已没有一兵一卒，半年前他们越过钦敦江发起的英帕尔战役，就这样以彻底失败而告终。

英帕尔会战是第二次世界大战中的一次著名战役。西方和日本的军史学家评价，这是日本历史上在陆战中遭到最惨重失败的一次战役。日军在开始发动进攻时约有10万人，结果有53000多人在战斗中死亡或失踪，并且败退回原来进攻的出发地。日军之所以在英帕尔惨败，原因是多方面的，但其中最重要的原因就是忽视后勤保障。日军在进攻前，片面强调"就粮于敌"的传统补给思想，对后勤保障问题不仅计划不周，而且准备不足。担任进攻任务的第15军，直到向部队下达展开命令时，原定的后勤保障计划仅完成了18%。部队出击时，只携带了1–2周口粮、1.5–2个基数的弹药，牵了两万余匹马、牛和象，数千只山羊。他们计划用这些牲畜驮运物资并兼作食用，估计可支持一个月。至于而后的后勤补给，只待"打下英帕尔，坐吃丘吉尔"了。英军战后总结这场战役时写道："由于对后勤供应需要的估计不足，由于对英军部队战斗素质的估计过低，这就导致了日军的毁灭。"日军在战后总结这场战役失败教训时承认，对后勤保障重视不够是造成这场劫难的重要原因，他们在英帕尔是打了一场"忽视后勤的无谋之战"。英帕尔会战后，作为日军驻缅方面军主力部队的第15军，已不再具有一个战役兵团的战斗力了。盟军在印缅战场，从此转入了总进攻的战略阶段。

45. 豫湘桂战役：大反攻形势下的大溃败

　　豫湘桂会战（日本称"一号作战"），是日军于 1944 年 4 月 17 日至 1944 年 12 月 10 日期间在中国河南、湖南和广西贯穿三地进行的大规模攻势。此次会战，日军从本土及中国东北调集了约 51 万兵力，主要战略目标为打通平汉、粤汉、湘桂铁路，掌握陆上交通线，摧毁美军在中国的空军基地，阻止美国空军攻击日军海上交通线和轰炸本土。在 8 个月中，中国军队在豫湘桂战场上损兵 70 万人，丧失国土 20 余万平方千米，丢掉城市 146 座，失去空军基地 7 个、飞机场 36 个。日军付出重大代价后，虽打通了大陆交通线，但始终没能全线通车。

　　1944 年 4 月，日军华北方面军司令官冈村宁次指挥第 12 集团军共 5 个

保卫广西机场的草鞋兵

师又 3 个旅、1 个飞行团（飞机 168 架）、第 1 集团军和方面军直属部队各一部，共 14.8 万余人，在第 11、13 集团军各一部配合下，以攻占平汉铁路南段为目标，向郑州、洛阳地区发动进攻。中国第一战区司令长官蒋鼎文指挥 8 个集团军 1 个兵团共 17 个军约 40 万人，在第 8 战区和空军（飞机 156 架）各一部支援下，以第 28 集团军依托黄河南岸既设河防

338

阵地抗击日军；第4集团军在河南汜水县（今并入荥阳）、密县（今新密）间山区构成防御地带，进行坚守防御；第31集团军集结于禹县（今禹州）、襄城、临汝（今汝州）地区，待机歼敌。18日，日军第37师配属独立混成第7旅从中牟新黄河（今贾鲁河）东岸向第28集团军暂编第15军河防阵地发起攻击。19日，日军第110、62师由郑州黄河铁桥南端向第28集团军第85军邙山头阵地发起攻击。突破阵地后，至23日相继攻陷郑州、新郑、尉氏、汜水、密县。25日，日军第13集团军以两个旅由安徽正阳关、凤台攻向阜阳，作出向河南漯河进攻态势，以牵制豫东守军，打通平汉铁路后撤回。30日，日军第12集团军以3个师又两个旅向许昌发起攻击。守城的新编第29师抗击至5月1日失守。日军第12集团军以一部沿平汉铁路南进，主力转向西进，寻找第一战区主力决战。第31、4集团军予日军以打击后，于5、6日分别撤往伏牛山、韩城。至9日，西进日军攻抵龙门附近。随即以一部进逼洛阳，大部向伊河、洛河河谷进攻。

豫湘桂战役之长衡会战同日，由许昌南进之日军第27师，与由信阳附近北上之第11集团军宫下兵团（相当于旅）在确山会师，打通平汉铁路南段。同日晚，日军第1集团军以8个营从山西垣曲强渡黄河，攻占河南英豪、渑池后，沿陇海铁路东西分进。至14日，与西进日军击退国军第36集团军和刘戡兵团，包围洛阳。18日，日军菊兵团（第63师一部）攻击洛阳，国军第15军配属第94师依托城防工程，顽强抗击一昼夜，使敌攻击受挫。华北方面军令第12集团军司令官指挥第110师一部、坦克第3师主力、骑兵第4旅和菊兵团攻击洛阳。守军孤军奋战至25日分路突围，洛阳失守。在日军第12集团军主力西进后，第5战区第55军、第10战区豫南挺进军等部，向平汉铁路南段实施袭击，一度收复确山、漯河等地，以牵制日军。

有人认为日军战力已一落千丈，兵力极其有限，在河南作战的日军仅五六万人，40万国军却被打的落花流水。然而，事实却是，日军在河南的参战部队为7个师团，1个战车师团，至少8个旅团和1个骑兵旅团，兵力规模与部署菲律宾的日军接近，不算航空兵，按编制至少15万人，而且拥有绝对机动力优势和兵力优势，40万装备低劣的国军如何抵挡？

1944年5月，日军第11集团军司令横山勇指挥8个师团、1个飞行团和海军一部，共20余万人，向长沙、衡阳进攻。中国第9战区司令长官薛岳指挥4个集团军另两个军约40万人，在空军（飞机181架）支援下，一部依托湖北通城东南山区、湖南新墙河南岸、沅江和益阳地区既设阵地，节节抗击，消耗迟滞日军；主力分别控制于浏阳、长沙、衡阳及宁乡等地，相机歼敌。日军以 5 个师由湖南华容、岳阳、湖北崇阳沿湘江两岸和湘赣边山区分三路攻击，以 3 个师集结于湖北监利、蒲圻待机。另以 1 个团又 5 个营进至江陵以南松滋河沿岸进行牵制，以掩护军右翼。防守新墙河的国军第 20 军予日军中路第 68、116 师以持续抗击后，转至湖南平江以东山区待机。

日军占领广西宾阳县城，防守崇阳东南山区的第 72 军、挺进纵队对日军左路第 3、13 师逐次阻击，迟滞其行动。防守益阳的第 73 军抗击日军右路第 40 师。6 月 1 日，日军中、左路强渡汨罗江，突破河防阵地后，分路向捞刀河、浏阳河进攻。守军第 37 军边抵抗边后撤，撤至浏阳附近山区。至 14 日，日军相继攻占沅江、益阳、浏阳。16 日，日军第 34 师、58 师、68 师一部攻击长沙城区。第 4 军坚守至 18 日下午，伤亡殆尽，长沙失陷。

第 9 战区为阻敌深入，保卫衡阳，从 20 日起向日军发起反击，至 27 日，将日军左、右路分别阻滞于醴陵、湘乡；对日军中路在渌口、衡山间虽给以打击，但未能阻止其南进。

衡阳守备战中出了个有争议的人物，他就是毕业于黄埔 2 期的第 10 军军长方先觉。5 月 18 日，日军攻占长沙，旋又夺取醴陵、攸县等地，箭锋直指衡阳。第 10 军于是担负起了保卫衡阳的重任。薛岳为增强第 10 军的战斗力，将驻防衡阳飞机场的暂编第 54 师拨归方先觉指挥，但第 10 军此时仍未整补完成，其中第 190 师只有一个团有作战能力，另两个团仅有军官和士官。新配属的暂编第 54 师又只有一个团，日军逼近时又有两个营奉命离开衡阳，其名为一师，实则只有一个加强营的兵力。方先觉受领坚守衡阳的任务后，即对所属 4 个师做出部署，还特邀衡阳新闻界巡视全城，表示死守衡阳城的决心。6 月 28 日拂晓，已经包围衡阳的日军集中了第 68 师团、第 116 师团主力发起猛烈进攻。第 10 军在军长方先觉指挥下，经 5 天激战，进攻的日军付出惨重代价，仅攻克张家山，其余各处皆无进展。第 11 军司令官横山勇为重组战力，下达了暂时停止进攻的命令。7 月 6 日，蒋介石要该军务必再坚持两星期，以配合外围友军将进攻日军包围歼灭。7 月 11 日，日军第 68、第 116 两个师团第二次对衡阳发起进攻。第 10 军官兵坚持至 15 日，多处阵线被突破。方先觉于是命令预 10 师师长葛先才放弃第一线阵地，全部退入第 3 师构筑的二线阵地，并与第 3 师协同防守。由于第 10 军的防御正面缩小，其防守强度和火力密度反得到增强，致使日军战至 18 日时已呈疲态，且多名大队长阵亡。于是横山勇被迫在 19 日第二次下达了停止进攻的命令。

衡阳守军奋勇作战的同时，外围友军进展却极其缓慢。救第 10 军心切的李玉堂甚至亲临第 62 军监督作战，仍无济于事。此外第 10 军的补给起初能通过外围运进城内，但随着日军控制区域的加强和重火力的压制，补给线被切断了，空军的空投物资又大部落入日军阵地，使得衡阳守军情况及其艰苦。在 7 月 27 日和 8 月 2 日两天中，空军曾两次空投蒋介石的手令，并对第 10 军许下援军必达的诺言。而当日军于 8 月 4 日第三次发起进攻时，始终未见援军，而此时距军委会下达坚守两周的命令已经过去一个月了。

8 月 5 日，第 10 军压力越来越大。当天下午 3 时，方先觉召开最后一次军事会议，讨论第 10 军出路问题，会议无果而终。8 月 6 日，190 师阵地被日军突破，师长容有略率领残部退守小西门及其以北城垣，依托城防工事阻挡日军。随着战况的发展，衡阳市郊已无一处完土，双方战死者尸体到处皆是。第 10 军官兵坚持了 40 余日，而援军仍旧不见影子，官兵们从盼望到失望、由失望到绝望、由绝望而发展到对军事委员会的怨恨。当天晚上，第 3 师师长周庆祥本着替第 10 军官兵寻求生路的希望，来到军部向方先觉提出了停战想法，并提出了保证官兵生命安全和为负伤官兵疗伤的意见。方先觉听后沉思良久，表示同意，但要在一定范围内斟酌办理。随后周庆祥前往预 10 师师部，将此想法告之葛先才，并取得了葛的同意。

正当停战事宜准备之时，日军于 8 月 7 日凌晨经过长达两小时的猛烈轰炸后发起总攻。守军阵地大部被毁，五桂山、接龙山阵地先后失守。中午时分，日军终于突入城内，第 10 军官兵仍在一片废墟中坚持作战。方先觉深感战局已无法逆转，萌生了自戕之意。他在下令解散军部后，拔出手枪，对着自己的太阳穴扣动扳机。正在此时，副官王泽洪立即飞身上前打其手臂，子弹向斜上方穿过屋顶而出。紧接着，同在军部的周庆祥又走到方先觉身旁，请其为所部三四千伤患着想，不要轻生，终使方打消了自戕之意。入夜后，方先觉派遣参谋长孙鸣玉、副官处长张广宽为代表前往天马山方向寻找日军指挥官联系停战事宜。8 月 8 日凌晨，日军第 11 军司令部同意收容伤兵，并郑重埋葬阵亡官兵的要求。竹内参谋则表示日军对第 10 军官兵的敬意，并同意方先觉提出的要求。4 时许，方先觉、周庆祥、容有略、葛先才、饶少伟等人被日军第 68 师团士兵送到位于五桂山的第 68 师团部后，方先觉再次提出救治第 10 军负伤官兵的要求，却被师团长堤三树男以缺乏医药为由拒绝，以致第 10 军负伤官兵无人照顾，多在绝望中自杀，情景十分凄惨。日寇知道，国军中大多是被抓壮丁的农民，投笔从戎的学生兵是坚决抗日才参军的。在方觉先下令投降后的第二天，日军清查"学生军人"，当时就枪杀 1800 多人，后一星期又陆续杀掉600 多人；其余整编为伪军。8 月 8 日下午，方先觉等将领被日军拘押于城外天主堂内，日军随即又强迫要求方先觉等人组建"先和军"，并任命方为军长。11 月 19 日，被囚禁达 3 个月之久的方先觉终于在伪衡阳县自卫司令（原衡阳县县长）等人的帮助下逃出了日军势力范围，随后又经第 19 师派队护送，顺利抵达了重庆。方先觉抵达重庆后，被任命为第 36 集团军（总司令李玉堂）中将副总司令，并受到了重庆各界人士欢迎，各大报纸亦争先报道方氏脱险经过。方先觉的第 10 军虽然最终在衡阳战败，但其坚决抵抗日军达 47 天之久的英雄气概得到了全国军民的钦佩。

1944 年 8 月，日军侵占湖南衡阳后，为准备进占广西桂林、柳州，以第11 集团军 6 个师又 1 个旅，于 29 日由衡阳沿铁路向湘桂边界推进；以第 23集团军两个师又 1 个独立混成旅，于 9 月 6 日由广东清远等地沿西江向广西梧州进攻，另 1 个独立混成旅由广东遂溪向广西容县进攻。10 日，第 6 方面军司令官冈村宁次奉命指挥第 11、第 23 集团军、第 2 飞行团（飞机约 150 架）和第 2 遣华舰队一部，共约 16 万人，在南方军一部配合下，以打通桂越（南）公路为目标，向桂林、柳州进攻。中国第 4 战区司令长官张发奎指挥 9 个军、2 个桂绥纵队、空军一部（飞机 217 架），共约 20 万人，在黔桂湘边区总司令部的 3 个军支援下，以分区防御抗击日军。14 日，日军第 11 集团军攻占全州，随后调整部署，准备攻击桂林。22 日，日军第 23 集团军陷梧州，至 10 月 11 日相继攻占平南、丹竹和桂平、蒙圩。第四战区鉴于全州地区日军尚无行动，遂调整部署，

张发奎

在桂林保卫战中自杀殉国的阚维雍将军

将所部编组为桂林、荔浦、西江 3 个方面军，南宁、靖西两个指挥所，以大部兵力固守桂林，集中一部兵力先击破西江方面之敌。21 日，第 64 军配属桂绥第 1 纵队向进占桂平、蒙圩的日军第 23 独立混成旅实施反击；另以第 135 师等部向平南、丹竹攻击，策应反击。战至 28 日，日军第 23 集团军主力逼近武宣，中国军队遂停止反击退守武宣。与此同时，日军第 11 集团军突破桂林、荔浦方面军的防御阵地，主力于 11 月 4 日进抵桂林城郊；一部向柳州进攻。7 日，第四战区将 3 个方面军编组为左、中、右兵团，集中兵力保卫桂、柳。9 日，日军第 40、第 58、第 37 师和第 34 师一部，向桂林城发起总攻。同日，日军第 23 集团军第 104 师、第 11 集团军第 3、第 13 师突破中央兵团的防御阵地，攻向柳州。11 日，防守桂林城区的第 31 军大部牺牲，小部突出重围，桂林陷落；坚守柳州城区的第 26 军伤亡过半，奉命撤离，柳州失守。随后，日军第 3、第 13 师沿黔桂铁路（都匀－柳州）向西北进攻；第 23 集团军沿柳邕公路（柳州－南宁）向西南进攻，24 日占南宁。

28 日，日军南方军第 21 师一部从越南突入中国，向广西绥渌（今属扶绥）进攻。至此，从中国东北直至越南河内的大陆交通线，终于被日本侵略者打通。国军溃退入贵州。日军以 3000 余人的兵力沿黔桂公路追击，如入无人之境。沿黔桂铁路进攻的日军至 12 月 2 日攻至贵州独山，逼近四川，震动重庆，在遭到第 29 军军长孙元良率领的 900 人反击后，被迫撤回广西河池。10 日，日军第 21 师与第 22 师各一部在绥渌会合。至此，大陆交通线全部打通。中旬，双方逐渐形成对峙，会战结束。

此战续近 8 个月，国民党军损失兵 70 万人，丢弃了河南、湖南、广西、广东、福建、贵州等省的大部或一部，使 20 余万平方千米的国土沦丧敌手，6000 余万同胞处于日军铁蹄蹂躏之下。在这次大溃败中，中国人民生命财产所受的损失是无法统计的。

豫湘桂战役损失惨重。河南损失 88 家工厂；湘桂粤 3 省工厂占大后方工厂的 1/3，全部落入敌手；湖南的钨、锑等重要战略物资被日军攫夺；豫湘桂是重要农业地区，也被日军掌握。日军所到之处残暴地烧杀抢掠，仅萍乡一地，被杀害者 19000 余人，被虏者两万余人，房屋被毁 700 余间，农具被毁值 4700 余万元，米谷被劫 50000 余担，棉花被劫 9500 余担。战争中几十万难民颠沛流离，每天数百人死于疾病冻饿。

豫湘桂战役的大溃退是抗战以来国军在正面战场的第二次大溃退。国民政

美军第 14 航空队柳州基地被炸毁

府军事委员会由于战略指导失误，战役指挥失当，加之国民党政府长期执行避战、观战政策，致使豫、湘、桂大片国土被占，空军基地、场站被毁。国军的溃败，也是国民党政治上腐败的表现。

国民政府在日军"一号作战"中连番受挫失地，极大损害了美国对以蒋介石为首的国民政府的观感；史迪威与蒋介石的关系更因此达到临界点。史迪威以此役国军拙劣表现与远征军的精强对比，直指蒋介石政权腐化无能是导致战争延长之主因，甚至进而主张由他本人取代蒋介石担任中国战区最高统帅。而蒋介石也愤怒地要求美方撤换史迪威。这场中美指挥权的冲突最后以美方退让，在 1944 年底撤换史迪威告终。

豫湘桂战役是日军溃败前夕回光返照的挣扎。对蒋介石来说，却是尴尬时刻的尴尬败仗。因为当时在世界范围内反法西斯力量已转入反攻，而在中国，8 个月中，损兵 70 万国军，丧失国土 20 余万平方千米，丢掉城市 146 座，失去空军基地 7 个、飞机场 36 个，人民生命财产损失不计其数，这种状况，不能不令盟国主要领导人失望。

这次战役虽以日军取胜而告终，但并未达到预期目标，因为美军占领了马里亚纳群岛，拥有更好的轰炸日本本土的基地，使得日军占领中国机场行动失去意义。日军固然打通了大陆交通线，但到日寇投降时，所谓大陆交通线也没能通车。

46. 莱特湾海战：史上最大规模海战

1944年，盟军沿中太平洋和西南太平洋两线发起攻势，日军节节败退。盟军攻克马里亚纳群岛和比阿克岛后，开始考虑下一步作战。美国海军上将尼米兹建议进攻台湾，将日军阻挡在菲律宾，控制联系日本和南亚的海路，切断日本与南亚驻军联系。麦克阿瑟主张在菲律宾登陆。最后，罗斯福总统决定在菲律宾登陆。

麦克阿瑟和尼米兹组成联合部队，于1944年10月10日，麦克阿瑟属下的金凯德海军上将率第7舰队738艘舰只，运送美第6集团军17.4万人，在尼米兹属下的哈尔西海军上将的第3舰队16艘航空母舰、6艘战列舰及73艘巡洋舰和驱逐舰支援下，向莱特岛挺进。10月20日，美军在莱特岛登陆。当天下午，麦克阿瑟在菲律宾总统奥斯梅纳陪同下，涉水上岸。他在蒙蒙细雨中发表讲话："菲律宾人民，我回来了！托万能之主的福，我们的军队又站在菲律宾这块洒满我们两国人民鲜血的土地上了。"

对日本而言，固守菲律宾、台湾和琉球群岛十分重要。只有守住这道外围岛链，才能把不可缺少的石油资源从荷属东印度运往本土。为此，日本大本营制定了"捷号"作战计划。这项作战计划包含4种作战方

美国第3舰队司令哈尔西

美国第 7 舰队司令托马斯·金凯德上将

案：保卫菲律宾为捷 1 号方案；保卫台湾、琉球群岛和日本本土南部为捷 2 号方案；保卫日本本土中部为捷 3 号方案；保卫日本本土北部为捷 4 号方案。

美先头部队在莱特岛登陆后，日联合舰队司令官丰田副武海军大将立即下达捷 1 号作战命令，水面舰队在海军中将粟田健男指挥下，分成两部出动。粟田带领 5 艘战列舰、12 艘巡洋舰和 15 艘驱逐舰，经中国南海、锡布延海和圣贝纳迪诺海峡驶向莱特湾。他的副手海军中将西村祥治率两艘战列舰、1 艘巡洋舰和 4 艘驱逐舰经苏禄海，进至苏里高海峡。两人定于 10 月 25 日早晨由南北两面同时冲进莱特湾，夹击美军的两栖舰队。

为了使夹击力量均衡，丰田命令在琉球群岛的志摩中将率领 3 艘巡洋舰和 4 艘驱逐舰向南航行，同西村会合；同时令小泽治三郎中将率由 4 艘航母组成的编队自濑户内海南下，企图把哈尔西从莱特岛引开。

此时，哈尔西第 3 舰队的第 38 特混舰队正在菲律宾以东海面待机，自北向南分别是谢尔曼的第 8-3 特混大队、博根的第 38-2 特混大队、戴维森的第 38-4 特混大队。莱特湾海域是金凯德的第 7 舰队。美军很快发现了日军的作战编队，将小泽的舰队称为北路舰队，粟田的舰队称为中路舰队，西村和志摩的舰队称为南路舰队。

10 月 23 日清晨，美国"海鲫"和"鲦鱼"号潜艇首先在巴拉望岛以西发现粟田的中路舰队，并立即向哈尔西发出了报告。然后用鱼雷攻击日舰，击沉日军两艘重巡洋舰，重创 1 艘巡洋舰，被击沉的日军巡洋舰中有 1 艘是粟田的旗舰，粟田被迫将指挥部转移到"大和"号上。历史上最大的海战——莱特湾海战拉开了序幕。

以两军投入的军舰吨位而言，莱特湾海战是历史上最大海战，也是最后一次航母对战。从 1944 年 10 月 20 日至 26 日，两军投入船舰吨位超过 200 万吨，盟军舰队达 133 万吨，日军舰队 73 万吨，共有 21 艘航空母舰、21 艘战列舰、

170艘驱逐舰与近2000架军机参与战斗。数量上居劣势的日本联合舰队战败。巡洋舰以上重型军舰13艘被击沉，日本在菲律宾海基与陆基航空力量被消灭，战局无望，第一次发动神风特攻队自杀攻击。

日军对盟军的步骤很清楚。联合舰队最高长官丰田副武制定的4个作战方案都是复杂和孤注一掷的计划，将日军所有的海上力量投入此次决战。

美国海军进攻菲律宾的登陆点在莱特岛。第7舰队的旧式战列舰以及护航航母用于支持登陆部队，第3舰队航母特混舰队用于掩护两栖作战并寻歼日本舰队。

1944年10月12日，美军航母空袭台湾，日军开始执行捷1号作战方案。日军飞机一波波攻击美国航母，美军登陆部队失去空中掩护，受到日本舰队打击。驻扎文莱的粟田健男中将率领第2舰队进入莱特湾，企图消灭盟军登陆力量。西村祥治和志摩清英中将的舰队组成第5舰队，作为运动攻击力量。这3支舰队没有航母和潜艇，完全由水面舰只组成。

山本五十六生前不同意丰田副武任联合舰队司令长官。但日海军将星凋零，起用丰田是不得已。莱特湾战役开始前，哈尔西攻击台湾日陆基机场。丰田误以为美军想攻占台湾，投入手头全部空战兵力并损失惨重，使得日航母舰队几乎丧失攻击力，而且陆基航空兵的战力损伤大半。

战后，丰田对美国调查者解释："假如我们丧失菲律宾，而舰队幸存下来，我们南北间的海道就被割断了。假如舰队待在日本领海，就得不到燃料补给。假如待在南海，就得不到武器弹药的补给。因此假如我们失去菲律宾的话，保存这支舰队也就没有意义了。"

10月20日，美军一支两栖部队进攻菲律宾群岛中部的莱特岛，展开了莱特湾战役。同一天，日军一部从莱特岛东南部进入阵地，被美军第7舰队的潜水艇发现。粟田舰队于10月24日进入莱特岛东北的锡布延海。在锡布延海海战中受到美军航母攻击，"武藏"号战列舰被击沉。粟田

丰田副武视察联合舰队

日本舰队主力武藏号战列舰

调头撤退，美国飞行员以为就此退出战场，但晚间，粟田舰队再次调头进入圣贝纳迪诺海峡，于清晨来到萨马岛。

西村舰队于 10 月 25 日清晨 3 点进入苏里高海峡，正好撞到美军作战舰队。海战中，"扶桑"号战列舰和"山城"号战列舰被击沉，西村战死，剩余力量向西撤退。

哈尔西接到小泽航母舰队到达消息后，10 月 25 日派航母追击，在恩加尼奥角海战中，4 艘日本航母被击沉，剩余力量逃往日本。

粟田舰队于 10 月 25 日晨 5 时到达萨马岛。此时哈尔西正追击小泽航母舰队，在粟田舰队和美国登陆舰队间只有 3 支美国护卫航母和驱逐舰组成的编队。粟田误以为面临美军主力，因此转身撤出战场。

整个海战可分为 4 个不同部分：

锡布延海战：粟田的中路舰队由 5 艘战列舰组成，加上 10 艘重巡洋舰、两艘轻巡洋舰和 15 艘驱逐舰，企图突破圣贝纳迪诺海峡，攻击莱特湾内的登陆舰队。10 月 23 日子夜后，粟田舰队经过巴拉望岛水域，被美国潜艇"海鲫"和"鲦鱼"号发现。"海鲫"号发动攻击，"爱宕"号中 4 枚鱼雷沉没，"高雄"号中两枚鱼雷重伤，"摩耶"号重巡洋舰则被"鲦鱼"号 4 枚鱼雷击中后沉没。"高雄"号重巡洋舰被鱼雷击中，在两艘驱逐舰的保护下返回文莱。粟田将旗舰转移到"大和"号上。

10 月 24 日晨，美军"无畏"号航母发现粟田舰队进入锡布延海。哈尔西命令 3 支航母分舰队集中攻击粟

普林斯顿号航母发生大爆炸

田舰队。从"无畏"和"卡伯特"号航母和其他航母起飞的260架飞机不断攻击。"大和"和"武藏"号成为主要攻击目标。"妙高"号重巡洋舰负重伤返航。"武藏"号沉没，"大和"和"长门"号相继受伤。栗田下令舰队开出攻击范围。美军"普林斯顿"号航母被一枚穿甲炸弹击中起火。弹药库爆炸，当场229人阵亡，236人受伤，随后沉没。

一架坠毁在企业号甲板上的飞机

苏里高海峡海战：西村和志摩的南路舰队由战列舰"扶桑"号、"山城"号及"最上"号重巡洋舰和4艘驱逐舰组成，10月24日遭空袭，但未受伤。由于南路舰队和中路舰队严守无线电静默，西村无法与栗田和志摩协调步骤。当他进入苏里高海峡时，志摩在其后约40千米，而栗田还在锡布延海。他们闯进美国第7舰队设的圈套。奥尔登多夫少将的6艘战列舰，8艘巡洋舰，29艘驱逐舰和39艘鱼雷艇严阵以待。美军缺乏在夜间作战的飞机，13个鱼雷艇分队分别向西村舰队发动鱼雷攻击，无一命中。美军第54驱逐舰中队3艘驱逐舰向西村舰队发起鱼雷攻击，射出27枚鱼雷，1枚鱼雷击中"扶桑"号中部，燃料舱和主炮塔弹药舱发生大爆炸，随后沉没。全舰官兵无一幸免。第54驱逐舰中队也发射了鱼雷，"山云"号驱逐舰中雷，发生大爆炸后沉没，"朝云"号前主炮下方中弹，舰艏折断。美军战列舰、巡洋舰编队采用海军炮战经典战法，排成两列T字横队，用全正面交叉火力在雷达引导下共发射大口径主炮炮弹245发，巡洋舰发射炮弹4000多发，第56驱逐舰中队进行鱼雷攻击。顷刻间，"山城"号剧烈燃烧发生爆炸，舰桥崩塌后沉没，驱逐舰"满潮"号中雷受伤。"最上"号也中弹多处。

志摩的"那智"和"足柄"号重巡洋舰以及8艘驱逐舰到达战场。看到通过海峡毫无希望，便下令撤退。混乱中，旗舰"那智"号与焚烧的"最上"号相撞，丧失机动能力，被飞机击沉。"最上"号巡洋舰被撞击和击中后，发生了火灾并波及到机枪弹药包、高射炮弹药包，连续诱爆，经过消防，火灾被扑灭。志摩舰队在撤退过程中，受到美军舰载机的攻击，轻巡洋舰阿"武隈"号

富兰克林号航母受到攻击，船体倾斜

和驱逐舰"不知火"号相继沉没。

苏里高海战是历史上最后一次发生在战列舰之间的海战，是海战史上组织最成功的战例之一。美军以 1 艘鱼雷艇为代价，击沉日军两艘战列舰，1 艘重巡洋舰，3 艘驱逐舰，击伤 1 艘重巡洋舰和 1 艘驱逐舰的战绩。

恩加尼奥角海战：小泽的北路舰队由 4 艘航母和两艘由战列舰改装的航母、3 艘巡洋舰和 8 艘驱逐舰组成。"瑞鹤"号是参加偷袭珍珠港唯一幸存的航母。小泽舰队共有 108 架飞机。10 月 24 日下午小泽舰队被发现时，美军正在对付栗田舰队和来自吕宋岛的空袭。当晚，小泽获得一份美军电报，说栗田撤退了（消息是错误的），但丰田下令所有舰队继续进攻。哈尔西看到有机会消灭日军在太平洋上的航母，于子夜后率领所有航母追击小泽舰队。虽然美军侦察机发现了栗田舰队开向圣贝纳迪诺海峡，但哈尔西认为第 7 舰队足以对付，所以未加理会。哈尔西拥有 9 艘航母，8 艘轻航母，6 艘战列舰，17 艘巡洋舰，64 艘驱逐舰和 1000 多架飞机，他将登陆点交给几艘护卫航母和驱逐舰。10 月 25 日早，小泽下令 75 架飞机攻击美军，大多数被美军战斗机击落，少数飞往吕宋岛。

哈尔西率领第 34 特混舰队战列舰急速前进，准备攻击小泽舰队前卫的战列舰以及在舰载机空袭中掉队日舰。清晨，在还没有确定日军精确位置的情况下，美军就起飞 180 架飞机，摧毁了保护小泽舰队的 30 架日军飞机，进行了 857 架次袭击，小泽舰队的航母纷纷中弹。"千岁"和"秋月"号驱逐舰沉没，"瑞鹤"、"千代田"和"多摩"号轻巡洋舰丧失机动能。小泽将旗舰改到"大淀"号巡洋舰上。

这时，萨马岛战斗的消息传来，美军登陆部队情况紧迫。第 7 舰队的护航航母因为栗田舰队的突然出现，不断发报向哈尔西求援。坐镇珍珠港的尼米兹也给哈尔西发电询问第 34 特混舰队在哪里，负责电报加密的军官随意加了句"全世界都想知道"。译码军官误以为是正文，未加删减。哈尔西下令南下，留下两个航母大队以及由巡洋舰和驱逐舰组成的舰队收拾小泽的残余船只。击沉几艘日军航母后，将空袭集中在两艘战列舰改装的航母，但被防空火力抵挡。直到傍晚，小泽舰队的所有航母以及一艘轻巡洋舰、两艘驱逐舰被击沉。

萨马岛海战：栗田舰队击沉美军两艘护卫航母、3艘驱逐舰和1艘护卫舰。日军损失3艘巡洋舰，3艘主力舰受重创。栗田舰队于10月25日凌晨进入圣贝纳迪诺海峡，沿萨马岛海岸向南进发。黎明时发现美国舰队。第7舰队有3支舰队阻挡栗田舰队，每支舰队由6艘护卫航母和七八艘驱逐舰组成，共有500多架飞机。护卫航母比较慢，装甲薄，对付战列舰胜算不大。

金凯德错误地以为威利斯·李的战列舰还守护在圣贝纳迪诺海峡，但李已被哈尔西调走对付小泽舰队。栗田舰队在萨马岛出现时，美军大吃一惊。哈尔西舰队远离莱特湾，但栗田一无所知，将美军护卫航母当作美军航母舰队。美护卫航母立刻后撤，发报请求支持。美军驱逐舰试图分散日军战列舰的注意力，并自杀般发射鱼雷，吸引日舰火力。为躲避鱼雷，日舰不得不打散队形。"大和"号被两枚平行鱼雷逼迫背向而行，无法转身。3艘美军驱逐舰和1艘护卫舰被击沉，但为航母获得出动飞机的时间。飞机没时间转装穿甲炸弹，只能带着已装载的炸弹起飞。美军护卫航母继续南逃，日军战列舰的炮弹不断在它们周围爆炸。一艘护卫航母被炸沉，其他受伤。栗田舰队未完成整编队形便发动进攻，加上美军驱逐舰的攻击将其队形打乱，各战队散乱在广阔的海面上，丧失了战术指挥，3艘重巡洋舰被击沉，栗田下令北转。躲过栗田舰队袭击的护卫航母被"神风特攻队"自杀飞机击沉一艘，另两艘遭重创。

不久，栗田舰队北转撤退。他认为美军支持舰队正包围过来，便向西穿过圣贝纳迪诺海峡。美军第3舰队派舰载机对栗田舰队的掉队舰只进行了攻击，"长门"、"金刚"和"榛名"号受重创。他的舰队回到日本时，只有"大和"号还有作战能力。

在莱特湾战役中，哈尔西差点让美国海军败给弱于他的日本海军。对其指责有两点：一是中了小泽诱敌之计，二是听凭圣贝纳里诺

美军举行海葬仪式

海峡无人防守。哈尔西在回忆录中辩解说，对于第一个指责，他认为日军飞机会通过菲律宾机场和航母甲板构成穿梭轰炸，给自己的舰队带来巨大的威胁，所以决定摧毁小泽而不是在原地挨炸。对于第二个指责，他归咎于金凯德。认为他已经通知了金凯德整个登陆掩护交给第 7 舰队，是金凯德的玩忽职守导致圣贝纳里诺海峡无人防守。

在莱特湾战役中，日本海军损失占珍珠港事件以来损失总数的 1/4 以上。日本海军除了在保卫本土方面还能起点作用外，再没有大的作为。美军取得了绝对制海权。小泽在战后受审时说："这一战后，日本的海面兵力就变成了绝对性的辅助部队，除了某些特种性质船只以外，对于海面军舰已经是再无用场可派了。"

47.驼峰运输：第 14 航空队充为"保镖"

1942 年 5 月，日军彻底切断了滇缅公路。美国紧急开辟印度 – 中国的空中走廊，继续为中国提供抗战物资。美国把物资运输到印度港口，再用卡车运到东北部的阿萨姆邦。从阿萨姆邦汀江机场至中国昆明并不远，但日军在密支那机场进驻战斗机战队，专门拦截运输机。航线不得不向北绕过密支那，这样从阿萨姆邦飞到昆明就得 800 千米，至重庆约为 1200 千米。沿线山地海拔均在 4500 至 5500 米，最高海拔达 7000 米。

这条航线被称为"驼峰航线"，是因为美军飞行员从印度飞往中国途中，看见下面延绵起伏的群山就像大群奔跑着的骆驼，因而称为"驼峰"。驼峰航线并不经过喜马拉雅山，只是途经青藏高原的一角。

开辟驼峰航线的是中美合营的中国航空公司。珍珠港事件之前半个月，中国航空公司试飞驼峰航线成功。但中国航空公司规模很小，只有 20 多架运输机。1942 年 3 月 21 日美国空运队成立，使用泛美航空公司的 25 架运输机，担任中缅印间的空运。美国空运队由驻印度的美国陆军第 10 航空队管理。到 10 月，美国空运队的运输机增加到 75 架。1942 年 12 月 1 日，美国陆军运输队接替美国空运队的工作。美国陆

美制 C–46 运输机

军运输队不受第 10 航空队管理，而受中缅印美军司令部管理。到 1944 年 11 月，参加驼峰空运的美军官兵有 22521 人，1945 年 6 月达到 33938 人。美国陆军驻印度的第 10 航空队、驻华飞虎队则担任打击驻缅甸等地日军航空队、保卫驼峰航线的任务。

中国驻美代表宋子文提出，是否可以由中国航空公司参与驼峰航线的运行，由美国向中航提供飞机。但美国中印缅战区司令史迪威将军和美国陆军航空兵司令阿诺德将军等不希望这条航线由中国领导，只需要租用中航飞行人员和原有的飞机，承担部分中印航线的任务。美军承诺，中航飞机损失一架，他们马上就补充一架。这样，中航就以美军领导的一支商业航空公司的平民运输队身份，参加了驼峰航线运输任务。

中航的机长有许多是来自美国航空志愿队（飞虎队）的老牌飞行员，1942 年 7 月美军改编飞虎队时，有的飞行员嫌收入低，除部分回国外，其他加入了中航，他们具有更多的飞行经验，单机载运量和出勤率也更多。从 1942 年 5 月至 1945 年 9 月，中航共飞越驼峰 80000 架次，运输人员 33477 人，大部分是到印度的远征军，由中国空运到印度的物资（钨、锡、桐油、茶叶、猪鬃、水银、生丝）24720 吨，由印度空运到中国的物资（汽油、飞机零件、TNT 炸药、钢铁件、药品、钞票和黄金等）50000 多吨。

飞越驼峰的运输机有 DC-3、C-53、C-47、C-46 等运输机，其中主要是

飞越驼峰的美制 C-53 运输机

美军飞行员认为飞机下面是奔跑的骆驼

使用 C-47、C-46 运输机。美国道格拉斯公司生产的 DC-3 是一种客机，有 21 个座位，改装后能乘坐 28 人或更多的乘客。C-53 是将 DC-3 的座椅撤除后，直接改装而成的运输机。C-47 也由 DC-3 改装而成，但加开一个大货仓门，用钢材加固地板，以便承受重装备，载重量为 2.27 吨。DC-3、C-53、C-47 三种飞机外形尺寸相同，翼展 28.9 米，机长 19.63 米，机高 5.18，安装"高空增压器"后，不装货物时最大飞行高度为 7070 米。C-46 是美国柯蒂斯公司研制生产的活塞式运输机。它原本是民航客机，二战爆发后转为军用运输机。翼展 32.9 米，机长 23.3 米，机高 6.63 米，安装"高空增压器"后，不装货物时最大飞行高度为 7620 米，载重量为 4.63 吨。和 C-47 运输机相比，C-46 能装下整辆吉普车，整艘小型巡逻艇，尤其是运送不可拆卸的大型部件，如飞机发动机、发电机、医疗设备等。需要两架 C-47 运输的物资，一架 C-46 就能运走。

刚投入驼峰空运时，C-46 飞机经常因机翼结冰、发动机熄火而坠毁。该机本来是用于执行低海拔地区运输任务，现在必须在高原飞行，发生事故的概率自然就高了。印度机场潮湿炎热的环境，和飞机高空飞行时遇到的寒冷干燥环境反差巨大，以至于 C-46 飞机即使在地面检查时一切正常，可到了空中，部件就一个接一个出问题了。驼峰空运期间，C-46 飞机很多时候都是带故障飞行的，损失巨大，以至于一段时间内，驼峰空运不得不停飞 C-46 飞机，寻找改进办法。

驼峰行动初期，运输机数量少，机场、通信、导航等基础设施数量也少，质量差。下雨时，印度阿萨姆、中国云南等地机场往往被洪水淹没，无法使用。而且日军航空兵处于优势，不时攻击驼峰航线的运输机和机场。最初的运输量很小，1942 年的空运量，5 月为 80 吨，6 月为 106 吨，7 月为 73 吨。1942 年全年驼峰航线的运输量只有 4732 吨。为提高运输量，中国政府动员了几十万劳工在云南修建机场，美国在印度雇佣数万名印度劳工参加机场建筑工程。尤其是美国总统罗斯福认同了陈纳德提出的大力增强驻华美军航空兵实力、保证驼峰空运量稳步提高、以中国为基地轰炸日本本土及西南太平洋日军交通线、将有利于美军在太平洋战场作战及最后反攻日本的建议，对提高驼峰航线运输量起到了重要作用。

1943 年 1 月罗斯福与丘吉尔在卡萨布兰卡举行会议，决定在不影响打击德国的前提下，反攻缅甸，要求陈纳德的飞虎队能从中国直接攻击日本及其运输线，牵制日军支援。3 月，罗斯福决定将飞虎队扩编为第 14 航空队，由陈纳德任少将司令，独立行使指挥权，并逐渐增强其实力，达到 500 架飞机，驼峰空运每月增加到 10000 吨。

1943 年 5 月 12 日至 25 日，美英在华盛顿举行代号为"三叉戟"的会议，陈纳德和中国代表宋子文参加了这次会议。会议期间，5 月 18 日，罗斯福在接见宋子文时面告如下决定：自 7 月 1 日起，中印空运加至每月 7000 吨，其中 4700 吨交陈纳德空军使用，2000 吨供应陆军，其余的 300 吨也归空军；9 月 1 日起，每月中印空运增加到 10000 吨，并命令韦洛将军督促修筑阿萨姆机场，限期完成；5、6 两月的中印空运，除每月以 500 吨供应陆军外，其余全数分配给空军。8 月初，美国陆军航空兵参谋长斯特拉特迈耶少将到达印度，负责协调指挥驻印第 10 航空队和驻华第 14 航空队，并奉命尽快供应第 14 航空队所需作战物资。此后，驼峰空运量大大提高。

1943 年 9 月，驼峰航线运输机 248 架（其中美国陆军运输队 225 架，中国航空公司 23 架），空运量为 6332 吨（其中美国陆军运输队 5198 吨，中国航空公司 1134 吨）。12 月，仅美国陆军运输队即运送了 12590 吨，超过罗斯福总统关于每月运输 10000 吨的要求。1944 年驼峰空运量达到 231219 吨，平均每月将近两万吨，其中 11 月份空运量最高，达到 34914 吨。

驼峰运输第 4 任指挥官威廉·腾纳尔，被称为"空运之父"

驼峰航线物资大部分供应驻华美军，分配给中国政府的不多。如 1944 年驼峰空运量 231219 吨，分配给美军第 14 航空队 125146 吨，占 54%；分配给驻成都美军第 20 航空队及其他美军 76824 吨，占 33%；分配给中国军队 2924 吨，占 13%。因为美军第 14 航空队是在中国战场对日军航空兵作战，直接配合中国军队的军事行动，正面战场几乎每次大的战役都有第 14 航空队参战。正是有了驼峰航线运来的作战物资，从 1943 年底 1944 年初起，中美空军逐步夺得中国战场的制空权。

美国空军将领陈纳德被誉为"空战之父"，他在中国抗战期间发明了单机作战的专门技术。1944 年秋季之前，P-40 型飞机是美国援华空军的唯一对日空战武器。

它具有低飞扫射性能，被打扮成龇牙咧嘴的鲨鱼头，但没有夜航、轰炸、运输和侦查装备。在陈纳德领导下，飞虎队就凭借简陋的欧洲战场淘汰的P-40飞机，扭转了中国领空的被动局面，击落日军飞机的数量10倍于自己飞机的数量。陈纳德使P-40飞机无所不能，除了执行白天空战任务，还用于夜间作战和轰炸，把炸弹装载上机，进行低空和跳跃轰炸，并低飞发射附着降落伞的杀伤弹；也用于空投武器和粮食，援助被日围困的国军；还用作人员运输；甚至用做作侦察，装置从英国空军借来的照相机，执行所有的空军摄影和侦察任务。

在中国抗战的天空，陈纳德的P-40飞机实际上承担的是整个国家空军所不存在的所有机种的职能。因此，飞虎队员中流传一个笑谈："如果我们有一架潜望镜，我们就能用P-40飞机做潜水艇。"

飞虎队的创始人是美国飞行教官陈纳德。陈纳德1893年9月6日出生于得克萨斯州。1937年7月初，陈纳德抵达中国考察空军。几天之后，中日战争全面爆发。陈纳德接受宋美龄的建议，在昆明市郊组建航校，以美军标准训练中国空军。他还积极协助中国空军对日作战，并且亲自驾机投入战斗。迫于日本外交压力，陈纳德的活动逐渐转为非公开。1941年，陈纳德在罗斯福政府的暗中支持下，以私人机构名义，重金招募美军飞行员和机械师，以平民身份参战。7月和10月，200多人分两批来华。队员多半是勇敢、渴望冒险、性格不拘的年轻人，由于形式上并非正规军，他们的战术和训练反而得以自由挥洒。不久，他们在昆明初试身手，首战便对日本战机予以痛击，此后连创击落日机的佳绩。在31次空战中，飞虎队员以5-20架可用的P-40型战斗机共击

国军士兵为"大鲨鱼"站岗

飞虎队的飞机检修

飞虎队的部分成员

毁日机 217 架，自己仅损失了 14 架，5 名飞行员牺牲，1 名被俘。美国志愿援华航空队插翅飞虎队徽和鲨鱼头形机首名闻天下，其"飞虎队"的绰号也家喻户晓。1943 年，志愿航空队改为第 14 航空队，除了协助组建中国空军，对日作战外，还协助飞越喜马拉雅山，从印度接运战略物资到中国。

驼峰航线需飞越冰雪覆盖的崇山峻岭，是军事空运史上高度大、气候条件恶劣的空运线。西南季风、暴雨、强气流、低气压和经常遇到的冰雹、霜冻，使飞机在飞行中随时有坠毁和撞山的危险。航线所经过的不少地区地形崎岖，山势陡峭，峡谷幽深，河流湍急，飞行途中一旦出现机械故障，难以寻找紧急迫降地，飞行人员即使跳伞，在荒无人烟的深山野林，也难以生还。从 1942 年 5 月至 1945 年 9 月，在 3 年零 4 个月的时间里，中美共坠毁飞机 609 架，平均每月 15 架，牺牲和失踪飞行员 1500 多名。

1943 年 6 月，汤姆·哈尔丁担任空运指挥。面对险恶的气候条件，他下令无论云雨雷暴冰雪盛风，无论白昼夜晚春夏秋冬，飞行员轮班倒值，空运不停，空运总量持续增加。3 个月后 3 倍于前，增加到了 10000 吨。与此同时，飞行失事数量陡升，3 个月内失事 155 架，牺牲机组人员 168 名。驼峰山谷里，缅甸密林沟壑里，飞机残骸急剧增加。阳光照耀下，一条"铝谷"依稀可辨，竟成为日后晴朗天气里飞越驼峰的另一种导航坐标。

1944 年 8 月初，空运指挥将领第三度更换。威廉·腾纳尔成为第 4 位向中国空运抗日军事物资的指挥。他临危受命，执行第 22 条军规：减少事故率，增加运输量。

飞机少，运输任务重，有时飞行员一天往返驼峰多达 3 次。人可以休息，但飞机不停飞。飞行员轮值，排到哪架飞哪架。常常是一架飞机刚降落，立即更换机组人员继续往返。没有任何一个飞行员可以总是触摸同一操纵杆并面对同一个仪表盘，他们无法与飞机建立密切关系，每次探险般的飞行，都要操纵一架陌生的飞机，这违反了人类操作本能。

新的机型到位后，飞行员没有熟悉飞机性能的时间，立即入仓起飞。狄克·

哈特是飞 C-47 的运输
机组的飞行员。一次，
一架 C-46 完成运输任
务后，正巧轮值排到
哈特出勤。C-46 在震
耳的轰鸣中升上天空，
此次任务是运送飞行
员，驾驶舱和客货舱
里都是飞行专家。客
舱里的一位飞行员好
奇，站起身走到前舱，

美国 B-29 轰炸机来华，中国民工抓紧修机场

问哈特："嘿，伙计，你飞 C-46 多久了？"哈特看看手表，回答十分准确：
"哦，大约 30 分钟了。"听者脸色煞白，即刻回到客舱，老老实实坐回座位，
不再发一言。

军人妻子和家人的哀告、牺牲者战友和同事的抱怨，潮水般涌向白宫。白宫
和空军运输部上下都确认了一个残酷事实：在中印两个友好国家之间做运输飞行，
比驾驶战斗机飞往敌占区柏林作战要危险得多！

罗斯福为此又下一令：必须减少失事率！同时要增加运输量！驼峰空运的
"第 22 条军规"就是这样诞生的。

中国没有加油设备，只得用土办法为 B-29 这
种大家伙装油

临危受命的第 4 任驼峰空运指
挥官腾纳尔将军，在 1944 年 8 月雨
季抵达印度沙布瓦空军基地。飞机
下降，跑道尽头一派荒凉，一个又
一个黑黢黢的大包出现在腾纳尔眼
前。他被告知，每一个黑色大包都
由一架在那里失事坠毁的飞机和一
行遇难的机组人员构成。

第 14 航空队飞行员卡尔·康斯
坦因回忆说，1945 年 1 月 6 日，驼
峰上空低气压向西沿喜马拉雅主要
山脉运动，高气压自孟加拉海湾翻

在中国西南美军机场，中国士兵与美军共同对空射击

卷而来，更低的气压来自西伯利亚。三股强大气流的持续冲撞翻搅，形成了严酷恶劣的飞行环境。那天，空运没有中断。所有飞机依靠仪表盘飞行，不少失去航向。康斯坦因驾驶的 C–46，一个引擎失灵，能见度是零，冰雪刷被厚重冰层阻止而失效，仪表盘震荡损坏，无法显示地平线，他们无法确定自己是体位翻转，肚皮朝天飞行，还是正常飞行。飞行技术与安全指数毫无关系了，凭运气，他们在两万英尺高空与暴怒的气象魔鬼搏斗了 3 个半小时，终于越过驼峰，抵达昆明基地上空。一口气还没倒出来，就听见导航员报告说，机场上空有 5 架飞机在同时呼救，而跑道上，隐约可见一架引擎失灵的飞机正紧急迫降，跑道已然变成坟场。那些黑色的堆包就是这样形成的。

康斯坦因机组是抵达飞机中唯一没有呼救，不需迫降的，他们必须为呼救者让路。而他们的燃料即将告罄。机组成员道格拉斯手脚冰凉，他脑子里忽然出现了一条附近的跑道，那是飞虎队当年废弃的跑道，是他在训练期间获悉的信息。指挥中心此刻顾不上他们了，他们必须自救。康斯坦因当机立断，盘旋几圈，偏飞而行，对准那条没有导航灯，也没有指挥信号的跑道俯冲下去，放下了起落架，飞机在坑洼不平的地面摩擦出黑烟与沙土，气喘吁吁、快要散架的庞然大物 C–46 终于停下来了，他们没有变成另一堆黑色丘包。

出舱后，机组人员冒着倾盆大雨，跌跌撞撞推开调度室门，惊魂未定中只问了一句话："我们在哪儿睡觉？"不料调度员回答说："我无权让你们在这里过夜。信不信由你！""什么？你说什么？回去？我们怎么可能回去？"那天，所有安全抵达昆明完成运输任务的机组人员接到的是同一个指令："立即返回！"

腾纳尔将军在回忆录中说，当飞行员在驼峰航线途中遇到大风暴，导致飞机严重受损时，他会授权他们中断飞行，返回基地。但是飞行员道格拉斯抗辩说：没这回事。否则那天他们就不会一上天就在地狱里搏斗 3 个半小时！更不会刚落地就受命再度上天，继续挣扎！腾纳尔将军在观念上并不认同他的前任哈尔丁的"驼峰无气象"飞行指令，但道格拉斯证明，在腾纳尔的指挥下，驼峰航线同样一天都不曾关闭！

1945年1月6日这天，不仅以气候极端恶劣载入人类飞行史册，更以美国飞行员搏战死神的勇气载入史册。那一天24小时内，平均每96分钟有一架飞机及其机组人员失事丧生。在驼峰上空狂怒暴虐的大气层中翻腾跌撞沉浮，谁也不知道死亡将选哪一架飞机、哪一机组人员，但是运输机依然接连不断冲上峰峦，冲入天空，在空中地狱做殊死穿行。仅那一天24小时，15架运输机及数十名人员永远没有归来。也就是在腾纳尔上任不久的这天，他带领随行飞行员和军事助手登上了一架满载军用物资的C-46运输机，在毫无经验的情况下飞往昆明，实现了这次飞越驼峰的探险。此后，他展开了驼峰空运情况和飞机失事原因的全面考察，采取各项安全措施。在其规定的安全飞行指示中，气象因素第一、无线电联络第二、飞行员和机场规章制度与纪律第三、报到与述职第四、全方位保养第五、机场设施维修第六等等。腾纳尔同时在全球范围内紧急征调空军各类技术人员到中缅印战区的驼峰航线，以保障飞行安全。

腾纳尔消解了不可逾越的第22条军规。到1945年抗战结束时，驼峰航线月运输总量提高到了72000吨，6倍于1943年12月的运输量，每季度事故记录则降低到半数以下。1945年1至3月只有77架飞机失事，不到他的前任同比的半数。若以同样的运输量为基础，以事故率最低的月份为计，驼峰空运损失的飞机是1943年和1944年最高月份的1/15，即在可能损失192架的情况下，只损失了20架。

1945年7月末，腾纳尔接获上级指示：为庆祝1945年8月1日美国陆军航空队节，建议全体官兵休息，参加庆典仪式并举行各类纪念活动。8月1日，午夜第一时第一分起，全体驼峰空运人员，包括各级指挥官以及厨师、职员、中国搬运工和军中牧师，全部破例投入空运，全天候24小时劳作。

那天，腾纳尔再度加入飞行员队列，亲自驾驶运输机，一天之内3次往返印度与昆明基地间，6次飞越驼峰。空运系统流程完备运转。200英里

C-47运输机在驼峰航线运兵

美制运输机也承担了国民党要员的飞行任务

宽的横向空间里，多道航线同时开启；10000-20000英尺之间的纵深空间中，数层运输机同时飞行；数百架运输机往返于印度13个空军基地和中国内地8个机场，平均每1分20秒一架运输机启程。在总共1118次的往返中，飞越驼峰2236次。如此密集的飞行，飞机无一失事，飞行员无一受伤。那天落地昆明的军用物资超过500吨，创驼峰日空运吨位最高纪录；也创造了1945年1月6日以外，人类飞行史上又一个旷世纪录。

人们不应淡忘的是，80%的美国援华军用物资来自驼峰空运。腾纳尔上任前的1944年8月，空运月总量是23000吨，他上任一年后，提高到72000吨，相对于1943年12月份的运输量，提高了6倍。

对人类罪愆之源深具洞察力的丘吉尔形容驼峰空运是在"令人震惊的努力"和"巨大的成本代价"支付中进行的，"在20000或22000英尺的高空实行运输，引擎失灵意味着飞行员的确定死亡。这不可思议的功绩，体现了美国帮助中国抵抗的强烈愿望。毫无疑问，这种意志力量、科学精神和组织才能在这类工作中是史无前例的或不可梦想的。"

多年后，美国政府在华盛顿举行陈纳德将军授勋典礼。典礼仪式上，"空战之父"和"空运之父"见面了。陈纳德面容憔悴，脸上的肌肉沟壑纵横，他握住腾纳尔的手说："贝尔，我一直想告诉你，如果没有你和你的信念，以及你的出色的组织指挥，我们不可能在中国赢得胜利。"

美军运输部视驼峰为"军官的墓地"，美国军人到一个他们从未到过的地域，飞越海拔最高的惊峦险峰，为一个陌生民族争取自由和独立而战。从1942年4月到1945年8月的1200多天里，美军用自己的死亡飞行运载中国民族的希望，用青春和生命换取了"驼峰"这个不朽的命名。

48. 史迪威公路和密支那之战

1942 年 5 月，日军占领了缅甸首都仰光，滇缅公路中断。6 月，在印度首都新德里，从缅甸丛林逃到印度的史迪威很快就被记者包围了，他毫无掩饰地向新闻界承认了盟军入缅作战的失败："我们的确被狼狈地赶出了缅甸，这是奇耻大辱。我们必须找到失败的原因，然后打回去，收复缅甸。在莽莽的林海中开出一条路，把物资再次送到中国！"

盟军缅甸作战失败后，中国唯一接收国际援助物资的通道滇缅公路被日军切断，中美开辟驼峰航线，继续为中国输送作战物资。但空中运输满足不了前线需要。史迪威提出，从印度阿萨姆邦的利多镇修筑一条公路，穿越缅北林海和日军占领区，然后和滇缅公路连接起来，作为运送物资到中国的另外一条通道；同时，驼峰运输主要是运送航空汽油，太不划算，修建中印公路时，顺势架设从印度加尔各答至中国昆明的输油管道。这个计划很快获得批准。

1942 年 4 月 28 日，昆明紧急成立"协修中印公路募工处"，招募了一大批人，随即出动总数为 10 万的滇西民工前往中印公路工地，加上先期到达的工程技术

在印度的利多，史迪威面对中国残疾军人摘下军帽

勘察中印公路

人员和就地招募的民工，这支筑路大军已达 12 万多人。

1942 年 11 月 17 日，第一支筑路部队美国第 45 工兵团和 823 航空工程营、中国驻印军工兵第 10 团云集利多，建立营地，于 12 月 10 日正式在莽莽的原始森林披荆斩棘筑路开道。

之所以把印度阿萨姆邦的利多镇当作公路出发点，是因为印度中心城市加尔各答的铁路终点站在这里，同时利多也是中缅印传统商业驿道"蜀身毒道"必经之地。这条路线沿途要经过除了马帮，很少有人进入的蛮荒的热带原始森林。森林中野兽蚊虫细菌密布，瘴气疾病滋生；居住的原始狩猎土著骁勇剽悍，对外人充满敌意。这里的地形山峦起伏，河流纵横。雨季洪水泛滥时泽国一片。而且日军精锐北九州兵团第 18、56 师团在此筑壕据守，养军蓄锐，成为盟国工程队的又一威胁。

英国工程人员悲观地认为工程两三年不会完工。长期在此驻守的印军军官谈虎变色，他们说，沿途到处都是半年前倒毙在此的难民白骨，令人毛骨悚然。别说修路，就连筑路工兵也休想再爬出野人山。

这条公路全长 1730 千米。其中利多至畹町段长 770 千米，路线经过印度东北部和缅甸北部的亚热带山岳丛林地区，由美军工程兵部队配属国军两个独立工兵团，在当地民工协助下构筑。昆明至畹町段长 960 千米，路线基本循沿原来的滇缅公路，由中国战时运输管理局滇缅公路工务局组织改建和抢修，美军派出工程兵筑路机械部队配合。整个中印公路工程先后从两端开始。从 1942 年 11 月于利多动工算起，至 1945 年 1 月全线通车，历时两年零 3 个月。美方投入 1.5 亿美元；中方亦投入工程款两亿元法币。

据美军记录，修筑只有 815 千米的利多路段，美军投入 15000 正规工兵。死亡人数为 1133 人，正好"一英里两个墓碑"。这仅是筑路的美国工兵的死亡人数，并不包括中国工兵和劳工的死亡人数，扫荡阻止修筑这条公路的日军而战死的中国驻印军和美军人数，第一次筑路筹备组死亡的中国工程师，败走野人山永远躺在那里的中国远征军以及逃亡印度途中大量死亡的印度人、英国人和缅甸人。他们的白骨成为公路勘测人员的"路标"。

美国人这样记录："墓穴是史迪威公路上的里程碑。这条生命线是用生命作代价的。美国人、英国人、中国人、印度人和克钦人都倒在了你今天所经过的这条道路上。他们永远安息在利多和昆明的军人墓地中；他们永远安息在缅甸暗淡的丛林公路边，以及战火硝烟烧焦的滇西群山边。"

史迪威公路修筑初期，充满着各种困难，设备短缺，雨季野外露营，洪水常常冲毁刚建好的路基，推土机被土埋葬以及滑坡。中国工兵更加无奈，"我们没有一辆推土机被埋葬，因为我们根本就没有那玩意儿。我们被埋葬的是斧头、铁锹、十字镐以及我们自己。"

雨季来临，山洪淹没活动住房、帐篷、炸药和水泥，筑路机械在泥泞中锈迹斑斑。汽车无法通过泥泞道路，阴雨绵绵，空投也无法进行，只有大象和挑夫勉强可运输少量物资。施工在恶劣的条件下艰难地进行，疟疾、斑疹、伤寒等疾病蔓延，严重威胁筑路人员的生命，工程多次瘫痪。

1943年10月，公路在印缅边境进展缓慢，史迪威不得不把指挥官撤职，换上了美国密苏里水坝总工程师刘易斯·皮克将军。他一下飞机就说："我在美国就听说了，归根结底就是说无法修筑。太泥泞，太多的雨水，太多的疟疾等等。从现在起，让泥泞、雨水和疟疾见鬼去吧。"

他把指挥部设立在最前线，采取了多项措施，工程开始加快。皮克向在前方扫荡阻止修路的日军的新1军孙立人说："今后我一定会紧紧跟在你们屁股后来一步不落，包管碾得你们屁滚尿流！"

从1943年10月到1945年1月，公路从38英里处延伸到了和滇缅公路交叉口的畹町，整整修筑了427英里的距离。平均每天工程要延伸1英里，其中包括102英里的山区。仅开始的270英里中，平均每英里搬运50000立方码泥土。如果这些泥土建造一座宽3英尺、高10英尺的坚固城墙，可以从纽约到旧金山。如果把利多公路全部的排水系统的管道从头到尾连接起来，管道将有105英里长。公路要铺设沙砾，有时需要从30英里开外的河滩拉沙子来铺路。这样，铺设470英里的工程就需要138.3万立方码的沙子。

利多公路沿途有10条主要河流，155条小一点的河流需要架设桥梁。平均每3英里架设一座桥梁，总数有164座桥梁，平均5英里一座大的桥梁。世界上最长的浮桥架设在密支那附近的伊洛瓦底江上。这座永久性的浮桥长60

英尺。水深涨落潮时不同，平均 45 英尺。

伐木工程规模空前，雨季要求建筑两英里的堤坝，需要打桩 2400 个，需要砍伐 100 万立方英尺的木板，然后锯、运输和放到合适的地方需要 30 天。超过 82 万立方英尺的木材从丛林运来建筑公路。

由于这条公路途经密支那，筑路人员不得不在日军航空兵、炮兵轰击的条件下作业。为了及早使公路通车，必须要解决盘踞在密支那的日军问题。为此，筑路工人抢修了自保山至缅甸密支那的急造军路作支线。

尽快攻占密支那、开通对华交通路线，一直是中国驻印军进攻缅甸的战略目标。密支那是缅甸第三大城，位于伊洛瓦底江西岸，地处缅甸纵贯铁路的终点，成为水陆交通枢纽，南连八莫，西通孟拱，北达孙布拉蚌和葡萄；东面通到甘拜迪的公路再向东延百里，便到腾冲。伊洛瓦底江经密支那城东折而向南，流向八莫。周围多山，标高皆在 500 至 1000 米左右。

密支那城区的西北，是一个地形略有起伏的小平原，面积不大，纵横各达 11 千米，遍地是丛林。铁路自南向北穿城而过，从日军兵营和射击场折向西行。在西、北各有飞机场一座，西飞机场仍可使用，北飞机场及拟建中的东飞机场则需再加整建方能使用。

经过印度蓝姆迦的秘密训练，中国驻印军进入缅北，经过了艰苦卓绝的胡康谷地和孟拱谷地战役，最后是密支那攻防战，蓝姆迦训练的中国军队成为了钢铁拳头，迫使日军从丛林阵地撤退。

密支那战役为驻印远征军反攻缅甸战役中进行的一次城市进攻作战，时间为 1944 年 4 月 29 日至 8 月 4 日。这场规模不大的战役从奇袭开始，以消耗战结束。中美混合支队历时近 100 天，以伤亡 6000 余人的代价歼灭日军 3000 余人，并迫使剩余的日军 800 人退出。

从 1943 年夏季始，日军第 18 师团第 114 联队驻守密支那及其附近地区。密支那战斗开始前，日军防守密支那的是第 114 联队第 1 大队的 1 个步兵中队、1 个步兵小队、机枪中队的 1 个小队、大队炮 1 个分队，第 2 大队的 1 个步兵中队，联队炮中队的半部（野炮 1 门、速射炮 2 门），通信队主力，机场守备队及宪兵队，共约 1200 余人。其第 1 大队主力配属给第 56 师团；第 2 大队主力部署于瓦扎一带，对西警戒；第 3 大队部署于潘丁附近。

为消灭密支那的日军，史迪威调来由梅里尔指挥的"梅里尔抢劫者"支队。梅里尔毕业于西点军校，曾担任驻日陆军武官，能讲一口流利的日语，了解日军的作战方式。1941年底，梅里尔被派往中缅印战区，任暂编第5307团（后被记者戏称为"梅里尔突击队"或"梅里尔抢劫者"）指挥官，1942年3月以少校军衔任印缅战区美军副司令，随即升为准将。梅里尔突击队编制3000人，士兵大都参加过瓜达尔、卡塔尔岛丛林战。另外，梅里尔手下还有一批美籍日裔官兵，他们在刺探日军情报方面发挥了重要作用。

在印度进行游击训练后，梅里尔突击队于1944年2月入缅甸北部作战。在缅甸东部，中国驻印军挺进密支那、孟拱，梅里尔突击队提供支持。梅里尔突击队在缅甸战场进行过20余次大小战斗，使日军大伤脑筋。它曾突破到日军防线后方的缅北地区，与英军"狮王部队"（即奇迪特突击队）共同支援中国军队重新打通滇缅公路的行动。

4月21日，史迪威命令梅里尔在太克里编成奇袭密支那的盟军混合突击支队：第1纵队由梅里尔突击队第3营及国军新30师第88团组成，金尼逊上校指挥；第2纵队由梅里尔突击队第1营及国军第50师第150团、骡马辎重团第3连、新22师山炮第3连组成，亨特上校指挥；第3纵队由梅里尔突击队第2营及英军别动队第6队组成，麦吉上校指挥。

这支突击队于1944年4月29日自太克里出发，原定于1944年5月12日到达密支那占领机场，因途中在沙劳卡阳、雷班、丁克高路等处与日军第114联队第2大队相遇激战，行军进程因此延缓。

5月16日夜，第2纵队进抵密支那西郊南圭河后，美军第1营控制巴马地渡口，切断密支那通往孟拱的公路，17日凌晨袭占西机场，守护机场的日军向火车站退去。第150团控制机场及其周围要点，清理了跑道，竖起风幡，即电告史迪威机场已可空降。已在各地机场整装待发的新30师第89团、第14团及炮兵、工兵各部队，自当日下午3时起，陆续空运到密支那。

日军得知盟军突击队袭占西机场，控制跑马地，袭占锡塔普尔后，

第一支车队的吉普引导车通过中缅边境

突袭锡塔普尔的第 3 纵队，夺回该地，恢复与瓦扎第 2 大队联系。日军兵力虽单薄，但却占地形优势，且在密支那经营防御两年。第 18 师团官兵多系日本九州矿工，善挖坑道工事，防御设备坚固隐蔽，交通联络方便，坑道纵横互通，火网编成严密，隐秘的侧防火力点遍布各处。

5 月 18 日夜，到达密支那的有梅里尔突击队 3 个营和英军别动队第 6 队，新 30 师第 88、89 两个团和第 50 师第 150 团，共计 4 个步兵团、1 个山炮连、1 个重迫击炮连，在士气、兵力和火力上，对密支那的日军都具有压倒优势。

梅里尔求胜心切，未采纳中美指挥官合理建议。他对经历了 20 天艰苦行军并进行数次激烈战斗、已十分疲惫的突击队没有进行必要调整，仍保持原来行军编组，让第 1、第 3 两个纵队分散在距西机场约 9 千米之遥的遮巴德附近，使突击队由于兵力分散而优势大减，更没有进行详细的敌情、地形侦察，作好攻坚战的准备。尤其是没有采取措施切断日军的增援、补给路线，以致日军第 114 联队第 2、第 3 两个大队得以从瓦扎和孟拱河谷战场先后进入密支那增援，第 56 师团步兵团团长水上源藏率领的第 113 联队 1 个大队、野炮兵 1 个中队及工兵第 56 联队主力等，得以于 5 月 30 日自密支那附近的宛貌渡过伊洛瓦底江，进入密支那增援，密支那日军的兵力猛增两倍多，达到 3600 余人。

盟军突击队虽有强大的空中支援，却缺乏紧密的陆、空联络和协调行动，步、炮之间也不够协调，终于导致密支那的奇袭战演变成为旷日持久、伤亡惨重的攻坚战，完全失去了奇袭作战的意义，没有收到预期效果。

梅里尔于 18 日晨令第 1、第 3 纵队对北机场和锡塔普尔进攻。虽占领了北机场，却因在瓦扎的日军第 114 联队第 2 大队来袭，激战竟日，日军突破战线，进入密支那市区，并在战斗中迫使第 1、第 3 纵队退守遮巴德一带，北机场得而复失。在密支那北部突击队的进攻首次受挫，日军乘机利用铁路向孟拱开出了满载军需物资的最后一列火车。

梅里尔令刚到达的第 89 团第 2、3 营在西机场西南至跑马地构筑工事，以该团第 1 营守备机场；令第 150 团以 1 个营从新卡坡向东攻夺八角亭，以第 2、3 营向火车修理厂方向市区进攻。19 日夜，该团击溃火车修理厂的日军后，一举攻占火车站，但忙于接收战利品，未乘胜追歼残敌，遭日军 100 多人反击，酿成混战。第 3 营营长郭文干在率部增援途中遭 10 多名日军伏击牺牲，第 3 营被打散，伤亡 500 余人，火车站得而复失。官兵被困在车站附近，激战两日，补给中断，弹尽粮绝。

梅里尔未及时派兵增援,以致第 105 团功败垂成,与日军肉搏后冲出重围,退回跑马地、河套一带。梅里尔指摘该团团长指挥无能、作战不力,建议史迪威予以撤职、遣送回国。中国官兵大为不满,群起抵制。梅里尔一气之下,心脏病复发,被送往后方救治。麦克姆准将暂代其指挥职务。这时,第 14 师副师长许颖少将率第 42 团来到密支那。

国军在史迪威公路行军

5 月 23 日,史迪威偕新 1 军军长郑洞国、新 30 师师长胡素、第 50 师师长潘裕昆、总部参谋长柏特诺来到密支那调整指挥系统。柏特诺代表史迪威在密支那设中国驻印军战斗指挥所执行指挥;麦克姆任战地指挥官,统率在密支那的各部队;以亨特任第 5307 团指挥官。在密支那的中国军队分别由胡素、潘裕昆统率,原突击队的临时编组予以撤销。

较之梅里尔,柏特诺更无实战经验和指挥大兵团作战的能力,也不敢身临前线,对战场上敌我双方的情况全凭各级联络官的报告;而且柏特诺专横跋扈,轻视中国军官,对他们的报告和合理建议,每每置若罔闻;更因他求功心切,从 5 月 25 日至 6 月 25 日,不顾客观情况,多次轻率地发动大规模进攻,致使中美士兵伤亡惨重,每天只能推进 50 至 200 米。柏特诺反而诬蔑中国军队"作战不力、逡巡不前",将胡素擅自撤职,遣送回国。

6 月 1 日,中美军队转入坑道战,同时迅速增派援军,补充弹药。1944 年 6 月 10 日,中美军队再次对密支那发起总攻,形势日趋对日军不利。水上源藏被迫指挥部队昼藏夜战,多次偷袭英印军队,并利用缴获来的弹药、给养坚持战斗。至 6 月中旬,水上源藏的部队已损失 1000 余人。

密支那能否坚守,直接关系到日军部署,日军司令官本多中将发布"水上少将必须死守密支那"令。在 6 月 25 日到 7 月 2 日一周里,水上指挥守备队殊死拼搏,中美军队仅前进数百米。7 月 12 日,中美军队在空中支援下再次发起总攻。127 架飞机投下 754 吨炸弹,水上命令部队在轰炸期间退往后方,一旦轰炸停止,迅即返回阵地抵抗。

公路上，中国驻印军一名士兵带着一只受伤的野猴

此次总攻后，水上部队的兵力减少到大约 1500 人，弹药奇缺，火炮射击限制在每天 6 发以下，手榴弹每人只发两枚，战斗中多采用白刃格斗。为补充兵员，水上下令第 2 野战医院分院的 400 多名伤病员重返前线。

7 月下旬，水上部队减少到 1200 人，阵地设施遭到彻底破坏，第一线官兵毫无掩护，战壕积满雨水，官兵浸泡在齐腰深的水中。本多中将获悉密支那守备队命运危殆，决定向水上及守备队颁发嘉奖状，但侦察机无法飞临密支那上空，只好以电报传达。

密支那守备队已濒临绝境，丸山大佐不知道"死守密支那"命令，建议迅速转移到江东岸，据守马扬高地，水上默认了这一建议。丸山遂下令 8 月 1 日开始撤退，部队渡江后，集结在热带丛林中，幸存者减至约 800 人。

此间，日军从八莫和孟拱得到增援，引起史迪威不满，6 月 25 日将柏特诺撤职，以韦瑟尔斯来密支那继任。但以后的作战由郑洞国指挥。郑洞国以对壕作业向前推进，并注意步、炮、空的协同，伤亡大减，激战至 8 月 4 日，完全占领密支那及河对岸的宛貌，肃清了各处日军残兵。

8 月 4 日黎明，水上源藏派副官送交丸山一份亲笔命令："与搜索第 53 联队配合突破敌封锁线转移。"同时，向第 33 军司令宫和方面军司令官拍发了如下电报：一、因下官指挥不力，终未能确保密支那，致使陷入最后阶段，深感歉疚；二、伤员排除万难已乘木筏顺伊洛瓦底江而下，祈求在八莫给与救助。安排完后，水上源藏用手枪自尽。

此役共击毙日军 3000 余人，生俘 69 人，历时 3 个多月的密支那作战结束，中国驻印军反攻缅北的第 1 期作战任务完成。自 5 月 17 日至 8 月 3 日中美共伤亡 6000 余人，这是驻印军伤亡最大的一次战斗。

梅里尔突击队在莽莽原始森林中进行了袭击作战，消耗了日军预备队主力，勇敢的士兵几乎全部阵亡，只有极少数生还。幸存者被授予标有"密支那"字样的荣誉奖章。

1945 年 1 月 24 日，中印公路通车。据不完全统计，中印公路从动工到通车共牺牲 30000 多人（不含前方作战阵亡将士），中印公路是浸泡着鲜血的道路，抗日功不可没。中印公路通车半年，共运进汽车 10000 多辆，军用物资 50000 多吨，有力地支持了盟军反攻缅甸战役。1945 年 10 月，全部军用物资运完。鉴于日本已无条件投降，这条花两年时间在原始森林中

中国驻印军坦克营通过缅甸腊戌

修筑的公路仅用了半年便结束了历史使命。从此，中印公路被冷落在缅北的高山林莽中。中印公路通车后，中印输油管也随之接通，石油源源输送至中国战场。油管从加尔各答起，经汀江、利多、密支那、八莫、畹町至昆明，全长 3000 多千米，是当时世界上最长的输油管。中印油管自 1945 年 6 月输油至 11 月停止输油，7 个月共输入航空汽油、柴油等 10 万多吨。

中印公路始于印度利多，经密支那后分为南北两线：南线经八莫、南坎，至畹町与滇缅公路相连；北线越过伊洛瓦底江，经腾冲、龙陵与滇缅公路相接。它是由 959.2 千米的滇缅公路、300 多千米的保密公路、500 多千米的密雷公路组合而成，全长 1800 多千米。因为它起于利多，所以美国人叫它"利多公路"，而中国人叫它"史迪威公路"；因为这条路是中美合作开路，又叫"华美路"，另外，修这条公路是为了打破日军封锁，并最终会师东京，所以也称"到东京之路"。

49. 从卡廷森林屠杀到华沙起义

波兰位于两个强大的邻国之间，西边是普鲁士，东边是俄国。1772年、1793年和1795年，俄国、普鲁士3次瓜分波兰。1795年，波兰亡国。19世纪，波兰大部分领土属于俄国。一战后，波兰取得独立，成立了共和国。

后来俄国成为苏联，普鲁士成为德国。苏德两国保持着历史惯性，总想再次瓜分波兰。1939年8月23日苏联与纳粹德国在莫斯科签订《苏德互不侵犯条约》，该条约划分了苏德双方在东欧地区的势力范围。1939年9月1日，纳粹德国入侵波兰，占领波兰西部，按照西方说法，二战由此爆发。

9月17日，苏联从东部入侵波兰，占领寇松线以东的全部波兰领土，俘房约25万名波兰官兵，分别关押在一些新建的战俘营。其中斯塔罗别利斯克、科泽利斯克和奥斯塔什科夫3个战俘营，关押着包括9000名军官在内的共约15000名波兰战俘。

1941年6月22日，纳粹德国突然袭击苏联，苏德战争爆发。德国入侵苏联后，苏联政府与设在伦敦的波兰流亡政府建立了外交关系。但是，这

德军在卡廷森林挖掘出大批被杀波兰军官遗体

段蜜月没有维持多久，就蒙上了一层阴影。

由于有了正式外交关系，波兰流亡政府提出，苏联的 3 个战俘营中关押着 1939 年被苏军俘获的 15000 名波兰军人，现在应该释放了，组成抗击纳粹德国的波兰军队。但是，苏联方面只交出 448 名波兰军官，说其余的已经逃到中国东北去了。大批波兰战俘的失踪，成为困扰波兰人的谜。

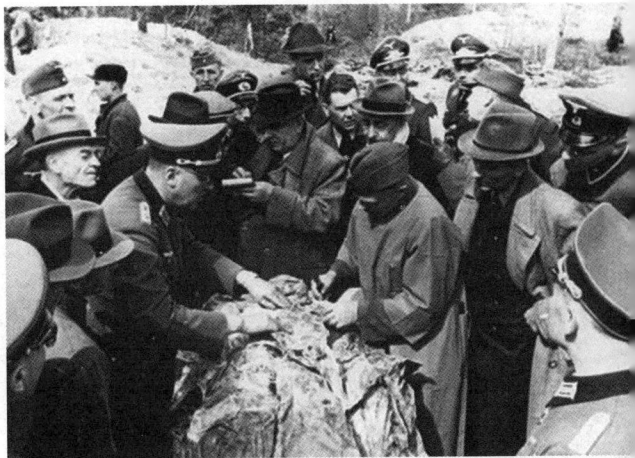

国际红十字会的代表被请到卡廷森林

但没过多久，纳粹德国解开了谜团。德军入侵苏联后，中央集团军群司令部在斯摩棱斯克。德军从当地居民口中了解到，苏联内务部门在附近的卡廷森林中处决了大批波兰战俘，许多尸体就是当地居民掩埋的，居民还向德军指认了处决的具体地点。

1943 年 4 月，德军宣布说，在斯摩棱斯克市附近的卡廷森林中发现大批波兰军官尸体。经验尸确定是 1940 年 4 月以前关押在科泽利斯克战俘营中的波兰军官的遗体。对此，苏联政府解释说，波兰战俘一直在斯摩棱斯克以西地区从事建筑工作，他们是被 1941 年 7 月占领这里的德军杀害的。波兰流亡政府要求红十字会国际委员会前往实地检查，并要求苏联政府提出正式报告，说明尚无下落的波兰战俘的命运。苏联政府拿不出这样的报告。1943 年 4 月 25 日，波兰流亡政府宣布与苏联政府断绝外交关系。

后来的调查表明，1940 年 3 月 5 日，苏联内务人民委员贝利亚专门就对两万余名以波兰军官为主的战俘和犯人实施枪决事写出报告，交斯大林和联共（布）中央审批，随即获得批准。4 月初，处决波兰战俘行动开始。被俘的波兰军官被从上述 3 个战俘营带上汽车，秘密运往行刑地卡廷森林。行刑人员站在波兰战俘身后，用手枪对着他们的后脑开枪。掩埋之后，苏方人员在上面铺上了厚厚一层土。不久，第二批战俘又被运到该地被同样处理。直至当年 5 月中旬，苏联在卡廷森林共处决波兰战俘 4421 人，分别埋入 8 个大坑，上面种满松树和白桦树。除了卡廷森林外，苏联方面还在斯塔罗别利斯克战俘营枪决了 3820 人，奥斯塔什科夫集中营枪决了 6311 人，西乌克兰和西白俄罗斯的其

他战俘营和监狱枪决了 7305 人。加上卡廷森林枪决的 4421 人，共计 21857 人，其中包括约 15000 名波兰官兵俘虏。

为什么会发生卡廷大屠杀？通常解释是二战爆发后，苏联在紧张的备战中，波兰战俘随时可能反抗，所以干掉。其实，事情远非如此简单。

十月革命后的苏俄内战后期，在协约国和罗马教廷支持下，刚获得独立的波兰向东出兵，苏俄红军在华沙战役中完败。1921 年 3 月 18 日缔结的里加条约让波兰获得了西白俄罗斯和 1/4 个乌克兰。作为这场战争的牺牲品，十几万苏俄关押在波兰，其中有六七万人后来回到俄国，数千人成为白军。根据波兰和俄罗斯两国的国家档案机构共同出版的文献，约有 18000–20000 名红军战俘在 1919–1922 年间死亡。斯大林是充分俄罗斯化的格鲁吉亚人，在他的心目中，这笔账一定要算清楚。于是，在二战爆发后的战备中处决了一大批人，也包括波兰战俘。

遇害人数常见的数字为 21768 人。屠杀在卡廷森林、加里宁、哈尔科夫等地。受害者中约有 8000 人是波兰战俘，其余是被指控为"情报人员、宪兵、破坏者、地主、工厂主、牧师及官员"而遭逮捕的平民。

1944 年 7 月 18 日至 8 月 2 日，苏军实施白俄罗斯战役，在罗科索夫斯基元帅指挥下，苏军经过博布鲁伊斯克战役和明斯克战役后，向西前进 400–450 千米，从北面绕过辽阔的波列西耶沼泽地，为在白俄罗斯继续发展进攻并解放波兰东部地区时实施协调一致的行动创造了前提。

在苏联境内成立的波兰第 1 集团军授旗仪式

罗科索夫斯基考虑到当时的情况，准备以第70、47集团军，近卫第8集团军，第69集团军，波军第1集团军，坦克第2集团军，空军第6集团军，另1个坦克军和两个骑兵军在卢布林方向发起进攻。战役企图是从南北两面实施突击，迂回布列斯特筑垒地域，以粉碎德军卢布林集团和布列斯特集团，并向华沙方向发展进攻，在宽大正面进至维斯瓦河。

德军第9集团军在华沙方向进入交战。苏军在主要突击方向集中军队后，人员3倍于德军，火炮和坦克达到5倍于德军的优势。进攻开始前，空军第6集团军编成内约有1500架飞机。

苏军的进攻于7月18日开始。方面军左翼突击集团所属各兵团在猛烈炮火支援和空军第6集团军支援下，突破了德军防御。7月20日，各兵团前进70千米后，在宽大正面进抵西布格河，从行进间强渡该河，进入波兰境内。

罗科索夫斯基元帅指挥了苏军打出国境线的战斗

科涅夫元帅指挥乌克兰第1方面军于7月13日开始进攻，右翼部兵力向扎莫希奇实施突击。7月22日，白俄罗斯第1方面军解放海乌姆。同日，坦克第2集团军进入突破口，并于7月24日解放了波兰大行政中心卢布林。

卢布林是卢布林省的省会，初建于公元9世纪，古代为要塞和通往东方贸易中心。有以居里夫人名字命名的国立大学以及天主教大学等多所高等学校。工业以机械制造为主，食品和制药、木材、服装、皮革等也很发达。二战期间，纳粹德国在这里建立了波兰第二大的马达内克集中营，在此遇难人数达到150万人。苏联政府在卢布林成立了波兰民族解放委员会。这是一个准备在战后全面接管波兰的机构。为了与伦敦的波兰流亡政府相区别，西方称之为卢布林政府。

1944年7月下旬，苏联与波兰民族解放委员会签署协议，以1919年协约国划定的寇松线确定波兰东部边界。这项协议规定，苏军进入波兰国境后，交战地区的最高权力由苏军总司令掌握，解放区的权力则归波兰民族解放委员会，然后由该委员会创建波兰新政府，整编波兰本国军队。为配合波兰民族解放委员会一道工作，苏联委派布尔加宁上将为苏联代表。

为了宽慰波兰社会各界，7月27日，苏联外交人民委员部发表声明，强调苏军的目标是："帮助波兰人民摆脱德国侵略者的枷锁，重建一个民主、独

苏军打进波兰

苏军逼近波兰首都华沙

立、强大的波兰。"苏联政府声称，波兰被视为友好的主权国家，因而"不打算在波兰设立自己的机构，并认为这是波兰人民自己的事情"。

卢布林-布列斯特战役具有重大意义。德军已被赶出白俄罗斯西南各州，波兰东部地区获得解放。波军第1集团军和苏军一起参加了这些地区的解放斗争。苏军在战役过程中前进达260千米，在维斯瓦河夺取了登陆场，为尔后粉碎华沙-柏林战略方向德军并完全解放波兰创造了有利条件。

7月底，苏军进抵维斯瓦河，在华沙难免建立了桥头堡，前锋部队距离华沙只有十几千米了。随即，华沙城内爆发了起义。

在华沙，长期活跃着一支由波兰流亡政府领导的地下卫国军组织，首领是伯尔·科马罗夫斯基将军。当苏军逼近华沙时，科马罗夫斯基决定发动卫国军起义。按照一般理解，这次起义是为了策应进攻华沙的苏军，但实际上，连西方都承认，伯尔的目的是抢在苏军之前占领华沙，造成既成事实，使得卢布林政府不能接管波兰首都。尽管卫国军只有40000人，武器、弹药、食品严重不足，但还是在8月1日发动了起义。

华沙起义和华沙犹太人居住区起义经常被人混淆，其实这两个事件没有关系。华沙犹太人居住区起义是在1943年4月19日爆发，比华沙起义早一年。在波兰进行的民意调查中，华沙起义被列入该国历史上最英勇三大事件之一。从1944年8月1日开始的华沙起义历时63天，20多万波

华沙起义领导人科莫洛夫斯基

兰人死亡。各方关于这一事件的争论迄今仍不绝于耳。起义军在逆境中单独起势是否有意义？为何暴动武装未通知苏联红军并请求援助？谁应为华沙大量平民死亡负责？在分析了波兰、苏联和德国情报机关的解密文献后，华沙起义含糊的景象逐渐变得清晰起来。

起义的组织者们初衷是，波兰流亡政府赶在红军前头返回华沙，否则波兰民族解放委员会"就会抢先一步。苏联联手德国瓜分波兰后，加上的苏波多年恩怨，波兰人已经很难再相信斯大林了。当时，苏军白俄罗斯第 1 方面军已逼近波兰维斯瓦河，德军被迫向西溃退。到 1944 年夏季来临前，华沙城已为苏军的囊中之物。1944 年夏，救国军司令塔德乌什·科莫罗夫斯基向伦敦汇报说："救国军如果无所作为，波兰人就会一齐倒向共产党一边。"波兰救国军希望获取速胜，以"华沙的自我解放"来阻止苏联的染指。

以德军不久就将撤离华沙为前提，救国军指挥部拟订了起义计划：集中兵力攻占华沙几座关键的政府大楼，至少在苏军进入波兰首都 12 小时前，宣布波兰流亡政府恢复行使权力。华沙起义的筹备是背着苏联秘密进行的，苏联政府和红军指挥部，都没有接到有关起义的正式信息。而且起义军也没有提出支援要求，更没有与渐渐逼近的苏军进行过协调。

1944 年 7 月 21 日，暗杀希特勒的消息传来后，科莫罗夫斯基认为德国已经崩溃，便下令救国军于 7 月 25 日在华沙发动起义。不过他否定了在全波兰发动起义的动议，他觉得那样会便宜了进攻中的红军。

起义的组织者们天真地以为，最多两三天，气数已尽的德军就会一败涂地，起义军就能以最小伤亡迅速拿下华沙。为了不妨碍德军西撤，他们特意留下了一些重要的交通枢纽，包括维斯瓦河上几座重要桥梁。

被德军俘虏的起义人员的证词很能说明问题，其中有这样一段话："德国人让所有波兰人都去挖战壕，以抵御俄罗斯人，于是所有的波兰爱国者都明白了，现在到了发动起义的时候了。我们计划对德国兵缴械，并向全世界表明，波兰不是在俄罗斯人或德国人手中，而是掌握在波兰人手中，波兰军队已做好了斗争准备。如果这一计划成功，就能在政治上迫使俄罗斯人承认自由波兰，承认流亡政府领导人米科莱奇克。"各国情报机关的资料表明，起义军的高期望值与英美的支持承诺有关。

1944 年 8 月 1 日，华沙起义爆发了。当天 15 点，大部分店铺都不约而同地自动关了门。16 点 50 分，许多条街道上突然响起了枪声，随即，枪炮声在整座城市迅速蔓延开来。傍晚 20 时，通过城里的扩音器系统，德军华沙警备区司令赖纳·施塔格尔中将用德语和波兰语发表了声明："我宣布从即刻起，华沙全城戒严。平民不得上街，否则杀无赦。胆敢对德国公民所在建筑开枪者，将立即被从地球上抹掉。"头几天，起义军夺取了一些地区，但攻击德军行政机构时，遭到反击。德军轻易守住了各机关大楼。

在起义前夕的 7 月 30 日，以米科莱奇克总理为首的波兰流亡政府代表团从伦敦抵达莫斯科。7 月 31 日，波兰代表团与苏联外交人民委员莫洛托夫会见。8 月 3 日深夜，斯大林也与他们会见。米科莱奇克表示愿与波兰民族解放委员会合作，但坚持他的政府才是波兰唯一合法政府。会晤期间，米科莱奇克只字未提对华沙起义的援助问题。代表团对华沙的情况一无所知。直到 8 月 5 日，米科莱奇克米柯才收到救国军总指挥部的通知："1944 年 8 月 1 日 17 点，救国军与德国人在华沙发生了激战。"

波兰流亡政府坚持自己是唯一的合法的政府，斯大林改变了主意。由于顾忌英美舆论，避免使苏联处于被动境地，苏军未直接接到停止进军华沙的命令，苏军仍在向波兰首都进发，但对近在咫尺的华沙城却久攻不克。

8 月 5 日，德军中央集团军群参谋长克雷布斯通知第 9 集团军司令福尔曼，增援华沙警备部队。党卫军一个团、外加一个营和德军控制下的俄罗斯解放军一混成团，将火速赶赴华沙。但华沙军民拼死抵抗下，德国守军和援军都损失惨重。克雷布斯在此后的通报中说："起初即兴式的暴动还能控制，但目前仅靠现有部队已难以镇压了。这一运动正越烧越旺，有波及全国的危险。在城市街区进行的巷战中，我们的损失非常大。"德国的将军们向希特勒汇

一对起义者举行了婚礼　　有的起义者是少年　　　　起义中的小医护人员

报说，华沙正在进行激战，叛军的抵抗激烈而顽强。同时德军在内部对特种兵和警察部队发出警告说："如果俄国人不在城市东北部和东南部止步，华沙可能将不保。"这天晚上，希特勒打电话询问德军驻华沙部队司令埃里希·巴赫"华沙上演的大戏"还将持续多久？

8月13日，巴赫赶到华沙，亲临一线坐镇指挥。起义军与德军的阵地犬牙交错，华沙全城混战成一片。德军利用起义军缺乏统一指挥的弱点，开始有条不紊地发起反击。在重型武器、装甲列车、坦克和火焰喷射器的

起义者的葬礼

掩护下，起义军的势头被死死压制住了。

德国情报部门的报告说："叛军的情绪非常糟糕，原因是缺乏食物补给和武器，指挥也很差。这些匪徒从来没有当过兵，指挥官带的标志也五花八门。叛乱分子主要是25岁以下的人，生活经验丰富的年长者几乎找不到，而知识分子大部分都逃走了。据目击者称，叛军内部最近爆发了传染病，人员遭受了重大损失。"

8月底，白俄罗斯第1和第2方面军试图击退位于华沙东北面的德军集群。9月10日，苏军第47集团军和贝尔林指挥的波兰第1集团军联手出击，开始向华沙发动进攻。但有十万之众的德军集群不甘示弱，双方在华沙东部地区展开激战。至9月14日晚，苏军取得一定进展，逼近维斯瓦河。

9月16日，波兰第1集团军一部登上维斯瓦河西岸，而起义军就据守在离河不远的华沙南部和北部。从9月16日至20日，苏军总共有6个加

德军镇压起义

强步兵营突进了华沙。但因维斯瓦河仍掌握在德军手中，苏军的坦克和大炮等重装备运不过河，第 1 集团军的攻坚能力受到极大影响。到 9 月 23 日，波兰部队伤亡惨重，死伤达 3764 人，不得不后撤。

眼看战事毫无结束的可能，起义军的情绪越来越焦灼：盟军的援助在哪里？英国和苏联的增援部队在哪里？

起义领导层称，已向苏联正式通知准备发动起义的情况，甚至还"挑明"了起义的起始时间，但到目前为止还没有得到任何援助。波兰流亡政府还提及了莫斯科广播电台的广播，节目中号召在波兰举行人民起义。而事实上，这些广播只一般性呼吁波兰人和欧洲其他国家人民拿起武器，在本国被解放领土上支援红军作战。8 月 13 日，苏联塔斯社发表声明，强调苏联与华沙起义无关，起义方事先没有和苏联商量过。

9 月 9 日，科莫罗夫斯基在起义军胜利无望的情况下，致函德军华沙城南指挥官京特·汉斯·罗尔，表示起义军准备投降，但要保证所有战斗人员的战俘权利，并要其对华沙平民做好安排。罗尔将军承诺确保战俘的全部权利，同意将波兰平民和行政机关疏散到作战区域之外，但必须在 9 月 10 日 16 时前投降。而科莫罗夫斯基还指望德军东线速败，并幻想能坚持到英美的援助到来，便想尽量拖延时间。

9 月 27 日，德军对起义军占领的城区发动了决定性攻势。科莫罗夫斯基拒绝了向进逼而来的苏军靠拢的建议，没有向维斯瓦河对岸突围。9 月 28 日，起义军就放下武器事宜开始与德军举行谈判。10 月 2 日，救国军司令科莫罗夫斯基向德军华沙部队司令冯·巴赫签了投降书。

战后，波兰人为华沙起义者塑像

华沙起义持续 63 日，约 18000 名起义者和超过 25 万平民死亡，另有大约 25000 人受伤。德军约 17000 人战死。接受投降的起义军达到 17000 人，里面的 922 人为卫国军军官。华沙起义失败后，华沙所有平民都被赶出城，87000 华沙人被送往德国强制服苦役。

50. "遥远的桥"：市场花园行动

1944 年 9 月 17 日至 25 日，盟军发动"市场花园"行动。作战主旨是最大规模的空降部队奇袭，配合地面装甲部队快速移动，夺取荷兰境内的重要桥梁，控制这些桥梁后，即可跨越莱茵河这个德国边境上最后的天然屏障，在短时间内结束战争。

1944 年 7 月 25 日，巴顿率领第 3 集团军率先冲出诺曼底地区，开始在法兰西平原上追击德军。为了从北面迂回齐格菲防线，

蒙哥马利突发奇想，策动了"市场花园"行动

直取德国鲁尔地区，以便在"圣诞节前结束战争"。蒙哥马利元帅提出了代号为"市场花园"的大胆计划，具体方案是英国第 30 军向比利时最大港口安特卫普发起进攻，同时由诺曼底登陆后，盟军重编的第 1 空降军团（由美军 101 空降师、第 82 空降师、英军第 1 空降师及 1 个波兰伞兵旅组成）共 35000 人组成的空降部队，采用"蛙跳"战术，依次在 63 英里战役纵深上的艾恩德霍芬（埃因霍温）、奈梅亨和阿纳姆（安亨）三地空降，夺取跨越莱茵河、瓦尔河等河流上的一系列重要桥梁后，从荷兰直插德国腹地。

整个"市场花园"行动可以分为两部分：

"市场花园"行动得到艾森豪威尔的支持

市场行动：系指空降部队的作战。盟军第 1 空降军团负责攻占莱茵河流域的桥梁及附近地区。

花园行动：以英军第 2 军团为主的地面部队向北前进，由英军第 30 军为先锋部队。在英军第 30 军驻地与其突击目的地莱茵河北岸之间，必须通过 8 个障碍，包括数条主要河川以及 3 条运河。"市场花园"行动的目标是同时攻下横跨这些水域的桥梁。

预定用来作为行军路线的 69 号公路(后被称为"地狱公路")有两个车道，比荷兰低洼地区要高一些，而公路两旁的地面太过松软，不利于军用车辆通行。

9 月 17 日，美英空军的 5500 余架运输机、2596 架滑翔机，在 8000 余架战斗及轰炸机的掩护下，同时在艾恩德霍芬、奈梅亨和阿纳姆三地成功地空降了 35000 人、568 门火炮、1927 辆军车、5230 吨物资，发动了这场规模最大的空降作战行动。

"市场花园"行动主要由英军指挥，地面的作战也主要由英军担当。第一批空降后半小时，17 日下午 2 时 15 分，第 30 军军长霍洛克斯将军下令"花园"部队发起攻击，爱尔兰禁卫装甲师开始向正面德军防御部队的 5 个营发动攻击，第 43 团和第 50 团在禁卫师之后跟进，迅速推进了几里。在第 30 军正面防御的德军瓦尔兹支队，仓促间发挥不了战斗力，爱尔兰禁卫装甲师的先头部队从路上一直攻击，将瓦尔兹支队分为两部，德军防线开始崩溃，被驱逐向道路左右两侧退去。

然而，在战役发起前，盟军为了让荷兰地下组织配合行动，把作战计划透露给他们，一个绰号"金刚"的德国间谍，让德军有了充分的准备。

蒙哥马利并不知道在盟军预定着陆地区，德军已经部署了党卫军第 2 装甲军的两个装甲师和空降第 1 集团军的部分军队。缺少重型装备的盟军空降兵在德军装甲兵头上空降，而且平均跳伞高度在 366–457 米，很多士兵在德军高射炮射击下，还没有降到地面就被打死了。

尤其糟糕的是，盟军发起空中突击不过两小时，德军空降第 1 集团军司令司徒登特便从一架打下的滑翔机中得到一份盟军作战命令。他立刻报告 B 集团军群总司令莫德尔，策划德军反攻。在德军将领中，司徒登特比任何人都更熟悉荷兰，也了解空降部队的重大缺点，诸如在地面上欠机动及缺乏重武器。最后，莫德尔选择安亨作为党卫军装甲部队一部的整训地区，阻止盟军空降部队和战车部队的会师的地区。

第 101 空降师在费赫尔空降后，当天就夺取了附近南威廉斯运河大桥并攻占宗镇，18 日与地面先头部队会合，攻占了艾恩德霍芬。第 82 空降师在赫拉弗地区空降，当日夺取马斯河和马斯河 – 瓦尔河运河大桥，19 日与地面先头部队会合，20 日日落前夺取奈梅亨附近的瓦尔河大桥。两支空降部队伤亡了3542 人，才与地面部队会师。

由于战线拖长，装甲部队前进停滞，盟军供给不得不一减再减。101 空降师和 82 师在 10 天的"市场"作战中伤亡近万人。

参与"市场行动"的部队为盟军第 1 空降军团 5 个师中的 3 个，分别是泰勒少将的美军第 101 空降师，预定降落在英军第 30 军的北方，负责占领索昂地区艾恩德霍芬西北方的桥梁以及费赫尔桥，而 101 空降师和第 30 军之间的距离也是 3 个空降师当中最近的。距离次远的是由加文准将的美军第 82 空降师，他们在英军第 30 军的东北方着陆，攻击赫拉佛及奈梅亨大桥。乌奎特少将的英军第 1 空降师和波兰独立伞兵旅则降落在离第 30 军最远的北边，同时也是第 30 军行进的终点站——阿纳姆。英军第 1 空降师必须占领位于阿纳姆的公路桥梁以及欧斯特贝克的铁路桥梁。

在英军进攻地带内，由第 30 军（装甲师 1 个、步兵师两个）实施主要突击，其任务是：在狭窄正面地段上突破敌人防御，利用空降兵在该军进攻地带内夺取的渡口通过江河障碍，向艾恩德霍芬、赫拉沃、奈梅亨、阿纳姆一线推进。为了实施炮火准备和炮火支持，在步兵第 30 军进攻地带内集中了 880 门火炮。步兵第 8、12 军在突击集团的两翼行动，以扩大突破正面。为了对该集团军的行动实施航空兵保障，动用了 650 余架飞机。英军地带内的兵力对比有利于德军，步兵和炮兵、飞机和坦克占绝对优势。

经航空火力准备，英国第 1 伞兵师，美国第 101、82 空降师分别在欧斯特贝克、索昂和格罗斯贝克降落，目标是迅速夺取穿越运河和河流的桥梁并为从南方推进的英国地面部队铺平道路。这条"走廊"从比利时的里奥波德堡经瓦肯斯沃德、艾恩德霍芬、赫拉佛和奈梅亨到阿纳姆。

伞兵在阿纳姆镇

美军 101 师进展顺利，在夺取计划的 5 座桥的过程中只在一座桥上遇到了德军的强烈抵抗。但 101 师依然完成了任务。82 师一部夺占了默兹－瓦尔运河上的一座桥，主力则驻守格罗斯贝克公路阻滞德军增援部队。

英军第 1 空降师运气不佳，大批吉普车等重型装备因为滑翔机坠毁而丧失，大部分通讯设备也无法使用，更不走运的是阿纳姆正好有近万德军休整。进攻开始后，第 1 旅的 1 营、3 营被德军小股部队阻挡，仅 2 营抵达阿纳姆大桥北守桥，但两次企图夺取大桥的进攻均被德军击退。入夜时，英军已经基本陷入了包围。

由于协同不灵，直到下午 2 点 35 分，第 30 军才在短促的航空火力准备和炮火准备后转入进攻。该军第一梯队中的装甲师突破敌军防御，两个步兵师也随后跟进。至第一天日终前，盟军向纵深推进了 6-8 千米，但却未能如期进入埃因霍温与 101 师会师。

9 月 18 日：德军第 9 装甲师对据守阿纳姆桥的英军发动突击，被英军击退。英军第 4 旅第二批空降因浓雾造成相当误差，遭遇德军高射炮火的密集射击，尽管三个营依然存留，但损失惨重。入夜，第 1 旅 1 营和 3 营不足 200 人的残部抵达阿纳姆城，大部分军官和士兵已经被俘。

南线作战也并不顺利，第 82 师 505 团死守第二批伞兵部队的空降地点，成功保护第二批空降部队（3 个步兵营、3 个野战炮兵营和 1 个医疗营）安全抵达，并收集了空投物资。第 101 师控制的索昂桥被德军夺回，中午，第 30 军部队进抵埃因霍温北部，与第 101 空降师会合。随后工兵架设了浮桥，保证了向埃因霍温的畅通，但计划已过去两天。

阿纳姆英军发动了向南岸的第三次进攻，但很快被德军的炮火和阻击部队击退，除第 2 营外的 4 个营仅剩 500 人，退守欧斯特贝克村。第 2 营的 600 人则据守北岸的城内楼房，尽管德军逐房爆破，但 2 营坚守不退。英军第 4 旅在欧斯特贝克村也进退两难。

在奈梅亨，第 30 军在上午与美军 504 团会师并于下午进入奈梅亨，但依然未能攻占奈梅亨的瓦尔河大桥，空投的物资也大多丢失。第 101 师则被增援的德军拖住，无法按预定计划撤离。

第 30 军的后续部队的前进也不顺利，面对德军持续的猛烈抵抗，第 30 军行动困难，而且德军破坏了那里的一些桥梁。另外，两万多辆车辆包括笨重的履带车很难通过从范肯斯沃德到奈梅亨狭窄的 69 号公路。美军称其为"地狱公路"。

9 月 20 日：盟军攻下位于奈梅亨的瓦尔桥，但最终因为位于安恒的最后一座桥梁 – 阿纳姆大桥，步兵援军无法抵达而失败。直到 1945 年 3 月，莱茵河仍然是盟军与德国本土间无法跨越的屏障，令人惋惜的是，让无数盟军、德军付出性命的阿纳姆大桥，因防止德军反攻，被一个中队的 B–26 轰炸机摧毁了。

无法攻克阿纳姆大桥的第 82 空降师 504 团用皮艇强渡瓦尔河，因为不习惯英军皮艇而行进缓慢，付出相当惨重损失后攻克瓦尔河大桥，这一战也因与奥马哈海滩登陆战一样惨烈而被称为"小奥马哈登陆"。而 82 师和 101 师的其他部队则艰难地防御德军企图切断高速公路的进攻。

此时，阿纳姆的事态已不在盟军控制之内了。第 2 营坚守桥北近两天后，在 21 日晨，电台发出最后一封电报："弹尽粮绝，神佑吾王。"随即与德军展开白刃战，最终全军覆没。师部所在的欧斯特贝克村也已被包围，而其他几个营突破德军包围圈与主力汇合后均已不足百人。

9 月 21 日：在欧斯特贝克村，3500 名英军依托轻型反坦克炮死守，英军一部使用法国喷火坦克负责防守西南的一个高地，这个高地可以俯瞰南岸的霍夫多普渡口，但这个高地很快在德军猛烈攻击下失守。英军不得不在狭窄的村庄中继续防守。

波兰独立伞兵旅因为天气状况而推迟至 21 日才空降在南岸的德里尔。因调度失误和德军空军的阻击，补给品被空投到 15 千米之外。本打算渡河支援英军的波兰军队在原定位置找不到渡船，当在下游找到渡船时，渡船已经严重损毁，只得退入德里尔村防守。

在奈梅亨，英军第 30 军在肃清残存德军后休整了 18 小时，于午夜出发。而与第 1 师预定会合的时间是 18 日，已经过去了整整 3 天。

9 月 22 日：德军由于惧怕英军的反坦克炮而未对欧斯特贝克村发起冲锋，采用攻打阿纳姆的办法逐房爆破。波兰部队的加入，使德军不得不抽调 2400

人到南岸对付波兰第一旅。夜间，第 30 军终于抵达德里尔，与波兰军队会合。同时有 52 名波兰士兵渡过莱茵河与北岸的英军会合。但英军与波军试图在河上建立舟桥的尝试却失败了。

9 月 23 日至 26 日：德军切断英军控制的 69 号公路，但很快被逐出这一地区。23 日，加拿大冲锋舟将 150 名波兰士兵送到莱茵河对岸。24 日，总指挥部放弃了对阿纳姆大桥的进攻，在奈梅亨构筑防线。英军的撤退直到 25 日才开始。至 26 日晨，英军仅撤出了空投时的 10600 人中的 2398 人。

9 月 27 日至 29 日：英军进至下莱茵河南岸，但被迫转入防御，未能在北岸夺得登陆场。此外，战役开始作为策应的加拿大第 1 集团军对安特卫普西北部的进攻进展缓慢，加拿大部队直至 9 月末才进到斯海尔德河口。而此时"市场花园"行动已经宣告失败。

直到 1945 年 3 月，莱茵河仍然是盟军与德国本土间一道无法跨越的屏障。"市场花园"行动失败的原因之一是盟军没有注意到莱茵河下游的德里尔渡口，该渡口可以帮助盟军伞兵部队避开德国守桥的两个装甲师，以便快速渡过莱茵河，袭击德军，也许该行动还会成功。

"市场花园"行动失败的原因是后勤补给问题。德军的主要作战是防御莱茵河，如果盟军正面猛攻，也能达成"市场花园"计划的战略部署。但蒙哥马利不作此想，希望以大胆的突破，惊人的计划，一举攻克莱茵河防线。结果弄巧成拙。

9 月 27 日，经过 10 天苦战，盟军不得不承认"市场花园"行动失败。此次作战行动中，德军仅伤亡 3300 人，而盟军则损失 17000 多人。其中，美第 82 空降师伤亡 3400 人，第 101 空降师伤亡 3800 人。而突击在最前方、负责夺取阿纳姆大桥的英国第 1 空降师和波兰伞兵旅在得不到任何援助的情况下，损失更加惨重。波兰伞兵旅 1000 名空降人员中伤亡近 700 名。第 1 空降师伤亡与被俘人员近 7000 人，只有不到 2000 人从德军坦克包围下突围成功。该师的一位指挥官面对他们未能到达的阿纳姆大桥哀叹："那座桥对我们来说太遥远了！"此战结束后，美军第 101 师和第 82 师在第二次世界大战余下的时间里，都再未进行过空降作战。"市场花园"行动因此成为二战中美军精英空降部队大规模空降行动的绝唱。

英军奋力争夺的阿纳姆大桥并没有在战争中遗留下来。为了稳定莱茵河以南的战线，并阻止德军使用，美国陆军航空队第 344 轰炸机中队的 B-26 轰炸机在 10 月 7 日炸毁了这座桥。它在 1948 年为另一条外观类似的桥梁所取代，并在 1977 年 12 月 17 日被更名为约翰·弗罗斯特桥。

阿纳姆地区有一系列的纪念碑，一个纪念碑文上镌刻着一段话："对于海尔德兰的居民；50 年前，英国和波兰空降部队士兵在这里进行极端不利的战斗以打通进入德国的道路和使战争早日结束。虽然为我们带来了死亡和毁灭，但我们从来没有埋怨他们。这个石碑标志着我们钦佩你们的勇气，特别是妇女记住照料我们的伤员。在之后漫长的冬季你们的家人冒着死亡隐藏盟军士兵和空军官兵，而抵抗组织成员引领获得安全。"

51.战略轰炸：空中抢下来的大棒

二战中，英国和美国空军对德国本土及其占领区实施的战略轰炸，是世界军事史上迄今为止规模最大、时间最长的空中进攻作战。按照战史专家确定的日子，英国和美国对纳粹德国的战略轰炸，始于 1940 年 5 月 15 日，结束于 1945 年 4 月 16 日。

从 1940 年 1 月起，英国空军就开始轰炸德国，但在当时，英国空军力量有限，轰炸的规模很小。1940 年 5 月 15 日出动 99 架飞机轰炸莱茵河以东地区，对德国战略轰炸由此开始。整个作战可分 4 个阶段。

美国空军参谋长卡尔·安德鲁·斯帕茨有德国血统

第一阶段（1940 年 5 月至 1942 年 12 月），由英国单独进行。在法兰西战役的尾声，英国远征军被纳粹德国逐出欧洲大陆后，在战略上陷于空前被动的局面，虽然凭借英吉利海峡的阻隔，使得英国本土免遭德军坦克的蹂躏，但是英国军队无力打回欧洲。直到 1944 年诺曼底登陆以前，立志与希特勒战斗到底的丘吉尔手中的武器只有轰炸机，诚如英国空军部长辛克利所说："我们最强的两件武器就是俄国的陆军和皇家空军。"

1940 年 5 月 15 日，99 架英机轰炸了德国莱茵河以东的地区。随后的几个月里，英国空军的主要轰炸目标是纳粹德国的潜艇基地、石油工业和航空工业。

从 1942 年初开始，英国以德国城市为重要轰炸目标，旨在打击德国的民心士气。3 月至 6 月，对鲁尔区几个城市进行夜间轰炸。5 月 31 日，英国空军出动飞机千余架轰炸科隆，其破坏程度超过前 9 个月总计 1346 架次的轰炸效果，而飞机损失率大大降低，成为集中使用轰炸航空兵的范例。美国第 8 航空队于 1942 年 8 月 17 日开始参加对德国的战略轰炸，至年底只轰炸了德国在西欧的占领区，投弹量也很小。

在第一阶段，英美空军投入兵力较小，加上技术条件限制，轰炸效果不明显。德国的军火工业产量在 1942 年仍增加了 50%，飞机产量继续大幅度提高。

第二阶段（1943 年 1 月至 1944 年 1 月），英美统一轰炸目标，逐步增加兵力。1941 年底，在珍珠港遭到暗算的美国人不仅对日本宣战，而且对轴心国老大德国宣战，开始介入欧洲战争。但在起先，即使美国国力强大，也在很长一段时间内，同样筹集不起能够反攻欧洲大陆的地面部队，能用于打击德军的力量也只有轰炸机。因此，在战略相持阶段，欧洲的主战场上升为空中战争。英美凭借远程重型轰炸机的优势，持续对德国占领的欧洲地区以及德国本土进行战略轰炸，试图通过摧毁德国的城市、工厂、战略基地等，削弱德国的战争潜力，打击德国民心士气，迫使其停止战争。

纳粹德国空军受传统作战思想所限，自不列颠空战受挫后，无意也无力再对对手实施战略性空中进攻，对英美的战略空袭采取了绝对的防守态势，抗击一度非常猛烈。这场战略空袭空间广阔、时间绵长、角逐激烈、气势磅礴，堪称二战中最猛烈、最壮阔、最精彩的空中作战行动，它使杜黑的"空中进攻决胜"之梦部分变成了现实。

阿尔贝特·施佩尔本是一名建筑师，希特勒对其建筑设计特点颇为欣赏。后来他成了希特勒的心腹，并步步攀升，一直升到

美国 B-24 机群

盟军轰炸机飞行员　　　　　　　　　英国皇家空军飞行员出动之前

军备与战时生产部部长。他努力使第三帝国的战时生产能力达到最大限度。他说："空中战争的真正意义在于：它在反攻欧陆以前很早就开辟了第二战场。"

1943 年 1 月，英美在卡萨布兰卡会议上确定战略轰炸的目的是削弱德国的军事、经济和工业实力，摧毁德国人的斗志，使其丧失军事抵抗能力。轰炸的顺序为潜艇工业、航空工业、交通运输系统和石油工业等。

为执行这一决定，英国主张夜间面积轰炸，美国主张昼间精确轰炸。两国各行其是，很少协同。在此期间，英国空军进行了 3 个以城市为目标的空中战役。其一，鲁尔战役。1943 年 3 月至 7 月，对鲁尔区若干城市进行 43 次空袭，除摧毁埃森、科隆等城市外，还炸毁了水坝等水力发电系统。其二，汉堡战役。1943 年 7 月 24 日至 8 月 3 日，4 次夜间轰炸汉堡，其中两次美国空军进行了昼间补充轰炸。7 月至 11 月共出动 17000 架次轰炸机，对汉堡及其他城市进行 33 次空袭。汉堡市 60% 房屋被毁，炸死 10 万人，工厂被毁近 5000 家。其三，柏林战役。1943 年 11 月 23 日，英美开始空袭柏林，至 1944 年 3 月共出动两万余架次飞机对柏林空袭 16 次，对其他城市空袭 12 次。英国轰炸机遭到纳粹德国战斗机的截击，损失十分重大，被击落击伤 2700 余架。在此期间，美国飞机对德国生产飞机和滚珠轴承的工业城市进行空袭，效果欠佳。1943 年 10 月 14 日轰炸施魏因富特轴承厂，出动轰炸机 291 架，由于战斗机不能全程护航，遭德机截击，被击落 60 架，击伤 138 架，飞机损失率之高为空战史上罕见。

第三阶段（1944 年 2 月至 6 月），为实施诺曼底登陆战役，重点轰炸法国北部的铁路枢纽、桥梁和机场等交通运输系统以及飞机制造厂等航空工业，并突击 V1 和 V2 导弹发射阵地。由于袭击目标集中，使用兵力较大，效果较好。至诺曼底登陆战役前夕，盟军已经掌握了战区制空权，并成功地进行空中阻滞，孤立登陆地域的德军。

第四阶段（1944 年 7 月至 1945 年 4 月）。为了早日结束战争，集中轰炸德国的石油、交通运输系统和兵工厂，同时继续轰炸大城市。9 个半月内，投弹量超过前几年的总和。对石油工业的轰炸，7 月为 35 次，8 月为 20 次，9 月有十几次千机轰炸，每月投弹数万吨。至 1945 年 4 月，德国合成石油月产量仅为前一年的 5%。德军由于严重缺油，无法采取大规模作战行动。

随着西欧战局的顺利发展，盟军自 1945 年 1 月加强对交通运输线的攻击，并增大空袭城市的规模。由于盟军掌握了战略制空权，轰炸机的损失很小，轰炸效果显著。德国在经济和军事上均面临崩溃。

1945 年 4 月 16 日，美国驻欧战略航空兵司令卡尔·安德鲁·斯帕茨宣告对德战略轰炸结束。5 年中，英美共出动轰炸机 144 万余架次，战斗机 268 万余架次，投弹 270 万吨，其中 136 万吨投在德国本土。对工业目标投弹量占 13.7%，除最后阶段轰炸石油工业效果显著外，其余均无明显效果。对陆上交通线投弹量占 32.1%，在战争后期取得明显效果。对工业城市的投弹量占 23.7%，其中对德国本土 61 个 10 万人以上城市投弹 50 万吨，摧毁 360 万户民房，占德国住房的 20%。据联邦德国统计局 1956 年发表的数字，平民亡 57 万人，伤 88.5 万人。在对德国战略轰炸中，美国损失飞机 18000 架，亡 43000 人；英国损失飞机 22000 架，亡 47000 人。德国损失飞机 57000 架。

二战中，英、美是最早提倡战略轰炸的国家，主张以此夺取战争胜利。德国投降后，美、英分别组织调查团调查轰炸效果，后经战犯审判记录及德国档案印证，战略轰炸并未取得预期效果，在头 4 年德国工业生产逐年增加。最后一年因目标集中，投弹量大，才对德国战争机器起到了致命的破坏作用。对德国城市的轰炸虽造成很大破坏，也没有迫使其政府求和。实践证明，战略轰炸只有与地面军队作战行动相配合，才能收到预期效果。

二战前空军作战理论争论最多的是"空中战争论"，这一理论有两大核心：一是建立独立空军，二是实施战略轰炸。前者为各国接受，后者则长期争论。杜黑等空军理论先驱认为，单凭战略轰炸就能赢得战争胜利，尽管这种理论有许多人怀疑，但在二战中有许多军事领导人相信它是制胜法宝。二战中，几乎所有战场都实施过轰炸。但战略轰炸只有 3 次，即不列颠之战、对德国和日本的战略轰炸。其中尤以盟军对德国的轰炸持续时间最长，而且是杜黑"空中战争论"的规模巨大的实践。

在 20 世纪 30 年代的世界性扩军备战中，空军学术思想得到空前发展，并逐渐形成不同流派。德国、日本、苏联主张空军主要用于战区支援陆、海军作战。英、美主张以战略轰炸为主，摧毁敌国战争潜力，赢得战争最后胜利，也就是典型的"空军制胜论"。英国空军参谋长波特尔（1940-1946 年）认为如果能炸死德国 200 万人，并使 2500 万人无家可归，即可取胜。美国空军上将斯帕茨认为盟军反攻时，只要在西欧占领滩头阵地，固守这些阵地，等空军把德国工业全部破坏，陆军就可顺利推进，直捣柏林。在这种思想的影响下，英、美两国在二战中一直重视和坚持空军的战略使用。

对德轰炸，美英都动用了庞大的兵力，消耗了大量的物资和财力。根据战略轰炸调查报告，当时英国军工生产的 40%-50% 用于空军，美国则占 35%。对德国的战略轰炸，消耗了大量资源，牺牲了不少人员。但是如果完全取消战略轰炸，对战争的进程无疑也会造成重大影响。斯帕茨在分析希特勒失败原因时，说过如下的话："我们真幸运，希特勒和德国最高统帅部不明白空中力量的战略使用思想，也不了解战略空中进攻的基本目的。"斯帕茨认为，德国在战略轰炸方面的力量不足和战术错误，是他们失败的一个原

艺术巨匠手下的雕塑成为"陪绑"

盟军对柏林不依不饶

因。这个观点也由德国战犯的供词中得到证实，证明战略轰炸即使是配合陆上作战也是十分必要的。

战争资源中空军占的份额越来越大，是科学技术发展的结果，也是军事学术发展的必然结果。对德国战略轰炸结束后，美国派出 1150 人的调查团，经过 6 个月调查，并进行了一年研究，写出《战略轰炸调查报告》。其中对德国的战略轰炸总的结论是："在西欧的战争中，盟国的空中力量是决定性力量。难免会有一些事后诸葛亮建议可以用其他的方法来使用空中力量或者在某些方面有更好的办法。但无论如何，空中力量是决定性的。在空中战场，空中力量的胜利是全面的。在海上战场，空中力量与海上力量结合，使敌人给我方最大的海上威胁——潜艇的威胁宣告结束。在陆地战场，它帮助扭转战局，使盟国地面军队取得压倒的优势"。可见，通过美英对德国战略轰炸的检验，至少有 3 个问题得到证实：战略轰炸能对战争的进程和结局产生重大影响，对打赢战争能起重大作用；战略轰炸受诸多条件限制；战争并不像杜黑所说的那样，仅靠空军的战略轰炸就能赢得胜利，战略轰炸要达到预期目的，要动用大量人力物力进行长期作战才能取得效果。

很多专家认为，战略轰炸很快就能使战争结束，而事实做出了相反的回答。英美的对德国轰炸共持续了 5 年之久，消耗了大量资源，牺牲了不少人员。过去很多人，特别是苏联学者认为美英战略轰炸，对德国战时经济影响很小，并以德国飞机产量在战争期间持续上升为例。

在战争中，尽管美英对德国飞机工业进行了大规模轰炸，但德国采取了措施，对飞机生产没有造成多大影响。只是由于航空汽油极度缺乏，从 1944 年秋季起，德国的歼击机对美英轰炸机已无法普遍迎击，须按兵不动，积蓄油料后才能再实施一次集中抗击。所以，尽管 1944 年德国飞机产量上升到 40000 多架，达到整个战争期间最高峰，但由于油料极度缺乏，飞机生产的再多也没多大意义了。坦克的情况也是如此。由于美英对德战略轰炸所显示的巨大威力。斯大林曾经多次依据租借法案向美国提出要得到 B-29 战略轰炸机，但是都被美国人以各种理由回绝了。1945 年 6 月，一架轰炸日本的 B-29 战略轰炸机由于机械故障迫降在苏联远东海参崴。斯大林下令仿制，于是苏联有了图-4 轰炸机。图-4 轰炸机的总设计师图波列夫事后不止一次地抱怨说，当时他可以自行设计出和 B-29 一样甚至更好的战略轰炸机，由于斯大林的命令，不得不仿制 B-29。这从一个侧面驳斥了苏联学者"对德国战略轰炸无用论"的说法。

52. 7.20 事件：德国军界对希特勒下手

德国内部反希特勒的抵抗运动可回溯到 1930 年代中期。希特勒上台不久，就有少数的军人及政治家，或者因为体会到他势必引发导致生灵涂炭的大战，或者不满他的种族政策，开始商讨将他推翻。早期领袖包括陆军参谋长贝克上将、军事情报局长卡纳里斯上将、魏兹里本上将（1940 年升为元帅）、莱比锡市长戈德勒等。1938 年希特勒威胁入侵捷克，导致欧洲局势紧张期间，反抗人士曾计划发动政变，并且与英国联络，希望里应外合。但英国首相张伯伦选择姑息政策，不支持政变行动，反而飞到德国与希特勒签订了出卖捷克的慕尼黑协定。没有外援，而希特勒对外扩张又节节得胜，纳粹政权声势如日中天，抵抗运动趋于沉寂。

1941 年，崔斯寇上校（不久升为少将）出任东线战场中央集团军的作战科长，成为新一代抵抗运动的灵魂人物。随后 3 年，崔斯寇结合卡纳里斯在军情局的势力，把中央集团军群总部变成策划抵抗的大本营，吸收不满意希特勒统治的人士加入密谋。崔斯寇吸引的反抗人士当中，有两人后来成为反抗运动的核心角色：即在后备司令部主

施佩尔和希特勒的情妇爱娃

施陶芬贝格

德国前陆军参谋长贝
克上将

德国军事情报局局长
卡纳里斯

崔斯寇

魏兹里本

徒普纳格

戈德勒

奥布里希特

法肯豪森曾经担任蒋
介石的军事顾问

凯特尔是希特勒的铁
杆儿

克鲁格元帅

史佩德

史托林　　　　　　　捞了一把的雷默少校

管兵员征募的上将奥布里希特及刚从北非战场负伤回国的施陶芬贝格上校。

1943 年 3 月，趁希特勒视察中央集团军群之机，崔斯寇的参谋史拉布伦多夫少校将定时炸弹藏在包裹里，拜托希特勒一名侍从参谋帮忙把"两瓶酒"带回拉森堡，转交给在大本营的一位同事。照理说炸弹应该在希特勒的座机飞到半途爆炸，但没有成功，最后得知希特勒已然返抵拉森堡。史拉布伦多夫第二天急忙赶往拉森堡，把包裹换回，才发现雷管出了毛病。他们设想过，希特勒到部队视察时，派人以自杀式攻击跟他同归于尽，但此后希特勒再也没有去过前线。

这时，奥布里希特建议谋刺希特勒时，后备司令部发动政变。当时德军有一项代号"女武神"的计划，是应对境内发生混乱的措施，由后备军司令部负责。奥布里希特建议利用"女武神"计划封锁各地通讯，各地戒严，由军方接管城市，逮捕纳粹分子。但这需要后备总司令弗罗姆上将配合，经过劝说，弗罗姆虽然不加入，但也不举发反抗人士的行动。

1944 年，德国战况越来越不利，盖世太保对反抗运动的镇压也越来越严厉。施陶芬贝格出身世家，拥有侯爵头衔，笃信民族主义与英雄主义。他认为甚至不惜超越"谋杀"与"背叛"的道德障碍，也必须除掉希特勒，以避免德国被彻底摧毁。他是从战场上负伤下来的，只剩一只眼睛、一只手臂与三只手指，决定铤而走险。7 月 1 日，他被任命为后备司令部参谋长，可以参加拉森堡大本营会议，决心利用机会亲自炸死希特勒。连续几次尝试，都在最后关头放弃，原因是戈林和希姆莱不在场。抵抗人士体会到，很难把所有人齐聚一堂，无法再等，决定还是动手。

7 月 20 日，施陶芬贝格由柏林前往拉森堡，参与希特勒主持的会议，他带着一个装着炸弹的公事包。这天很不巧，因为地下掩体会议室整修，加上气候闷热，会议改在地面上的一栋木屋进行。木屋引爆的效果当然不如地下室。

会议在中午开始，施陶芬贝格在门外，凭着三根手指，用钳子与牙齿，将炸弹定时引信备炸。由于时间不足，他只够点着两枚炸弹中的一枚，然后进入会议室，将公事包放在长会议桌底下。10 分钟后，他借口接电话走出会议室，到屋子外面的树林中等待。12 时 40 分，炸弹爆炸。看到木屋在火焰与烟幕中垮下来，他相信没有人能生还，迅速与副官赶往机场，搭飞机飞回柏林。在后备军总部，他还得担负第二阶段任务，就是与奥布里希特推动"女武神"行动，完成政变。

没想到，木屋虽然当场被炸垮，希特勒却没死。除了缺少具备反射效果的水泥墙之外，主要是会议桌由整片厚橡木板构成的桌腿阻挡了爆炸威力，而在桌子这一头的 4 位军官全被炸死。事后调查显示，可能是一位参谋因为踢到公事包，就用靴子把它往桌底深处顶，结果正好把公事包推到了桌脚另一面。

施陶芬贝格乘坐的飞机下午 3 时降落在柏林。此时在拉森堡的同谋费格贝少将已通过电话通知柏林：希特勒没有死。后备司令部企图政变人士顿时手足无措，希特勒如果没死，就不可能靠"女武神"动员各地。4 时，奥布里希特下令各部队执行"女武神"行动，并故意拖了一个多小时后才向弗罗姆司令报告。在确定希特勒是否身亡之前，弗罗姆不愿行动，打了个电话给统帅部总参谋长凯特尔元帅。凯特尔在电话里保证元首还健在，并且质问他施陶芬贝格的下落。弗罗姆发现大事不妙，立刻决定站在反政变一方。奥布里希特与施陶芬贝格马上将他囚禁起来，并且立刻组成一个新政府，由贝克担任总统，戈德勒担任总理，魏兹里本担任总司令。

在各地，参与抵抗运动的人士接获"女武神"命令后，纷纷起事，逮捕当地纳粹党官和秘密警察。德国驻法占领军总督斯图普纳格上将逮捕了 1000 多名纳粹党官。在比利时，占领军总督法肯豪森上将（曾担任德国驻华顾问团长）也是密谋一员，但在事发前几天被调职，未能配合行动。

抵抗运动人士普遍希望能与英美片面媾和，避免德国最后被苏联征服。盟军已在一个多月前登陆诺曼底，因此西战场前线将领是否支持政变，就显得格外重要。当时西线总司令是新上任的克鲁格元帅，过去曾是东战线中央集团军总司令，也被崔斯寇策反过。对崔斯寇在他眼皮底下推动打倒希特勒运动，他一直是采取"不支持也不反对"的骑墙态度。

负责大西洋战线的 B 集团军总司令隆美尔元帅是反抗人士积极争取的目标，除了老长官法肯豪森将军、友人斯图加特市长史托林外，隆美尔的参谋长史佩德少将也是参与密谋者。隆美尔涉入抵抗运动的程度到底有多深，至今仍然没有定论。但能肯定的是，隆美尔认为希特勒必须下台，单独与英美停战谈和。但他不赞成刺杀希特勒，因为这样会使希特勒变成英雄。

但是，很不凑巧，7.20 事件 3 天前的 7 月 17 日，隆美尔驱车到前线视察时，遭到一架加拿大战斗机扫射，他的汽车在躲避时撞到了树上，经过抢救才捡回一条命。因此 3 天后发生的事，他完全无从得知，更无从参与。没有人知道，如果隆美尔知道此事，会不会下令前线部队停战；也没人说得准，西方盟国会不会慑于他的声威，愿意与德国进行片面谈判。

柏林各部在混乱命令下无所适从，一个小人物扮演了关键角色。奥托·恩斯特·雷默不久前因伤从东线回到德国，在柏林警备部队担任少校，7 月 20 日按照保罗·海塞将军的命令，领兵逮捕宣传部长戈培尔。他持枪进入戈培尔办公室后，戈培尔强调希特勒还活着。雷默要戈培尔拿出证据，戈培尔拨通了希特勒的电话，并在一分钟内转递给雷默听。希特勒问雷默听不听得出他的声音，并给他逮捕密谋者的命令，雷默遵从命令，当晚晋升为上校（1945 年 1 月，32 岁的雷默晋升少将，成为德军里最年轻的将级军官，战败后换便服逃脱，被美军俘虏，1947 年释放）。

随着希特勒未死的消息被证实，原本模棱两可的人反政变态度鲜明起来。在后备司令部，政变派与尽忠派军官爆发枪战。夜 11 时，弗罗姆为表示自己清白，组织临时军事法庭，审判贝克、施陶芬贝格、奥布里希特等人。贝克要求自裁，在弗罗姆允许下当场举枪自杀。施陶芬贝格、奥布里希特与另两位军官立刻被宣判死刑。凌晨，4 人在后备司令部院中被枪毙。施陶芬贝格死前高喊："神圣德国万岁！"但也有人说，施陶芬贝格深受诗人格奥尔格"秘密德国"概念的影响，服膺神秘主义，深信自己的所作所为是承继中古圣殿骑士的精神。因此他临终时喊的是"秘密德国万岁"。

在巴黎，克鲁格元帅在确认希特勒未死后，表态反对政变。斯图普纳格举枪自杀，结果子弹轰掉一只眼睛，身受重伤接受审判。在东战场前线的崔斯寇次日得知政变失败消息，决定不受被捕之辱，写下遗书后，独自到两军战线间无人地带，引爆手榴弹自杀。

随着逮捕行动展开，希特勒发现参与谋反的人远超他的想象。愤怒的希特勒下令纳粹法官弗赖斯勒的人民法庭审判犯人。被带上法庭的被告不但被剥夺军服，甚至故意发给他们不合身的服装，不准系皮带，要犯人提着裤头应讯，以达到彻底羞辱的效果。

事变后被捕的超过5000人，处死超过200人，包括魏兹里本、戈德勒、卡纳里斯、斯图普纳格、费格贝等。为折磨这些犯人，不用绞刑架，而是在监狱天花板上装一排吊肉钩，以钢琴弦当绳子，将犯人以上吊方式慢慢勒死。审讯与处刑的过程都拍下影片，送给希特勒观看泄愤。

最有名的牺牲者是隆美尔。在审讯中，身受重伤半昏迷的斯图普纳格曾经说出隆美尔的名字。10月14日，希特勒派两名

隆美尔的国葬

将领前往通知在家养伤的隆美尔：元首不希望他上法庭，如果他愿意自杀，政府就不会把他的家人牵连入罪。隆美尔为保护妻儿，同意服下使者带来的氰化物。政府宣称隆美尔死于脑溢血，并且为他举行了国葬。

魏兹里本与隆美尔之外，第三位死于事变的元帅是克鲁格。8月15日，在法国战场战况紧急时，希特勒突然下令克鲁格解职返国。由于担心自己被卷入，克鲁格在归途车上服药自尽。

弗罗姆在处死施陶芬贝格等人当天就被逮捕。戈培尔不客气地告诉他："你也太急着杀人灭口了。"弗罗姆同样被剥除军职，送上人民法庭，1945年3月被处以绞刑。

弗赖斯勒法官则有类似现世报的下场。1945年2月3日审讯史拉布伦多夫时，柏林突遭美军空袭，一根倒下的柱子正好把弗赖斯勒砸死，他手里还握着案件的卷宗。在弗赖斯勒死后，审判的秩序、效率与残暴程度也大受影响。史拉布伦多夫虽然饱遭严刑拷打，但最后未被处死。他在战后曾经担任西德联邦政府的大法官达15年之久。

施陶芬贝格怀孕的妻子妮娜被捕入狱。1945年1月在牢房中生下一个女儿，战争结束前差点被秘密警察杀害。德国投降后，才跟另4个被强制送往孤儿院的孩子团圆。2006年4月，妮娜·施陶芬贝格去世，享年93岁。

1944年7月20日的这次刺杀希特勒行动是德国反抗纳粹统治的一次重要

标志，但也有不同的声音，比如英国首相丘吉尔就对施陶芬贝格的刺杀做法有相当复杂的情感，称之为"狗咬狗"。

很大一部分史学家坚持认为，在二战时反对希特勒的只是少数对纳粹行为不满的人，没有形成反战力量。当然，战后史学家对 7.20 刺杀的研究消除了不少有关刺杀者的神话色彩，如认为，即便刺杀希特勒成功了，政变计划也未必能够成功，因为当时希特勒在德国民众中的威望仍然很高，民众不会支持政变者的行动。即便政变计划成功了，也未必能够迅速结束战争，因为同盟国不支持政变者，也不会因政变成功而改变对纳粹德国的强硬态度。更为严重的是，如果政变成功，正好证实了一战以来在德国流传的"背后一刀"的谣言。一战以后，德国右翼势力声称，德军在战场上是所向无敌的，其失败是后方革命对前线的背叛所造成的。很多德国人，包括希特勒都认为，如果德意志民族团结一致，坚持到底，就能获得大战胜利。这也是希特勒发动二战的动机之一。如果当年刺杀与政变计划成功，反而不利于德意志民族彻底告别纳粹主义与军国主义历史。德国人会认为，希特勒如果还在的话，就他以前惊人的成就，很有可能会力挽狂澜，起死回生。所以，当 7.20 刺杀失败时，历史的不幸与万幸融为一体。德国人民以最为惨重的代价埋葬了其对希特勒独裁与侵略战争的梦想。

7.20 刺杀的历史意义何在？就在刺杀计划实施前，密谋者之一特雷斯考做出回答："行刺必须进行，不惜任何代价。即使不成功，也必须在柏林行动。因为问题已不再在于具体目的，而是德国抵抗运动在世界和历史面前敢于作出这一决定性的举动。其他一切都是无足轻重的。"刺杀行动的意义就在于它发生了，标志着德意志民族在希特勒仍然不可一世的时候主动作出了挣脱独裁统治的壮举。二战结束时，德意志民族不仅在军事上一败涂地，而且在道义上无地自容。他们必须面对的历史事实是，一个曾经给人类贡献过歌德、席勒、康德、黑格尔、贝多芬、莫扎特、爱因斯坦、普朗克等文化艺术与科学巨匠的伟大民族，竟然在 20 世纪 30–40 年代投靠希特勒这样一个灭绝人性的战争狂与反犹狂，给人类与自己带来了史无前例的灾难。值得他们庆幸的是，在德意志民族的绝大多数狂热追随希特勒的时候，其中还是有人有良知、有勇气向纳粹独裁说不，并试图向独裁者发出致命一击。密谋者只是他们中最引人注目的一部分。其他永垂青史的名字还有朔尔兄妹、艾尔泽、台尔曼、尼莫勒等。他们不仅拯救了自己的良心，而且拯救了德意志民族的尊严，尽管他们人数很少，

希特勒的右臂负了轻伤

而且功亏一篑。7.20 事件的最大意义不是一场蹩脚的政变，不是成就了什么功业，而是那些人立下的人格典范。他们证实了德国军人乃至德意志民族的良心未死，证实了有人愿意为理想和信仰视死如归。因此，战后德国政府在柏林市的后备军总部遗址设立了"德国抵抗运动纪念馆"。

53.阿登反击：停滞在交通枢纽巴斯托尼

    二战初期，纳粹德国在西部边境构筑了对抗法国马其诺防线的筑垒体系。项目由德国著名建筑工程组织托德机构负责，德国人称为"西墙"，其他国家多称齐格菲防线。构筑齐格菲防线的目的是为了掩护德国西线，并作为向西进攻的屯兵场以及支援进攻的重炮阵地。防线从德国靠近荷兰边境的克莱沃起，沿着与比利时、卢森堡、法国接壤的边境延伸至瑞士巴塞尔，全长达 630 千米。防线由障碍地带、主防御地带和后方阵地 3 部分组成，纵深 35–75 千米。障碍地带主要是地雷场、刺铁丝网、防坦克壕及"龙牙"（多列角锥形钢筋混凝土桩砦）系统。主防御地带前缘位于障碍地带后方数十至数百米处，配备钢筋混凝土和钢铁装甲的机枪、火炮工事以及指挥所、观察所、人员掩蔽部、车辆洞库、弹药库、物资库等。后方阵地位于主防御地带后方数千米至数十千米处，主要是预备队人员掩蔽部、预备队车辆洞库以及战备物资库。

美军在巴黎的入城式

    1944 年秋，盟军逼近纳粹德国的西部边境，多次进攻齐格菲防线受阻。但无论德军还是盟军都发现，它的大部分设计已不符合战场形势了，尽管它起到了阻滞盟军的作用，但显然不像德国人声称的那样坚不可摧。

1944 年深秋，战争从东西南三面向德国本土逼近。希特勒明白，"西墙"只在西边管事，对别的方向束手无策。因此，有效的办法还是反击作战。从 9 月底开始，德军最高统帅部秘密策划阿登反击计划，代号"莱茵河卫兵"，通过集中优势兵力，迅速突破盟军防线，强渡马斯河，夺取盟军的主要补给港口安特卫普，把盟军一分为二，制造第二个敦刻尔克，然后再转头来对付苏军。希特勒企图通过欧洲西线战场的最后一次攻势，迫使盟军从德国本土撤出。

参与阿登战役特种作战的德军特种作战头目斯科尔兹纳回忆希特勒接见他时说的话："我们将在阿登部署 6000 门火炮，此外，德国空军将派出约 2000 架飞机，其中包括许多新型喷气机。"

德军西线总司令隆德施泰特元帅和 B 集团军司令莫德尔元帅对希特勒的计划深表忧虑，希特勒此时罢免了与他意见不合的曼施坦因。他试图从东线抽掉部队，形成西线的部分局部优势，突破阿登地区美军霍奇斯第 1 集团军和巴顿第 3 集团军结合部之间 85 英里宽的薄弱防区。"现有部队肯定能突破的地方，防线单薄，他们也不会料到我们会发起突袭。因此，充分利用敌人毫无防备的因素，在敌机不能起飞的气候下发起突然袭击，我们就能指望取得迅速突破。"

德军全面反攻前，实施了两个特别行动以配合正面进攻。一是代号"鹰"的空降作战行动，目标是占领美军后方的公路交通枢纽；另一代号"狮鹫"行动则由党卫军第 150 特种装甲旅执行，他们抽调 2000 人着套美式装备、全部说英语，伪装成美军，由党卫军中校斯科尔兹纳负责指挥。此人曾在 1943 年 9 月带领特别突击队乘坐滑翔机，成功营救出意大利独裁者墨索里尼。不久前又成功绑架了正在和苏联、南斯拉夫秘密谈判的匈牙利摄政者冯·霍尔蒂海军上将，避免了德军在东方战线的迅速崩溃。

12 月 15 日夜，斯科尔兹纳带领两千名特别行动队员，秘密潜入距美军防线不到 3 千米的密林中，等待 16 日拂晓，27.5 万德军参与实施的"莱茵河卫士"作战的开始。

16 日拂晓，在总攻开始实施第一轮轰炸后，数十辆美式吉普车承载着斯科尔兹纳特别行动队，在德军坦克部队打通的通路中，向美军防御纵深挺进，他们尽量避开美军防守的重点目标，但没有忘记制造混乱。遇到小股美军就迅速消灭；遇到电话线就剪断，将所有的路标全部搞成错误方向。他们闯进毫无防备的美军后方仓库，将人员消灭、仓库炸毁后迅速撤离；有时将一小队坦克混入一支美军,突然向另一支美军发动进攻,两支美军对打起来后,他们悄然离开;他们化整为零,伪装成美军宪兵,站在主要交通路口,把奉命紧急调动的美军指挥到错误的方向;他们劫获美军调动的绝密情报,使德军重炮部队对正在集结的美军进行毁灭性的轰炸,使美军损失惨重;他们杀死美军传令兵后取而代之,向美军发出奇怪的命令,令美军不知所措。这支轻便的特洛伊木马在盟军腹部横冲直撞,盟军后方一片混乱。盟军统帅部不断接到令人莫名其妙的报告:"我们遭到自己坦克部队的攻击。""我们的仓库被自己人炸毁了。"

"狮鹫"行动实施过程中发生了意外。12 月 18 日,一个佩戴美军中尉军衔的军人接受宪兵检查,宪兵放行时,顺手递过去一块口香糖。他拒绝了:"谢谢,对不起。我不吃口香糖。"不吃口香糖?宪兵疑窦顿生,不容置疑地说:"长官,你把它吃下去。"在宪兵注视下,他剥开糖纸,将口香糖一小段一小段咬。宪兵突然大喊:"你不是美国人!"美国人吃口香糖一般是用舌头把口香糖卷进口中。这个细节暴露了这位德军的真实身份,他立即被抓并作了交代,甚至说出他们打算刺杀艾森豪威尔。盟军得知后,严令各关卡加强戒备,一定要拦住这支别动队。

为了把讲英语的德军从几十万盟军中识别出来,美军军情局特工和宪兵设立关卡,对所有来往人员仔细盘问,所问的问题全是美国日常生活细节,有些甚至连纯正美国人都很难回答。但这也造成了一些混乱,很多美国士兵因为回答不出特工提出的问题而暂时被关押。

12 月,美军士兵在风雪中企盼着圣诞节,盼望着假期、礼物以及好天气。美军第 3 集团军司令巴顿一边诅咒鬼天气,一边让牧师写祷文。在这种天气里空军无法出动,巴顿的装甲部队在缺乏空中掩护的情况下推进缓慢。与巴顿的焦急相反,德国 B 集团军群司令莫德尔元帅正为恶劣气候叫好,他将利用这个机会实施反击,目标是阿登。

阿登地区位于霍奇斯第 1 集团军和巴顿第 3 集团军的结合部,正面宽约 80 英里,地形崎岖复杂,由米德尔顿缺编的第 8 军负责防守。盟军的首脑们并没有意识到在这里潜伏着巨大的危机,反将其辟为在零星战斗中受挫的各师人员的休整地。在第 8 军阵地的对面,德军悄悄地集中了 14 个师,其中 7 个为装甲师。巴顿觉察到德军的异常举动。12 月 12 日他让参谋长盖伊拟订一个计划:第 3 集团军停止东进,做一个 90 度的大转弯,向北直插卢森堡。12 月 13 日,巴顿向欧洲美军总司令布莱德利发出警告:第 8 军处境十分危险,必须尽快采取行动。但布莱德利没有采纳巴顿的意见。

12 月 15 日夜，德军无线电台开始沉默，巴顿敏锐地感到战斗即将来临。他命令部队立即进入战斗状态，随时准备迎击德军。

12 月 16 日拂晓 5 时 30 分，在隆德施泰隆元帅指挥下，两千门德军大炮打碎了第 8 军的好梦。在密集炮火准备后，27.5 万德军兵分三路发动突袭，左翼是布兰登堡指挥的第 7 集团军（辖 4 个师）；中路是曼特菲尔指挥的第 5 装甲集团军（辖 7 个师）；右翼是狄特里希指挥的党卫军第 6 装甲集团军（辖 9 个师），潮水般向第 8 军扑来。第 8 军由第 101 空降师及其特遣队、第 28 步兵师（缺两个团）、第 9 装甲师和一些炮兵部队组成，完全不是德军的对手。很快，德军就将其包围在几个狭小地域，向美军的纵深推进了 30–50 英里。12 月 17 日，美军第 106 师的两个团 7000 多人被德军包围后投降，成为美军在欧洲战场上遭到的最严重失败。

希特勒为德军制定的目标很清楚，突破美军控制的比利时和法国接壤的阿登地区，而后从那里扑向比利时的港口，首当其冲的是安特卫普。

自从诺曼底登陆以来，盟军在欧洲没有自己的后勤保障系统，所有物资都得通过海上从英国运来。而英国力量有限，满足不了盟军在欧洲大陆作战的庞大需要，只能指望美国把物资运到英国，再从英国港口转运。形势很明显，德军只要让欧洲的几个主要港口瘫痪，美国的物资运不过来，在欧洲大陆的盟军也即随之瘫痪，德军即可转向东线全力对付苏军。德军最初的进攻十分顺利，盟军陷入崩溃状态。

德军突破了盟军在阿登的防线，并向纵深推进。而在德军推进过程中，一个不曾被德国最高统帅部注意到的小地方成了焦点所在，它是比利时名叫巴斯托尼的城镇。

德国陆军元帅穆德尔

美军第 101 空降师师长
麦克考里夫

经典照片：阿登战役发起时的一名德军士兵

巴斯托尼是个不足 4000 人的小镇，坐落于比利时东部的平原上，四周为稀疏的林地和丘陵。阿登南部公路网中有 7 条通过此地。德军原估计巴斯托尼防守兵力薄弱，计划让战斗力不强的第 26 民兵师顺道占领它，但美军 101 空降师的顽强抵抗使德军进攻受挫。随着战斗的推进，德军统帅部发现，巴斯托尼不但成了德军战线的钉子，而且直接威胁着德军的后勤供应，便派拜耳林林和卢特维茨率领两个军的兵力部前来夺取。

而盟军首脑开始也没有注意到巴斯托尼，甚至在这个小地方没有布设一兵一卒。但是，盟军司令部的参谋注意到了，德军冲向比利时港口的路上，一定要经过巴斯托尼，因为那里是交通枢纽。

12 月 17 日，美军第 101 空降师接到命令，全力增援巴斯托尼。当接到命令时，指挥官泰勒中将在华盛顿。于是师炮兵指挥官，陆军准将麦考利夫临时接替他的职务，带着部队，乘卡车向巴斯托尼疾行 107 英里。部队刚到达，德军已推进到城镇边缘。麦考利夫马上派第 501 伞兵团发动牵制性佯攻。这次行动突然性很强，德军果然被迷惑了。第 101 空降师立刻利用宝贵时间在巴斯托尼建立了防御体系。

巴斯托尼的战斗极其激烈，德军猛烈进攻，盟军顽强防守。12 月 20 日，巴斯托尼被德军完全包围，第 101 空降师和第 10 装甲师的部分部队与盟军的联系被切断。德军对巴斯托尼发起了猛烈进攻，从数个方向突入城区。但美军的抵抗使德军的进攻受挫，有些地方甚至陷入白刃战。美军用所有的手段抵抗德军的进攻。12 月 22 日，德军命令第 101 师缴械投降，麦考利夫给予一个词的简短回答："Nuts！"（"胡扯"或译为""呸"）战后，这封信被列为世界短信之最。

12 月 18 日，盟军总司令艾森豪威尔在布莱德利的司令部召开紧急会议，研究应对德军进攻的方案，决定于南部向德军发起反击，解救被围困的部队。当艾森豪威尔问巴顿何时可以发起进攻时，巴顿回答："12月22日早晨。"他说："我已经作了安排，参谋人员正在拟订作战计划。我可以在12月22日投入第26、第80步兵师和第4装甲师。几天后可以投入6个师。我决定用手头的兵力发起进攻，我不能等，否则会失去出其不意的效果。"

会议结束后，巴顿立刻给参谋长盖伊打电话，发出行动命令：第4装甲师经隆维向阿尔隆挺进，第80师经蒂翁维尔向卢森堡进攻，第26师做好一切准备待命出发。根据巴顿的命令，第3集团军在最短的时间内完成了大量工作。作战处做出了新部署，将3个军由北向南的战线改为4个军由东向西伸展，整个战线来了个90度的大转弯。组织1338辆各种运输车，夜以继日地将部队和补给支队从前线转运到进攻阵地。后勤处建立起一套新的补给系统，在100小时内转运了62000吨物资。情报处绘制和分发了几十万张新战场的作战地图，做出了敌情分析报告。

在部署作战计划的同时，巴顿和米姆斯中士开着那辆挂着大号将星的吉普车跑遍全军。雪中，粘满雪花的士兵在巴顿激情演说的刺激下，顶着凛冽寒风前进。指挥官站在坦克炮塔上调度和指挥部队。1944年12月22日晨6时，第3集团军在巴顿的指挥下，从萨尔地区快速调往阿登地区。

巴顿的坦克部队一路北上，绕开德军据守的城镇和据点，仅留少量部队监视，主力向纵深穿插，遇到德军就地歼灭，捉到党卫军则"不加审判就地枪决"。原因是党卫军集体屠杀美军战俘，而且不属德国国防军序列，属于纳粹党武装力量。巴顿说，我只需要24小时的好天气，以利于空军出动。他命令随军牧师詹姆斯·奥奈尔向上帝祈祷好天气，好天气来了以后，巴顿当场向这位牧师颁发了铜星勋章。

12月23日天气放晴。盟军的7个战斗轰炸机群、11个中型轰炸机群、第8航空队的一个师以及皇家空军的运输机飞抵巴斯托尼上空。机群猛烈地轰炸德军的目标，运输机投下各种补给物资。轰炸给德军造成了巨大的损失和心理压力，迫使德军放弃了12月24日进攻巴斯托尼的计划。

巴顿指挥的第4装甲师在空军的掩护下，于12月24日强行突破马特朗格浮桥，占领了沃纳克村，进而沿公路向阿尔隆发起突击。第5师将德军赶过了绍尔河，为进攻巴斯托尼做好了准备。

12月25日圣诞节，德军第2装甲师与美军第2装甲师在塞勒斯展开激战。

德军阵亡 2500 人，被俘 1050 人，坦克损失殆尽。美军第 2 装甲师由此获得"活动地狱"的绰号。12 月 26 日，美军第 4 装甲师先头部队杀开一条血路，冲进了巴斯托尼。由于天气突然转好，盟军空军开始支援地面作战，给德军第 5 装甲集团军以致命打击，德军强渡马斯河的希望落空。

巴斯托尼的战斗同样艰苦，101 空降师的士兵顶着德军炮火，趴在积雪的散兵坑里坚守阵地。1944 年 12 月 26 日 16 时 30 分，第 4 装甲师第 37 坦克营 C 连连长查尔斯 – 博格斯中尉驾驶 M–4 坦克第一个冲进了巴斯托尼。在他的后面，美军装甲部队如钢铁洪流涌入 101 空降师的阵地。身体疲惫却精神饱满的 101 空降师指挥官麦考利夫连连称赞巴顿麾下"铁轮地狱"的速度和力量。在第 9 装甲师和第 80 步兵师的增援下，第 4 装甲师打通了阿尔隆通向巴斯托尼的公路。1944 年 12 月 29 日，美军彻底击溃了围攻巴斯托尼的德军，准备集中兵力攻向德军的前进基地 – 赫法利策。

12 月 29 日，巴顿召开记者招待会，宣布阿登战役以美军胜利而结束。

1945 年就要到来了，巴顿给德军准备了一份礼物，命令第 3 集团军所属的所有炮兵在 1944 年 12 月 31 日午夜用最猛烈火力集中向德军阵地齐射 20 分钟。在炮火轰鸣和德军哀号中，巴顿以特有方式迎接新年。

1945 年 1 月 1 日德军出动 1000 多架飞机，对法国、比利时和荷兰境内盟军机场进行空袭，炸毁盟军飞机 260 架。德军地面部队趁机向阿尔萨斯北部发起进攻。1945 年 1 月 3 日，盟军也发起大规模反攻，巴顿的第 3 集团军和坚守阿登地区的美第 1 集团军同时出击。德军也在这一天对阿尔萨斯发动了最猛烈的攻势，从而展开了阿登战役中最激烈的战斗。经过了整整 5 天血战，德军损失惨重，被迫退却。

1945 年 1 月 6 日，丘吉尔向斯大林求援。为了支援西线盟友，苏军比原定日期提前 8 天，于 1945 年 1 月 12 日在东线发起维斯瓦河 – 奥得河战役。德军被迫把准备派往阿登地区的后备兵力 6 个装甲兵师调往东线。这使得德军再也无力在阿登地区继续维持进攻了。

1945 年 1 月 8 日，希特勒下令德军撤退。1 月 12 日，在德军抽出兵力对付东线苏联红军时，英美盟军趁机发起追击。1 月 28 日，在盟军一路追杀下，德军被全部赶回了阿登战役发起前的位置。至此，阿登战役结束。

阿登战役是西线规模最大的阵地反击战，有 60 多万名德军、近 65 万名盟军参战。美军伤 81000 人，亡 19000 人，英军伤 1400 人，亡 200 人，德军则超过 10 万人伤亡、被俘或失踪。阿登战役使德国消耗了最后的精锐部队，再也没有后备力量可以补充，因而成为在西线德军发动的最后一次进攻。

尽管丘吉尔为英军在此役中无所作为进行辩解，但他无法不盛赞美军在阿登战役中的英勇。"毫无疑问，这是美国人在战争中最伟大的一役，并且我相信，这将被认为是美国人永垂不朽的胜利。"

1 月 29 日，巴顿在日记中写道："美国第 3 集团军比美国历史上，或许是世界历史上的任何集团军都前进得更远，速度更快，并在较短的时间内投入了更多的兵力。只有如此出类拔萃的美国军官、士兵和装备才可能取得这样的战绩。没有一个国家能与这样的军队相抗衡。"当然，日记是私密的，是个人想法。真实情况是不是这么回事，还得另说。

比利时的一群难民

54. 硫磺岛：美军可以承担的最大牺牲

楚克岛位于加罗林群岛中部，马绍尔群岛西南，所罗门群岛以北，一战后成为日本的委任统治地。经过日军数十年的苦心经营，太平洋战争中成为日本在太平洋上最重要的海空基地，被誉为"太平洋上的直布罗陀"和"日本的珍珠港"，也是日本联合舰队主力的驻地。珍珠港事件后，美军一直伺机报复日本海军，楚克岛是美军报复的目标之一。1944年2月17日，美军对楚克岛发动空袭。日军3艘巡洋舰、4艘驱逐舰、两艘潜艇、3艘小型战舰以及32艘商船被击沉，270架飞机被炸毁，3000名日本海军被炸死。据说，当时很多日本海军掉落水中，而美军拒绝救援，眼看着落水溺死。

美军攻击完胜。空袭后的楚克岛满目废墟，如同当年的珍珠港。楚克岛战役是太平洋战争中最惨烈的海战，楚克岛也成了日本"征服梦想"破灭的水下墓地。在楚克岛周围海域里有许多日本海军的沉船，那里堪称世界上最庞大的水下船坞，从战舰到商船再到潜水艇应有尽有。

硫磺岛战役发生于1945年2月19日至3月26日。美军从海滩登陆开始，36天中阵亡6821人，伤21865人。日军阵亡22305人，被俘1083人。美日双方伤亡比例1.23∶1，是太平洋战争中登陆方伤亡超过抗登陆方的唯一战例，海军陆战队的伤亡之高也是在太平洋战争中绝无仅有的。

1944年2月美军占领马绍尔群岛，11月开始使用B-29轰炸机对日本本土进行轰炸。硫磺岛和小笠原群岛成为阻止美军空袭日本本土的最后一道防线。日军通过岛上的观察所向本土发出预警，致使美军轰炸效果降低损失加大。特别是12月，驻守硫磺岛的日军战斗机突袭塞班岛的美军机场，击毁11架、击

410

伤 8 架 B-29 轰炸机。硫磺岛成为美军轰炸日本本土的障碍。

硫磺岛是日本南方距离东京 1080 千米的火山岛。隶属小笠原群岛。往南 1130 千米是关岛。岛上大部分由松软的硫磺堆积物构成。呈东北，西南走向，长 8 千米，北部最宽处为 4 千米，东南部最窄只有 800 米。日军在北部建有 3 个飞机场和港口。

1944 年前，日本对硫磺岛未予重视，仅驻有 20 架战斗机和 1500 名海军，配有猎潜舰、布雷舰等舰艇。此外还有电台、气象站等辅助设施。但是在美军于太平洋地区节节进逼之后，日本警觉到固守国防线的必要性，开始加强硫磺岛的防务，防御权也从海军手上移交给陆军第 31 军。

1944 年 3 月，日军派出 4000 名陆军增援硫磺岛，随后又从父岛调来 5000 人、从塞班撤回 2700 人，到 8 月，增加到 12700 人。后又陆续调来 1233 名海军工兵和 2216 名海军。并将驻守在硫磺岛上的陆、海军整编成小笠原兵团，指挥官栗林忠道中将是日本长野县人，担任过驻美大使馆武官，是个美国通。他重视战场构建，岛上工事结合天然地形，深入地下，以坚硬的花岗岩为屏障，不仅可以抵抗大口径炮弹和炸弹，而且开火位置经过精心选择，可以交叉掩护，各阵地间有交通壕联络。除此，各阵地与地堡有反射口。折钵山内部几乎挖空，除射击阵地外，还有居住区、野战医院、储蓄室，守备部队可以在完全孤立的状况下作战。此外滩岸埋有大量地雷和反舟艇障碍，外围射击阵地能对海滩进行纵射。

栗林对于后方未必心存幻想，只希望尽量拖住美军并造成美军最大伤亡。为此他严格要求各级部队长必须加强射击纪律，不在射程内决不轻易开火。栗林也禁止所谓的"万岁突击"，要求小笠原兵团的每一位官兵都必须在阵亡前杀死至少 10 名美军，而不是轻易地发动自杀攻击。

1944 年 6 月，硫磺岛上还驻有 80 架战斗机，但到了 7 月仅剩下 4 架，美国海军到达硫磺岛目视范围内，用一次全面的轰炸炸毁了硫磺岛上所有的建筑物和仅存的 4 架飞机。但美军尚没有对丧失了海空支持的硫磺岛展开攻击。而日军则只剩下地面部队能使用。

虽然许多运输船只被美军击沉，但到 1944 年岁尾，日军仍然运送许多武器到硫磺岛上，包括 361 门 75 毫米（或更大）口径的火炮，12 门 320 毫米口径的迫击炮，65 门 150 毫米中型迫击炮和 81 毫米口径的轻型迫击炮，33 门 80 毫米口径的海军炮，94 门 75 毫米（或更大）口径的高射炮，69 门 37 毫米和 47 毫米口径的反坦克炮，200 架 20 毫米到 25 毫米口径的高射机枪，70 门火箭炮，配有 90 千克、射程为 2-3 千米和 250 千克、射程为 7 千米以上的火箭弹。

驻扎在韩国釜山的第 26 战车联队的 28 辆坦克和 600 士兵在向硫磺岛进发途中受到美军潜艇的鱼雷袭击，但仍有 22 辆坦克到达，安置到战略要点，半埋在土中，以防止空袭。

火山灰和水泥可以混合成为良好的混凝土，日军用此建成许多非常坚固的地下工事，为了防止人员被围困，每个工事都有许多出口，四通八达，通风良好，大的暗堡甚至可以容下 300-400 人。日军还准备建成 27000 米的地下通道，连接所有的地下工事，美军登陆时已经完成了 18000 米。

连取马绍尔及天宁岛之后，美军信心十足。1944 年 10 月 7 日，美军计划攻占硫磺岛，作为轰炸日本本土的空军基地。12 月 13 日，日军侦察机发现有 170 艘美军战舰向硫磺岛驶来，日军已经做好准备。他们的战术方针是，在美军登陆时不暴露任何火力，直到美军进入内地 500 米时，集中所有火力消灭滩头的美军有生力量。

1944 年 12 月 8 日，从马里亚纳起飞的 B-24 轰炸机连续 74 天对硫磺岛进行轰炸，投掷了 800 吨炸弹，这年底几乎每天晚上美军都会对硫磺岛进行轰炸，并击沉日军数艘运输船，但没有对其地下工事造成严重破坏。1945 年 1 月 2 日，美军轰炸机集中对硫磺岛的机场进行轰炸，日军调集 11 辆卡车，两辆推土机，600 人对机场抢险修复，2000 人去填弹坑，平均每个弹坑有 50 人填，仅用了 12 小时就修复了机场。

1945 年 2 月 16 日，美军开始对硫磺岛实施 3 天的集中轰炸。2 月 15 日美军向硫磺岛海域聚集，6 艘战列舰和 5 艘巡洋舰在侦察机的校准下炮击岛上表面阵地。同时派出 12 艘登陆艇佯动接近东海岸，折钵山上的日军炮击导致 9 艘失去移动能力，3 艘重伤。这同时也暴露了日军重炮的位置，战列舰"内华达"号发射的重磅炮弹摧毁了这些重炮。

2 月 19 日凌晨 2 时，美军开始进攻，100 架轰炸机先进行轰炸。6 时 40 分，炮舰火力跟上。8 时 5 分，由于报告战果不理想，120 架 B-29 开始第二轮轰炸。8 时 25 分至 9 时舰炮持续炮击。此时登陆艇在海面转圈航行让守军无法知道登陆的确切时间。9 时，由第 4、5 海军陆战师组成的第一波 30000 人开始登陆。日军按照预先部署没有立即对滩头的美军发起攻击。10 时，日军突然发动反击，美军第 24、25 团死伤 25%，第一波上陆的 56 辆坦克半数损失。

傍晚，美军已将山头包围，其余 40000 人也开始登陆。当晚日军没有采用瓜岛之战的人海突击战术，而是小规模袭扰滩头的美军。当日美军战死 548 人，包括二战中唯一同时获得荣誉勋章及海军十字勋章的传奇人物、第 5 海军陆战师机枪排排长约翰·巴西隆中士。他在硫磺岛战役爆发前不久才调往第 5 海军陆战师。另外受伤共 1755 人。

2 月 16 日，美军特遣舰队对硫磺岛岸轰，为精准炮轰岸上的碉堡炮眼，许多驱逐舰和巡洋舰冒险驶到离岸仅有 3000 米左右距离岸轰。栗林下令主要炮阵地一律不许还击，仅由部分火力据点实施威吓射击，借此保留实力。此外，美军舰载机也倾巢而出，对硫磺岛上的目标实施炸射。总计在 3 天的准备射击中，美军一共投射了 24000 吨以上的弹药，平均每平方千米 1200 吨。但是后来却发现这些攻击对于日军的防备并未发挥多大作用，遍地弹坑反而给登陆部队制造了障碍。

1945 年 2 月 19 日 9 时，美军开始登陆，第 4、5 海军陆战师为第一波登陆部队，第 3 海军陆战师为预备队。登陆滩头为硫磺岛的东面海滩。打头阵的第 4 海军陆战师开始登陆极为顺利，日军完全没有还击，只有零星迫击炮火和轻武器射击。美军遇到最大的麻烦不是日军，而是松软的火山灰沙滩。由于沙质太过松软，陆战队的两栖登陆坦克几乎全部都挂在沙滩上，陆战队员只好徒涉上岸。日军等到美军离开炮火和车辆掩护之后，早就测好射击距离的各式轻重武器一起从伪装阵地开火。全副武装在海滩上挣扎前进的美军陆战队员顿时间成为活靶，惨烈程度绝对不下于诺曼底登陆的奥马哈滩头。第 5 海军陆战师的运气较好，日军晚了 20 分钟才开火。这 20 分钟的时间让打头阵的第 28 团 1 营趁机一口气冲过硫磺岛西南部的狭窄地段，切断了折钵山和其他日军部队的联系。

美军原本寄望坦克上陆后能够用直射火力为滩头美军打开一条路，但坦克卡在沙滩上动弹不得。陆战队员

美军在塞班岛作战

在塞班岛自尽的日军士兵

美军在塞班岛上捡到被遗弃的婴儿

美军发现了躲藏起来的日本女人

迫不得已，只好不顾一切地向前挺进，脱离日军火力杀伤区。登陆开始 3 小时后，第 4 海军陆战师 23 团勉强从滩头向内陆挺进 460 米，25 团则是被钉死在滩头上，直到驱逐舰以舰炮直接岸轰日军火力据点才解围。第 5 海军陆战师 28 团则成功切断折钵山，确保硫磺岛南部地区，27 团推进到千鸟机场南端。

2 月 20 日，第 4 海军陆战师在舰炮岸轰火力和舰载机炸射支援下，攻下硫磺岛中央的千鸟机场，将岛上日军一切为二。第 5 海军陆战师则开始向折钵山攻坚，由于日军工事身处山坳，舰炮即使实施挺进破坏射击也难以命中目标，因此第 5 海军陆战师与日军一直处于胶着状态，直到配属的坦克和战斗工兵投入战场之后，才逐步以火焰放射器和炸药一个一个地消灭日军阵地。

日军在元山地区所构筑的绵密工事网络让美军寸步难行，躲在地下掩体的日军一直等到美军踏入交叉火网杀伤区才开火，让美军措手不及。即使是看来空无一物的机场外围，日军也早已构筑了大量的伏地堡，任何想穿过机场的攻击行动都如同自杀。栗林认为这是发动逆袭的最佳时机，于是下令西竹一上校率战 28 团偕同独立步兵第 145 团进行反攻，不过仅仅前进不到 200 米就被美军火力所阻。

美军面对日军顽抗，伤亡极为惨重，第 5 海军陆战师的伤亡率达到 75%，许多连队因为伤亡过于惨重，近乎瓦解。第 3、4 海军陆战师的伤亡状况也很惨重。日军的状况当然更为惨重，许多日军都死在阵地上。虽然美军伤亡惨重，但是作战主动权已经易手。3 月

10 日，日军已经被完全切断，但是栗林依然继续指挥残部负隅顽抗。美军虽然在 3 月 16 日就宣布占领硫磺岛，实际上后来又耗费了整整一周的时间才将日军残部围困在硫磺岛东北方的口袋阵地中。3 月 26 日栗林率领日军残部发起夜袭，但在美军发起有组织反击之后，日军残部被完全剿灭，硫磺岛战役正式宣告结束。

虽然受到美国舰艇拦截，日军仍然源源不断地向岛上运送，1945 年 2 月，岛上总兵力达到 23000 人（包括海陆两军），食品储备足够坚持两个半月。

20 日，美军留下 28 团进攻折钵山。其他 3 个团向元山进击。黄昏时占领千鸟机场。切断折钵山同岛中央栗林指挥部的联系。折钵山独立守备队由日军第 312 大队和速射炮第 10 大队组成。寸土必争，美军用火焰喷射器和手榴弹进攻地堡，折钵山独立守备队队长厚地兼彦大佐战死。

21 日，后备队第 3 海军陆战师登陆。日军 32 架飞机从千叶县香取基地起飞对美军展开敢死攻击。击伤美军航母"萨拉托加"号，击沉护航航母一艘。美军当日死亡 644 人，伤 4108 人，失踪 560 人。

22 日，由于战斗减员严重，第 3 海军陆战师接替第 4 海军陆战师继续进攻元山。折钵山方面还在山脚处于胶着状态。美军用火焰喷射器逐次消灭坑道中的日军，无法烧到的用黄磷弹或者灌入汽油点燃熏烤。美国国内新闻界甚至强烈要求尼米兹用毒气，但他没答应，使大量的陆战队员付出生命。

23 日早上 10 点 15 分第 5 陆战师终于登上折钵山插上星条旗。12 点 15 分换了面更大的旗帜，随军记者乔·罗森塔尔拍下了著名的《美军士兵在硫磺岛竖起国旗》的照片，后来这幅照片成为许多雕塑和绘画作品的原型。

24 日至 26 日，美军占领折钵山后集中力量以每小时 10 米的速度向元山机场推进。日军使用战车 26 联队防守。26 日黄昏美军占领元山机场，至此日军死伤过半，弹药只剩原来的 1/3。

同日美军工兵修复千鸟机场可供侦察机起降。3 月初机场基本被修复。3 月 4 日，一架轰炸东京后受伤的 B-29 在炮火下首次着陆成功。

日军在元山的正面由千田少将率领混成第 2 旅团防守，被美军称为"绞肉机"。3 月 5 日栗林中将把指挥部从中部撤往北部。

3 月 6 日，第一架 P51 战斗机在硫磺岛降落。

3 月 7 日，拂晓美军发起突击切断北部和东部的联系。

败局已定，步兵第 145 连队长池田大佐烧毁军旗，3 月 16 日向东京大本

硫磺岛战役战地救护

精疲力尽的海军陆战队队员

营发出诀别电: "面对数量和质量占优的陆海空攻击,卑职已尽全力,然现在险要尽落敌手,卑职万分抱歉。"

3月17日,美军到达北端的北之鼻,同日栗林被晋升大将。

3月26日,栗林大将、市丸少将率领剩余的数百名士兵向美军航空兵营地作了最后一次"万岁冲锋"。造成美军53人死亡,119人受伤。至此日军全军覆灭再也没有组织的抵抗。由于栗林大将冲锋前扯去了军衔章,因此无法确认尸体。从市丸少将尸体上发现了写给罗斯福的遗书。

3月15日,美军宣布硫磺岛之战胜利。

3月21日,日军大本营发布硫磺岛日军玉碎的报告: "战局已经到了最后的关头,17日午夜最高指挥官胸怀必胜的信念和对皇国安泰的祝福率领全军向敌人发起冲锋,随后音讯皆无,硫磺岛守备部队的玉碎壮举,必将成为一亿国民的典范。"

美军见到地堡入口随即灌入海水、倒入汽油点火、手榴弹、火焰喷射器攻击,之后许多日本兵在地堡内利用手榴弹相互自杀。由于无法获得任何的支援,日军在硫磺岛进行了誓死的抵抗,其中21800人战死,只有不到1%的200人被俘。美军伤亡26000人,其中战死6821人。27人获得荣誉勋章,超过了美国海军陆战队在二战中获得荣誉勋章总数的1/4。敌对双方都承受了很大的伤亡,零散日军仍然在继续抵抗,直到3月26日,硫磺岛才完全被美军控制。

对硫磺岛战役来说,冲锋则意味着死亡。在硫磺岛,日军阵亡22305人,被俘1083人，共计23388人。美军阵亡6821人，伤21865人，伤亡共计28686人。美军登陆部队伤亡人数占总人数的30%，第3师海军陆战队伤亡比例达到60%，而第4师、5师的伤亡高达75%，此次战役中，海军陆战队的伤亡之高也是在太平洋战争中绝无仅有的。

美军攻占硫磺岛付出的人员伤亡比日军还多，这是太平洋战争中，登陆方伤亡超过抗登陆方的唯一战例，日军在失去海空支援，又没有增援补给的情况下，以地面部队凭借隐蔽工事顽强抵抗，美军在此次作战中唯一闪光处是舰炮支援得力，发射各种口径炮弹30余万，计14000吨，取得较好的效果，有力支援了登陆部队的作战。

美军的巨大代价很快就得到回报，当美军登陆后，工兵部队上岛抢修扩建机场，至1945年4月20日，上岛工兵部队将1号机场跑道扩建为3000米，2号机场的跑道扩建为2100米，不仅进驻了战斗机部队，还成为美军B-29轰炸机的应急备降机场。美军战斗机部队进驻硫磺岛后，其作战半径就覆盖了日本本土，能有效掩护轰炸机对日本本土的战略轰炸，使对日轰炸愈加频繁和激烈，并将轰炸效果提高了一倍以上，大大加速了日本的崩溃。

由于硫磺岛的重要地理位置，对此后美军的军事行动产生巨大的作用。轰炸机在护航战斗机的保护下可以在中低空轰炸日本本土的城市，大大提高了攻击效率。夺取硫磺岛之后，美军迅速组织了东京大轰炸（3月10日），名古屋大空袭（3月12日）和大阪大空袭（3月13日）。至战争结束为止，共有2251架受伤的B-29在硫磺岛降落。也就是说，这个机场拯救了约25000名B-29机组成员的性命。

攻占硫磺岛，美军不仅获得轰炸日本本土的重要基地，还打开了直接攻击日本本土的通道。而美军在硫磺岛的惨重伤亡，也使美军的高层意识到如果进攻日本本土，一定会遇到比在硫磺岛更顽强的抵抗，美军的伤亡将会更惨重。因此，日后美国对日本使用原子弹，很大程度上是出于担心在日本本土登陆时，将会遭到硫磺岛那样的巨大伤亡。

55. 通过雷马根桥，攻占鲁尔工业区

鲁尔战役时间为 1945 年 3 月 23 日至 4 月 18 日，是盟军为合围德军鲁尔集团，尔后与苏军对进，向易北河进攻并分割德军而实施的进攻战役。

3 月 24 日，盟军发起进攻。美第 9 集团军在韦瑟尔以南强渡莱茵河，在盟军第 1 空降集团军配合下占领韦瑟尔。31 日，第 9 集团军沿利普河谷向东推进，4 月 1 日占领利普施塔特。美第 1 集团军于 3 月 25 日从雷马根桥头堡发起进攻，28 日占领马尔堡，4 月 1 日占领帕德博恩，与第 9 集团军会合于利普施塔特东南地区，形成合围德军的对内正面。6 日，美第 9、1 集团军南北对进，14 日会合于哈根，将德军 B 集团军群分割为二。

由于进行了马斯河 – 莱茵河战役，盟军在 3 月上半月攻占莱茵河左岸，在右岸奥彭海姆市、雷马根市地域夺取两个登陆场。此前从东面进攻的苏军进抵距柏林 60 千米的奥得河，准备对德军进行最后突击。在苏军当面防守的是德军主力，盟军统帅部决定在全线向德国腹地展开进攻，计划首先粉碎敌军防守鲁尔工业区的西线最强大集团，也就是莫德尔元帅指挥的 B 集团军群所属坦克第 5 集团军、第 15 集团军以及伞兵第 1 集团军一部。德军鲁尔集团辖 29 个师另 1 个旅，占西线总兵力的一半。第 3 航空队和帝国航空队共 1704 架作战飞机，对该集团实施支援。

美军第 12 集团军司令
布莱德雷

418

盟军统帅部调来参加鲁尔战役的有：蒙哥马利指挥的第21集团军群（美第9集团军、英第2集团军）、布莱德利指挥的第12集团军群（美第3、1集团军）、独立空降第18军，共51个师（包括14个装甲师、两个空降师）另12个旅（包括7个装甲旅）。约9000架作战飞机支援。根据战役企图，第21集团军群由韦瑟尔地域实施主要突击，第12集团军群由莱茵河各登陆场向卡塞尔实施辅助突击。尔后拟向易北河总方向发展进攻。

欧洲盟军的三战将蒙哥马利、巴顿和布莱德雷

盟军最高司令艾森豪威尔决定立即发起进攻，向德国腹地推进，与苏军会师。企图是由英第21集团军群右翼美第9集团军（司令辛普森中将）和美第12集团军群左翼美第1集团军（司令霍奇斯中将）将德B集团军群围歼于鲁尔地区。在兵力兵器上，盟军占绝对优势，航空兵在战役发起前实施遮断轰炸。战役于夜间在猛烈的炮火准备和航空火力准备后开始。此前已进行长达两周的预先航空火力准备。英第2集团军和美第9集团军在一夜之间强渡了莱茵河，并在右岸夺占了一些登陆场。

3月24日上午，空降第18军在莱茵河以东实施空降。下午，从正面进攻的英军与空降兵会合。德军仅微弱抵抗。随后几天，夺占的各登陆场被连接起来，到3月28日，总登陆场正面扩大到60千米，纵深达35千米。

在辅助突击方向，美第1、3集团军向北和东北发展进攻。4月1日，美第1、9集团军在利普施塔特地域会合，对鲁尔工业区的德军（18个师，共约32.5万人）构成了合围的对内正面。该集团被合围后，德军的西线实际上已经瓦解。英美军统帅部决定将主要力量转移到中央方向，以便在合围的对外正面发展进攻。因此，第9集团军于4月4日由第21集团军群转隶向易北河中游前进的第12集团军群。第12集团军群几乎未遇德军抵抗，于4月12日在马格德堡地域进抵易北河，4月19日攻占莱比锡。在其他方向，盟军的进攻也在类似情况下发展。同时，第12集团军群一部对被合围的鲁尔集团进行了战斗，该集团

莱茵河大桥被德军炸毁

于 4 月 18 日投降。

苏军对柏林构成严重威胁，德军不得不把西线战场半数以上装甲师和大量坦克、火炮调到东线，对付苏军的强大进攻。德军企图以剩下的大约 59 个师，依托莱茵河西岸构筑的齐格菲防线阻击已进入这一地区的盟军。盟军统帅部抓住德军兵力空虚，力量单薄的有利时机，迅速调兵遣将，决心组织一次大规模的进攻，给德军以致命一击。

盟军估计，德军在西线战场虽然部署了几十个师，但都是些架子师，很多部队缺额高达 25%-50%，加之德军在东西线战场连遭失败，各兵团士气低落，斗志涣散，油料弹药不足，将无力防守鲁尔工业区。

为向德军纵深推进，盟军第一步计划扫清外围。夺占登陆场，进抵莱茵河。为此盟军统帅部决定：在主攻方向上，以第 21 集团军群全部 31 个师（包括有 9 个装甲师）又 4 个装甲旅，在 3600 架飞机支援下，分两个突击集团实施钳形进攻，即以英第 2 集团军为北突击集团，从奈梅根以南地域向东南方向进攻。以美第 9 集团军和加第 1 集团军为南突击集团从阿享东北地域向东北方向进攻；

在助攻方向上，以第 12 集团军群美第 1 集团军在右翼向雷马根进攻，美第 3 集团军在左翼向斯特拉斯堡、卡尔斯鲁厄方向进攻。

2 月 8 日，北突击集团开始进攻，战役第 1 日日终，向纵深推进 12 千米，但随后进攻速度减

美军通过鲁登道夫桥

慢，到 2 月 23 日，只突破纵深 25 千米。按计划，南突击集团应和北突击集团同时进攻，但因德军炸毁河堤，鲁尔河泛滥成灾，致使同时进攻的计划未能实现。

直到 2 月 23 日，南突击集团才开始进攻。美第 9 集团军抢渡鲁尔河后，耗时 3 天建立正面 32 千米、纵深 16 千米的登陆场。尔后，美第 9 集团军向东北及北面两个方向发展进攻，于 3 月 2 日前出到莱茵河，并于次日与北面进攻的加第 1 集团军会合。到 3 月 10 日，德军因损失惨重，无力阻击盟军的进攻而全部撤过莱茵河。

莱茵河是德国境内最长的河流，也是仅次于伏尔加和多瑙河的欧洲第三大河，全长 1320 千米，发源于瑞士境内的阿尔卑斯山脉，流经瑞士、德国、法国、荷兰四个国家，在荷兰的鹿特丹附近入北海。莱茵河在德国境内有 867 千米，莱茵河被称为德国的"命运之河"。德国境内的莱茵河流域面积达到德国国土面积的近 1/3，而且同时流经德国几个重要工业区，而最为重要的是鲁尔工业区。

盟军打入德国，主要目标是鲁尔工业区。拿下这里后，德国军火工业就报销了。鲁尔工业区甚至比柏林都重要。但是，盟军是从西边打进德国的，如果要打入鲁尔工业区的话，必须跨越莱茵河。

希特勒早就下令把莱茵河的桥梁炸毁。没有桥梁，就很难通过。盟军打到莱茵河了，一看，河上的桥梁都给炸了，只能望河兴叹。但是，如果把莱茵河上的桥梁炸了，不仅盟军很难过河，河西的德军也不能过河。好莱坞电影《雷马根桥》记录了这个过程：战火已经烧到德国境内，70000 残兵在莱茵河西岸。雷玛根大桥是最后一座桥梁，布莱恩少校受命炸桥，但他为了救援 70000 残兵，坚持到最后一刻。就在这时，美军前锋抵达，布莱恩下令炸桥，硝烟散去，桥竟然奇迹般仍然横在莱茵河上。布莱恩少校最后被党卫军军法处置。片尾打出字幕：被双方反复争夺的这座雷玛根桥，在几天后自己崩塌了。

实际上，在莱茵河上的所有桥梁中，美军将领从未把雷马根桥当作横渡天堑的通道，因为该桥西面公路不好，东面百米有雷伊山挡路。B 集团军群司令莫德尔元帅说："只有疯子才想从峭壁挡道的雷马根桥过莱茵河，这太荒唐可笑了。"因此，他只派了少量部队守桥。

1945 年 3 月 7 日，美第 1 集团军伦纳德第 9 坦克师和霍格的独立坦克团离雷马根桥只有 18 千米。德军慌忙在桥上安放大量炸药，准备 16 时引爆。尚未引爆时，美军坦克出现了。美军坦克兵简直不敢相信自己的眼睛，莱茵河上的居然有一座没有被炸的铁桥。美军二话不说就冲了上去。

1945 年 4 月 4 日，美军海德尔堡战俘营

进攻部队突然接到急电："伦纳德、霍格南下与巴顿会师。"怎么办？是不顾命令而抓住战机，夺桥过河呢，还是南下会师？违抗军令是很严重的事，但前线指挥官当机立断，在德军还没来得及炸桥前，伦纳德坦克师、霍格独立坦克团发起迅猛攻击，一举夺下雷马根桥，霍奇斯第 1 军全部过桥，并电告盟军司令艾森豪威尔："攻占了雷马根桥，8000 名美军渡过莱茵河。"艾森豪威尔简直不敢相信自己的耳朵，高兴地叫起来："好好干吧！确保胜利。这是本次战争中最美好的时刻之一。"

随即，美国上千家报纸头版大字新闻是："美军迅猛惊人，已渡过莱茵河"；"雷马根桥坦克战是无与伦比的壮举"；"装满炸药的雷马根桥没有吓倒美军坦克师。他们以迅雷不及掩耳之势飞渡莱茵河。"

此时盟军内部却在互相倾轧。美军取得意外进展，其他国家的军队不但不为此欢呼，反而对此不满，不作相应的进攻和支援。美军内部，也互相拆台，第 1 集团军在雷马根的胜利，引起其他部分美军的嫉妒。对此不满的人都给艾森豪威尔施加压力，迫使他在 3 月 13 日下令："向前推进不能超过 18 千米，雷马根桥头堡只能牵制德军。"这样一来，前线官兵英勇奋战取得的战果，竟被内部倾轧所抵消。同时也给了德军一个喘息的机会。

3 月 17 日，德国派出蛙人部队，潜入雷马根桥下，将桥炸毁。8000 名已过莱茵河的美军本是胜利之师，此时反而遭到孤军深入的危险。

1945 年 4 月 18 日，莱比锡民族解放战争
纪念碑

1945 年 4 月，美军在德国废盐矿中发现地下工厂

　　美军 5 个师的兵力利用鲁登道夫桥，很快到达莱茵河东岸，并建立了正面达 40 千米、纵深 15 千米的登陆场。美第 3 集团军于 3 月 25 日在斯特拉斯堡、卡尔斯鲁厄、曼海姆、美因茨一线前出到莱茵河畔，并在莱茵河东岸奥彭海姆地域（美因茨以南 20 千米）夺取登陆场。至此，盟军在莱茵河整个正面上建立了登陆场，为强渡莱茵河创造了有利条件。在莱茵河以西的作战中，德军损失约 20 个师，被俘 27.5 万人，死伤 60000 余人。这时，德军士气更加低落，军心更加动摇。

　　盟军强渡莱茵河后，直插德国腹地。部署是：以第 21 集团军群向鲁尔工业区以北地域实施主要突击；以第 12 集团军群从科布伦茨西北地域和法兰克雷西南地域实施辅助突击。这两个方向突击的总目标是卡塞尔，目的是合围鲁尔工业区的 "B" 集团军群，然后再以其基本兵力向纵深发展胜利。为达到强渡莱茵河的突然性，盟军进行了伪装，以隐真示假。为使德军难以判断主要渡河方向，盟军

盟军接近慕尼黑

做了许多渡河假象。

3 月 23 日深夜。在航空火力准备和炮火准备之后，第 21 集团军群在乌云般烟幕掩护下，在各选定地段实施强渡。德军抵抗微弱。3 月 24 上午，第 21 集团军群就与顺利着陆的第 18 空降军的部队达成会合。该日日终，盟军已攻占了韦瑟尔地域，接着向纵深推进 20 千米。

3 月 28 日。盟军在莱茵河东岸夺占的登陆场正面扩大到 60 千米，纵深达 35 千米。由 25 个师（包括 7 个装甲师）组成的第 12 集团军群夺占登陆场后发起进攻，以两个装甲师从东南绕过鲁尔，前出到姆施塔特、法兰克福、吉森、科布伦茨一线。坦克先遣支队则推进到马尔堡。4 月 1 日，美第 1 集团军继续向东北迅猛推进，在利普施塔特与美第 9 集团军在鲁尔北面进攻的部队会合，合围了鲁尔工业区的德军 21 个师，共 32.5 万人。

4 月初，鲁尔德军被合围后，西线防御基本崩溃。盟军统帅部决定，以一部兵力歼灭被围德军，将主力转移到中央方向，实施全线攻击。盟军企图以第 12 集团军群加强美第 9 集团军，在中央方向实施主要突击，直插易北河中游，以便尽可能地将战线向东推进。盟军第 21 集团军群均以装甲师为先导，向东北推进，4 月 19 日至月底。分别在吕内布克以东地域等几个地段前出到易北河。易北河下游德军士气沮丧，无力抗击，盟军乘势渡河，继续推进，于 5 月初占领了路德维希斯卢斯特、施韦临、德卑克等地。

1945 年 4 月，苏美士兵在易北河合影

5 月 3 日，汉堡德军不战而降。中央方向，第 12 集团军群从卡塞尔、帕德博恩向前推进，4 月中旬在维滕贝格、马格德堡、德绍出到易北河。

在德军高级将领中，莫德尔是唯一没有进过军校的，却几乎亲历了德军所有硬仗。他中学毕业后到帝国陆军第 52 步兵团服役。一战时参加过凡尔登战役。希特勒上台后，他得到赏识，1940 年 11 月因战功晋升中将，不久又调任第 3 装甲师师长。苏德战争爆发后，他率部在中央集团军群的第 2 装甲集群编成内迅速突破布格河、别烈津纳河和第聂伯河，占领博布鲁伊斯克，参加了比亚威斯托克、明斯克、斯摩棱斯克大合围。1941 年 9 月 15 日，他的装甲师作为古德里安第 2 装甲集群的先头部队，不顾跟进的步兵而大胆穿插，在洛赫维察与第 1 装甲集群的先头部队第 9 装甲师会合，将 50 多万苏军封闭在基辅附近的合围圈内。这是二战最大的一次合围。他晋升为装甲兵上将。10 月，他参加"台风"战役，从伏尔加河上游进攻莫斯科。1944 年 1 月出任北方集团军群司令。3 月晋元帅，转任北乌克兰集团军群司令。6 月兼任中央集团军群司令。8 月任西线德军总司令兼 B 集团军群司令。12 月指挥阿登战役失败。1945 年 4 月所部在鲁尔战役中被围，这位有"防御之狮"和"元首消防队员"之称的元帅，下令解散 B 集团军群，并自杀。

鲁尔战役，盟军以强大兵力实施大规模的高速度、大纵深歼灭战。至战役结束，德军损失 38 个师，共 66 万余人。开辟第二战场以来，盟军第一次第一次合围了德军重兵集团，尝到了打歼灭战的甜头。鲁尔战役以盟军的胜利告终，但这次胜利有很大的水分，因为那时德军几乎顾不过来从西边打来的盟军，主要精力和主要兵力用于对付东线的苏军。美军和英军不过是讨了一个巧。对此，欧洲盟军统帅部心知肚明。

56. 德国: 从火箭炮到 V 型火箭

德国研究火箭历史悠久。早在 1909 年, 德国克虏伯公司就购买了瑞典人温格中校的固定火箭炮专利, 独立改进和试生产。在一战期间, 这种火箭炮曾在战场上试用。但还没等大量生产, 一战就结束了。

1925 年, 德国人率先在奥比尔公司生产竞赛用汽车上试验了火箭推进器。尽管试验并没有得到预期的成果, 但德国科学家并未因此放弃新的探索。反而着手设计飞向同温层高空的探空火箭。

1927 年, 以奥地利数学家赫尔曼·奥伯特为首的一批德国科学家与工程师成立了民间的德国宇宙航行协会, 这是世界上第一个航天太空科技研究协会。1929 年, 奥伯特与他的助手们开始研发液态火箭推进器。

德国火箭研究最初目的是绕过《凡尔塞条约》, 研究出能够代替大口径火炮的投掷武器, 用于攻击壕沟堡垒防守的敌军及发射化学弹药、燃烧弹等。希特勒上台后, 疯狂扩军战备, 纳粹的闪电战术主要依靠空军俯冲轰炸机和装甲部队突击来完成, 火箭炮部队列为炮兵辅助二线部队。

1932 年后德国陆军开始想到液态燃料火箭作为长程攻击武器的可能性, 并派遣对火箭研发有兴趣的瓦尔特·多恩伯格上尉负责筹组相关事宜, 瓦

沃尔特·多姆贝格尔——
德国火箭武器的领导者

尔德招募了韦纳·冯·布劳恩为首的火箭研究小组进入德国陆军兵器局，开始进行液态火箭推进器的试验，同年，德军在柏林南郊的库斯麦多夫靶场建立了火箭试验场。

冯·布劳恩，1912 年生于德国维尔西茨的贵族家庭。1931 年夏，冯·布劳恩到瑞士苏黎世的联邦工学院深造。1934 年，以物理博士学位毕业，毕业论文论述了液体推进剂火箭发动机理论。柏林大学把这篇论文评为特优（30 年后德国宇宙

坦克杀手

飞行协会将该文作为特刊出版）。就这样，他为学生时代画上了闪光的句号。飞向宇宙是他的毕生理想，第一步努力是研制大功率液体推进剂。尽管难题堆积如山，但他的班子最终使 V-2 成为现实。

瓦尔特·多恩伯格 1895 年生于德国黑森州吉森城，1914 年应征入伍，在陆军服役。后被派往柏林工业大学深造，攻读机械工程专业，1930 年获得硕士学位后回到军械局，接受领导研制火箭武器的任务。1930 年到 1932 年间，多恩伯格担任固体推进剂火箭和液体推进剂火箭研制部门的负责人。1935 年获柏林工业大学工程博士学位。1936 年到 1945 年间，任佩内明德火箭研制中心和试验基地的司令官，全面负责军械局的火箭研制、生产和部队训练。从 1944 年起，他还担任德国国防军三军导弹计划的司令官，兼任德国导弹研制委员会主席，总管军事和技术工作，负责所有 V 型火箭武器系列和地空弹的研制和采办任务。

二战期间，德国空军和海军重视火箭导弹武器，但由于缺乏统一领导，各搞一套。德国当局采取的第一个措施是扩大多恩伯格的职权，规定他既是佩内明德火箭研制中心和试验基地的司令官，又是三军火箭武器装备研制与采办负责人。佩内明德是军事基地，大权由多恩柏格独揽，开始他向最高统帅部汇报，到 1944 年直接向希特勒汇报。

多恩伯格说："我当时并不追求很理想的火箭，能上天就行。"他领导研制的 V-1 型火箭是个实验型号，并无军用价值，却是世界上第一个无人驾驶的

德军的框架式发射箱

德军的 40 管火箭炮

巡航式飞行器，鉴于英国大量装备战斗机，使德国袭击英国的轰炸机损失日益惨重，多恩伯格决定加速 V–2 火箭的研制进度，较快地完成了定型工作，德国当局于 1942 年底下令大量生产。V–2 型火箭是二战期间德国使用最多的超音速近程地地弹道导弹。V–2 的诞生，可以与航空领域莱特兄弟发明的飞机媲美。V–2 火箭是德国弹道导弹，是第一种超声速火箭，为现代航天运载火箭和远程导弹的先驱。

从 1933–1941 年的 8 年期间，多恩伯格与冯·布劳恩的研发团队不断进行火箭研发，第一代 A–1 重 150 千克，直径 0.3 米，长 1.4 米，采用酒精与液态氧推进剂，但推力只有 3000 千克力。由于设计不合理，A–1 火箭试验失败。

佩内明德是德国东北乌瑟多姆岛上的一座小镇，曾是 V–1 和 V–2 火箭的研制基地。1934 年 12 月 19 日及 20 日，冯·布劳恩的研究团队成功发射两枚重 500 千克，安装陀螺仪并以液态氧及乙醇为动力的 A–2 火箭，发射地点位于德荷边界的柏克姆岛，此次测试两枚火箭以 2.2 千米及 3.5 千米的射程掉落北海，A–2 火箭开发案到 1936 年结束。

由于 A–2 火箭得到了满意的成果，德军近一步着手研究第二代的 A–3 与 A–4 火箭开发计划，其中 A–4 火箭的预定目标为射程 175 千米、最大射高 80 千米、酬载量 1 吨的大型火箭，由于实验规模已经大到旧试验场无法提供足够测试空间，因此德国选择了东部奥德河的出海口处的一个名叫佩内明德的小镇，兴建新的火箭试验基地（HVP）。

除了液态火箭以外，德国空军也在此地开始研发 FI–103 无人驾驶飞行器

德军有多轨道的"喀秋莎"

苏军的喀秋莎

的研究工作（FI-103 即后来的 V-1 火箭），代号 FZG-78。1942 年 FI-103 研发成功后，纳粹宣传部长戈培尔亲自将此种新式兵器命名为"V-1 火箭"。V 指的是德文的 Vergeltungswaffe waffe（复仇武器）一辞缩写，他意味着德国要用这种新兵器为一战的失败雪耻，并向战胜国复仇。

A-3 火箭重达 750 千克，直径 0.7 米，长 6.5 米，推力增大到 14700 千克力。即使 A-3 火箭试验成功，但射程距离仍旧未达到研究团队的目的。新型态的 A-4 火箭设计方案提出，并接受试验。1937 年得到德国陆军支持，拨款两千万马克作为 A-4 火箭研发经费。A-5 火箭则是 A-3 火箭的改良版，A-4 火箭在吸取 A-5 火箭的研发经验与资料后，在 1942 年正式研发成功。随即量产制造，1944 年 9 月正式命名"V-2 火箭"，并在 9 月 8 日的伦敦攻击扬名于世。

二战期间，V-1 飞弹被大量用于攻击英国东南部目标和欧洲大陆目标。英国称为"有翼飞弹"或"飞机飞弹"。飞弹长 7.90 米，采用中单翼，装有简单的脉冲喷气发动机，卡塞尔地区格哈德·费思勒股份有限公司工程师罗伯特·吕塞尔领导的设计小组设计。它采用斜轨发射，装有预定制导装置，由此装置引导飞弹大致按指定的方向飞行。发射重量约 2180 千克，850 千克为阿马托高能炸药。飞弹弹体上安装简单的烟筒状的东西，是阿格斯推力装置，可产生 300 千克推力。这个装置将空气从前部吸入，进入瓣状活门样的装置，汽油也被间歇注入到瓣状活门样装置后面；每次燃烧周期完成后，空气通过活门又被吸入。

第一次 V-1 发射试验于 1942 年 12 月在佩内明德进行，此次试验使用一架秃鹰巡逻轰炸机进行空中发射。从 1944 年 6 月 13 日至 9 月 4 日，对伦敦和伦敦附近各郡连续发射的 V-1 飞弹达 8600 枚以上，其中许多从设置在法国加莱地区的发射斜轨上发射出的。8600 枚中，有 1847 枚被盟军战斗机击毁，1866 枚被防空火力打落，232 枚被气球撞毁。从 1944 年 9 月 1 日至 1945 年 3 月 30 日，德国陆军又向欧洲地区的目标发射了近 12000 枚。

约 175 枚 V-1 被改装成载飞行员的飞弹，这种飞弹准备用亨克尔 He111 轰炸机载到空中后，再从下部发射出去。飞弹驾驶员在将飞弹对准目标后，即跳伞脱离飞弹。尽管进行过多次试验和训练，有人驾驶的 V-1 飞弹始终未用于实战。无人驾驶的 V-1 飞弹一直使用到 1945 年的 1 月初，对英国目标发射的飞弹总数达 10500 枚左右。

V-2 工程开始于 1940 年。由于 V-1 导弹速度相对较慢，易于被拦截，所以纳粹德国又进一步制订研发新型导弹的计划，即 V-2 工程。V-2 工程起始于 A 系列火箭研究，由冯·布劳恩主持，是 1936 年后在佩内明德火箭研究中心的重点项目。A 系列火箭经过许多新的改进，性能大大提高，由纳粹宣传部长戈培尔命名为"复仇使者"，代号变为 V-2。

V-2 导弹的制导系统跟 V-1 大体相似，不同的是陀螺姿态仪和加速度控制器，前者用来测量导弹立体飞行姿态，保持导弹发射方向。后者用来掌握导弹的及时运动速度，控制导弹在规定高度的转向。到了预定时间和高度，燃料供应器切断燃料，让导弹失去动力下落。

由于 V-2 导弹飞行速度极快，必须仔细计算出一系列复杂数据，包括弹道、飞行航路和速度。在今天，通过高性能计算机测试这些数据，也是非常繁杂的。在没有计算机的当时，靠手工精确计算简直就是一个不可能完成的任务。即使有了精确计算，能够控制严格保证飞行的方向和速度，但是飞弹速度仍然需要在极短的时间切断燃料供应。现代弹道导弹，可以通过计算机将切断燃料时间控制在几万，甚至几十万分之一秒，这样导弹仍有数百米的偏差。当年依靠机械仪器切断燃料而造成巨大的导弹偏差，就容易理解了。虽然实际效果一般，但是盟军一直把 V-2 飞弹当作最大的威胁之一，出动巨大的轰炸机群四处搜寻轰炸，耗费了巨大的人力物力，甚至出动特种部队和伞降部队偷袭 V-2 基地。

V-2 是单级液体火箭，全长 14 米，重 13 吨，直径 1.65 米，最大射程 320 千米，射高 96 千米，弹头重 1 吨。由于 V-2 飞弹在俯冲攻击目标时速度高达 4 马赫，300 千米射程内的飞行时间仅 8 分钟，根本没有任何方法可以做出拦截和预警。

1944 年 9 月 8 日，V-2 火箭开始使用，到 1945 年 3 月 2 日英美军队攻击荷兰境内的海牙发射场为止，共向英国发射 1403 枚，其中 1115 枚射到英国境内，517 枚命中伦敦。对于这种导弹，完全无法防御，曾在英国朝野造成恐慌。在 10 个月的火箭袭击中，德国共发射 11895 枚火箭（V-1 10492 枚；V-2 1403 枚），射到英国境内 4646 枚，击中伦敦市区 2937 枚，被击落（V-1）3954 枚。英国因火箭袭击死亡 11600 人，伤 66000 人，炸毁房屋 26000 余幢。

V-2 从投产到德国战败，共制造了 6000 枚，其中 4300 枚用于袭击英国和荷兰。纳粹把 V-2 看作是一种革命性武器。

V-2 在工程技术上实现了宇航先驱的技术设想，对现代大型火箭的发展起了承上启下的作用。成为航天发展史上一个重要的里程碑。与 V-1 不同的是，它速度极快，由于是穿过大气层飞抵目标的，所以一经发射，便无法截击。唯一的防御办法就是搜索并破坏其发射场地。

德国人的火箭试验

诺曼底登陆战役开始 6 天后，即 1944 年 6 月 13 日，纳粹德国开始用 V-1 火箭攻击伦敦，9 月，第一枚 V-2 落到伦敦。火箭攻击造成了严重的平民伤亡和财产损失。如果在 6 个月前对登陆部队集结地进行集中攻击而不是伦敦的话，即如艾森豪威尔将军所说的，盟国将遭到难以克服的困难。

对伦敦的攻击都是在上午 7-9 时，中午 12 至下午 2 时，下午 6-7 时交通高峰期进行的，企图吓垮英国的民心士气。

在诺曼底前线的英国士兵尽最大努力用最快速度向德军火箭发射地挺进。除了向伦敦发射外，在盟军 9 月 4 日占领安特卫普港后，纳粹向安特卫

V2 火箭

普港进行了大规模导弹攻击。

从 1944 年 9 月 6 日至 1945 年 3 月 27 日，V-2 的发射总数约为 4300 枚，其中 1120 枚是用于攻击伦敦，2500 枚用于攻击欧洲大陆目标。其余均用于在德国训练和试验。据民防记录记载，第一枚是 9 月 8 日发射的。向伦敦发射前，9 月 6 日曾向巴黎发射两枚，但没击中目标。也有另一种统计，从 1944 年 6 月 13 日到 1945 年 3 月的 10 个月间，德军共发射了 15000 枚 V-1 火箭与 3000 枚 V-2 火箭，共造成英国 31000 人丧生。V 型弹道导弹的出现，亦拉开了新式作战的序幕，V-2 的出现意味着各种新兴弹道导弹的战略、战术运用。

除了火箭本身以外，为 V-2 发展的许多技术都成为战后年代的规范。为大型火箭采用的车载式竖起架的方案已为全世界普遍采纳。

大型洲际弹道导弹在很大程度上受到佩内明德设计人员的影响。早在向英国发射 V-2 之前，冯・布劳恩的班子就已着手设计两级火箭，在标明日期为 1940 年 6 月 10 日的一张草图上记载着一枚导弹，重 86600 千克，长 22.4 米，第二级是一枚有翼的 V-2。设计思想即：有翼火箭与助推器分离后，继续飞入稀薄大气层，以便达到大西洋彼岸的美国。

1943 年初，盟国发现这一计划，并通过对佩内明德的空中侦查得到证实。1943 年 8 月 17 日夜，英国皇家空军对佩内明德进行了大规模空袭，毁伤了 V-2 的地面设施。为了预防重蹈灾难，纳粹将 V-2 工厂迁到德国山区的山洞工厂，这个过程耽误了预期的火箭攻势。

德国哈尔茨山有个在地下 60 米的坑道网，这里曾经是纳粹头目希特勒制造 V-2 火箭的秘密军工厂。近两万法国人、比利时人、苏联人和波兰人葬身于此。他们多半是犹太人，被纳粹从布痕瓦尔德集中营押送到这里。饥饿、疾病、苦役和肉体上的折磨夺去了他们的生命。如果不是纳粹摄影师瓦尔特・弗朗茨的儿子在酒窖里找到他父亲当年的一些遗物，人们可能永远见不到这些殉难者的照片。

哈尔茨山的悲剧可以追溯到 1937 年位于波罗的海沿岸的佩内明德。当时，德国纳粹政府只是想发明一种可以躲开《凡尔赛条约》限制的火箭。一战结束后，《凡尔赛条约》对德国拥有大炮的数量和规格都有限制。5 年之后的 1942 年 10 月，当德军在东线和北非战场开始失利后，希特勒终于下决心要研制"特殊武器"。

由于佩内明德 1943 年 8 月被英国皇家空军的轰炸机夷为平地，德国打算建造新的秘密军工厂，专门制造 V-2 火箭。厂址选在远离边境、但是靠近布痕瓦尔德的哈尔茨山。V-2 计划由党卫队负责实施。犯人们每天劳动 12 个小时，用两个月的时间挖掘了两条两千米长、200 米宽的地下通道。两条通道之间有 43 个衔接点。这就是"死亡工厂"。

1944 年 1 月 V-2 火箭开始投入生产，但是每个火箭有 22000 个零件，组装起来很费时间。另外还必须把每个重达 14 吨的弹头运送到 1944 年在法国英吉利海峡沿岸建好的发射地。9 月 5 日进行了第一次发射试验。3 天后德军开始轰炸英国的伦敦和诺里奇，然后又轰炸了比利时的安特卫普，袭击的准确性虽然令德军失望，但火箭发射的巨大冲击波和爆炸前几秒钟特有的刺耳的呼啸声引起轰炸地老百姓不小的恐慌。不过，对纳粹来说，V-2 也不能挽救失败的命运。1945 年 3 月，V-2 被迫停产，哈尔茨山体下工厂的部分设备被撤走。4 月 11 日美国士兵发现了这座秘密工厂。一名军官在报告中写道："一进去我们就看到尸横遍地，瘦得皮包骨的犯人们饿死在地上。"美国士兵共抬出约 3000 具尸体。另外，他们还没有忽视堆在坑道中的军事设备，带走了 100 多枚组装好的完整的 V-2 火箭。

纳粹德国面临崩溃时，冯·布劳恩在几天内把技术报告、设计图、专利品、蓝图和工程图纸撤出来。盟国对德国战略轰炸过程中，他在医院等待空袭结束，他策划了佩内明德研制班子向美国的投降行动。当他的国家处于战争状态时，他帮助国家取得了新武器。既然这一切已成为过去，他认为自己的新义务是从废墟上把对将来征服宇宙空间的计划拯救出来。1945 年 5 月 2 日，冯·布劳恩和 400 余名火箭专家向美军投降，

大战结束，美苏都急于掌握德国火箭技术，按照雅尔塔密约，V-2 火箭生产工厂的主要所在地佩内明德划给苏俄托管。在美国政府支持下，美

伦敦的一个男孩儿，他的父母在 V-2 导弹袭击中丧生

军组成了突击队，紧急展开代号"回纹针"的任务。1945 年 5 月 22 日到 5 月 31 日的 10 天之内，美军挺进巴伐利亚区并占领当地，动用了 300 节火车车厢和 13 艘轮船，把近百枚的 V-2 火箭及相关设备和半成品抢运一空，苏军在第二天，即 6 月 1 日抵达时，只看到一座座空荡荡的工厂。

美国获得 V-2 半成品和制造设备，并成功说服了瓦尔特·多恩伯格中将及冯·布劳恩博士等 126 位研究团队成员前往美国。1945 年 9 月，冯·布劳恩抵达美国，时年 33 岁，在德克萨斯州成立了福特布里斯火箭研究小组以及在新墨西哥新建白沙导弹靶场。德国科学家透露了 V-2 火箭的全部秘密，用自己的知识为美国效劳。意外获得这些材料而大喜过望的美国人对冯·布劳恩的过去睁只眼闭只眼，利用他的本事开始征服宇宙空间的探索。

自此，美国的火箭工业和太空发展扶摇直上。除了军事用途，V-2 火箭在研究高层大气和电离层以及对地球表面拍照等课题上也有用。1946 年，美国海军实验室发射了一枚 V-2 火箭，射到数百千米的高空，用来观测来自太阳的紫外线，这是 V-2 火箭第一次应用在太空研究中，从此开启了太空科学的新的一页。此外，V-2 火箭亦用来当作载人飞行试验载具，并搭载过猴子一类小动物升空。苏军也缴获大量 V-2 成品和部件，并俘虏了一些德国火箭专家，以此为起点，开始自己的火箭和空间计划。

57. 中美联合部队在云南三战三捷

　　1942 年春节后，远征军入缅抗日。屡战屡败的中国太需要一场胜利提高士气了。赴缅部队尽是国军精锐，报刊皆以必胜鼓吹之。民国政府高层以为，境外有劲旅，云南作为远征军的后方，应该万无一失，因此只有少量隶属地方系统的护路部队和公安武装负责维持地方秩序。而且，这些不起眼的武装还分属几个系统，互不隶属，难于统一指挥。

　　远征军境外作战失利，4 月底全面撤退，一路向印度；另一路经曼德勒，从畹町回国。日军尾随这路，从缅甸杀入云南。5 月上旬，日军从龙陵出兵腾冲，腾冲各武装群龙无首，随县政府撤离一空，首批进入腾冲的 290 多名日军，只遇到躲在砖窑里的地方武装人员发出的报警枪声，没有遇到任何实质性抵抗。

　　日军盘踞腾冲以后，开始人数不多，因日军的主攻方向是要突破怒江占领保山。后因突破怒江美梦难于做成，日军第 56 师团决心坚守松山。也不知出于何等原因，松山被称为"滇缅路上的直

中国远征军新 6 军的小兵李贝乐告诉美军，他才 12 岁

滇西远征军中，年仅 10 岁的少年兵

布罗陀"，并增兵腾冲，以加强松山侧翼安全。日军在腾冲的常驻守备部队增至一个完整建制联队（148 联队），还不时从缅北野人山抽兵增援。1943 年秋，为解除国军游击部队第 36 师威胁，日军从各处抽兵，分多路集中"扫荡"。入腾冲日军兵力盛时超万。日军盘踞腾冲两年多，为长期占领作了充分准备，还准备划入缅甸一部分，建立"腾越省"。因此防务不断加强，装备不断充实，各类防御工事不断完备，使腾冲全境成为易守难攻之地。

1944 年 5 月 11 日，中国远征军第 20 集团军以 6 个师的兵力强渡怒江，次晨开始仰攻高黎贡山，日军第 56 师团 148 联队、146 联队一部凭险死守，远征军经 9 日血战，日军溃退，远征军攻占高黎贡山顶之南、北斋公房，又经十余日激战，进至腾北马面关、界头、瓦甸、江苴附近。日军深知丧失高黎贡山及桥头、江宜等据点非同小可，急调第 113、114、146、炮 56、搜 56 等 5 个联队各一部火速增援，猛烈反扑。远征军经 22 日血战，终歼敌半数，继而乘胜攻下腾北日军中心据点桥头、江苴，沿龙川江南下，一部扫清固东以北至片马残敌，另一部扫清龙川江两岸残敌，迫近腾冲城。此时，所有由北而南溃逃的日寇与腾冲守城日军合编为混成联队，由第 148 联队长藏重康美大佐指挥，死守来凤山及腾冲城。

腾冲城是滇西最坚固城池，兼有来凤山作为屏障，两地互为依托。日军经过两年多经营，在两地筑有坚固工事及堡垒群，奉命死守至 10 月底以待援军到来。远征军决定先攻占来凤山，最后围歼腾城守敌。

7 月 26 日午时，远征军向来凤山 5 个堡垒群同时猛攻，血战 3 日，攻占来凤山，旋即扫清南城外之敌，对腾冲城形成四面包围之势。孤城腾冲城墙全系巨石，城墙上堡垒环列，城墙四角更有大型堡垒侧防。8 月 2 日，第 53 军 116 师 346 团向东门外帮办衙门和东方医院进攻，连续攻占日军 4 个堡垒并占领帮办衙门。下午 4 时，348 团由东南城角空军炸开 10 余米宽的缺口处攻入城内并击退日军反扑，在城内据地防守。8 月 3 日，城内日军一再向东南城角

腾冲战役发起前，美军把自己的钢盔让给那些冲在最前面的中国士兵

腾冲战斗中，远征军士兵使用火焰喷射器

腾冲的临时包扎所

在腾冲，中国远征军346团士兵用美制火箭筒攻击

缺口反扑，均被348团打退，同时由工兵爆破将缺口扩大到50米。

8月4日，空军在拐角楼和西南城角各炸开一个缺口，第198师、36师乘机冲进城内。经12天激战，将城墙上的堡垒群逐次摧毁。8月14日，远征军以4个师兵力从南城墙突进市区，展开激烈巷战。腾冲城内街巷稠密，房屋相连，顽敌利用民房家家设防、巷巷筑堡，战斗惨烈。国军由于牺牲惨重，又将防敌增援的第130师投入攻城战役。9月14日，沦陷了两年零4个月又4天的腾冲，重新回到了腾冲人手中。

从1944年5月11日远征军第20集团军强渡怒江至9月14日攻克腾冲城，

腾冲战斗期间，美军摩托兵请一个挑担的中国孩子搭顺脚车

远征军士兵在腾冲街道上搜索残存的日军

历时 127 天，所历大小战役 40 余次，共俘获日军官 4 人，士兵 60 余名。毙敌少将指挥官及藏重康美大佐联队长以下军官 100 余员，士兵 6000 余名。远征军伤亡军官 1234 员，士兵 17075 名。

腾冲百姓没有想到，和他们并肩作战的还有洋人。中国远征军中有个美军参谋团，参与战役策划；在空中，美国空军第 14 航空队参战。盟军空军还承担了空运任务。腾冲在战前有座机场，战争中又修了几座临时机场和空投场供盟军空军使用。远征军反攻期间，盟军空运异常繁忙，日夜飞行，将大批弹药、粮食等军需品运抵腾冲，支援地面作战。

腾冲战斗中，远征军士兵从一名战死的日军士兵处拿起这面日本旗

1943 年 8 月 17 日，盟军空军第一次轰炸腾冲城内日军，到 1944 年 9 月 11 日的 390 天内，盟军空军共出动 20 多次、300 多架飞机，先后在高黎贡山、来凤山、腾冲城内外轰炸日军。1944 年 8 月 22 日，盟军空军出动 60 架分 5 批轰炸扫射腾冲城西北角的日军堡垒群。9 月 10 日的空战中击落日机 4 架，这些出击减少了远征军地面部队伤亡，摧毁日军大部分堡垒。

为打通滇缅公路，20 万中国远征军集结滇西，经过 4 个月鏖战，光复腾冲，而和腾冲战役同样以惨烈闻名的，还有松山

美军第14航空队把中国伤员空运到后方医院
救治

远征军的军马都坐上了飞机

血战。

滇缅公路经惠通桥越过怒江后，在松山盘旋40余千米。中国远征军首次入缅作战失利，滇缅公路被切断。撤退到怒江东岸的远征军余部与日军隔岸对峙。日军在怒江西岸及滇缅公路旁的松山修建坚固的准要塞式防御工事。松山突兀于怒江西岸，形如天然桥头堡，称"东方的直布罗陀"，扼滇缅公路要冲及怒江打黑渡以北40里江面，进可攻，退可守，还与腾冲，龙陵形成犄角之势，互相呼应，松山不克，滇缅公路不通，交通运输困难，反攻龙陵、腾冲，就会得而复失。所以说松山战役是滇西战役中的关键性战役。日军从1942年占领松山，驻守第56师团下属拉孟守备队，配备强大火力，有115重炮群、高射机枪、坦克等，兵员一千多人。

主攻松山的是宋希濂第11集团军中战功累累，号称"荣誉1师"的第8军和71军新编28师，若以兵力论，中国远征军约为日军30倍。松山战役战场在高黎贡山山脉，海拔2200米的主峰顶上。

中国远征军与陆续赶来的援军整编为滇西远征军，下辖第11、第12集团军，计16万人，并接收少量美式装备。1944年，为重新打通滇缅公路，驻印军（X部队）松山战役战略要图开始从印度反攻缅甸，按照史迪威的计划为配合驻印军行动，滇西远征军（Y部队）分左右翼渡过怒江占领腾冲、松山、龙陵。松山的战略地位尤其重要，它扼守着滇西进入怒江东岸的交通咽喉。紧靠怒江惠通桥，"前临深谷，背连大坡"，左右皆山。

滇西远征军计划主攻腾冲，以尽快与驻印军取得联系，而对龙陵方向以防

在松山作战中，这位操作美制火炮的也是小不点儿

御日军增援为主。但进攻计划数月前已泄密，日军已做好准备，将龙陵和松山日军主力部分调往腾冲，龙陵较空虚。滇西远征军对此毫不知情，继续按原计划攻击，在高黎贡和腾冲损失惨重。

1944 年 5 月 16 日，在龙陵方向作战的第 11 集团军 71 军 88 师 262、264 团在平戛方向的勐糯三村缴获日军作战命令一份，方知我方攻势计划泄密。远征军总部命令右翼第 20 集团军继续攻击腾冲，左翼第 11 集团军由防御转为主动攻击龙陵、芒市。松山久攻不克，弹药粮草等只能靠人力、畜力从保山翻越山路转运，雨季影响，无法保障前线需要。那时运弹则无法运粮，运粮即无法运弹。6 月 11 日，松山守备队第 113 联队长松山秀治率队 1500 人增援

龙陵，本已攻占的龙陵城区一部防线被攻破，不得不退守相持。腾冲攻势陷入胶着状态，滇西战局全线告急。松山战役遂成为扭转滇西战局的关键。

1942 年 5 月日军进驻怒江西岸后，将松山作为警备中心、进攻据点和防御支撑点三位一体的战略目标，开始阵地建设。1943 年太平洋败退中，日军预见到松山作为支撑滇西和缅北防御体系重要支撑点作用凸显，拟将松山建为永久性防御要塞。日本缅甸方面军第 15 军令第 56 师团派出工兵联队，从中国滇西、缅甸、印度等地强征民夫 1670 余名，昼夜施工。为保密，仅允许他们到大垭口为止。工事完成后，日军将抓来的民夫以打防疫针为名，全部秘密注射处死，焚尸掩埋。

后对松山腹部阵地加固和扩建。至 1944 年 5 月，于远征军反攻前夕完成松山地区的准要塞式堡垒防御阵地体系：在滚龙坡（日军称本道阵地）、大垭口（日军称中间阵地）、松山、小松山、大寨、黄家水井、黄土坡（日军称横股阵地）、马鹿塘编成 7 个据点群，每个均以数个最坚固的母堡为核心，四周有数个子堡拱卫，共有子母堡 40 多座，堡垒互为侧防。

1946 年方国瑜教授曾进入日军工事，描述日军堡垒为："敌堡垒主体构筑，大部分为三层，上作射击，下作掩蔽部或弹药粮食仓库；更于下层掘斜坑道，其末端筑成地下室，又有于下层之四周筑地下室者。堡垒上掩盖圆径至 70 厘米之木桩，排列成行，积四五层，上铺 30 毫米厚的钢板数层，积土厚逾 1 米，

松山要塞前，中国远征军使用火焰喷射器

虽山炮命中，亦不能破坏此坚固工事。堡垒出地面之四周，安置盛满沙石之大汽油桶，排列三重，桶间复加钢板数层，桶外被土，故150毫米榴弹重炮命中不能破坏，内部所受之震荡亦微。堡垒内三层之间，亦盖以圆木径50厘米者二三层，故上层倒塌不致影响下层。"堡垒外围遍布蛛网状交通壕，以连接各主要阵地，步兵炮亦可移动。且交通壕侧壁凿有大量洞穴式掩蔽部，并连缀散兵坑。部分据点外设有铁线网两三道，纵深4米。随着堡垒阵地群的建成，松山也将近挖空，状如大型蚁巢，地下交通网络四通八达，因伪装良好，无论空中还是陆上，均不易察觉也不易破坏。

阵地建造过程中，日本南方军司令官寺内寿一大将，缅甸方面军司令官河边正三中将，第15军司令官牟田口廉也中将，都曾在第56师团长松山祐三中将陪同下亲临视察，他们现场观看了重炮轰击和飞机轰炸试验，数枚500磅的重型炸弹直接命中，亦未能使工事内部受到损害。日军司令官们对此极为满意。河边正三在写给南方军的报告中称："松山工事的坚固性足以抵御任何强度的猛烈攻击，并可坚守8个月以上。"另据日方《缅甸作战》："建成后的松山阵地枢纽部可承受中口径火炮直接命中，阵地内储存了作战物资，可坚持至少三个月战斗"。

主堡内有重机枪，子堡及侧射堡内有轻机枪，交通壕内有步枪、枪榴弹、掷弹筒，主堡后有迫击炮。近距离用冲锋枪、手榴弹。使用各种直射、曲射兵器，阵地前编成浓密火网。

松山要塞1250名日军只活下来9人，这是其中2人

441

松山作战中发现的日军慰安妇，而且已
怀孕。如何处理，这个远征军士兵作难了

松山战役进行时，骡马队正向龙陵运送弹药

接近堡垒是非常困难的。障碍物及附属设施：阵地前有铁丝网、鹿砦，敷设地
雷及陷阱。阵地内附设有水管及照明设备。防守松山的日军，利用地形编成阵
地，各据点具备独立作战能力。其强固程度，相当于钢筋水泥之永久工事。

防守松山的日军是第 56 师团第 113 联队主力及师团直属野炮第 56 联队 1
个大队，配属辎重兵、卫生队和防疫给水部一部，常驻兵力 3000 人，取名"拉
勐守备队"。滇西作战时，原守备队长松井秀治大佐率联队主力增援高黎贡、
龙陵。松山地区指挥官，即为野炮兵第 56 联队第 3 大队队长金光惠次郎少佐。
当时守备队兵员，共约 1340 名。

1944 年 6 月 1 日，怒江东岸远征军重炮射击松山、音部山日军阵地。第
11 集团军 71 军新 28 师强渡怒江，向竹子坡攻击前进。远征军突然发动左翼
固然有利，但对敌情报严重缺失，在第 71 军新 28 师移交任务时，转给第 8 军
的仍是"其情报敌仅三四百人，炮一二门，据有坚强之工事"。

6 月 5 日，第 71 军新 28 师 82 团攻击阴登山阵地。阴登山有六七十度陡坡，
到处是暗堡，为松山主峰屏障。远征军进入阵地 100 米内日军突然开火。冲击
山顶的第 3 营仅一个排的人生还。东岸山炮营支援 82 团另两次山顶冲锋均遭
失败。83 团一部破坏了淘金河公路桥梁，切断龙陵日军增援通路。82 团再次
报告日军偷袭未遂险情，建议通报各部保持高度警觉。

6 月 6 日，82 团调两具美式巴祖卡火箭筒、3 具 M2 火焰喷射器。步兵越
过铁丝网，冲上山顶，与日军肉搏。但反斜面及松山日军炮火向山顶轰击，全

团伤亡 50 余人，计日军伤亡不下
于此。7 日，82 团夺取阴登山阵地，
日军队长被炸断腿自杀。83 团攻
击滚龙坡。滚龙坡为竹子坡后最高
点，如能占领则松山日军腹背受敌，
故战事激烈不下于阴登山争夺战。

6 月 8 日至 20 日，战事陷入
僵局。11 日，第 6 军新 39 师 117
团划归新 28 师。13 日，远征军在
向导带领下，破坏日军由黄土坡至
大垭口、阴登山供水管。15 日至

在怒江前线，远征军司令卫立煌蹲着吃饭

17 日，龙陵反现危局，卫立煌被迫用总预备队新编第 8 军，荣 1 师 2 团 3 营、
荣 3 团拨 71 军。20 日，82 团完全占领阴登山，但无力攻松山。83 团、84 团
2 营攻滚龙坡。我重炮无意间命中大垭口敌炮兵弹药库。至此，松山攻击中我
方各部伤亡 1600 多人，其中新 28 师伤亡逾千。

6 月中旬，雨季来临，怒江江面涨宽，交通断绝，山道泥泞，骡马不能
行，无后勤保障，远征军虽人数占优，但大雨滂沱，进攻困难。松山不克，可

1945 年 1 月 22 日，中国驻印军与滇西远征军各一部在缅
甸木司会师

一名驻印军士兵和一名滇西远征军
士兵偶然相遇，二者从装备到着装，差
别很大

能全线崩溃。卫立煌、宋希濂令第 71 军钟彬军长率新 28 师 84 团转至松山。6 月 22 至 23 日，71 军几个团攻击松山日军。27 日，钟彬令刘又军为前线指挥官，以 117 团、炮 1 团步炮协同攻击，失利。到 7 月初第 8 军接防，攻下竹子坡、腊勐街、阴登山几个支撑点，第 71 军 28 师、第 6 军新 39 师 117 团伤亡近 1700 人，毙伤日军 596 人。6 月 28 日，日军飞机给守备队空投弹药补给，这是松山战役以来日军飞机首次出现，日军士气大受鼓舞。

6 月 30 日，卫立煌决心由远征军总预备队新编第 8 军担任松山攻击，令第 8 军军长何绍周接替第 71 军。何绍周在前线召集师团长会议，不能仅以占领制高点为目标，须攻克堡垒，全歼守敌。具体方法是：采取限制目标攻击法，逐步攻略，避免一举突贯；以占领高地棱线为满足，绝对禁止突下反斜面，以免被袭；以有力之兵占领敌工一中，逐步严密肃敌；必以炮火先行破坏敌堡。进攻重点仍是滚龙坡，再逐步推进。

松山战役成为中国军队第一次真正意义上全胜的攻坚战。第 8 军 103 师 307 团奉远征军司令长官部令，自祥去车运抵达腊孟街。7 月 10 日，远征军司令长官部调第 71 军山炮第 1 连赴平夏，何绍周请示暂缓，未得允许。第 8 军向第 11 兵站分站借到步机枪弹两万发、炮弹 1379 颗。7 月 14 日，何绍周电告东岸炮兵调整战术，改区域性轰炸为限制目标，精度射击，定点破坏。至此确立对敌阵地"先行软化，再行攻略"方针。

7 月下旬，何绍周将指挥所设在竹子坡，卫立煌亲临，要求不能急于求成，应弄清敌情，步炮协同逐一破坏；昼夜对壕作业，蚂蚁啃骨头。21 日，本道阵地守备队长井上要次郎中炮毙命。23 日，15 架日机空降物资。远征军展开中国近代战争史上罕见的步、炮、空等诸兵种联合攻击作战。何绍周要求各师指挥部于阵前 1000 米内，团指挥部于 500 米内；

在缅甸木司，中国驻印军请滇西远征军品尝供应他们的美军食品

军指挥部距中央阵地 1000 米内，均在敌重武器有效射程内。7 月底，何绍周令 71 军山炮营 2 连组成"单炮敢死队"推进至阵前 300 米摧毁堡垒。8 月 2 日，何绍周被迫下令炮击己高地，远征军 246 团几十名士兵与日军同归于尽，终于占领滚龙坡，斩断敌阵之首。

8 月 3 日，蒋介石严令卫立煌转第 8 军于 9 月上旬克服松山，"如果违限不克，军、师、团长应以贻误戎机领罪！"何绍周遂召集众将开会，决定对子高地实施"坑道爆破"，为掩护坑道作业而行牵制性攻击，伤亡颇重。日军守备队长金光惠次郎下令重伤员自杀，遭抵制。日军派出小队夜袭，炸毁我方 4 门火炮。13 日，307 团前锋夜袭大寨，下士班长张学成带 3 名战士冲入敌 113 联队司令部，缴获日军 113 联队关防印鉴。15 日起，敌预感远征军爆破子高地意图。18 日，日机 21 架轰炸惠通桥。19 日晨，远征军将 120 箱、共 3000 千克美制 TNT 烈性炸药，装入子高地敌堡下。

8 月 20 日，卫立煌、宋希濂及美军将领至竹子坡观战。9 时 15 分，何绍周通过电话下令起爆。敌主峰碉堡被冲起数米，烟柱一两百米高。远征军趁势夺取松山子高地。8 月 24 日，何绍周指示熊绶春统一指挥主攻丑、寅高地，攻击部署必须牺牲少、效果大、时间短。25 日，卫立煌派督察组至松山。第 8 军提出弹药不足等问题，请督察组将军队态势、兵力概要及不能"孤注一掷"攻击之由转报卫立煌，表示绝不违命。

9 月 2 日，第 8 军指挥部推进到子高地。清晨 6 点，何绍周电话命令各部限本日肃清松山之敌，准备通车。午后 1 时，何绍周转各部卫立煌严令："松山残余之敌为数甚少；目前全局成败，转捩点全在松山；限该军于本日将松山及大寨之敌全部肃清，不得借口先后及顾虑任何牺牲；如逾限未能达成任务，着将负责之师、团长一起押解长官部，以军法从事，该军长亦不能辞其责！"深夜，第 8 军司令部下达次日最后歼灭全部日军令，103 师师长熊绶春为左兵团指挥；82 师副师长王景渊为右兵团指挥。另以 245 团为松山既占地区守备队，

1945 年 2 月 26 日中国驻印军 50 师副师长命令侦察排前出探路

1945 年 6 月 5 日中国远征军新 6 军向芷江日军发动攻势

副军长李弥统一指挥守备队及右兵团。

9 月 3 日，第 309 团占领 3 号高地一座堡垒。当夜，日军组织兵力反扑，阵地得而复失。卫立煌电令枪毙第 309 团团长陈永思。9 月 4 日，何绍周令王光炜代理第 309 团指挥，与陈永思一道率敢死队攻占 3 号高地堡垒。当夜再次遭到日军偷袭，阵地丢失。荣 3 团团长赵发毕率 20 余名兵力驰援。9 月 5 日，荣 3 团与第 309 团将 3 号高地反扑之敌击退。当夜，松山日军陆续向第 56 师团发出"最后处置"情况和"诀别"电报，命令重伤员自杀，并残忍杀害部分朝鲜慰安妇。9 月 7 日凌晨，真锅邦人焚烧军旗后独自发起"死亡冲锋"，被击毙。松山战役取得完全胜利。

松山战役是中国抗日战场首次获得胜利的攻坚战，既是中国军队首次歼灭一个日军建制联队（团）的战役、又是日军在亚洲战场的第一个所谓"玉碎"战。日本天皇亲授的联队军旗被毁，113 联队不复存在，成为日军在中国战场上首次遗留上千具遗骨迄今无法收殓的败仗。松山战役从 6 月 4 日至 9 月 7 日共 95 天，远征军伤亡 7763 人（阵亡 4000 人），失踪 50 人。毙杀日军超过 1250 人，敌我伤亡比 1：6.2。战死人数超过负伤人数。松山战役是抗日战争中最为惨烈的战役之一。

龙陵县城毗连芒市，滇缅公路穿境而过。日军侵入滇西，龙陵县城则是重兵集结地点，日军第 33 军团第 56 师团长松山佑三，参谋长川道高士雄亲临龙陵指挥。第 56 师团 146 联队一部，148 联队第 3 中队，第 18 师团 114 联队一部，229 联队一部，56 工兵连队，56 炮兵联队，共 8000 多日军作战于龙陵。

中国远征军分路进击松山、腾冲时，第 11 集团军即从第 2 军和第 71 军中抽出精锐，共同组成突击队，绕过松山侧翼直插龙陵，6 月 6 日向驻守龙陵县城一线的日军发起进攻，经过两昼夜激战，截断了龙陵与芒市之间的公路联系，并肃清了龙陵城外大部分据点中的据守之敌。

6月8日晨，第71军87、88师向龙陵东南郊敌阵进击，力图抢占猛岭坡，战斗打成拉锯，猛岭坡阵地9次易主，263团最终以团长傅碧人负重伤、全团官兵伤亡500多人为代价，下午5时才将该阵地完全攻克。此后两天，远征军分路向龙陵城外的日军发起猛攻。6月10日，3个师对城内日寇重重围困，攻城在即，残余日军只得退回到城内坚固工事顽抗。

6月13日，正当远征军着手攻打龙陵县城之际，驻守腾冲的2000多名日军南进驰援龙陵，驻守芒市的1000多名日军也沿滇缅公路北上，驻守象滚塘的500多名日军急速东进龙陵，同远征军发生激战。在日军精锐部队大军压境的情况下，远征军第71军主力部队被敌军从中截断，腹背受敌的87师伤亡惨重、险遭覆没。迫于情势，远征军只得于16日退回到城郊一线，保存实力准备再战，远征军首攻龙陵因此功败垂成。

6月16日夜，驻守龙陵县城附近各据点中的5000多名日军在坦克掩护下，沿滇缅公路两侧向远征军发起突袭，双方伤亡惨重。7月13日，第71军集结了87师、88师、荣誉1师、新28师、新39师5个师的30000兵力，从东、北、南三面向龙陵县城一带的日军据点发起第二次围攻，再度占领赧场、长岭岗、猛岭坡、广林坡、三关坡等日军阵地，控制了龙陵至芒市、腾冲的公路。因松山尚未克复，围攻龙陵的部队给养困难，日军为尽快打通芒市至龙陵公路，向龙陵增派第56师团、第2师团主力15000多人，向远征军发动疯狂反扑。在敌人炮火猛烈攻击下，驻守龙陵城外的新39师所剩官兵不到百人，新37师遭受重创，其死守阵地的117团3营将士全部殉国，不少阵地重新陷落敌手。因将士伤亡惨重，远征军只得于9月10日再度退回到龙陵城北近10千米的赧场一带堵击，第二次进击龙陵宣告失败。

8月22日蒋介石将宋希濂调到重庆受训，职务由黄杰代理。9月中旬，远征军结束松山、腾冲之

抗战胜利之日，中国驻印军新6军从湖南芷江空运到南京

役，相继汇聚龙陵，一面进袭龙陵至芒市间阵地，防止敌兵增援，一面集中10 个师，于 10 月 29 日向龙陵城区发动第三次总攻。经 5 天战斗，在 11 月3 日将据守龙陵的日军大部歼灭，夺回龙陵。

"三攻龙陵"系滇西反攻战中规模最大、耗时最长的要塞争夺战。长达 4个多月战斗中，远征军投入 11.5 万兵力，历经大小战斗数百次，共歼灭日军10000 多人，除 400 余名残敌突围溃逃芒市外，其余被全歼。远征军为此付出的伤亡代价则为 29803 人。龙陵战役是滇西反攻作战中，耗时最长，牺牲最大的攻坚战，也是歼灭日军最多的战役。

根据国民政府 1945 年 12 月《滇西战役统计表》及《抗日战争期间滇西损失统计》：滇西抗日反攻战役中，国军投入 16 个师 16.2 万人，其中龙陵为 12个师 11.5 万人；全役历经 236 天，其中龙陵 156 天；全役伤亡官兵 50474 人，其中龙陵伤亡 29803 人。全役毙敌 25393 人，其中龙陵 13200 人。克复龙陵后，日军赖以盘踞滇西的强固阵地均被扫除，被驱赶到了芒市一线（今德宏州境内）的一马平川之地，自此再无险可守。

58. 冲绳岛战役：太平洋岛屿的收官之战

冲绳岛战役发生于 1945 年 4 月 1 日至 6 月 21 日，是在琉球群岛中冲绳本岛进行的战役，是太平洋战场中规模最大的两栖登陆行动和伤亡人数最多的战役。

美军占领菲律宾后，冲绳在本土防御中的地位更加突出，冲绳岛一旦失守，日本在本土、朝鲜及中国沿海地区的制海权、制空权悉数丧失，日本赖以维持生存的通往东南亚的海上交通线将被切断。日军大本营判断，美军在进攻日本本土之前，必先在冲绳岛登陆，所以对冲绳防御极为重视。

1945 年 1 月，日军在琉球群岛守备兵力为第 32 军，辖 4 个师团和 5 个旅团，以冲绳岛为防御重点，由第 32 军军长牛岛满中将指挥第 9、第 24、第 62 师团和独立第 44 旅团进行防御。牛岛满原计划以岛中部两个机场为核心防御地带，先以海上和空中的特攻作战削弱美军，再集中兵力将登陆之敌歼灭滩头。美军进攻菲律宾后，日军大本营将冲绳岛守备部队中最具战斗力的第 9 师团调往台湾，引起牛岛满强烈不满，即以兵力不足为由，放弃歼敌滩头计划，将防线从建有较完备工事的中部地区收缩到

美军第 5 舰队司令雷蒙得·斯普鲁恩斯

冲绳岛的一个地下指挥所

南部,依托筑垒地带实施持久防御。采取的作战方针是将美军诱至得不到海空火力支援的纵深地区,凭借预设阵地将其消灭,根据这一方针,日军将 80% 的兵力配置在以首里为中心的南部地区,北部和海岸仅配置少数部队。美军登陆前,日军在冲绳岛上的兵力为陆军两个师团和一个旅团,加上海军警备部队和陆战队,共约 10 万人。

早在 1944 年 10 月,美军参谋长联席会议就向太平洋战区下达了攻占冲绳岛的指令,由太平洋战区总司令尼米兹筹划。1945 年 1 月 3 日,美军参谋长联席会议批准冲绳岛作战计划,2 月 9 日批准登陆计划。登陆日期确定为 1945 年 4 月 1 日,于 3 月 1 日对冲绳岛猛烈空袭。

美军参战兵力为 45.2 万人,舰艇 1500 余艘,飞机 2500 架。第 5 舰队司令斯普鲁恩斯海军上将任总指挥。

日本本土航空基地距离美军塞班岛轰炸机基地在 800 海里以上,只有航母舰载机和 B-29 轰炸机能到达。由于航母编队已在海上征战多日,又要在即将开始的冲绳岛登陆中担当海空掩护,迫切需要在战役开始前休整。B-29 归美国陆军航空兵的战略空军部队指挥,所以尼米兹向陆军航空兵司令阿诺德上将提出请求。阿诺德认为属战术任务,不愿出动 B-29。尼米兹指出,海军在硫磺岛伤亡惨重,是替战略轰炸机取得基地,"战略空军宪章"规定战区总司令在紧急关头有使用战略轰炸机权利。阿诺德只得让步,同意将 B-29 用于对日本本土飞机制造厂和航空基地的轰炸。

第 21 航空队司令李梅少将为提高轰炸效果,将白天高空精确轰炸战术改为夜间低空轰炸,拆除 B-29 上除尾炮以外所有武器,载弹量增至 7 吨,全部使用燃烧弹,这一战术称"李梅火攻"。3 月 9 日晚,334 架 B-29 在东京投下近 2000 吨燃烧弹,将东京 42 平方千米城区化为一片废墟,建筑物被毁 25 万幢,100 余万人无家可归,平民死亡达 83000 人,伤 10 万人。随后又以同样战术对名古屋、大阪、神户等城市大规模轰炸,至 3 月 19 日共出动 B-29

约 1600 架次，投掷燃烧弹近万吨，迫使日军疏散这些城市的飞机制造厂，大大降低了飞机产量。

3 月 27 日和 31 日，第 21 航空队根据尼米兹的要求，转而轰炸日军在九州的各机场，使九州地区的航空兵几乎瘫痪。同一时间，美军组织的攻势布雷又将下关海峡彻底封锁，阻止了日海空军对冲绳岛的增援。

美军第 5 舰队航母编队第 58 特混编队，由编队司令米切尔指挥，于 3 月 14 日从乌利西基地出发，攻击日本本土，第 5 舰队司令斯普鲁恩斯随同编队行动。3 月 17 日夜，特混编队被日军侦察机发现，对此日军大本营内部出现了两种不同意见，有的认为这是美军为在冲绳登陆而实施的预先航空火力准备，应迅速反击；有的认为应当在登陆开始之后再反击，在情况未明之前不应轻易出击，以免不必要的损失。最后大本营考虑到航空兵力损失严重，新部队正在突击训练，因此只要美军登陆的迹象不明显，就尽可能不动用航空兵，以保存实力。

3 月 18 日，第 58 特混编队到达距九州东南约 90 海里处，从凌晨开始出动舰载机攻击九州机场。日本第 5 航空舰队司令宇桓缠海军中将虽然接到待美军登陆编队出现时再出击的命令，但认为如果任凭美军轰炸，他的航空兵力都将被消灭在地面上，遂下令出击。193 架日机对美军舰队发起攻击，"企业"号航母中弹一枚，一架日军自杀机在"勇猛"号航母舷侧被击中爆炸，碎片落到航母机库甲板，引起大火，舰上水兵死 2 人，伤 43 人，"约克敦"号航母也被击伤，舰体被炸开两个缺口，水兵死 5 人，伤 26 人，所幸三舰伤势都还不重。日机则损失 161 架。

3 月 19 日，美军航母编队出动近千架舰载机，轰炸吴港、大阪和神户的飞机制造厂和九州、四国等地机场，日军第 5 航空舰队出动飞机反击。"黄蜂"号航母中弹数枚，燃起大火，舰员死 101 人，伤 269 人。

更大灾难在后面，7 时许，"富兰克林"号航母舰载机正在起飞，一架日军"彗星"轰炸机俯冲而下，在 30 米高度投下两枚炸弹，一枚在机库甲板爆炸，另一枚穿透两层甲板，在军官舱附近爆炸。航母机库里全是加满油挂满炸弹的飞机，爆炸后立即引起连锁爆炸，大火引起的浓烟直冲云天，几十架飞机被炸毁，舰员伤亡多达数百人。"富兰克林"号甲板上遍布飞机残骸，大火蔓延到后甲板弹药堆，引起了更大爆炸。第 2 大队司令戴维森海军少将通知舰长盖尔斯上校可以下令弃舰，盖尔斯认为还能挽救。戴维森立即调动第 2 大队其他军舰救援，"圣非"号轻巡洋舰用钢缆拖住"富兰克林"号，阻止倾覆沉没。盖尔斯下令向弹药舱注水，避免更大爆炸，注水后航母开始右倾。9 时 30 分，锅炉停止工作，右倾加剧，"圣非"号眼看无力控制倾斜，担心被航母巨大的舰体拖翻，只得砍断钢缆。"匹兹堡"号重巡洋舰赶来，布置钢缆阻止"富兰克林"号倾斜，经过努力，终于制止航母倾斜，"圣非"号再度靠近航母，将钢缆以前主炮作支点，系上航母，协同"匹兹堡"号一起矫正航母倾斜。

18、19 日两天的突击中，美军损失舰载机 116 架，1 艘航母遭重创，4 艘航母和 1 艘驱逐舰被击伤，在空中和地面上共消灭日机 528 架，炸沉炸伤日舰 22 艘，并对九州地区的飞机制造厂和航空基地造成了较大破坏。

3 月 20 日，天气转雨，第 58 特混编队南撤，日军因航空兵力损失严重，只以少数飞机进行了零星袭扰。3 月 22 日，第 58 特混编队与后勤支援大队的补给船只在海上会合，补充粮、弹、油。3 月 23 日，第 58 特混编队到达冲绳岛以东 100 海里水域，开始对冲绳群岛进行预先航空火力准备。日军大本营认为是美军航母编队向乌利西返航时的顺便之举，并不以为然。

3 月 16 日，英军第 57 特混编队从马努斯岛出发，20 日抵达乌利西基地短暂休整。23 日从乌利西起航，向先岛群岛航行。26 日拂晓到达先岛群岛主岛宫古岛以南 100 海里处，随即出动舰载机对岛上机场实施突击。

这支航母编队共有 4 艘 23000 吨级航母，排水量与美军的"埃塞克斯"级航母相差无几，但舰载机只有 36 架，仅为美军航母载机数的一半，原因是英舰飞行甲板及弹药舱、机舱等舱室都有 50 毫米厚装甲钢板，后来面对日军自杀飞机撞击时，英舰生存能力要比美舰强。

斯普鲁恩斯命令德金海军少将指挥第 52 特混编队第 1 大队的护航航母与英军航母协同，共同对先岛群岛和台湾北部机场进行压制性轰炸，给日军的航空兵力和机场设施造成严重破坏。在美军登陆编队到达冲绳岛海域前，第 58 和第 57 特混编队已经有效地削弱了日军在冲绳群岛北南两个方向的航空兵力，进一步孤立了冲绳岛守军。

3 月 17 日，第 52 特混编队制定庆良间列岛登陆计划，根据空中侦察，日军在庆良间列岛的防御薄弱，决定以第 77 师主力在 6 个较大岛屿同时登陆，力争一举夺取庆良间列岛。

3 月 23 日，布兰迪海军少将指挥第 52 特混编队对登陆作战实施支援，对冲绳岛接近航道进行扫雷，护航航母则出动舰载机对冲绳岛、庆良间列岛日军进行轰炸，以掩护扫雷行动。

3月25日，支援编队中的两艘巡洋舰和3艘驱逐舰对庆良间列岛实施预先火力准备，掩护水下爆破大队侦察各岛屿登陆地点的海滩情况，发现久场岛和屋嘉比岛两岛屿预定登陆点水下密布暗礁，登陆艇无法直接驶上海滩，只能使用履带登陆车，而现有履带登陆车不能满足在6个岛屿同时登陆的需要，因此美军临时改变计划，先只在其他4个岛屿登陆。

3月26日凌晨，第51特混编队11艘战列舰、11艘巡洋舰、24艘驱逐舰和8艘护卫舰对冲绳岛实施炮火准备，掩护庆良间列岛登陆。7时，第77师由430余艘登陆舰艇运送，分4路，在海空火力支援下，同时在坐间味岛、阿嘉岛、庆留间和外地岛登陆，日军抵抗微弱。黄昏时，美军占领4岛，开始在庆良间海峡布设浮标等锚地设施。入夜后，日军以自杀飞机和自杀艇对登陆美军进行了特攻袭击，虽给美军造成些损失，但对战斗已没多大影响。

3月27日，美军向其余岛屿发展进攻，占领了庆良间列岛。

3月31日，美军第77师占领庆良间列岛与冲绳岛间的庆伊濑岛（距冲绳岛约6海里），两个155毫米炮兵营组成的野战炮兵集群上岛建立阵地，以支援冲绳岛登陆。而冲绳岛的登陆行动在此前已经开始了。

3月26日4时，第51特混编队炮击冲绳岛，天亮后，第58特混编队的航母舰载机和第52特混编队护航航母舰载机以及从马里亚纳、菲律宾起飞的陆军航空兵对冲绳岛进行了持续轰炸。

3月29日，美军扫雷舰已将接近冲绳岛航道中的水雷清扫干净，战列舰、巡洋舰能够驶到很近距离，进行精确射击。

至3月30日，美军的火力准备已5天，而冲绳岛上10万日军居然没有任何还击，让美军非常奇怪。

4月1日，美军登陆编队于拂晓时分到达冲绳岛海域，并开始换乘。4时许，特纳发出登陆命令，美军炮火支援编队的军舰随即开始射击，掩护登陆部队抢滩上陆。陆战2师首先在冲绳岛东南海岸登陆，实施佯攻，以吸引日军注意，分散日军兵力，为真正的登陆创造有利条件。8时，美军登陆的主攻部队从登陆舰转上登陆艇，登陆艇排成5个攻击波向岸上冲去。

陆战1师、陆战6师和陆军第7师、第96师，在冲绳岛西海岸从北到南正面约9千米地段登陆。8时28分，美军飞机结束扫射，舰炮停止射击，第一波登陆艇此时距海滩仅70米。8时32分，第一波登陆部队冲上岸。整个登

美军在冲绳岛登陆

陆过程，日军没有任何抵抗。

4月2日，美军开始向东推进，以切断日军防线。4月4日，美军两个陆战师横跨整个岛屿到达东海岸的中城湾，占领岛中部地区，将日军防线一分为二。原计划15天完成的任务，仅4天就实现了。

日军原计划在美军实施冲绳岛登陆时发动"天号作战"，集中陆海军飞机，攻击美军登陆舰艇。当3月26日美军在庆良间列岛登陆时，日军判断美军对冲绳的登陆已开始，海军联合舰队司令丰田副武大将下令实施"天号作战"，但"天号作战"的主力第5航空舰队的岸基航空兵，在反击美军对九州地区的空袭中损失惨重，已无力组织大规模作战。而海军其他航空兵部队大多还在训练中，陆军航空兵则还没来得及调到九州，因此，日军只出动了少量飞机进行攻击。

从3月26日至31日，包括侦察机在内，日军出动的飞机才100架次，其中自杀飞机约20架次。尽管"天号作战"草草收场，出击的自杀飞机数量虽少，还是给美军造成了一定损失。3月31日，美军第5舰队司令斯普鲁恩斯的旗舰"印第安纳波利斯"号巡洋舰被日军的自杀飞机撞中，舰体被撞出两个大洞，紧急前往庆良间列岛抢修，斯普鲁恩斯只得改旗"新墨西哥"号战列舰。至4月5日，日军共击沉快速运输舰1艘，击伤包括战列舰两艘、护航航母1艘、巡洋舰3艘在内的39艘各型舰艇。

4月6日、7日，日军以九州的第5航空舰队和第6航空军为主要兵力，台湾和先岛群岛的第1航空舰队和第8飞行师团为辅助兵力，出动飞机699架，其中自杀飞机355架。击沉美军驱逐舰3艘、坦克登陆舰1艘和万吨级军火船两艘，击伤战列舰、航母、护卫舰和布雷舰各1艘、驱逐舰8艘，美军伤亡有数百人之多。日军将这两天的战斗称为"菊水一号"作战，出击的日机共被击落335架，约占出击总数的48%。

4月12日、13日，日军发动了"菊水二号"作战，因为"菊水一号"作战中损失的飞机还没来得及补充，所以出击的飞机数量要比第一次少，共392

架，其中自杀飞机 202 架。由于兵力不足，日军在攻击战术上作了一些改进，先出动战斗机吸引美军的战斗机，当美军战斗机燃料耗尽返回母舰时，攻击机才飞临目标上空进行攻击，同时日军开始使用一种新式武器——"樱花弹"，实际上是火箭助推的载人航空炸弹，由攻击机携带到达战区后脱离载机，由敢死飞行员驾驶冲向目标，装有一吨烈性炸弹，由 3 台固体燃料火箭发动机推进，时速高达 800 千米，威力很大，美军则称之为"八格弹"。此次作战，日军共击沉美军驱逐舰、登陆舰各 1 艘，击伤战列舰 1 艘、驱逐舰 6 艘、护卫舰 3 艘、扫雷舰、布雷舰和登陆舰各 1 艘，日军损失飞机 205 架。4 月中旬开始，美军为了减少损失，派出雷达警戒舰，当发现日机时，一边发出预警，一边引导战斗机前去拦截。此外还在刚占领的冲绳岛机场

美军攻占日军战壕

冲绳岛的美军掩体

上布置大量战斗机，专门用于截击日军来犯飞机。

4 月 16 日，日军发动"菊水三号"作战，出动飞机 498 架，其中自杀飞机 196 架，击沉美军运输舰和军火船各 1 艘，击伤航母、驱逐舰、医院船各 1 艘，运输舰两艘，日机损失 182 架。此次战斗，"拉菲"号担任雷达警戒舰，早上 8 时，日军 50 余架飞机飞来，由于空中双方飞机混杂，"拉菲"号怕误伤己方飞机，没敢开火。很快两架日军自杀机猛冲过来，"拉菲"号迅速开火击落，随即又有 20 余架日机从几个方向扑来，"拉菲"号全力以赴，组织全舰火力对空射击。日机集中攻击，使"拉菲"号难以兼顾，先后被 3 架自杀飞机撞中，其中一架正撞在 127 毫米尾主炮的炮塔上，剧烈的爆炸当场就将炮塔炸飞，火焰和浓烟喷涌而出，高达 60 米，甲板上到处是日军自杀飞机航空燃油溅洒所引起的燃烧，火势熊熊，损管队员冒死拼搏，竭力控制火势蔓延。紧接着一架日机投下的炸

弹命中 20 毫米高射炮的弹药舱，引发更大爆炸，将舵机炸坏，"拉菲"号失去了机动能力。不久又有两架自杀飞机撞上"拉菲"号，进一步加剧伤势，"拉菲"号后半部火炮全部被炸毁，只剩前部 4 座 20 毫米炮还在坚持战斗，生死搏斗持续 80 分钟。"拉菲"号共遭到了 22 架自杀飞机的攻击，击落 9 架，但被 5 架撞中，还有 4 枚炸弹命中。"拉菲"号受到的创伤如此之重，凭着全体舰员的努力，最终没有沉没。350 名舰员中死 32 人，伤 71 人，几乎占 1/3。次日被拖船拖到庆良间列岛锚地紧急抢修。4 月 22 日依靠修复的自身动力驶到关岛，最后于 5 月 22 日驶抵本土西雅图，直到战争结束后的 9 月 6 日才修复。

日军这三次菊水作战都是在白天进行的，虽然容易发现美军目标，也取得不少战果，但代价相当巨大。对日军而言，无论是损失的飞机，还是飞行员都很难迅速补充，因此随后的菊水作战，日军只得改为夜间攻击。

4 月 21 日和 22 日，日军出动飞机 317 架，其中自杀机 131 架，实施"菊水四号"作战。5 月 4 日和 11 日，日军为弥补损失的飞机，将水上侦察机也改装成自杀机，投入特攻攻击，共出动飞机 597 架，其中自杀机 300 架，先后发动了"菊水五号"和"菊水六号"作战。5 月 24 日、25 日、27 日和 28 日，日军又将教练机改装成特攻机，以增加特攻机的数量，接连发起了"菊水七号"和"菊水八号"作战，共出动飞机 737 架，其中自杀机 208 架。6 月 3 日和 21 日、22 日，日军竭尽全力，出动飞机 502 架，其中自杀机 114 架，发动了"菊水九号"和"菊水十号"作战。

从 4 月 6 日至 6 月 22 日，日本零星出击的飞机总数高达 4109 架次，其中自杀机 917 架次，加上 10 次菊水作战出动的飞机，总计 7851 架次，其中自杀机 2423 架次。虽被击落 4200 余架，但给美军造成巨大损失，共击沉美军军舰 33 艘，击伤 360 余艘。在美军被击沉的 33 艘军舰中 26 艘是被自杀机击沉的。就连米切尔的旗舰"邦克山"号航母也于 5 月 11 日"菊水六号"作战中被两架自杀机撞中，损伤极其严重，舰员死亡和失踪达 396 人，伤 264 人，其中一架自杀机撞上母舰，米切尔司令部所在舱室的 14 名参谋军官当场阵亡。米切尔率司令部其余人员转移到"企业"号航母上，不料 3 天后，"企业"号也遭到了自杀机撞击，失去航行能力，米切尔在 3 天里两易旗舰。由于日军自杀机的疯狂攻击，美国海军高级将领不得不一直留在冲绳海域指挥作战。相比之下，英军参战的 4 艘航母虽遭到日军自杀机的撞击，但损伤远比美军小，这是因为英军航母具有装甲飞行甲板和设计坚固的封闭机库结构，所以抗损伤能力和耐撞击能力要比美军航母强。

日本海军联合舰队经莱特湾一战后，主力已折损大半，残余的水面舰艇退至文莱，整编为第2舰队，伊藤整一接替因在莱特湾海战中出现重大指挥失误而被撤换的栗田健男出任司令，于1944年11月24日回到日本本土的吴港。1945年3月17日，联合舰队判断美军对冲绳的登陆迫在眉睫，命令第2舰队前出至濑户内海西部的德山锚地，做好随时出击的准备。

4月5日，联合舰队决定以第1舰队的"大和"号战列舰、"矢矧"号巡洋舰和"冬月"、"凉月"、"矶风"、"滨风"、"雪风"、"朝霞"、"霞"、"初霜"号8艘驱逐舰组成海上特攻队，配合菊水一号航空特攻作战，4月8日拂晓突入冲绳以西海域，支援冲绳岛上守军。

日军燃油严重短缺，联合舰队搜集到2500吨燃油，还不到"大和"号燃油舱容量6400吨的一半，勉强保证前往冲绳的单程油耗所需，因为航空兵力全数投入菊水作战，这支出击的舰队没有任何空中掩护，是彻底的自杀性海上特攻行动。

因为下关海峡已被美军布设的水雷封锁，4月6日下午，日军舰队只得经丰后水道沿九州岛南下。4月7日6时，舰队通过大隅海峡，经九州岛最南端的佐多岬后，伊藤整一决定以280度航向先向西，尽量避开美军飞机的搜索，到黄昏后再转向冲绳。 其实早在日军舰队经过丰后水道时，就已经被在丰后水道的美军"线鳍鱼"和"棘鱼"号潜艇发现了。这两艘潜艇将敌情迅速向斯普鲁恩斯报告，斯普鲁恩斯立即命令戴约少将指挥第54特混编队的6艘战列舰、7艘巡洋舰和21艘驱逐舰，从冲绳海域迅速北进，尽可能引诱日军舰队向南，使其得不到岸基航空兵的支援，也不能迅速撤回本土，以利第58特混编队的航母舰载机实施攻击。如果舰载机未能将其消灭，第54特混编队的战列舰和巡洋舰就以舰炮火力歼灭之。同时命令米切尔的第58特混编队做好战斗准备。米切尔随即率领第58特混编队的第1、3、4大队向冲绳东北海域航进，以占领有利的出击位置，第2大队因正在冲绳以东海面进行水上补给，没有参加此次战斗。

4月7日拂晓，第58特混编队出动了40架飞机，呈扇面搜索冲绳北面海面，而担负突击任务的机群则在航母甲板上待命，只等一发现日舰就立即起飞攻击。8时32分，"埃塞克斯"号航母的侦察机在甄列岛西南发现了日军舰队正以12节航速300度航向行进。正在空中巡逻的两架水上飞机闻讯后，立即赶到目标所在海域跟踪监视。

9 时 15 分，米切尔派出了 16 架战斗机对日舰跟踪监视。美军飞机在日舰高射炮射程之外盘旋，并不断向米切尔报告日舰的位置、航向和航速。12 时 30 分，美机飞临日舰上空，日军舰队排成菱形队形，"大和"号居中，巡洋舰和驱逐舰在四周，正以 26 节航速行进。

美军集中攻击"大和"号，有 4 枚炸弹落到了"大和"号 3 号主炮塔附近，随后左舷先后被数枚鱼雷和美机投下的重磅炸弹击中。14 时 23 分，"大和"号主炮弹库大爆炸，随后沉没。全舰 2767 人中仅有 269 人获救。与此同时，部分美机对"矢矧"号巡洋舰和驱逐舰发动攻击，"矢矧"号被 7 枚鱼雷和 12 枚炸弹击中，于 14 时倾覆沉没。"矶风"、"朝霞"和"霞"号驱逐舰先后遭到重创，不得不自行凿沉。"大和"号沉没后，第 41 驱逐舰大队大队长吉田正义大佐接替指挥，一面组织残余舰只打捞落水人员，一面向联合舰队司令发电报告战况并请示下一步行动指示。16 时 39 分，联合舰队司令丰田鉴于预期计划已无法实现，决定终止海上特攻，吉田随即率领余下的 4 艘驱逐舰回到佐世保基地。

美军的战列舰、巡洋舰编队还未投入战斗，日军的这支海上特攻舰队就被美军舰载机所消灭。美军共出动舰载机 386 架次，其中战斗机 180 架次，轰炸机 75 架次，鱼雷机 131 架次，被日舰击落 10 架。日本海军在冲绳海域活动的 11 艘潜艇，由于美军反潜兵力雄厚，警戒严密，未获任何战果反被击沉 8 艘。至此，日本海军对冲绳岛守军的支援均告失利。

冲绳岛上的地面战斗在 4 月 8 日前一直较顺利，4 月 4 日美军陆战 1 师和陆战 6 师攻占中部地区，将日军分割为南北两部分后，美军兵分两路，海军陆战队第 3 军向北，第 24 军向南，逐步推进。北面的第 3 军在到达冲绳岛颈部前，只遇到微弱的抵抗，直到 4 月 8 日才开始遇到日军顽强抵抗，至 18 日北半部日军基本被肃清。陆战 1 师到达有铭湾，陆战 6 师则到达最北面的边户崎，并于 4 月 21 日全部占领冲绳岛北部地区。

4 月 16 日，攻占庆良间列岛的第 77 师在冲绳岛西面的伊江岛登陆，经过 5 天战斗，21 日占领该岛。但第 24 军对南部地区的进攻非常艰难，因为日军在冲绳岛的主力就部署在南部，而且充分利用悬崖峭壁、深沟高谷等险峻地形构筑起坚固隐蔽的防御工事，美军进展极其缓慢。牛岛在大本营一再督促下，准备于 4 月 8 日对机场总反击。但在 4 月 7 日下午，发现那霸附近海面有美军舰船活动，担心美军会从反击部队侧后实施登陆，加上他对这次反击就不积极，正好以此为借口取消反击，而将全部兵力用于依托工事进行坚守防御，给第24军造成很大困难。

4月9日，由于第24军遭到顽强抵抗，推进严重受阻，美军将留船预备队第27师投入南线作战。4月13日，美国总统罗斯福逝世。日军乘机大做文章，散播题为"美国的悲剧"的传单，声称特攻作战将击沉美军所有战舰。日军大本营催促牛岛抓住时机发动反击，但牛岛没按照大本营的指示投入全部力量，只投入部分兵力对嘉数高地的美军反扑。日军先以敢死队员怀抱炸药采取自杀攻击方法炸毁美军坦克，再对失去坦克掩护的美军步兵发起冲锋，美军在日军冲击下，节节败退，死伤将近5000人，全凭后续部队的重炮和海空优势火力才将日军攻势遏制。

4月19日，美第24军3个师从那霸以北约6.5千米发动大规模进攻。5时40分，海军6艘战列舰、6艘巡洋舰和8艘驱逐舰对日军阵地猛烈炮击。6时，陆军27个炮兵营对日军炮击40分钟，海军和陆战队650架飞机对日军阵地实施航空火力准备，投下大量凝固汽油弹。在猛烈持续的火力打击后，第24军发起进攻，但日军利用坑道躲避美军的轰击，当美军炮火开始延伸地面部队展开攻击时，才进入阵地迎战，美军的攻势一次次被瓦解。

日军战斗意志顽强，每个山头，每个碉堡，每个坑道，甚至每块岩石，美军都经过血战才能夺取。激烈战斗5天，美军进展不过数米。性格暴躁的特纳大为不满，指责第10集团军司令巴克纳，引起陆海军间争执。

4月22日，尼米兹和美海军陆战队司令范德格里夫特飞往冲绳岛。次日，尼米兹、范德格里夫特和斯普鲁恩斯在冲绳岛美军已占领地区视察，尼米兹怀疑陆军缓慢推进只是为了减少伤亡，而不顾海军在冲绳海域支援编队安危，要求陆军加快推进速度，以便支援编队从日军自杀特攻中尽早脱身。第10集团军司令巴克纳表示这是地面作战，言下之意是冲绳岛战斗不需海军插手。尼米兹回敬："这是一次地面作战，但我每天损失一艘半军舰，所以如果5天里不能取得突破，我将抽调别的部队来。"在海军的强烈要求下，巴克纳决定将陆战1师和陆战6师调到南线加强正面进攻，而不是范德格里夫特在日军侧后实施登陆的方案。这一意见得到尼米兹同意。

美军推进至日军主要防线约4500米前，双方陷入僵持，巴克纳乘机调整部署，将北部的陆战1师和陆战6师调到南线，而将南线的第27师调到北半

美军第 7 装甲师使用喷火坦克

岛上的一座教堂

岛，接替两个陆战师的防务；攻占伊江岛的第 77 师接替第 96 师，投入南线；96 师休整十天，再替换第 7 师休整。美军完成调整后，以 4 个师展开攻击，采取两翼包抄战术，迂回夹击日军主要防线。4 月 24 日，美军终于取得了进展，克服了日军的顽强抵抗，突破了牧港防线。

5 月 4 日，牛岛见美军步步进逼，为争取主动，发动了孤注一掷的总反攻，以部分兵力由驳船运送在美军战线后方海岸登陆，配合主力从正面发动的攻击。由于得不到海空军支援，登陆部队在航进途中遭到美军驱逐舰和地面炮火的轰击，未上岸就被消灭。正面主攻部队离开防御工事后，遭到美军优势炮火集中轰击，不到 24 小时反攻就被粉碎。牛岛这次反击损失大量人员，消耗的弹药难以补充，牛岛不得不下令，每门炮平均每天只有 10 发炮弹，严重影响了日后作战。

5 月 8 日，美军投入喷火坦克和重型坦克，冒着日军的炮火，将凝固汽油射入日军隐藏的山洞和坑道，日军终于支撑不住，防线逐渐被突破，牛岛组织部队有序地撤往下一个防线。战斗发展成一种模式：日军先是凭险死守，接着美军在猛烈火力支援下取得突破，日军后撤到下一道防线再死守，如此周而复始，日军防区逐渐缩小。

5 月 19 日，奥山和各小队队长以及飞行队长讨论作战方案，决定奥山指挥 3 个小队搭乘 8 架飞机攻击读谷机场，渡边大尉率领两个小队搭乘 4 架飞机攻击嘉手纳机场，定于 5 月 23 日发起攻击。由于天气原因，推迟到 5 月 24 日。

当天 18 时 40 分，运载"义烈空降队"的 12 架飞机陆续起飞，途中有 4 架飞机因故障返航或迫降，另有 4 架飞机在接近冲绳岛时被美军击落，机上所载人员全部丧生，只有 4 架于 22 时抵达目的地。突击队员向机场上停放的飞机投掷手榴弹和燃烧弹，顿时两处机场都燃起冲天大火。美军这才反应过来，急忙开火还击，在两处机场上降落的突击队员连同机组人员共 56 人，全被消灭，美军亡 2 人，伤 18 人，7 架飞机被击毁，26 架飞机被击伤，70000 余加仑的航空汽油被烧毁，损失巨大。嘉手纳机场的大火到 26 日 20 时才被扑灭。读谷机场上的大火更是直到 27 日

日本神风特攻队

水兵警惕着日军自杀飞机

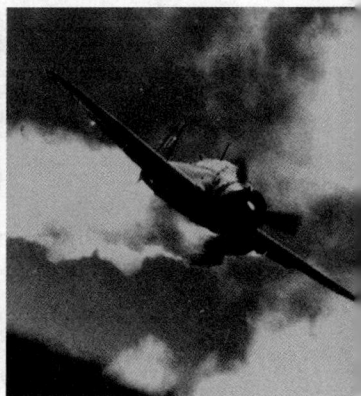

美军摄影师抓拍到冲向军舰的日本神风自杀飞机

早上才被扑灭，这两机场也因此瘫痪了近三天三夜，日军取得了不小战果。

冲绳岛上的激战仍在进行。美军于 5 月 27 日攻占了那霸，并继续向冲绳岛的首府首里城攻击前进。5 月 31 日，美军突破了日军核心防御地带首里防线，海军陆战队攻入已是一片废墟的首里城。第 10 集团军司令巴克纳以为冲绳首府被占领，意味着战斗即将结束，但他的想法大错特错了。

牛岛率余部退到岛南端的最后防线，这是由两座山峰构成的天然屏障，地势崎岖险峻，牛岛决心以此为依托，战至最后一兵一卒。日军的抵抗丝毫没有减弱，美军主要依靠喷火坦克开路，不少浑身着火的日军冲出阵地，抱住美军士兵同归于尽。面对日军疯狂抵抗，美军海陆空对日军据守的岛南部几平方千米地区进行了最猛烈轰击，日军则死战不退。6 月 3 日，哈尔西急于从被动挨打的冲绳海域脱身，一面在冲绳群岛各岛屿设立雷达站，形成早期预警雷达网；

"企业"号航母被撞上的瞬间,拍摄这幅照片的摄影师当即死亡

一面从菲律宾调来了部分海军战斗机部队,进驻冲绳岛机场。然后亲率第 38 特混编队北进,袭击日军在九州地区的航空基地。

6 月 4 日,美军陆战 6 师两个团在小禄半岛登陆,迂回攻击日军侧背。6 月 5 日,台风席卷日本九州,美军第 3 舰队有 32 艘舰船受创,142 架飞机损毁。

6 月 8 日,美军第 38 特混编队再次北上,空袭日军九州航空基地。随后哈尔西将希尔指挥的登陆编队留在冲绳海域,以编队中的护航航母舰载机协同海军陆战队和陆军航空兵,保护登陆滩头和运输船只,自己率领第 38 特混编队于 6 月 13 日到达莱特湾。这支部队已经在海上战斗了 92 天。现在将在莱特湾做短暂的休整,为 7 月间向日本本土发动最后一击做准备。

6 月 17 日,美军投入预备队陆战 2 师,协同正面和侧翼友军围歼日军。此时日军遭到全歼只是时间问题了,为了避免不必要的伤亡,巴克纳用明码电报和广播向日军劝降,牛岛根本不为所动,以枪炮射击作为答复。

6 月 18 日,巴克纳中将亲临前线督战,当他在陆战 8 团团部附近小山上

防空炮对日军自杀飞机开火

在贾夸林环礁,自杀飞机撞击不成而被击落

自杀飞机即将撞上美军舰

观察部队推进时，日军一发炮弹飞来，崩飞的弹片和尖锐的碎石片击中他头部，当场身亡。他成为美军在整个太平洋战争中阵亡的军衔和职务最高的将领。第10集团军司令由海军陆战队第3军军长盖格少将代理，盖格因此成为指挥最多陆军部队的海军陆战队将军。

6月19日，牛岛在编号第89的山洞坑道里向东京发出诀别电，然后指示部下做决死进攻。6月22日，美军突破日军最后防线，攻到了冲绳岛最南端的荒崎，将残余日军分割成三部分。日军很清楚，末日就要到来了，在坑道里，卫生兵给伤员注射大剂量吗啡，使他们平静地死去。

6月23日凌晨4时，牛岛知道美军即将占领他所在的摩文仁坑道，脱下军装，换上和服，与身边的参谋喝完了诀别酒，然后剖腹自杀。他的参谋长等也随之自杀。至此，日军有组织的抵抗平息。零星日军抵抗仍在继续，清剿残余日军的工作持续到6月底。7月2日，尼米兹宣布冲绳战役结束。

冲绳战役负责为登陆编队提供海空掩护的，一支是美军第5舰队第58特混编队，由米切尔中将指挥，计16艘航母、8艘战列舰、18艘巡洋舰和56艘驱逐舰，搭载舰载机1300余架；另一支是英国太平洋舰队，属美军第5舰队建制，番号为第57特混编队，由英国海军中将罗林斯指挥，下辖4艘航母、两艘战列舰、5艘巡洋舰和15艘驱逐舰，搭载舰载机150余架。

登陆编队也称为联合远征军，由特纳中将指挥，登陆舰艇约500艘，护航及支援舰只有护航航母28艘、战列舰10艘、巡洋舰14艘、驱逐舰74艘、护

"邦克山"号航母被两架日本自杀飞机撞上

"邦克山"航母甲板上火焰冲天

作战中的"托拉姆"号驱逐舰

"大黄蜂"号航母炮火击碎神
风自杀飞机

卫舰 76 艘，舰载机约 800 架，连同后勤保障和运输船只，总共达 1300 余艘。地面部队主力是第 10 集团军，由巴克纳陆军中将任司令，下辖海军陆战队第 3 军和陆军第 24 军。另有 4 个师为预备队。陆军第 77 师先担负攻占庆良间列岛和伊江岛作战，然后作为战役预备队，陆军第 81 师则是总预备队，在新喀里尼亚岛待命。共计 10 个师，18 万人。战役总指挥是第 5 舰队司令斯普鲁恩斯海军上将，战役代号"冰山"，意为如此庞大的参战兵力，仅仅是冰山露出水面的一角，犹如冰山水下部分的更大规模的部队将在登陆日本本土时出现。

冲绳战役从 3 月 18 日美军航母编队袭击九州开始，至 6 月 22 日冲绳岛战斗基本结束，历时 96 天。日军死亡 90000 余人，被俘 7400 人，居民死亡约 10 万人，损失飞机 7830 架，损失包括"大和"号战列舰在内的 16 艘水面舰艇。美军伤亡 70000 余人（含非战斗减员 26000 人），损失飞机 763 架，舰艇被击沉 36 艘，击伤 368 艘。这是美日两军在太平洋岛屿作战中规模最大、时间最长、损失最重，也是最后一次战役。英国首相丘吉尔认为，冲绳战役将以史诗般的战斗，列入世界上最激烈、最著名的战斗而流传后世。

鉴于战役中所付出惨重伤亡，美军没有举行大规模庆祝活动。

冲绳岛战役尚未结束，1945 年 5 月 10 日美军收听欧洲战争结束的广播

59. 德国潜艇："狼群"战术的失败

1914年9月5日，德国U-21号潜艇用一枚鱼雷击沉了英国军舰"开路者"号，250名官兵葬身海底。1914年9月22日，德国U-9号潜艇在比利时海外用不到90分钟就击沉3艘12000吨级的英国装甲巡洋舰，舰上1500人死亡。到1915年末，德国潜艇击沉600余艘协约国商船。1916年和1917年，被击沉的商船总数分别达1100艘和2600艘。仅1艘U-35号德国潜艇就独自击沉226艘舰船，总计50多万吨。一战中，德国潜艇击沉商船总数达5906艘，总吨位超过1320万吨。

据统计，一战中用潜艇击沉的各种战斗舰艇达192艘，其中有战列舰12艘，巡洋舰23艘，驱逐舰39艘，潜艇30艘。战争中各参战国共建造了640余艘潜艇，德国建造的潜艇就有300多艘，其中U型潜艇以卓越的水下机动性和作战能力在海上出尽了风头。

二战爆发后，潜艇成为主要的水下战舰。战前，各参战国共有潜艇496艘，战争中建造了1669艘，潜艇总数达2100余艘。战争期间，潜艇击沉的作战舰艇达395艘（含战列舰3艘、航母17艘、巡洋舰

纳粹德国海军总司令埃里希·雷德尔

465

纳粹德国海军元帅卡尔·邓尼茨被希特勒指定为接班人

32 艘、驱逐舰 122 艘），击沉的运输舰船达 5000 余艘，2000 余万吨 。德国依仗性能先进的 U 型潜艇，在大西洋海域有效地攻击了盟军的商船队和护航船队。指挥德国潜艇的海军上将卡尔·邓尼兹发明"狼群战术"（狼群战术是英国的称法，德国称作集结战术），用 6-12 艘潜艇组成水下舰队，白天尾随护航队，黄昏时进入攻击阵位，夜晚钻入护航队中用直航鱼雷实施近程攻击。1940 年 10 月，一个由 12 艘潜艇组成的"狼群"击沉 32 艘舰船。1941 年，德国用潜艇击沉盟军舰船总数达 1150 艘。到 1942 年上升到 1600 艘。1943 年以后，盟军在舰艇、飞机上加装了反潜雷达，舰船被击沉数量降低了 65%，到 1944 年只有 200 艘舰船被击沉。二战中，德国共建造潜艇 1131 艘，加上战前造的 57 艘，共 1188 艘。这些潜艇击沉了 3500 艘舰船，造成 45000 人死亡。到战争结束时，德国有 781 艘潜艇被盟军击沉。

邓尼茨认为破坏英国海上交通线必须将德国海军的发展重点改成潜艇。他指出，英国本土所需物资绝大多数仰赖于外海殖民地运回本土。每年消耗的物资中，石油的 75%、铁矿石的 88%、铜的 95%、铅的 99%、小麦的 89%、肉类的 84% 和食油的 93% 都依赖进口，每年的海运物资总量超过 6800 万吨，每天航行在大海上的英国运输船多达 2500 艘。战略物资仰赖通商船队，打击它们能迫使英国投降，他认为能以 300 艘的潜艇舰队打败英国。

邓尼茨以"多艘潜艇集结起来攻击船队"为核心概念，创立出"狼群战术"，以压倒性的力量打击船队。执行狼群战术，关键在于无线电的沟通能力。在两次大战期间，德国开发了特高频发射器，无线电反干扰能力提升许多，而一战后发明的恩尼格玛密码机使得防窃密能力加强。邓尼茨采用威廉·马绍尔的想法，让潜艇处于非常接近水平面的位置和夜间发动攻击，此一策略使得潜艇无法被声纳所侦测到。

德国海军水面军力远低于英国皇家海军。德国海军总司令埃里希·雷德尔听到宣战消息后说："现在，水面舰队能做的只有一件事，表现出懂得如何英勇赴死。"雷德尔的希望全寄托在水面舰建造计划中，认为这一计划将大幅提升德国海军的水面舰队力量，有效对抗皇家海军。然而该计划直到 1945 年都未完成。相比之下，邓尼茨认为，战争中，潜艇是德国海军的唯一选择。1939年 1 月，邓尼茨晋升为海军准将和潜艇指挥官。而战争爆发时，邓尼茨只有 57 艘潜艇，其中许多是短航程型，只有 22 艘远洋型能越洋出击。在雷德尔和希特勒的要求下，以潜艇舰队直接和英国舰队交手，作战结果成败参半，英国"勇敢"号航母、"橡树"号战舰和"巴勒姆"号战列舰被击沉。这些战果的代价是削弱了原本就很不强的潜艇部队，让狼群战术的进展更为缓慢。之后，潜艇舰队又被派去和水面舰队一同执行破交战。1940 年 7 月到 10 月，因英国雷达和反潜设备缺乏，对水下杀手无法反制，被击沉 149 万吨物资，邓尼茨因为领导潜艇表现优异而晋升中将。到 1941 年，新交付的 VII 型 U 型潜艇对英国战时经济产生重大影响。虽然商船的生产速度已加快，但德国拥有更优秀的鱼雷、U 型潜艇和逐渐增加的通商破坏舰。这段时间里，英国的损失仍居高不下。

1941 年 12 月 11 日，希特勒对美国宣战，使大西洋海战的范围延伸到了美国东岸，邓尼茨立即策划"击鼓行动"，让 U 型潜艇在美国东岸攻击船只。美国反潜作战准备不足，战初即承受巨大损失。之后，至少有两次盟军成功打击了邓尼茨的潜艇部队。美国方面成功截取和破解了德国海军通讯（海军的恩尼格玛密码机）。邓尼茨于 1942 年 2 月 1 日下令潜艇舰队使用改进版本的恩尼格玛密码机，即"M4 型"，拥有四旋转盘，盟军称"鲨鱼"，安全性大为提高。德国海军是唯一使用改良密码机的，其余德军，包括空军仍继续使用三旋转盘的版本。一时间这种变化造成盟军难以破译。邓尼茨经常参与潜艇部队研究，有时一天和幕僚人员接触 70 次，讨论每天行程、战略、燃料供应和其他细节。截至 1942 年底，由于 VII 型 U 型潜艇产量增加，邓尼茨终于能够进行大规模的潜艇群体攻击，以狼群战术使盟军的航运损失大幅上升，并有一段时间使英国的燃料和补给短缺。

1943 年中旬，大西洋海战已不利于德国，但邓尼茨继续

一艘 U 型潜艇在英国沿海搁浅

纳粹德国海军的防空浮动炮台

纳粹德国俾斯麦级"提尔皮兹"
号战列舰

推动建造 U 型潜艇，并进一步研究潜艇技术，期望能扭转局势。但盟军新式的雷达、海空协同的反潜机和护航航母，使德军潜艇损失不断增加。

1943 年 1 月，邓尼茨接替雷德尔担任海军总司令，同年授海军元帅。雷德尔辞职原因是和希特勒对水面舰的争论。巴伦支海战失败后，希特勒认为水面舰队不值得保留，要求拆毁所有舰队，雷德尔只好请辞，而邓尼茨则说服了希特勒保留舰队，但停止建造。它将水面舰队用以存在舰队，影响盟军部署。自 1943 年中以来，邓尼茨的潜艇损失并没有随着他的晋升而减少。他的副手艾伯哈特·戈德接替他担任潜艇舰队总司令，也无力扭转局势，只能放弃狼群战术，而改以单艘巡弋的战术。

邓尼兹发明了把潜艇集合起来，在数量上超过对方水面护卫舰只，然后猛扑的"狼群"战术，创造了潜艇袭击史无前例的战果，但是他却在大西洋海战中犯了一个致命错误。

1943 年初，美英出动以陆地为基地的配备雷达的重型轰炸机从大西洋两岸驱赶"狼群"。德军潜艇规避到美英轰炸机航程之外的大西洋中部海域，继续猎杀。由于美英轰炸机航程够不到，这里似乎成为纳粹海军猎杀猎物的世外桃源。对此，盟国海军派出航母舰群去为轰炸机作接力机场平台。航程大增的美英海军给纳粹潜艇部队以沉重打击。

面对多艘航母及其众多舰载机，邓尼兹命令召回所有潜艇，全部给它们装上高射炮，决定用潜艇与盟军飞机决一死战。于是，一幅幅海战奇观陆续出现了：盟军舰载机对德军潜艇实施轮番猛烈扫射轰炸，浮出水面的德军潜艇高射炮火向着俯冲下来的美英飞机连连射击，双方都使出了浑身解数，激战空前惨烈。尽管不时有被击中的飞机载入大海，但源源不断的补充飞机很快又猛扑上来。然而，潜艇炮难与飞机的猛烈扫射轰炸匹敌。在 1943 年的 6 个月中，150艘德军潜艇被击沉，以致这段时间，大西洋水面上几乎天天有上浮的潜艇残骸和艇员尸体。1943 年 4 月 15 日，一架盟军巡逻飞机偶然发现一艘德军潜艇。当时这架飞机还在半海里之外。发现敌情的德军潜艇紧急下潜。飞机立即从 1.2千米外与海面成 60 度角向潜艇俯冲下来。被击伤的德军潜艇被迫浮出水面，用高射炮火反击。飞机一面躲避炮火，一面俯冲扫射，直到又一架盟军飞机赶来支援，才终于把潜艇击毁。

二战爆发时，德国海军舰艇虽略逊英国海军一筹，却建立了世界上最庞大、最先进的潜艇部队，兴盛时期曾发展为 1000 多艘潜艇。德军潜艇作为一张王牌曾在大西洋兴风作浪，几乎切断英国海上交通线。仅在开战第一年中，这支潜艇部队就击沉了盟国各型舰只 471 艘，总吨位达 218.6 万吨。这种疯狂的潜艇绞杀战在战争初期几乎使英伦三岛陷入绝境。正是由于潜艇在夺取制海权中发挥了巨大作用，使得纳粹德国认为海上作战有足够优势，一方面放慢了建造航母的步伐，一方面加剧了海空军权力之争。

纳粹德国标新立异，居然有这种不带飞行甲板的"航空母舰"

英国的 T 型潜艇，又称海神级

美军的基度级潜艇，航速快，航程远

　　戈林多次扬言："一切会飞的东西都属于我！"邓尼兹屡建功勋，备受希特勒推崇，以戈林为首的"空权派"一面强烈反对海军拥有航空兵，唯恐因此而分散对空军力量专断权，一方面在战术配合上作梗，不派飞机前往支援海军作战。在这场权力之争面前，由于希特勒站在戈林一边，迷信其空军制胜论的观点，使海军雷德尔上将以及继任者邓尼兹为争取组建海军航空兵的努力多次失败。在这种情况下，纳粹德国海军没有岸基航空兵，更不可能拥有航母。在大西洋海战中由于得不到空军支援，德军潜艇不断受到重创。邓尼兹潜艇海底闪电战的失败使"狼群"被打断脊梁骨。纳粹海军终于走上穷途末路。

　　残酷战争让 40000 潜艇兵中的 28500 人无声无息地消失在大西洋冰冷的海底。纳粹德国潜艇损失情况：

　　U–1 1940 年 4 月 16 日在北海西南海域被英国海军潜艇"海豚"号用鱼雷击沉，艇上无一生还。

　　U–2 1944 年 4 月 8 日在帕拉阿以西海域被德国蒸汽拖网船撞沉，艇上有 18 名成员生还。该艇在 1944 年 4 月 9 日被打捞，随后解体。

　　U–5 1943 年 3 月 19 日在帕拉阿以西海域下潜后失事沉没，有 16 名艇员生还。

　　U–7 1944 年 2 月 18 日在帕拉阿以西海域下潜后失事沉没，艇上无一生还。

　　U–8 1945 年 5 月 2 日自沉威廉港。

　　U–9 1944 年 8 月 20 日在黑海被苏联飞机用炸弹炸沉。

U–10　1944 年 8 月 1 日在但泽沉没。

U–11　1945 年 5 月 3 日接到德国投降命令，自沉。

U–12　1939 年 10 月 8 日在英吉利海峡多弗尔附近触发水雷沉没，艇上无一生还。

U–13　1940 年 5 月 31 日在北海纽卡斯尔附近深水处，被英国海军"威斯顿"号巡洋舰击沉。

U–14　1945 年 5 月 2 日为避免被盟军俘获，自沉。

U–15　1940 年 1 月 30 日在北海被德国鱼雷艇撞沉，艇上无一生还。

U–16　1939 年 10 月 25 日在英吉利海峡多弗尔附近海域，被英国海军驱潜舰"卡亚顿·威克"和"普菲林"号击沉。艇上无一生还。

U–17　1945 年 5 月 5 日为避免被俘获，自沉。

U–18　1944 年 8 月 25 日由于苏军的逼近，为避免俘获，在黑海自沉。

U–19　1944 年 9 月 10 日由于苏军的逼近，为避免俘获，在黑海自沉。

U–20　1944 年 9 月 10 日由于苏军的逼近，为避免俘获，在黑海自沉。

U–21　1940 年 3 月 27 日搁浅。由于损坏特别严重，于 1944 年 4 月 9 日退役，在 1945 年拆毁。

U–22　1940 年 3 月 27 日在北海怀疑触发水雷而沉没，艇上无一生还。

U–23　1944 年 9 月 10 日由于苏军的逼近，为避免俘获，在黑海自沉。

U 型潜艇在水面

U 型潜艇

U 型潜艇装有数门高射机枪

U-24 1944 年 9 月 10 日由于苏军的逼近，为避免俘获，在黑海自沉。

U-25 1940 年 8 月 1 日在北海的 Terchelling 的地方触发水雷沉没，艇上无一生还。

U-26 1940 年 7 月 1 日在北大西洋被英国海军小型护卫舰和岸基反潜机击沉。

U-37 1945 年 5 月 8 日在圣得尔卑湾自行炸毁。

U-38 1945 年 5 月 5 日投降前被彻底毁坏，1948 拆毁。

U-39 1939 年 9 月 14 日在赫布里底群岛西北海域攻击英国海军航母"皇家方舟"号失败后，被护航的英国驱逐舰用深水炸弹炸沉，全体艇员被俘。

U-40 1939 年 10 月 13 日在英吉利海峡触发水雷沉没，艇上只有 3 人生还。

U-41 1940 年 2 月 5 日在爱尔兰以南附近海域被英国海军驱逐舰"羚羊"号击沉，无一生还。

U-42 1939 年 10 月 13 日在爱尔兰西南附近海域被英国海军驱逐舰"伊莫金"和"圣栎"号击沉，艇上共有 20 人生还。

U-43 1943 年 7 月 30 日在亚速尔群岛西南方附近海域被美国护航航母"桑提"号舰载机用声导鱼雷击沉，艇上无一生还。

U-44 1940 年 3 月 13 日在伊卡洛斯触雷沉没，艇上无一生还。

U-45 1939 年 10 月 14 日在爱尔兰的西南方海域，被英国海军驱逐舰"英格尔菲尔德"、"伊凡霍"和"无畏"号用深水炸弹炸沉，艇上无一生还。

U-46 1943 年 10 月从海军名册勾销，1945 年 5 月 3 日自沉。

U-47 1941 年 3 月 7 日在北大西洋罗科尔岛附近失事沉没，艇上无一生还。

U-48 1945 年 5 月 3 日自沉。

U-49 1940 年 4 月 15 日在挪威纳尔维克附近被英国海军驱逐舰"无惧"和"布来曾"号击沉。艇上除 1 人死亡外全部成为俘虏。

U-50 1940 年 4 月 6 日在北海北部触发水雷沉没，艇上无一生还。

U-51 1940 年 8 月 20 日在南特市西面的比斯开湾被英国海军潜艇"抹香鲸"号用鱼雷击沉，艇上无一生还。

邓尼茨的两个儿子皆战死。小儿子彼得作为 U-954 潜艇值更人员，在 1943 年 5 月 19 日战死；大儿子克劳斯死于 1944 年 5 月 13 日鱼雷艇突袭行动；女儿乌苏拉则嫁给潜艇指挥官。1945 年 4 月 20 日，邓尼茨被任命为德国北方部队和民防司令。1945 年 4 月 30 日，希特勒自杀。根据最后遗言，希特勒将赫尔曼·戈林和海因里希·希姆莱从纳粹党开除、撤去所有职务，任命邓尼茨

盟军抓捕邓尼茨，右为德军作战部长约德尔

为继承者，作为帝国联邦总统（并非元首）和德意志武装力量最高统帅，宣传部长约瑟夫·戈培尔成为政府首脑和德国总理。

希特勒认为陆军没有执行"战到最后一人"命令，而空军总司令戈林和盟军私下谈和，党卫军全国领袖希姆莱也和盟军私下接触，党卫军上将费力克斯·史坦那拒不执行攻击命令，都背叛了他，只有海军能信任。5月1日，戈培尔自杀，邓尼茨试图组成新政府。拟定并实行了大规模的撤退行动，代号"汉尼拔行动"，并希望和西方达成单方面停战，被欧洲盟军总司令艾森豪威尔拒绝。5月7日，邓尼茨授权汉斯·冯·弗里德、威廉·凯特尔和汉斯·尤根·史托普在柏林签署无条件投降书。

60. 柏林战役：把法西斯野兽消灭在洞穴里

1944 年下半年，美、英、苏三国政府首脑在来往信函中就召开新的三国最高级会议问题交换意见，决定于 1944 年 11 月在苏联黑海沿海岸举行会议。由于罗斯福总统的就职典礼，会议延期到 1945 年 1 月底至 2 月初在黑海的克里米亚举行，即著名的雅尔塔会议。根据丘吉尔的提议，确定会议代号为"阿尔戈航海者"。依据传说，古希腊的勇士曾到黑海沿岸去寻找金羊毛。雅尔塔会议就是美英两国领导人到黑海沿岸来寻找金羊毛的机会。这次会议是继 1943 年德黑兰会议后第二次同盟国首脑会议。在雅尔塔会议上，美英苏三巨头意识到二战快要结束了，因此他们制定了战后世界新秩序和列强利益分配方针，对二战后世界局势产生深远影响。

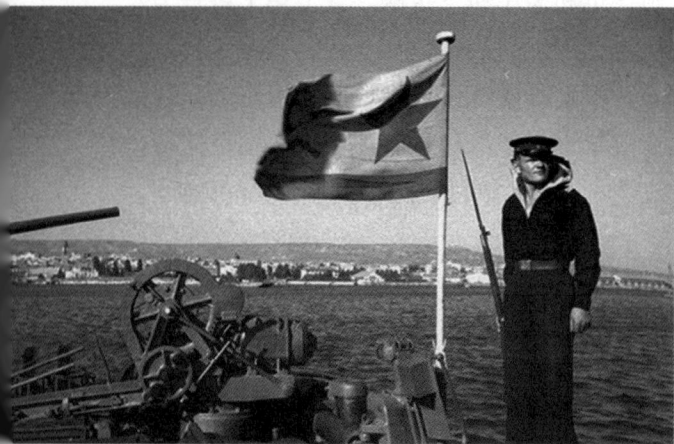

苏军黑海舰队

雅尔塔会议之后，斯大林说了一句话："把法西斯野兽消灭在它自己的洞穴里。"这话的潜台词就是攻克柏林的战役由苏军完成。

柏林会战（1945 年 4 月 16 日至 5 月 9 日）是苏军在苏德战争中实施的最后一次战略性进攻战役。苏军集中了白俄罗斯第 1、2 方面军、乌克兰第 1 方面军等 3 个方面军，270 个师和骑兵师，20 个坦克军和机械化军，14 个空军集团军，共 250 万人，配属 2450 架飞机、14200 门火炮、1500 辆坦克和自行火炮，当面之敌德军总计 48 个步兵师、9 个摩托化师、6 个装甲师。共 80 万人，700 门火炮和迫击炮，500 辆坦克和强击火炮、342 架作战飞机。

1945 年春，苏军、美军、英军都在德国作战。苏军距柏林只有 100 余千米，准备最后歼灭德军。美英先头部队则已前出到易北河，距柏林 100 至 120 千米。1945 年 4 月中旬，列宁格勒方面军在同德军库尔兰集团作战。白俄罗斯第 3 方面军肃清了东普鲁士集团。白俄罗斯第 2 方面军歼灭了格丁尼亚地域德军集团残部，其一部兵力在但泽西北前出到波罗的海沿岸。白俄罗斯第 1 方面军抵达奥得河，在屈斯特林地域夺占数个登陆场，并于粉碎德军波美尼亚集团后变更部署，

战争初期，塞瓦斯托波尔失陷

波罗的海舰队水兵投入保卫列宁格勒的战斗

以占领施韦特至大加斯特罗泽一线。乌克兰第 1 方面军在大加斯特罗泽至彭齐希间逼近尼斯河，并在诺伊施塔特、拉蒂博尔地段逼近捷克斯洛伐克边境。乌克兰第 4 方面军进抵拉蒂博尔、日利那一线。乌克兰第 3、第 2 方面军攻占了奥地利首都维也纳。

德军主力此时仍集中对付苏军。至 1945 年 4 月 16 日前，在苏德战场作战的共有 214 个师又 14 个旅。而对盟军作战的只有 60 个人员装备不齐的德国师，兵力分配严重的不对称。德国统帅部认为，柏林与其让苏军攻占，还不如让盟军攻占。不管怎么说，德国与美国、英国一样，同属资本主义国家，而且是欧洲白种人，德国人普遍把俄国人视为亚洲人。因此，东线前沿的德军士兵在悄悄议论，朝东死死地顶住苏军，直等到西边过来的盟军踢我们的屁股。

德军统帅部采取各种措施，阻止苏军夺取柏林。盟国也想抢占柏林，尽管

保卫列宁格勒的部队

列宁格勒市区的调动

波罗的海舰队水兵成为地面部队

列宁格勒的战斗缴获

反法西斯同盟各大国就柏林划归苏军作战区已达成协议。英、美两国政治军事首脑急欲使其军队先于苏军进占柏林。但英、美军要完成此项任务却力不从心，于是盟军统帅部放弃了这项行动计划。

柏林在做最后的准备。除了正规军的准备之外，柏林市还组建了 200 多个国民突击队营，守军总兵力超过两万人。德军在柏林方向的防御是重兵密集的纵深防御，包括奥得河－尼斯河地区及柏林防御地域：奥得河－尼斯河地区构筑三道防御地带，纵深 20-40 千米；柏林防御地域包括外层、内层和市区三道环形围郭。在屈斯特林登陆场之前和科特布斯方向，防御工事尤为坚固，这里集中了最强的军队集团。屈斯特林登陆场当面之德军每 3 千米正面 1 个师，每 1 千米正面 600 门火炮、170 辆坦克。

苏军计划以三路进击柏林：以朱可夫指挥的白俄罗斯第 1 方面军作为最强大的集团和攻击的先头部队突破奥德河东、西两岸防线和附近若干地段，从东

面攻击。以科涅夫元帅指挥的乌克兰第 1
方面军前出到尼斯河东岸的南部直到苏
台德山麓，从南面攻击。以罗科索夫斯
基元帅指挥的白俄罗斯第 2 方面军前进
到奥德河下游，从北面攻击。

奥得河是欧洲波罗的海水系中仅次
于维斯瓦河的第二大河，长度不过 162
千米，却是波兰和德国的界河，柏林就
在河西不远处。苏军于 1945 年 1 月 12
日至 2 月 3 日发起了维斯瓦河—奥得河
战役，就规模和军事、政治结果而论，
乃是苏德战争中的大规模战略性战役之
一，德军 25 个师被击溃，35 个师遭全歼。
苏军粉碎了盘踞波兰的德军，强渡了奥
得河，在其西岸夺取了一些登陆场。军
事行动已转移到了德国的腹地，或者说，
苏军已进至距柏林 60 千米的地区。

1945 年 4 月 16 日清晨，战斗以炮击
揭幕，数以千计的大炮和喀秋莎炮轰德
军阵地。日出前，白俄罗斯第 1 方面军
越过奥得河展开攻击。同日清早，乌克
兰第 1 方面军也越过尼斯河展开攻击。
白俄罗斯第 1 方面军虽然军力强大，但
分配予它的任务比较困难，更要面对大
部分德军。

维斯杜拉集团军群总司令海因里希
已预料到苏军进攻，早于苏军炮击前已
经把第一道防线的兵力撤回。苏军原本
用 143 盏探射灯的灯光扰乱德国守军的
视线，却因为早晨的浓雾而分散，反而
让德军看清苏军的编队。而沼泽地亦妨

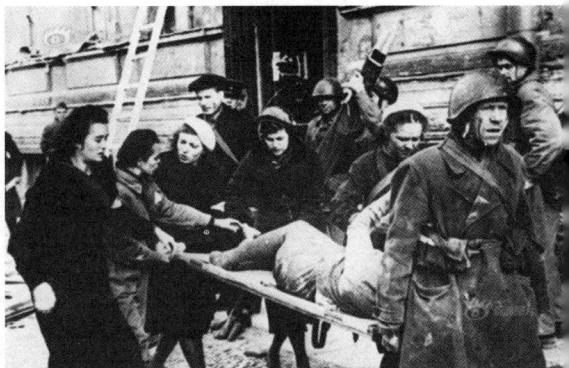

列宁格勒妇女投入后勤工作

列宁格勒的一处机枪阵地

德军炸毁了粮库，列宁格勒大批市民饿死

波罗的海舰队开始恢复

波罗的海舰队水兵排雷

苏军打出国境线

抛弃在布达佩斯的德军野战炮

碍了苏军的攻势，还暴露在德军炮火之下，苏军伤亡惨重。缓慢的推进令朱可夫有挫败感，他收到斯大林的命令，把原本计划直至有突破性进展才动员的后备军也投入战斗。到傍晚时，苏军前进了大概 6 千米并取得一些地区，但德军防线仍然原封未动。

朱可夫的白俄罗斯第 1 方面军突破德军第一道防御地带后，当天中午即进抵到德军第二道防御地带。但是，当苏军推进到该防御地带的枢纽泽洛夫高地时，却遭到德军的抵抗，德军凭借有利地形，顽强扼守每一条战壕，每一个散兵坑，给予苏军很大的杀伤。朱可夫不断增加突击力量，并将两个坦克集团

喀秋莎

苏军通过贝尔格莱德的街道

雅尔塔会议召开时，苏军已进入德国境内

1945 年春，苏军在东普鲁士作战

军投入战斗，但几次进攻都被德军打退。1945 年 4 月 17 日晨，朱可夫集中了方面军的几乎所有炮火，在猛烈的炮火准备后，近千辆坦克排成一列纵队向前推进，前面的一批坦克被击中起火，后面的顶走它继续前进。苏军士兵高喊着口号向前冲击，前面的倒下了，后面的接着往上冲。此时防守在高地上的德军已是伤痕累累，最终经受不住苏军狂潮般的冲击，开始向柏林市区方向退却。1945 年 4 月 18 日晨，苏军终于攻占了泽洛夫高地，歼灭德军近 30000 人，并继续向柏林城挺进。

20 日晨，白俄罗斯第 1 方面军先头部队第 3 突击集团军在库兹涅佐夫上将的率领下，抵达柏林近郊，使整个柏林城市区处于榴弹炮和加农炮的射程之内。20 日下午 1 时 30 分，苏军的地面炮兵群首次向柏林城内轰击。

南面科涅夫元帅的乌克兰第 1 方面军强渡了尼斯河后，突破了德军在尼斯河防御地带，尔后强渡了斯普雷河，前进了 30 千米。当朱可夫的部队在泽洛夫高地受阻时，乌克兰第 1 方面军的各坦克集团军首先从南面向柏林突击，至

苏军逼近柏林，德军到崩溃边缘

西距柏林 165 千米

喀秋莎到了前线

苏军从郊区向市区推进

4 月 20 日夜间，第 3 坦克集团军突入了柏林市南郊，第 4 坦克集团军也突进到柏林市西南郊。北面罗科索夫斯基的白俄罗斯第 2 方面军于 4 月 18 日发起进攻，至 19 日强渡了东奥德河，牵制住了柏林以北地区的德军维斯杜拉集团军群的兵力。

至此，德军在奥德河－尼斯河的防御体系被苏军突破，苏军 3 个方面军昼夜不停地向前突进，开始对柏林实施合围。

从 4 月 19 日，苏军已兵临柏林城下，希特勒决定德军统帅部撤离柏林，他本人则留下"与柏林共存亡"。他下令军事机关的所有参谋和文职人员都毫无例外地参加战斗，并决定对按兵不动的指挥官要在 5 小时内处决，对退却的官兵不仅要处死，还要在他们的尸体上挂起"逃兵"、"胆小鬼"、"他背叛了国家、玷污了德意志民族"的牌子示众。

4 月 20 日下午 3 点，白俄罗斯第 1 方面军第 3 突击集团军第 79 军的远程

炮弹上写明是要在柏林爆炸的

守备柏林的德军士兵人手一
个反坦克火箭筒

苏军攻入柏林市区

但是进入巷战后，士兵将生死置之度外

炮兵首先向柏林开炮。经过近一天的战斗，柏林接近地的德军防线被突破。德军防御部队在先前的战斗中遭到惨重损失，已极度疲惫，无法阻挡占据优势的苏军的强大突击。

　　4月21日，近卫第2坦克集团军和第47集团军突破到柏林城下，由于道路狭窄，苏军调整战术，将坦克集团军和诸兵种合成集团军协同起来准备肃清残敌。同日乌克兰第1方面军的坦克部队也接近柏林防御圈。科涅夫将炮兵第10军、突击第25师、高射炮第23师加强给近卫坦克第3集团军，歼击航空兵第2军担任空中掩护。同日，苏军从后方调来了大口径榴弹炮用于摧毁德军坚固据点。

据苏军记者报道，进入柏林后，苏军士兵都不愿意在这一仗中牺牲，因为战争即将结束了

苏军坦克冲入柏林市区

4 月 24 日，白俄罗斯第 1 方面军左翼部队与乌克兰第 1 方面军在柏林东南会合，切断了德军第 9 集团军与柏林的联系，并合围了该集团军。

4 月 25 日，白俄罗斯第 1 方面军从北面迂回柏林的部队与乌克兰第 1 方面军第 4 坦克集团军在柏林以西会合，从而完成了对柏林的合围。柏林以北地区的德军集团，也遭到白俄罗斯第 2 方面军和白俄罗斯第 1 方面军右翼部队的夹击，处境十分困难。同日，乌克兰第 1 方面军所属近卫第 5 集团军西进到易北河，在托尔高地与西线美军第 1 集团军会师。

4 月 26 日清晨，在柏林上空，苏军数千架飞机再次投下成千吨炸弹和汽油弹。在地上，平均每英里已部署到近千门的各种火炮集中射击。轰炸和射击结束后，白俄罗斯第 1 方面军派出无数个突击群和突击分队，从四面八方向市区突进。由于有了斯大林格勒的经验，苏军士兵知道如何去攻占一个城市。

德军把坦克炮塔改造为街垒

苏军在进攻前首先用火炮和飞机对目标地域进行轰击，步兵在坦克和配有喷火器和爆破器材的工兵掩护下，一小段一小段的前进，从后院、地下室甚至地下铁道和下水道渗透进去，攻占每一条街道，每一座楼房。但柏林是德军精心设防的城市，防御

1945 年 4 月 25 日，希特勒走出地下室。这是他留下的最后镜头

苏军坦克抵达勃兰登堡门

体系完整，工事非常坚固。越是接近市中心，苏军前进越艰难。坚固的楼房、隐蔽的地下室、地下铁道、排水沟壕等等，都为德军提供了发扬火力的支撑点。因此，苏军不得不逐栋楼房争夺，逐条街道攻取，每前进一步都要付出很大的代价。

此时希特勒仍抱有幻想，他对柏林守备司令魏德林说："局势会好转的，我们的第 9 集团军即将到达柏林，同第 12 集团军一起，对苏军实施反突击，俄国人将在柏林遭到最惨重的失败。"但部署在柏林东南的布施将军指挥的第 9 集团军已被苏军分割包围了，无法向柏林运动。在柏林西南防守易北河的第 12 集团军，由温克将军率领拼命向柏林靠近，终因受到美军的牵制和苏军的阻击，在进至费尔希地域后就再也前进不了了。希特勒待在总理府地下暗堡里不清楚这些，仍不断发出他签署的电报调兵遣将。实际上，将领已不再坚决执行他的命令了。

4 月 27 日，苏军已攻入柏林市区，凯特尔才打来道出实情的电报，电报承认第 12 集团军不能继续前进，第 9 集团军也无法突出合围。希特勒最后一线希望破灭了。柏林守备司令魏德林向希特勒提出了守军从首都突围的计划，并保证"国

德军另一处用坦克改造的街垒

德军克莱勃斯将军力图与苏军洽谈

攻克国会大厦的苏军士兵

柏林的战俘

家元首安全撤离柏林"。他还报告说，弹药只够两昼夜了，粮食和药品几乎告罄。陆军总参谋长克莱勃斯将军支持魏德林的突围建议，认为从军事的观点看，这个计划是有可能实现的。但是，希特勒意识到他已彻底输掉了到这场由他发动的战争，他拒绝离开柏林。

4 月 28 日，白俄罗斯第 1 方面军所属的第 3 突击集团军和近卫第 8 集团军逼进了柏林的蒂尔花园区。这个花园区是柏林德军最后一处支撑点，由于该阵地有政府办公厅、国会大厦、最高统帅部等象征第三帝国权力的最高首脑机关，所以，柏林守备司令部把党卫军最精锐的部队部署在这里。崔可夫指挥的近卫第 8 集团军首先向该阵地发起进攻，当天下午跨过兰德维尔运河，占领了德军的通讯枢纽，掐断了柏林与外界的主要通讯联络。深夜，第 3 突击集团军在库兹涅佐夫上将指挥下向国会大厦外围的内务部大楼发起强攻，德军绝望抵抗，战斗一直持续到 29 日深夜。在德军几乎全部阵亡的情况下，这座大楼才被苏军攻占。

29 日凌晨 1 时，希特勒宣布与等了他 12 年的爱娃·布劳恩举行婚礼。婚礼之后，希特勒口述了遗嘱，指定海军元帅邓尼茨为他的接班人，他决定自杀并希望他们夫妇的遗体在总理府火化。30 日下午 3 点 30 分，希特勒与结婚才一天的妻子在地下暗堡的寝室里双双服毒自杀。并且，希特勒在服毒的同时，还举枪对自己的太阳穴扣动了扳机。接着，戈培尔等人将希特勒和爱娃·布劳恩的遗体抬到总理府花园的一个弹坑里，浇上汽油火化。

苏军攻占国会大厦的战斗还在进行，第3突击集团军第150步兵师是最接近国会大厦的部队。1945年4月30日下午6时，苏军再次向国会大厦发起冲击，与2000名德军展开战斗，争夺每一个楼层和每一个角落。靠着源源不断的兵力，苏军逐渐粉碎了德军的抵抗。战斗中，即使苏军占领了大厦下面的楼层，在上面楼层守备的德军也不肯投降，苏军只好一层楼一层楼地与德军搏斗。21时50分，米哈伊尔·耶果罗夫中士和麦利唐·坎塔里亚下士将苏联红旗插上了国会大厦主楼的圆顶。

30日深夜，德军通过广播请求临时停火，要求与苏军进行谈判。5月1日凌晨3时55分，德国陆军总参谋长克莱勃斯将军打着白旗钻出帝国办公厅的地下掩蔽部，前往苏近卫第8集团军的前线指挥所谈判。克莱勃斯对崔可夫说："我想告诉您一件绝对机密的事，您是我通报此事的第一位外国人，希特勒已于昨天自杀了。"克莱勃斯接着要求苏军先停战，然后等到德国组成新的政府后再进行谈判。崔可夫立即用电话将情况向朱可夫做了报告。十几分钟后，斯大林从莫斯科发来指令："德军只能无条件投降，不进行任何谈判，不同克莱勃斯谈，也不同任何其他法西斯分子谈。"9时45分，朱可夫根据斯大林的指示精神，代表苏军向柏林德军发出最后通

投降人群中有不少少年

纳粹宣传部的一帮文人向苏军投降

1945年5月2日攻克柏林战役结束

有些死硬纳粹分子自尽

苏军摄影师在勃兰登堡门附近抓题材

牒：德军必须彻底投降，否则苏军将在 10 时 40 分对德军实施最后强攻。崔可夫让克莱勃斯把这份通牒带回给戈培尔等人。戈培尔见到通牒后，知道没有任何讨价还价的余地了，傍晚便与妻子及 6 个孩子自杀了。

5 月 2 日 7 时，德军柏林城防司令官魏德林上将前往崔可夫的前沿指挥所，签署投降令。至中午时分，柏林剩余守军约 15 万人全部投降。至此，苏德战争最后一次决战结束。

这次战役的胜利，粉碎了德军最高统帅部在柏林附近大量消耗苏军有生力量将战争拖延下去的图谋，标志着德国法西斯的灭亡和欧洲战事的结束。

1945 年 5 月 9 日，受希特勒继承人邓尼茨的委托，德军最高统帅部代表凯特尔元帅、什图姆普弗上将、弗雷德堡海军上将在柏林军事工程学院的食堂大厅内，向苏联及其盟国正式签署了无条件投降书。

61. "埃诺拉盖伊"号投掷了两颗原子弹

　　美国人对科学的兴趣可以追溯到建国之初。托马斯·杰斐逊和本杰明·富兰克林不仅是政治家，还是发明家和科学家。在 19 世纪 60 年代的内战时期，美国成立国家科学院。到 20 世纪初，成立科技办，推进农业、医疗，甚至空中运输的科学技术发展。1914 年一战爆发时，联邦政府雇佣了各个领域的大量科学家进行科研工作。不过，在二战爆发前，联邦政府对科研的资助非常有限，只对有明确目标的研究提供资助，如先进的武器或军事运输体系的研究等。

　　二战的爆发，改变了美国政府与科学家的有限联系。战争之初，德国武装力量向世界展示了新型坦克、大炮和其他武器的威力。富兰克林·罗斯福深知，一旦美国卷入战争，就必须发展自己的现代武器，于是在 1940 年成立了国防研究委员会，以支持并组织武器的研制。这个新委员会有美国最顶尖的科学家，包括哈佛大学校长、麻省理工学院院长和贝尔研究室的负责人。委员会的工作卓有成效，因此，罗斯福后来又成立了权力更大的科学研发办公室。这两个组织的负责人都是万尼瓦尔·布什。他有长期的研究经历，还是一位电力工程师

科学家尼尔斯·玻尔最早意识到纳粹可能在开发核武器

奥本海默被称为原子弹之父

和发明家。他把科学家组织成敬业而有建树的队伍。在随后几年里，美国科学家帮助美国海军发现德国的潜艇，帮助炮弹准确打到目标，研制出威力更为强大的火箭，以保护美军在外国海滩登陆。美国科学家和医生们还极大地推进了战时医疗技术的发展，历史上第一次给伤病员以良好救治。

无论从哪方面来说，这一时期科学技术发展的最重要成果是原子弹。1939年，阿尔伯特·爱因斯坦给罗斯福总统写了一封信，说现在已经有可能尽快研制出一种威力强大的武器，这是一种通过原子爆炸产生威力的武器。他敦促罗斯福组织美国科学家赶在德国科学家之前研制出第一颗原子弹。爱因斯坦的建议并未引起罗斯福重视，因为他下令研制后的第一笔拨款只有 6000 美元。

1941 年 12 月 7 日，珍珠港事件爆发，成为美国加快研制原子弹的转折点。1942 年初，美国科学家虽然对研究原子弹的努力方向，甚至费用和时间有了大致构想，但核研究的庞大工程超过了科研机构的能力，没有一家工业公司能在短期内完成有关生产设施建设。美国核研究的负责人之一布什认为，只有军队以最高优先权，才能在战争结束前生产出核原料来。3 月 9 日，他在给总统的报告中提出把全部的研制和生产管理移交给军队。6 月 17 日，布什给罗斯福准备了一份将核计划全部交给军队领导执行的详细报告。罗斯福立即批复了布什的报告。美国的原子弹研制计划由此正式开始。罗斯福总统赋予计划以"高于一切行动的特别优先权"。

在参谋长联席会议主席马歇尔支持下，美国军方同意按原 S-1 委员会（负责铀研究的一个机构）的建议，开始建设 4 种分别采用不同方法的铀同位素分离工厂和其他的研制、生产基地。军队把整个计划取名为"代用材料发展实验室"，指派美国军事工程部的马歇尔上校负责全部行动。

马歇尔上校循规蹈矩，与科学顾问们合不来，使研究计划优先权的升级和气体分离工厂地址的选择拖延了两个月。9 月，政府战时办公室和军队高层领导决定，领导修建美国国防部五角大楼的格罗夫斯上校接替马歇尔上校。格罗夫斯在赴任之前，被提升为准将。

格罗夫斯在上任不到 48 小时内就把计划的优先权升为最高级，选定田纳西州的橡树岭作为铀同位素分离工厂基地。因为马歇尔上校的总办公室最初将设在纽约曼哈顿区，于是将新管区命名为"曼哈顿"，曼哈顿工程区就这样诞生了。美国核研究计划不久后取名为"曼哈顿计划"。

曼哈顿计划的最终目标是赶在战争结束前造出原子弹。虽然在这个计划以前，S-1 执行委员会就肯定了它的

曼哈顿计划的主持人格罗夫斯准将

可行性，但要实现这一目标，还有大量的理论和工程技术问题需要解决。在劳伦斯、康普顿等人推荐下，格罗夫斯请奥本海默负责这一工作。根据奥本海默的建议，军事当局决定建立一个新的快中子反应和原子弹结构研究基地，这就是后来闻名于世的洛斯阿拉莫斯实验室。奥本海默凭借其才能与智慧，以及他对于原子弹的深刻洞察力，被任命为洛斯阿拉莫斯实验室主任。这一至关重要的任命，使他在日后赢得了美国"原子弹之父"的称号。

奥本海默开始对困难估计不足，认为只要 6 名科学家和 100 多名工程技术人员就够了。后来发展到拥有 2000 多名研究人员和 3000 多名军事人员，其中包括 1000 多名科学家。某些部门带博士头衔的人甚至比一般工作人员还多，且不乏诺贝尔奖得主。曼哈顿工程在顶峰时曾经起用了 53.9 万人，总耗资高达 25 亿美元。这是在此之前任何一次武器实验所无法比拟的。

奥本海默鼓励科学家大胆讨论原子弹的有关问题，提出即使看门人的意见也会对原子弹的成功有一定的帮助。奥本海默注意倾听任何人的意见，认真掌握整个实验进程。有些参与核研究的物理学家后来回忆说，他们自己甚至都不如奥本海默清楚自己工作的细节和进展。在很多问题上，都是由于奥本海默的决断才取得突破，保证了原子弹研制时间表的执行。洛斯阿拉莫斯被称为"诺贝尔奖获得者集中营"，奥本海默没有获得过诺贝尔奖，却被称为这个"集中营"

曼哈顿计划涉及的绝大多数员工不知道最终产品是什么

为实施曼哈顿计划建立的工厂

的"营长"。在曼哈顿工程区工作的15万人当中，只有12个人知道全盘计划。洛斯阿拉莫斯计算中心长时期内进行复杂计算，但大部分工作人员不了解工作的实际意义。

1942 年 12 月，在恩利克·费米指导下，芝加哥大学建成世界第一个实验型原子反应堆。1944 年 3 月，橡树岭工厂生产出第一批浓缩铀 235。1945 年 1 月，哈里·杜鲁门就任美国副总统，不仅不知道曼哈顿计划，而且觉得美国境内有些工厂莫名其妙，还派人调查这些工厂是做什么的。4 月，罗斯福总统病逝，杜鲁门继任总统。几天后，美国陆军部长史汀生悄悄告诉他，他下令调查的那些工厂是服务于曼哈顿计划的。

希特勒自杀后两个月，1945 年 7 月初，美国造出 3 颗原子弹，分别命名为"大男孩"、"小男孩"和"胖子"。随即在阿拉莫戈多沙漠上，一座高达 30 米的铁塔竖了起来，原子弹爆炸试验就将在这个架子上完成，这次试验的代号为"复活日"。

德国投降后，为了协调处理德国战败后的相关问题以及对日作战等有关事宜，同盟国决定于 7 月 17 日至 8 月 2 日在德国的波茨坦举行首脑会议，这次会议的代号为"终点"，表示将是二战期间最后一次盟国首脑会议。

7 月 15 日，杜鲁门到达波茨坦，而在万里之外的阿拉莫戈多沙漠，美国的核试验人员把核裂变物质放入"大男孩"的肚子里。试验人员在 14 千米以外设置了观察所，里面隐蔽着 425 名科学家和军事专家，他们怀着紧张的心情，等待着惊心动魄的最后一刻。

　　7月16日5时29分45秒，"大男孩"炸响，蘑菇状的大圆球升到10000英尺以上高空，铁塔被高温在瞬间蒸发得无影无踪。这场爆炸超出了现场所有人的想象，以至于整个美国西南部都感到了震动。

　　随后，陆军部长史汀生向杜鲁门总统发报，原文就一句话："孩子生下来了。"这时，杜鲁门面临抉择，那就是是否向日本投掷原子弹，以尽快结束太平洋战争。一旦原子弹在日本某城市爆炸，将会造成大量人员的死亡和受伤；但他想尽快迫使日本投降，也想以此抑制苏联，决定对日本投掷原子弹。杜鲁门说："我们发明了原子弹，我们使用了原子弹，我们将继续使用原子弹，一直到彻底摧毁日本用于发动战争的一切力量，一直到日本投降为止。我们使用原子弹，承担

哈里·杜鲁门总统

着庄严的责任。我们感谢上帝，让我们使用原子弹，而不是让我们的敌人对我们使用原子弹，而且我们请求，上帝指引我们以他认为合适的方式和他所要达到的目的使用原子弹。"

　　美国陆军部长史汀生后来回忆说，此时除了按照《波茨坦公告》所述动用美国全部武装力量消灭日军并摧毁日本外，他别无选择。他补充道："原子弹是实现这个目的的最佳武器。"

　　罗斯福总统去世前，曾命令空军组成一个秘密分队，它就是509小组。509小组成员只知道将来执行一项特殊使命，在任务到来之前，每天进行精确投弹训练。后期训练就是每天出动两三架飞机，到日本去扔一颗炸弹后回来。实战训练中，509大队共投下38枚模拟炸弹。

　　波茨坦会议结束时通过《波茨坦公告》，敦促日本政府立即无条件投降，否则，日本就只有"迅速和彻底地毁灭"。

原子弹试验在内华达沙漠留下的大坑

509 小组

B-29 轰炸机携带常规炸弹

提尼安岛上的美军机场，也是 509 小组飞机的起飞地

日本政府没有意识到这一警告的背后就是将使用原子弹的暗示，所以拒绝了《波茨坦公告》。

波茨坦会议后，杜鲁门乘美国军舰回国，回国途中，杜鲁门向军方下达命令：去投掷那颗大炸弹吧，现在没有任何选择的余地了。

美国"印第安纳波利斯"号巡洋舰在太平洋上高速航行 9 天后，于 7 月 26 日安全抵达马里亚纳群岛的提尼安岛。军舰上多了两个生人，是从加利福尼亚州马雷岛上船的，自称是炮兵军官。但他们制服上的炮兵专有的十字大炮衣领徽章歪七扭八，其中一个总是待在船舱里，连用餐也不出来。他们的货物很奇怪，分别放置在一个 15 英尺长的木箱和一个非常沉重的圆桶里，这些东西看上去不像是炮兵用的。麦克维伊船长虽然不知道这些货物究竟是什么东西，但他猜想一定很重要。因为这两个人曾告诉过他："每天军舰向前行进多少，胜利就会向前推进多少。"

这两名"炮兵军官"抵达提尼安岛后，立即把装有重要货物的木箱和圆桶送到了一间活动房屋里。这所房子位于陆军航空部队的北边操场上，地方偏僻，房间里不但装着空调，屋外还有重兵把守。事实上，这两名冒充军官是普林斯顿大学的工程师和核专家，是奉格罗夫斯将军的命令前来执行任务的。

几天后，"曼哈顿工程"总军械师威廉·帕森斯上校打开木箱、圆桶和其他空运过来的神秘容器，组装成一个看似简单的装置，至此，第一枚用于军事行动的原子弹诞生了，工程师们把这颗铀弹命名为"小男孩"。

7月29日，美国战略空军司令斯帕茨从华盛顿飞到关岛，在他的公文包里放着一份由格罗夫斯将军签发的陆军作战计划密令：8月3日后，一旦气候许可，可以目击轰炸，即可投掷"特别炸弹"。

斯帕茨将军脱下飞行服，立刻召见蒂贝茨上校和帕森斯上校，下达作战命令。保罗·蒂贝茨1915年生于美国伊利诺伊州，参军后被选为509小组的上校飞行员。后来他在接受采访时说："当我接到这项任务（原子弹轰炸）时，就知道这事容易触发人们的感情。我们这些人也有感情，但你得把这些情感置于一个大背景中。我知道那会造成很多人死亡，但为尽快结束杀戮，这（轰炸）是我能做到的最好的事。这个想法成为我的动力来源。"

蒂贝茨安排飞行员查尔斯·斯温尼上校驾驶"伟大艺师"号B-29轰炸机，上校乔尔杰·玛夸特驾驶"91"号负责航拍。蒂贝茨亲自驾驶运载原子弹的飞机，领航员是西奥多上校，还有投弹手托马斯·费雷比少校。

斯帕茨将军致电华盛顿："据战俘报告，广岛是4座目标城市中唯一没有战俘营的。"次日华盛顿回电："指定目标不作更改。但如果您确信情报可靠，则应优先考虑广岛。"

8月2日，蒂贝茨与费雷比飞往关岛。李梅将军直接告诉他们任务首选目标和备选目标。李梅指挥B-29轰炸机对日本领土轮番轰炸，熟知日本军事部署。他叼着雪茄，领着蒂贝茨和费雷比走到地图前，透过雪茄烟雾说："保罗，首选目标，广岛。"李梅之所以选择广岛，是因为这里有众多兵工厂，工厂附近住着很多熟练工人，同时广岛也是日本第2陆军司令部所在地。重要的是，美军此前没有轰炸过广岛，这次用原子弹对这个城市来一下，可以比较精确地查验轰炸效果。小仓以前是一个军事工业中心和武器生产基地。至于长崎，是个港口城市。万一广岛上面阴云密布，蒂贝茨和投弹手看不到攻击目标，小仓和长崎将是候选目标。

8月5日，气象人员预测，第二天日本南部天空晴朗。用防水布盖着的"小男孩"被一个"大腰带"调到B-29机舱内，然后固定。

这架B-29机身上的名字闪闪夺目：Enola Gay。中国译为"埃诺拉盖伊"，

美国空军少将李梅

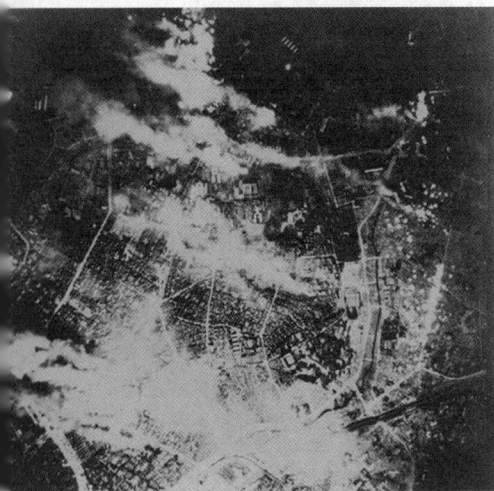

"李梅火攻"把东京炸成火海

是以蒂伯茨上校的母亲命名的。

8 月 6 日凌晨 1 时 37 分，3 架气象飞机首先出发，直奔日本。凌晨 2 时 45 分，蒂贝茨放开制动器，开动了"埃诺拉盖伊"号。"埃诺拉盖伊"号飞离提尼安岛 15 分钟后，以 7000 英尺巡航高度向前飞去。这时，帕森斯上校和他的助手莫里斯·基普森少尉通过走道爬进弹舱，开始装配炸弹。

清晨 5 时 05 分，这 3 架执行任务的飞机在硫磺岛上空编排成一个松散的 V 形体，向着西北方的日本本土飞去。

清晨 6 时左右，"埃诺拉盖伊"号的电子专家雅各布·贝瑟尔看到了正在扫描的日本雷达。他知道雷达停止搜寻时，就表明他们已被发现。现在他们正处在敌人的搜索中。贝瑟尔没有把消息告诉其他人，甚至没有告诉蒂贝茨，他并不想大家为此感到不安。半个小时后，基普森爬回弹舱，把三个绿色的插头从炸弹外盖上拔下来，然后插上三个红色插头。现在，"小男孩"不仅被装配好了，而且它已经准备好一触即发。

基普森向蒂贝茨汇报已完成的工作，蒂贝茨决定说出那个神秘的字眼"核"。他把开关切换到内话系统，说："我们正在运送世界上第一颗原子弹，当这颗炸弹被扔下后，贝瑟尔中尉将会记录下我们的反应，这是为历史纪录，所以请注意你们的言行"。

7 时 09 分，当克劳德·伊瑟利上校驾驶的气象飞机到达广岛上空时，空袭警报开始响起。7 时 24 分，他发出了气象报告，建议轰炸首选目标。在距离气象飞机 100 英里以南的"埃诺拉盖伊"号上，蒂贝茨匆匆瞥了一眼伊瑟利发回来的气象报告，命令："目标广岛。"

贝蒂斯上校与伊诺拉盖伊号留影

伊诺拉盖伊号与机组人员

8时12分，领航员喊道："辨识点。"他们已到达投掷炸弹辨识点。费雷比把头低下，盯在炸弹瞄准器上。稍后，费雷比报告城市已出现在炸弹瞄准器上。计时器显示此刻是8点14分45秒。这时，全体机组人员的耳机里都响起了信号声，一旦信号声消失，炸弹就会被立刻投掷下去。

信号声在8点15分17秒停止，费雷比大喊"投掷炸弹"，蒂贝茨立即把飞机操纵杆向右急转，做了个155度的俯冲，这可以避免飞机被卷入"小男孩"爆炸时产生的巨大漩涡中。

8时15分17秒，定时装置发挥效用，原子弹被自动投下。目标是广岛中央太田川上的T字型大桥——相生桥。同时飞机立刻改回手动操纵，来了个

用于广岛的原子弹代号是小男孩儿

用于长崎的原子弹代号是胖子

日本的港口工业区遭到轰炸

大阪工业区，地上布满巨大弹坑

三菱工厂成为废墟

松下工厂全部成为废墟

广岛剩不下什么了

长崎夷为平地

日本腾起了蘑菇云

155 度角的大转弯，往回飞去。实际上，原子弹在进行了 43 秒的平抛运动后，于相生桥东南方的医院岛病院上空 600 米处爆炸。

炸弹投下 43 秒后，距离飞机下方 6 英里处，第 3 个开关准时关闭，天空顿时出现一道强烈的白光，一团粉中带紫的烟雾和火焰翻卷而上，并且不停地在膨胀。闪光亮如白昼，照亮了飞机上的所有仪表盘，仿佛它们自己发出了光芒。原子弹爆炸引发的冲击波波及到了"艾诺拉盖伊"号，引起了强烈的震动。机组人员还以为是遭到了高射炮的袭击。

蒂伯茨说，"广岛原子弹没有形成蘑菇云。它形成的东西我们称为一条细绳。它往上冲，漆黑漆黑的，有光亮和颜色，里面有白光和灰色，顶部就像折起来的圣诞树。"另一名飞行员比作"燃烧黑色石油的锅"。

下午 2 时 58 分，"埃诺拉盖伊"号返回提尼安岛，斯帕茨将军和几千名将士都在等待他们归来。当蒂贝茨走出机舱时，将军走上前去，将十字勋章别在了他的飞行服上。此时，杜鲁门总统坐着"奥古斯塔"号巡洋舰正从波茨坦返回美国。他通过收音机知道了这个消息

几天后，仅知的是：那天的广岛有几千名乘电车上班者，与电车"熔"在了一起。距离越远损失越小。"小男孩"里装有 50 公斤铀 235。核裂变爆发的能量为 50 万亿焦耳，相当于 15000 吨 TNT 当量。能量通

裕仁天皇的皇宫毫发无损

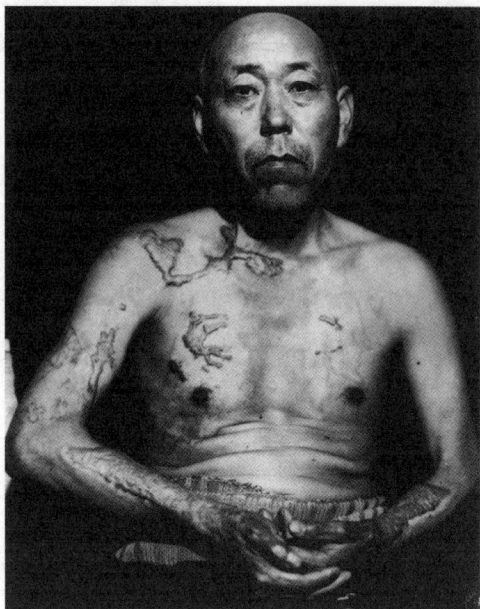

世界上，只有日本人经历过原子弹爆炸，而且是两次

过冲击波、热线、放射线等方式爆发出来，分别占 50%、35%、15% 的比例。原子弹爆炸产生了巨大的蕈状云，蕈状云里含有大量核辐射尘。这些核辐射尘和云中的水汽混合在一起，形成了黑色的雨落在广岛一带。这种雨具有高放射性，因此污染了河流，当时因口渴不慎饮入这些雨水的难民，多数即在数日内死亡。

8 月 9 日上午 9 时 01 分，第二颗原子弹投向了海港城市长崎，长崎上空随即腾起了巨大的蘑菇云。两颗原子弹让日本统治者没有选择，不到一周，日本宣布无条件投降。

日本官方没有公布广岛、长崎两地准确的平民和驻军人数及劳工、俘虏人数。加上爆炸后不久被美军占领，原子弹伤亡的人数至今没有准确统计。1956 年，日美联合调查团根据 1945 年 7 月（长崎）和 6 月 31 日（广岛）市民口粮供应登记得出广岛市 25.5 万人、长崎市 17.4 万人，以这一数字作为爆炸时两市的总人数，调查统计结果为广岛爆炸当天死亡 45000 人，伤 91000 人，伤亡总数 13.6 万人，到 1945 年底伤员中又有 19000 人死去，死亡总数达 64000 人，伤亡和死亡总数分别占全市人口的 36% 和 25%。长崎当天死亡 22000 人，伤 64000 人，到 1945 年底伤员中又有 17000 人死去，死亡总数达 39000 人，伤亡和死亡分别占全市人口的 37% 和 22%。

62.《雅尔塔协定》：老账新账一起算

雅尔塔会议又称克里米亚会议，是二战末期美、英、苏三国首脑罗斯福、丘吉尔、斯大林在苏联克里米亚半岛雅尔塔举行的会议。会议时间为1945年2月4日至11日，是继1943年德黑兰会议后第二次同盟国首脑会议，制定了战后世界新秩序和列强利益分配方针，形成了"雅尔塔体系"，对二战后世界局势产生了深远影响。

斯大林在雅尔塔会议上主要取得了分区占领德国的权力；确定了有利于苏联的苏波边界，保留了苏联支持的波兰卢布林政府；"大国一致"的原则确立了苏联在联合国的牢固地位和作用；在远东获得了极大的权益。所以，就建立苏联在东欧的势力范围和确保苏联在战后欧洲和世界格局中的有利地位而言，雅尔塔会议实际上是向苏联颁发了承认书和授权书。雅尔塔会议基本上解决了战后和平与安排的问题。但是，斯大林在牵涉到其他国家特别是中国的主权利益问题上，违背了世界各国平等合作，尊重主权完整的原则，有大国主宰一切的强权政治表现。

苏美英三国首脑秘密签订的《雅尔塔协定》全称《苏美英三国关于日本的协定》，是三国就苏联参加对日作战条件的秘密协定。协定的主要内容是：在德国投降及欧洲战争结束后两个月或三个月内苏联将参加同盟国方面对日作战，其条件为：1.蒙古人民共和国的现状须予维持。2.俄国在1904年日俄战争中所丧失的权益须予恢复，即：库页岛南部及邻近一切岛屿须交还苏联；大连商港须国际化，苏联在该港的优越权益须予保证，苏联之租用旅顺港为海军基地须予恢复，中东铁路和南满铁路应设立苏中合办的公司共同经营，苏联的

日俄签署朴茨茅斯条约

优越权益须予保证而中国须保持在东北的全部主权。3. 千岛群岛须交予苏联。

　　外蒙古独立是指外蒙古于20 世纪上半叶脱离大清帝国和中华民国统治的历史事件。外蒙古与内蒙古在二战之前同属于中国。外蒙古包括现蒙古国及唐努乌梁海地区。1911 年，中国爆发了辛亥革命。早已觊觎外蒙古的沙皇俄国，乘机策动外蒙古的活佛和王公脱离中国。同年 11 月 30 日，外蒙古宣布"独立"，成立"大蒙古国"。接着，俄蒙军队包围了清政府驻库伦（即现在的乌兰巴托）的办事大臣衙门，解除了清军的武装，并将办事大臣三多及其随从人员押送出境。与此同时，沙俄政府不顾中国政府的抗议，于 1912 年 11 月 3 日，同由它扶植起来的外蒙古当局订立了《俄蒙协约》，规定：由俄国扶助外蒙古的"自治"及训练外蒙古军队；外蒙古不得允许中国军队入境，不准华人移植蒙地；外蒙古准许俄人享受本条约广泛的特权（如自由居住来往、经商、开矿、务农以及开设银行、邮局等等）。

　　内外交困的中国政府别无出路，只得与沙俄谈判解决外蒙古问题。1913 年 11 月 5 日，沙俄当局迫使袁世凯北洋政府签订《中俄声明》。声明虽然承认外蒙古是中国的一部分，要求外蒙古取消独立，但规定中国不得在外蒙古派驻官员，不驻军，不移民，逼迫中国承认外蒙古的"自治权"，由俄国实际控制外蒙古。1915 年 6 月 7 日，沙俄政府、外蒙古当局和北洋政府三方又在外蒙古的恰克图签订了《中俄蒙协约》，确认 1913 年的《中俄声明》，并予以具体化。1917 年，俄国爆发了十月革命。新成立的苏维埃政府虽然在 1919 年和 1920 年两次发表对华宣言，宣布废除沙俄与中国签订的不平等条约，放弃从中国掠夺的一切。但在外蒙古问题上，事实上继承了沙俄衣钵。1919 年 7 月25 日（发表第一次对华宣言后不久），苏俄政府对外蒙古发表声明说："外蒙古是一个自由的国家，它的一切权力属于蒙古国，任何外国都无权干涉它的内政。"并表示，苏俄要求立即同外蒙古建立外交关系。11 月 7 日，外蒙古当局突然致电北洋政府，要求取消"自治"，恢复前清的旧制。究其原因，外蒙古本来是靠沙俄的支撑来维持"自治"的。现在沙俄政府垮了台，外蒙古的外援断绝，导致财政困难、社会混乱，民众反对"自治"。库伦当局难以自保，只得求助于北洋政府。北洋政府总统徐世昌顺水推舟，在 11 月 22 日下令取消外蒙古的"自治"，恢复旧制；同时，废除 1913 年的《中俄声明》和 1915 的《中俄蒙协约》。

时隔不久，1921 年，远东白俄谢米诺夫的军队在东北日本军人支持下侵入外蒙古，1921 年 2 月占领库伦，扶植起新政权。外蒙古的活佛和王公又一次宣布"独立"。接着苏俄红军借口白俄军队入蒙，进军库伦。7 月，在红军支持下，外蒙古成立亲苏的新政府，实行君主立宪制度。11 月 5 日，外蒙古宣布成为"独立国"，建立"人民革命政权"。同日，苏俄和外蒙古订立了《苏蒙修好条约》，双方相互承认为合法政府。北洋政府对苏俄出兵及随后成立政府，虽然提出过抗议，但鞭长莫及、无能为力。

另一方面，苏联为了同中国建立外交关系，几经周折，在 1924 年 5 月 31 日同北洋政府签订《中俄解决悬案大纲协定》；苏联在协定中表示承认外蒙古是中国的一部分，尊重中国对外蒙古的主权，并答应从外蒙古撤军。由此，中苏正式建立了外交关系。但是，几个月后，即 1924 年 11 月 26 日，外蒙古政府宣布废除君主立宪制度，成立了"蒙古人民共和国"，外蒙古从此脱离中华大家庭，苏联也不再承认中国对外蒙的主权问题。

由于《雅尔塔协定》涉及中国主权问题，需要得到中国政府认可。斯大林利用苏联红军出兵中国东北和日军作战问题，要求中国派代表团前往莫斯科谈判，签订《中苏友好条约》。要求中国政府将大连和旅顺，中东和南满铁路出让给苏联，要求中国同意外蒙古从中国分离出去而独立。

1945 年 6 月 27 日，蒋经国与外交次长胡世泽

宋子文抵达莫斯科机场，莫洛托夫迎接

日俄战争后,苏军和日军打了场诺门坎战役。这是苏蒙联军的号兵

等陪同外交部长宋子文到苏联。6 月 30 日至 7 月 13 日,宋子文、蒋经国与斯大林、苏联外长莫洛托夫等先后举行了 6 次会谈,如何理解《雅尔塔协议》中规定的"外蒙现状"的问题成为会晤激烈辩论的焦点。

7 月 2 日 20 时至 22 时 30 分,斯大林同宋子文、蒋经国等进行第二次会谈,这是正式谈判的开始。斯大林当然知道中国代表团的来意,把一份文件掷向留学美国的博士宋子文,挥着手中的烟斗说:"您看没看过这个?"宋子文低头一看,蒋经国也凑过去看,这是《雅尔塔协议》的文本。宋子文说:"我只是大概知道这个协议。"斯大林提高了嗓音,对宋子文说:"您可以讨论问题,但在谈判时必须以这个文件为基本依据,罗斯福在上面签了字的。"见宋子文一脸诧异,斯大林接着说:"我就不明白,中国人为什么不让蒙古独立。"宋子文说:"蒙古成为中国领土是因为蒙古人入侵中原造成的,而不是汉人入侵蒙古造成的,这跟殖民主义有本质的区别。"斯大林说:"那就让蒙古人民进行公民表决吧。"这时蒋经国说:"如果蒙古要公民表决,苏联境内的乌克兰、白俄罗斯等加盟共和国也要公民表决。"

宋子文说:"如果苏联要蒙古独立,中国就要提出收回大连、海参崴、库页群岛等地的主权。"斯大林说:"如果中国要这么干,要收回所谓的领土,苏联将协助中共推翻你们国民党政府。"蒋经国知道苏联最怕中国打西方牌,苏联拉住中国就是为了抗衡西方,于是回答:"如果苏联借助中共来搞垮我们的政权,中国将加入西方同盟,并允许美国军队进入中苏边境。"宋子文向斯大林声明:"任何一个中国政府假如承认外蒙独立,必然保不住政权。假如外蒙问题不能达成协议,那么只能导致谈判破裂。"斯大林说:"苏联在外蒙古问题上决不妥协!"

实际上,斯大林开始就开列了苏联对日作战条件,例如外蒙独立,恢复 1904 年日俄战争前俄国在中国东北的各项权益等。这完整地表达了斯大林确定的战后苏联在远东的两个战略目标,也就是把外蒙古从中国版图中独立出来,形成苏联西伯利亚地区广阔的安全地带，恢复沙皇俄国在中国东北的势力范围，以确保苏联在太平洋的出海口和不冻港。

1945年2月8日，斯大林曾与罗斯福秘密会谈。斯大林提出为了向苏联人民解释出兵对日作战的原因，苏联需要提出自己的政治条件，除此之外，战争结束后苏联还将从日本手中得到库页岛南部和千岛群岛，租借或托管大连港等等。会谈时斯大林态度坚决，不容置辩，强调：如果这些条件得不到解决，苏联绝不出兵。罗斯福考虑到如果不答应这些条件，单纯靠美国来对付日本，大概需要18个月的时间，估计还要损失美国100万兵力。权衡再三，罗斯福最终还是用中国的利益作交换，答应了斯大林的要求。

斯大林向罗斯福交底说，苏联准备调遣25个师越过西伯利亚，向远东秘密移动，这一军事行动要暂时对中国当局保密，等到这些部队全部转移完毕，美方可派一官员去重庆，将此协定正式通知蒋介石。

显然，此时只有中国与三大国对《雅尔塔协议》文本中蒙古"现状"问题的理解不同，三大国暗渡陈仓，中国被蒙在鼓里。实际上，一开始谈判中国代表团就与斯大林谈不拢了，走进了死胡同，这个死胡同是美、英、苏共同砌成的。蒋经国将情况迅速报告给蒋介石，很快就收到蒋介石的回电，蒋介石让他以私人身份与斯大林谈判，向斯大林讲清楚中国政府不承认外蒙独立的原因和动机。于是蒋经国提出与斯大林单独会晤，斯大林表示同意。

蒋经国有个苏联名字：尼古拉。他是蒋介石的长子。莫斯科中山大学、列宁格勒托尔马乔夫军政学院毕业，回国后加入国民党。让他去苏联，主要是他有在苏联学习与工作的经历，妻子是苏联人，按照中国人的习惯思维，有这样的"背景"，容易与苏联高层人物对话。

7月4日晚，斯大林在办公室单独与蒋经国会面。斯大林见到蒋经国还是客气的，不像对宋子文那样板着脸。斯大林先盛赞蒋介石，并保证苏联将与国民政府合作，接着问蒋经国："为什么您也这么固执，

1945年2月，雅尔塔三巨头合影

不肯对外蒙独立的问题做出让步？"蒋经国说："苏联肯出兵对付日本,这对中国是件好事。但是,如果由于苏联的出兵而使中国放弃对外蒙古行使主权,坦白地说是丢了外蒙古,这个要求中国实在难以迁就。因为这是个主权的问题,如果我们答应贵方要求,那么中国四万万民众都会骂我们是卖国贼。在今后中国的历史上,我们这些人会遗臭万年、万劫不复,成为民族罪人。须知,中华民族特别重视国家主权的完整和民族气节。苏联出兵,中国可以用物质酬劳,但涉及到国家主权和民族气节方面的问题,就不好办了。您应该知道,中国为了收复被日本侵略的失地,迄今已进行了 7 年抗战。现在日本人还没有被赶走,东北和台湾还没有收回,再丢失外蒙古这么多领土,抗战意义又何在呢？人民将不能饶恕我们,所以我们不同意把外蒙转交给苏俄。"

斯大林说："您的话有不少道理,我能理解这一点。从历史进程看,外蒙问题是在一个特定环境下形成的,它作为一个实际上独立的国家存在了 20 多年了,中国已失去对它的控制权;对苏联而言,外蒙古作为一个友好盟国,在战略上极为重要,它是从远东进入苏联的'后大门',一旦这个'后大门'被不友好的强国占据,就会成为进攻苏联的跳板,因此苏联必须支持外蒙古独立。"蒋经国据理力争。斯大林态度强硬地说："您应该明白,今天不是我请求您提供帮助,而是您在请求我的帮助。日本占领了中国,既然要让苏联来帮忙,那就应该接受我们的要求。假如您的国家有实力,你们能够自己粉碎日本人,能够自己保全领土,那么我当然无权提出要求。你们没有这样的力量,因此您现在说的都是废话。"蒋经国说："您为什么一定坚持要让外蒙独立呢？虽然它的面积很大,但人口稀少,交通不便,也没有什么物产,穷山恶水,经济落后,苏联要它也无多大用处,充其量只是一块'鸡肋',食之无味弃之可惜。这样的地方,苏联为

指挥诺门坎战役的朱可夫与蒙军军官

苏军在诺门坎战役中缴获的日军机枪

何非要不可？"

斯大林走到一张摆放地图的大桌前，说："我跟您说实话，苏联需要蒙古，完全是出于军事战略的考虑。"他指着地图上蒙古的区域，指着紧贴蒙古边界线的苏联西伯利亚大铁路，又指着乌拉尔山，然后指向莫斯科，说："如果某种军事力量从蒙古侵犯苏联，那么距蒙古边界只有6千米的西伯利亚铁路大干线就会被轻而易举地切断，那样苏联西部和东部就被一切为二，苏联也就完了。如果将来第三国在外蒙古建立军事基地，那么只要从外蒙古发射一枚导弹，莫斯科就会遭到毁灭性打击。苏联经过二战，必须求得20年休养生息、和平建设的时间，外蒙古应当是苏联的安全屏障！"

蒋经国说："您用不着特别担心军事问题，假如苏联参加对日作战，那么日本溃败后就不可能再生，就没有力量去侵占外蒙，并把它变成进攻苏联的军事基地。对从蒙古进攻苏联的担心，除了日本

雅尔塔会议会址

外，只剩下中国的威胁，而中国已经和苏联签订了友好同盟条约。条约的有效期是25年，我们还可以追加5年，30年内中国无法进攻你们。而且很显然，即便中国想去进攻，我们也没有这样的实力。"

斯大林摇摇头，说："您说得不对，您说当日本被粉碎之后就无法重新占据外蒙，侵略俄罗斯。日本人我了解，他们是不可能放下战刀的，日本遭到失败，日本民族还会重生，一旦时机成熟了，它就会动手的。"蒋经国问："为什么？"斯大林回答说："世界上任何力量都可以摧毁，只有民族的力量，特别是像日本这样信奉武士道、菊花和刀的民族，是一定会以武力崛起的。"

蒋经国说："德国投降了，盟国分别占领了它，德国还会重新复活吗？"斯大林回答说："当然，会复活的。"蒋经国说："即便日本会复活，也不会这么快，有若干年的时间您用不着为对付日本作军事准备。"斯大林说："或早或晚，它是要复活的。假如日本由美国控制，日本原来就是投靠西方的，那么5年之后它就会复活，就会在远东形成新的威胁。"蒋经国问："日本转归美国控制，5年后就会复活，那么假如转归苏联控制，什么时候才会复活呢？"斯大林回答说："假

斯大林与罗斯福会谈《雅尔塔协定》的地方

如由我们来控制,也不会超过 5 年。"斯大林不耐烦了,不想跟蒋经国绕圈子,他直截了当地说:"交还蒙古是不可能的。"蒋经国一时接不上话。斯大林对蒋经国说:"我跟您谈话,不是把您当做一名外交官,所以我可以告诉您,条约是个不可靠的东西。您犯了一个错误,您说中国不具备侵略俄罗斯的实力。但是只要中国统一起来,那么在国际事务中你们的进步会比谁都迅速。"这时蒋经国觉得斯大林好像在讲"推心置腹"的话,其实苏联因为担心中国强盛,因而想占据蒙古,苏联领导人对想要的目标会不择手段来实现。最后斯大林告诉蒋经国:"您说中国和日本没有力量侵占外蒙古并同俄罗斯开战,但这不意味着没有第三种力量来干涉。"在回答蒋经国是否指的是美国时,斯大林说:"当然。"

7月9日21时至22时40分,斯大林同宋子文举行第四次会谈。宋子文又得到蒋介石的授意,表示同意外蒙古独立,但提出的交换条件是:保持东北三省领土、主权及行政之完整,苏联今后不再支持中共,不再支援新疆脱离中国的动乱。斯大林对此表示欢迎,立即同意了蒋介石的要求。

7月11日21时至23时,斯大林同宋子文举行了第五次会谈,就外蒙古独立与疆界、中东铁路、旅大港等问题达成一致意见。

7月12日24时至24时45分,斯大林与宋子文举行第六次会谈,讨论外蒙古《独立宣言》和《苏中友好同盟条约》两项草案。斯大林同意中方有关人员留在莫斯科同苏联外交部继续接触,宋子文、蒋经国回重庆面见蒋介石汇报。蒋经国与斯大林的会谈毫无成效,非但没有在蒙古"现状"问题上让斯大林接受中国的解释,却让外蒙古独立成了中苏谈判的基本立场。蒋经国将与斯大林会谈的情况报给蒋介石后,蒋介石表示,两害权衡取其轻,为了争取苏联不对中共提供支持,只能如此了。

1945年8月,中国代表团再次前往莫斯科。8月7日至14日,以宋子文为首席代表,新任外长王世杰及熊式辉、蒋经国为随员的谈判代表团再抵莫斯科,继续进行中苏谈判。

8月7日,斯大林同刚抵达莫斯科的宋子文会谈。8月8日,苏联对日宣战。8月10日21时至23时30分,斯大林与宋子文再次会谈。

关于苏联参加对日作战,库页岛南部和千岛群岛划入苏联等项,双方无异议。在外蒙边界问题上,中方坚持"根据前清以来,民国初年所划定区域之地图为标准",苏联拒不接受,中方让步,同意"外蒙以现有边疆为界"。双方另就中长铁路、旅大港的经营权达成协议。苏联政府同意只承认国民党中央政府,不干涉新疆事务,尊重中国对东北三省领土和主权完整。

8月14日,举行《中苏友好同盟条约》签字仪式。对于这样的条约,宋子文不敢签,以早就辞去外交部长作为解脱。王世杰作为代理外交部长,也不想签这个条约,由于他在蒋经国的劝说下接受了外交部长一职,此行蒋经国又同行,最后只得签约。

斯大林松了口气,远东西伯利亚算有了安全屏障。在这场博弈中,蒋介石坚持先对付中共的思路,认定用武力对付中共是既定政策,抗战之后必有场内战,两害取其轻,最重要的是苏联在即将发生的国共战争中保持中立。

《中苏友好同盟条约》所附的中国外长王世杰致苏联外长莫洛托夫的照会称:"因外蒙古人民一再表示其独立愿望,中国政府声明,日本战败后,如外蒙古之公民投票证实此项愿望,中国政府当承认外蒙古之独立,即以其现在之边界为边界。"莫洛托夫在复照中称:"苏联政府将尊重蒙古人民共和国政府的独立和领土完整。"蒙古人民共和国于1945年10月20日举行全民投票公决,根据投票结果,百分之百的投票者拥护外蒙古独立。1946年1月5日,中国国民政府宣布承认蒙古独立。

1945年6月底至8月中旬,中苏双方在莫斯科举行多次会议,争论激烈。斯大林几乎以威胁口吻对宋子文说:外蒙古人民"既不愿加入中国,也不愿加入苏联,只好让它独立";如果中国不同意,苏联就不会出兵打日本。宋子文据理力争,毫无结果,也曾经提出过给外蒙古"高度的自治权"的主张,作为妥协,但苏方一概拒绝讨论。

在严酷的既成事实面前,蒋介石只得指令宋子文接受苏方条件。同意:苏联出兵击败日本后,在苏联尊重东北的主权、领土完整;不干涉新疆的内部事务;不援助中共等三个条件下,允许外蒙古"独立"。1945年8月14日,宋子文、王世杰签署了《中苏友好同盟条约》及其附件。双方关于外蒙古问题的

中苏友好同盟条约，中方由外交部长王世杰签字

换文是这样说的："鉴于外蒙古人民一再表示其独立愿望，中国政府同意，将在日本战败后举行公民投票以确定外蒙古的独立。"

当然，所谓"公民投票"，也不过是蒋介石为了下台阶而采取的一种办法。后来奉命前往观察外蒙古"公民投票"的国民政府内政部常务次长雷法章出行前，蒋介石特别交代：只"观察"，不得"干预"，不发表任何言论。1945 年 10 月 20 日，外蒙古当局一手操办"公民投票"（记名投票）。据外蒙古方面报道称：共有 49 万选民，"98% 的选民参加了投票，一致赞成独立"。雷法章事后对这次投票的评价是："其办理投票事务人员，对于人民投票名为引导，实系监视，且甚为严密"，"此项公民投票据称为外蒙古人民重向世界表示独立愿望之行动，实则在政府人员监督下，以公开之签名方式表示赞成独立与否，人民实难表示自由之意志。"

1946 年 1 月 5 日，中国国民政府正式承认外蒙独立。蒋介石逃往台湾后，又想起外蒙问题。似乎有点"悔不该当初"。1953 年，他宣布废除 1945 年中苏条约中关于外蒙古的换文，不承认外蒙古的独立，并下令把外蒙古重新纳入"中华民国"的版图之内。而且还在国民党的中央会议上，沉重地"检讨"了一番，说："承认外蒙古独立的决策，虽然是中央正式通过一致赞成的，但我本人仍愿负其全责。这是我个人的决策，是我的责任，亦是我的罪愆。"当然，这种可笑的举动已经无法改变历史铸就的事实。

63. 中国东北：苏军歼灭关东军

　　俄国与日本的紧张关系由来已久。俄日矛盾是围绕着对中国东北的争夺而产生并日趋剧烈的。20世纪初期，围绕争夺在中国东北的权益，俄国与日本打了场日俄战争。日本距离中国东北不远，俄国与中国东北虽然在地理上相邻，但在西伯利亚大铁路没有完工前，俄国向中国东北运兵相当困难。日俄战争的结果是，日军夺取了沙俄海军经营既久的旅顺口，全世界最大的国家被小小的东洋岛国打败，在俄国人心里留下了无以消除的疤痕。

　　一战中，俄国是协约国骨干国家，十月革命后，列宁宣布俄国退出战争，与协约国彻底闹翻了。苏维埃政权建立之初的1918年春，由于"捷克斯洛伐克军团事件"，十几个协约国联合武装干涉苏俄。日本政府趁火打劫，参加了1919年秋冬反对苏维埃俄国的"十四国远征"，出兵海参崴，强占俄远东沿海地区。十四国远征中，其他国家仅出兵几百人到千把人，表明本国对苏俄政权的立场，而日本居然出兵上万人。

　　十四国远征中的十三国，俄国人很快就忘了，但是却没有忘记日本，一直想找个机会报复。二战前，苏联是世界上

1941年4月13日，苏日两国在莫斯科签署中立条约

509

苏军开进中国东北

苏军涉水过河

唯一的社会主义国家，也是帝国主义和法西斯势力攻击的主要目标。苏联力图在帝国主义的夹缝中生存，有时不得不采取相当现实的做法，甚至不惜伤害到中国的利益。

"九一八"事变后，苏联外交人民委员李维诺夫致函日本驻苏大使广田，声明苏联对中日冲突奉行"严格的不干涉政策"。1932 年 3 月，伪满洲国成立后，苏联走得更远了，承认"满洲国"对中东铁路的主权，而且与伪满洲国建立领事级关系，事实上承认日本人制造的傀儡政权。

另一方面，为拖住日本军事力量，苏联一直在秘密支持中国抗日。1932 年 12 月，中苏两国恢复中断达 3 年之久的大使级外交关系。1935 年下半年起，苏联开始同国民政府就联合抗日的问题举行实质性谈判。1936 年春，苏联政府要求与中国政府签订互不侵犯条约，明确表示支持中国抵抗日本

的侵略。西安事变后，苏联政府抛弃暗中对张学良、杨虎城的支持，转而斥责张学良与杨虎城扣押蒋介石的做法，力促西安事变和平解决。"七七"事变爆发后，国民政府展开积极外交，寻求各国援助。西方国家不愿意引火烧身。美英等国举棋不定时，苏联向中国伸出了援手。

1937 年 4 月，苏联驻华大使波戈莫洛夫通知国民政府，苏联已决定向中国出售飞机和坦克，并且提供 5000 万美元的贷款。中国方面没有回音，"七七"事变后，8 月 21 日，中苏签订《互不侵犯条约》。此后，苏联开始向中国提供经济贷款和军事援助，并且派遣军事专家和志愿航空队参加抗日战争。1937 年 10 月，从阿拉木图经兰州到汉口的国际航线通航。当月的下旬，第一批苏联志愿航空队到华，共有空、地勤人员 254 名，组成以基达林斯基领导的轰炸

机联队和库尔丘莫夫为首的战斗机联队。战斗机联队途经凉州时，库尔丘莫夫不幸因飞机失事殉职，普罗科菲耶夫接替指挥战斗机联队。

此后，苏联志愿航空队的兵力不断扩充，最高峰时，达到战斗机、轰炸机各4个联队。苏联志愿航空队的成员采取轮换形式，先后在华参战的有2000多人，像日加列夫、雷恰戈夫、阿尼西莫夫、波雷宁、特霍尔、赫留金、布拉戈维申斯基等著名空军将领都曾来华与日军作战。

中国空军势单力薄，仅有的少量飞机在淞沪会战中几乎拼光了，急需得到补充。中国向欧美国家订购了363架作战飞机。但到1938年4月，仅得到85架，其中有13架尚未完成装配。在关键时刻，苏联的大批作战飞机源源不断运进中国，可谓雪中送炭。到了1938年2月，苏联共出售

阿穆尔河舰队把苏军运过黑龙江

苏军飞行员

中国作战飞机232架，折合2254万美元。其中战斗机156架，轻轰炸机62架，重轰炸机6架，教练机8架。在同一个月，由于苏联的援助，中国空军总共有作战飞机390架。其中驱逐机230架，轰炸机160架。

在1938年至1940年间，苏联向中国提供2.5亿美元低息贷款，中国利用苏联信用借款购买的主要军火物资为：各类飞机904架，其中轻重轰炸机318架，坦克82辆，汽车1526辆，牵引车24辆，各类大炮1190门，轻重机关枪9720挺，步枪50000支，步枪子弹16700多万发，机枪子弹1700多万发，炸弹31100颗，炮弹187万多发及飞机发动机及全套备用零件，汽油等军火物资。苏联还帮助中国建立了航空物资供应站、飞机修配厂和航校、训练基地，以轮换方式分批派遣军事顾问，连同各种空、地勤技术人员，计5000余人。他们积极训练中国飞行员和地勤人员，雪中送炭，使得淞沪会战中拼光的中国空军起死回生。

苏军做战斗部署

抗战期间，苏联派出军事顾问300余人，在国民政府的各级军事机关工作，派遣空军志愿队员2000余人来华参战，先后进驻南昌、武汉、重庆、梁山（今梁平）、成都等地。根据苏联公布的资料，从1937年12月在南京上空秘密参战，到1939年底基本从各地的机场撤出，共有700多名苏联志愿队员直接参加保卫南京、武汉、南昌、成都、重庆、兰州等地的25次战役，出动飞机千余架次，击落日机数百架，炸沉日军各类船舰70余艘。

1938年10月，武汉、广州沦陷后，中苏空军的中心基地从南昌、武汉西移成都、重庆等地。苏联空军志愿队的数十架飞机和相应的飞行、地勤人员进驻四川梁山机场，帮助培训空军人员，创办空军学校，阻击日机入侵西南领空，并派飞机轰炸敌占区的军事设施。与此同时，苏联志愿空军有4个联队在中国对日作战，200多名官兵献出生命。至1940年，日本损失飞机986架，这与苏联志愿飞行员的作用密不可分。

国军空军装备的驱逐机大部分是苏联援助的伊–15和伊–16。伊–15为双翼驱逐机，转弯半径小，机动灵活，航速较慢。伊–16是单翼驱逐机，航速达到每小时480千米，但机动性差。两种驱逐机都装有4挺司卡斯高射速机枪，每分钟可发射1800发子弹。空战时，通常伊–15和伊–16联手，伊–15缠斗，伊–16从高空俯冲，追歼逃敌。中苏空军联袂作战，士气大振，使日本陆、海军飞机损失剧增，日本航空队被迫将基地后撤500千米。

1938年2月23日是苏联红军节。苏联志愿航空队队员决定在这一天对日军发动一次突然袭击。攻击目标设定在台湾日本海军的松山机场。出击任务由苏联志愿航空队指挥官雷恰戈夫负责，组成两个轰炸机编队执行任务：一队为驻在南昌的12架轰炸机，中苏飞行员混合编队；另一队为驻在汉口的28架轻型轰炸机，全部由苏联飞行员驾驶。

盘踞在台湾的日本人做梦也不会想到，松山机场会遭到来自大陆的空袭。

苏联志愿航空队驾机飞临时，只见机场上的飞机整齐排列，既没有战斗机升空拦截，也没有高射炮火拦阻。波雷宁大尉首先进入轰炸航路，将飞机所载炸弹全部投下。其余飞机依次进入，对机场上的目标倾泻着炸弹。机群投下的 280 枚炸弹，多数直接命中目标。几十架日机被炸得七零八落，十几座油库和机库也陷入火海，可以使用 3 年的航空油料和

日军缴械

设备转眼间毁于一旦。国民政府也没有想到作战会这么顺利，第二天傍晚，宋美龄以航空委员会秘书长的名义，设宴为出击松山的苏联飞行员庆功。

1939 年 6 月 11 日，苏联空军又有志愿航空队所属的 4 个联队来华支援，由库里申科和科兹洛夫各率领一个由 20 架重轰炸机组成的轰炸机联队进驻成都，由苏普伦和柯基那基各率领一个由伊 –15 和伊 –16 驱逐机组成的驱逐机联队进驻重庆。这大大增强了中国抗击日军的空中力量。

1939 年 10 月 3 日，苏联志愿航空队 9 架重轰炸机从成都起飞，飞临日占汉口机场上空。当时日海军航空队的军官聚集在指挥所门前迎接木更津航空队 6 架"新锐"攻击机。下午 1 时 30 分，这批日机刚降落，苏联机群飞临，将炸弹全部倾泻下去。日海军鹿屋航空队副队长小川、木更津航空队副队长石河等 4 名校官和 1 名尉官当场被炸死。鹿屋航空队司令官大林末雄大佐等 25 人身负重伤，指挥轰炸重庆的日第 1 联合航空队司令冢原二四三少将的左臂被炸掉，34 架日机被炸毁，而苏联轰炸机仅 1 架受轻伤。

1939 年 8 月 14 日中午，苏联志愿航空队库里申科联队长率领远程轰炸机群对汉口机场完成攻击任务，返航时遭遇 20 多架日军战斗机。空战中，5 架日机被轰炸机联队击落，而库里申科轰炸机左发动机被击中。库里申科用单发动机驾驶飞机返航。飞机沿着长江飞行，飞到万县上空时，飞机失控，开始下坠。库里申科决定选择一处安全的地方迫降。然而这一带除了长江江面，都是崇山峻岭和崎岖不平的山地，他只得在江面迫降。万县军民立即组织抢救。机组领航员、报务员和轰炸员泅水登岸获救，只有库里申科没有踪影。20 天后才在

溥仪在沈阳机场被俘

万县下游的猫儿沱发现他的遗体。万县人民为库里申科举行了追悼大会。1940 年元旦，万县人民把烈士安葬在太白岩。

到 1939 年 10 月，苏联空军援华达到最高峰，在华航空人员 425 人。苏联驻华空军顾问阿尼西莫夫、副顾问胡鲁耶夫、参谋长伊里茵常驻成都。轰炸重庆的日机主要集结于汉口，苏联志愿航空队决定派驻成都的重轰炸机袭击日机在汉口基地。10 月 14 日，苏联志愿航空队出击，20 架轰炸机于 12 时轰炸日占汉口机场，一举炸毁日机 60 架，毙伤日陆、海军航空队官兵 300 多人。

1941 年 4 月，希特勒德国横扫欧洲，震动了苏联，斯大林意识到与纳粹德国的战争不可避免，与最凶恶的敌人相比，其他退居次 要地位。自希特勒上台以来，德意日"反共产国际条约"的签订和轴心国的形 成，使苏联受到东西法西斯国家夹击的威胁，因此苏联在加快军备的同时，试图通过外交途径摆脱不利局面。1940 年 10 月，斯大林召见即将赴华担任蒋介石军事总顾问的崔可夫说："我们驻华全体人员的任务是要紧紧束缚日本侵略者的手脚。只有当日本侵略者的手脚被捆住时，我们才能在德国侵略者一旦进攻我们的时候避免两线作战。"

1941 年 4 月 13 日，苏日双方签订《中立条约》，规定缔约双方相互尊重缔约另一方的领土完整和不可侵犯，如果缔约一方成为第三者的一国或几国的战 争对象时，缔约另一方在整个冲突过程中将保持中立。在构成附件的声明中，双方约定：苏联政府和日本政府庄严声明：苏联保证尊重满洲国的领土完整和不可侵犯，日本保证尊重外蒙的领土完整和不可侵犯。

苏日《中立条约》是苏日双方牺牲中国利益而达成的临时交易和暂时性妥协，苏联远东当局不但不对活跃在东三省的东北抗日义勇军提供任何支持，而且一度对撤退到中苏边界的东北抗日义勇军解除武装。《中立条约》稳定住了苏联这头，日本认为在欧亚大陆没有后顾之忧了，遂加紧准备南下夺取英国、法国、荷兰在东南亚的势力范围。东洋岛国从此失去自我控制，以至于贸然突袭美国珍珠港海军基地，从而引发了太平洋战争。

苏军缴获的日军坦克

1945 年 2 月 4 日至 11 日，苏联黑海之滨，斯大林、罗斯福和丘吉尔举行雅尔塔会议。罗斯福与会时，美军刚以沉重代价攻占冲绳岛，参谋长联席会议给了总统一个参考数字：根据美军攻占冲绳岛的伤亡情况推算，美军如若进攻日本本土的话，伤亡不会少于 100 万人。

2 月 8 日，罗斯福与斯大林会晤说，日本本土有 400 万大军，美军在日本登陆势必造成巨大损失，所以请苏联出兵，进攻日军。斯大林问，苏联可以出兵远东，美国给

苏军收押的日军指挥官

苏联的回报是什么？罗斯福回答，萨哈林岛和千岛群岛将交给苏联，苏联可获得位于南满铁路终点的大连，"外蒙古的现状应予维持"。斯大林强调，苏日签订有中立条约，苏联没有理由对日本宣战。要有一份巨头共同签署的文件，让苏联人民明白为什么参加对日战争。罗斯福有顾虑，这些条件是中国人不在场的情况下商定的，中国人知道怎么办？斯大林说，一旦苏联可从西线腾出 25 个师，并把这些师调到远东，就可以通知中国人了。

对于苏联来说，与日本的中立条约本来就是个权宜之计，到了日子就得甩掉。2 月 10 日，莫洛托夫向哈里曼递交"斯大林元帅关于苏联参加对日作战政治条件草案"，经斯大林、罗斯福修改，成为 2 月 11 日邀请丘吉尔共同签

苏军进入中国东北的城市

苏军进入长春

苏军进入哈尔滨

苏军来到大连，别有感触

署的《雅尔塔协定》，内容是：在德国投降、欧洲战争结束后 2–3 个月之内，苏联依据以下条件参加对日战争：外蒙古现状须予维持。1904 年由于日本背信攻击（日俄战争）所受侵害的帝俄旧有权利应予恢复；库页岛南部及其邻近的一切岛屿均须归还苏俄；维护苏俄在大连商港的优先权益，并使该港国际化；同时恢复旅顺港口俄国海军基地的租借权；中苏设立公司共同经营合办中长铁路、南满铁路，并保障苏俄的优先利益，同时维护中华民国在满洲完整的主权；千岛群岛让与苏俄。直到 6 月 14 日，杜鲁门才指令赫尔利将《雅尔塔协定》的内容通知蒋介石。

有了《雅尔塔协定》，斯大林心里踏实了。5 月上旬，苏军攻克德国首都柏林，法西斯统治的第三帝国土崩瓦解，随即就可以收拾日本了。从 5 月到 8 月，苏联政府通过西伯利亚大铁路，迅速向远东和后贝加尔运送了 13.6 万节车皮的部队和作战物资，展开 11 个合成集团军、两个战役集群、1 个坦克集团军、

3个航空军集团和3个防空军集团、4个独立航空兵军，总兵力为157.8万人，有26137门火炮，5556辆坦克，3446架飞机，此外还有太平洋舰队和阿穆尔地区舰队。

1945年5月，纳粹德国战败投降，苏联开始准备对日本作战。抗联教导旅驻扎在偏僻的北野营，除了被召至伯力参加军事会议的旅长周保中，没有人知道苏军部署。但所有人都清楚，打败了德国之后，苏联马上就要调转枪口，收拾日本了。抗联教导旅的指战员们摩拳擦

苏军与挺近沈阳的八路军相遇

掌。参加过对德作战的苏军军官充实到教导旅，用实战演习操演着新战术。教导旅的伙食水平忽然提高，黑面包变成了白面包，只供应前线部队的牛肉出现在餐桌上。7月开始，北野营的抗联教导旅驻地，常有战友忽然消失，没有人透露他们的行踪。在苏联对日宣战之前，抗联教导旅已经开始了行动。

周保中参加了苏联远东方面军对日作战的军事会议，领到抗联教导旅的作战任务：一是挑选290人组成一支空降侦察部队，携带电台，执行侦察任务；二是派出340人作为先遣支队，分派到苏军先头部队，担任向导和突击队；三是教导旅大部队跟随苏军主力解放东北，维持战后秩序。他们分成50多个侦察小组，乘夜色在牡丹江、佳木斯、哈尔滨、长春、沈阳等地空降，进行战前侦察。侦察员用各种方式，接近或潜入日军数百个营区、工事、弹药库、军事谍报指挥机关等要害设施，将日本关东军的17个战略地堡及中苏边境上三道防线的情况，无一遗漏地标注成空袭目标，并制成图表，通过电台传送给苏军。

7月17日至8月2日，斯大林、杜鲁门和丘吉尔在德国的波茨坦举行会议，会议期间发布促令日本投降的《波茨坦公告》。7月24日，杜鲁门将公告文本发给蒋介石，蒋介石希望在发布公告时，将三国首脑名字的顺序调换一下，把他的名字放在丘吉尔前面，这样他在国际国内都有点面子。杜鲁门同意。7月26日晚9时20分，美中英三国向日本发出《波茨坦公告》。事先美国没有征求苏联的意见。直到8月8日，苏联宣布同日本处于战争状况时，才要求

参加《波茨坦公告》。

7月27日，日本收听《波茨坦公告》全文。日本首相铃木主持召开最高战争指导会议，讨论对《公告》的立场。铃木次日在记者招待会上声明：《波茨坦公告》不过是开罗宣言的改头换面，"政府认为公告并无任何主要价值，只有对它置之不理，我们只能为战争到底向前迈进。"

斯大林原定8月11日发动进攻，因美国向日本投放原子弹而提前。8月7日下午，斯大林签署命令：红军于9日零时开始进攻。8月8日下午5时，莫洛托夫向日本驻苏联大使佐藤宣读苏联对日本宣战书。

8月9日零点10分，苏军越过中苏、中蒙边境，向关东军发动进攻。仗打起来时，日军司令官山田乙三大将在大连欣赏日本歌舞伎演出。直到清晨，才知道苏军开始全面进攻，急匆匆下达作战命令。

关东军曾经是日本陆军精锐兵团。1940年日军大本营确定关东军序列的12个师团外加第16师团（尚在本土，以后未执行）为"满洲永久驻扎师团"，到1943年6月先后调入或就地组建3个师团共15个师团。这15个师团是"常设"第1、8、9、10、11、12、14师团，早期三联队制第23、27师团，以四联队师团抽出联队组建的第24、25、28、29、71师团及"新常设"第57师团，均为日本陆军主力师团，在1941年"关东军特别大演习"时各部队得到额外加强。1944年，15个师团有11个调往南方战场，遂用守备部队就地编组6个师团，到年终计有10个师团，无论师团数还是师团战力均为1939年以来之最低状态。1945年初其余4个"满洲永久驻扎师团"亦调出，关东军实为彻底换血。

远东战役时，苏军的对手并不是日军中的硬骨头部队，恰恰相反，日本关东军绝大部分是新编部队。远东战役发起时，在中国东北范围内有关东军第1方面军之第3、5军，第3方面军之第30、44军，直辖第4军，共辖22个师团8个独立混成旅团、两个独立战车旅团1个机动旅团。其中有1944年5月后扩编的第107、108、112、119师团，1945年1月16日编组的第79、122、123、124、125、126、127、128师团，7月10日编组的第134、135、136、138、139、148、149师团，以及1945年6、7月间从日军中国派遣军紧急转调的第39、63、117师团，8个独立混成旅团均为当年就地编组。

以上有作战经历的部队只有关内调入的3个师团。7月10日仓促编组的部队大多数师团长从日本国内调任，独立混成旅团都只辖4个独立步兵大队，而此前的日本陆军独立混成旅团标准编制是5个独立步兵大队或更多。新编部

美国"密苏里"号战列舰

队的实际编成（包括人员、装备）的实力能达到何种程度肯定大有问题，例如第 136、137、138 师团基本由在乡军人编成，实际未成军；又如 7 月底才获准组建 3 个特别警备队，关东军 8 月初开始组织实施，其间预定配属第 4 军的第 3 特别警备队因该军司令官上村干男反对而搁置。

远东战役发起后，关东军依预案将逐步收缩到南满、朝鲜，驻防朝鲜南部的第 17 方面军奉命归属关东军。第 17 方面军司令部驻汉城，辖第 58 军以及 7 个师团两个独立混成旅团。朝鲜北部的清津作战实际发生地在雄基、罗津、清津、成津（今金策）等港口，作战规模均不大，与苏军交战的是日军朝鲜军管区部队。第 34 军司令部驻咸兴，部队分驻咸兴、定平、平壤，离上述战场尚远。咸兴、平壤、元山、海州均为苏军以空降方式占领。

远东战役全部作战范围，日本陆军部队有 26 个师团、10 个独立混成旅团、两个独立战车旅团和 1 个机动旅团。日本陆军第 2、5 航空军分驻中国东北与朝鲜，但可用于作战的飞机极少。

关东军在中国东北兵员约 51 万、北朝鲜约 60000。第 5 方面军在南库页岛、千岛群岛约 90000 个。驻远东战役作战地域的日本海军仅有镇海警备府（釜山）下属之旅顺方面特别根据地队、元山方面特别根据地队，依正常编制估计兵员约两万，则在远东战役全部作战地域日本陆海军约 68 万人，其中关东军 57 万

（包括在北朝鲜的 60000）。若计入在南朝鲜的 23 万人（战后向美军缴械投降），战争结束时日本关东军总员额约 80 万。由于关东军指挥范围有过很大的变动，常有资料误称与苏军作战的有 80 万至 100 万关东军。

远东战役作战时间很短，以苏联、日本战争史资料参照考查，在中国东北与苏军实际交战的日军只有牡丹江地区第 124、126、128、135 师团，珲春地区第 112 师团，富锦地区第 134 师团，大兴安岭地区第 107、119 师团，瑷珲地区独立混成第 135 旅团，海拉尔地区独立混成第 80 旅团，张北地区独立混成第 2 旅团，共计为 8 个师团 3 个独立混成旅，约为作战地域日本陆海军的 1/3。若将日军交战部队全部计为损失可估计为 23 万，亦可按伤亡 2：1 的估算法约知日军损失 25 万。大体说在远东战役作战地域苏军歼灭（伤亡及作战中俘虏、投降）日军约 24 万，有 44 万日军成建制向苏军缴械投降，苏军并非全歼作战地域的 68 万日军，当然更不是全歼日本关东军。

8 月 14 日，苏军向东北腹地推进。日本政府向美、英、苏、中四国政府发出照会："天皇陛下已就日本政府接受《波茨坦公告》条款事发出诏书；天皇陛下还准备命令所有陆海空军当局和所有在他们统辖之下的各地部队停止作战行动，缴出武器。" 8 月 15 日中午，日本天皇发布投降诏书。

8 月 15 日，日本政府的投降照会由瑞士驻华大使馆转致中国政府，日本政府的立场一退到底。8 月 16 日晚，关东军司令部召开了紧急会议，关东军司令山田乙三说：既然"圣断已下，本军只能奉戴圣旨，全力以赴终战。"在

盟军代表登舰

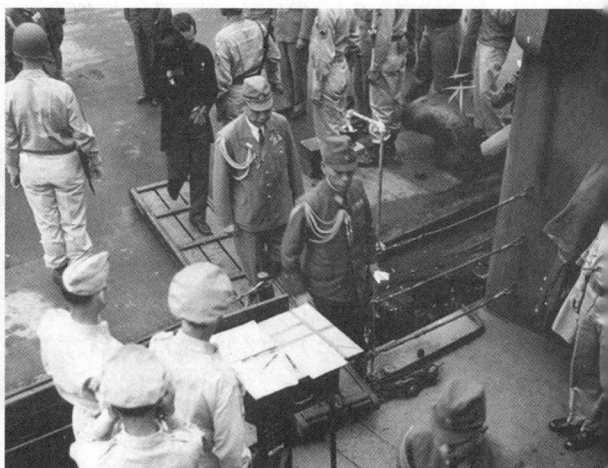

日军代表登舰

麦克阿瑟代表盟国签字

同一时间，日军大本营向关东军发出命令，停止作战，并立即同苏军交涉。18日下午，关东军司令部向所属部队下达了投降命令。

远东战役是第二次世界大战最后一战。《苏联军事百科全书》界定的远东战役，包括苏军外贝加尔方面军实施的大兴安岭－奉天战役，远东第1方面军实施的哈尔滨－吉林战役，远东第2方面军实施的松花江战役以及南库页岛战役、千岛群岛战役，太平洋舰队实施的清津战役。远东战役作战范围是中国东北及张北地区、朝鲜东北部沿海、南库页岛、千岛群岛。1965年版《苏联伟大卫国战争简史》记载："日军损失67.7万名以上，其中包括战死者约8.4万名"。

1945年9月2日是星期天。东京湾。在美国第3舰队旗舰"密苏里"号战列舰上举行日本投降签字仪式。盟军最高司令道格拉斯·麦克阿瑟简短致辞："我们聚集在这里，代表着主要的交战各方，在神圣的协议上签下最后一笔，由此，和平将回到我们身边。世界战场上的一切思想和意识形态的分歧，现在已经有了决定，在此，我们不需要再讨论或争论。日本帝国投降的条款和地位已经摆放在你们面前。现在，我邀请日本天皇、日本政府和日军大本营的代表请在投降书的指定位置上签字。"

盟国和日本政府代表签字结束后，二战落下帷幕。

密苏里号战列舰的受降仪式结束时，第二次世界也最终结束了